DIRITTO PUBBLICO ROMANO

GIUSEPPE VALDITARA

DIRITTO PUBBLICO ROMANO

G. GIAPPICHELLI EDITORE – TORINO

VIA PO, 21 - TEL. 011-81.53.111 - FAX 011-81.25.100
http://www.giappichelli.it

ISBN/EAN 978-88-348-9955-7

Stampa (D): Stampatre s.r.l. - Torino

Sommario

pag.

C. LA TRANSIZIONE

D. L'EPOCA DEL PRINCIPATO

A. L’EPOCA MONARCHICA

1.
Alle origini di una comunità statuale

Quasi trenta secoli fa su alcuni colli della pianura laziale inizia la storia di una città e soprattutto di una civiltà che segnerà il destino di tutte le altre: è la storia di Roma.

Già nelle sue origini rivela quella che sarà la sua vocazione più tipica: unire, integrare i diversi popoli per farne uno solo.

Roma nasce infatti dall'incontro e dalla fusione fra genti differenti: innanzitutto latine e sabine, popolazioni indoeuropee ed italiche che a un certo punto trovano in una embrionale, comune organizzazione giuridica un momento di unità e da lì costruiscono una nuova civiltà. Sono proprio le comuni istituzioni che favoriscono la nascita e caratterizzano lo sviluppo di Roma.

1.1. *La* familia

L'embrione della futura *civitas* nasce dall'incontro volontario fra *familiae* i cui *patres*, veri e propri sovrani di una comunità politica, cedono una parte della loro sovranità.

La *familia* costituisce invero una tipica comunità politica, cioè una comunità dotata di un organo di governo, con due scopi essenziali: il mantenimento dell'ordine interno e la difesa verso l'esterno.

La forma di organizzazione originaria dei gruppi che vivevano sui sette colli era dunque la *familia*, è nella *familia* che i più antichi romani trovavano la risposta alla esigenza di una vita sociale e alle necessità di protezione dell'individuo singolo.

Dalla *familia* non si esce: è ancora di là da venire la *emancipatio* del figlio che consentirà in epoca successiva al discendente di diventare soggetto di diritto, e dunque *pater familias* a sua volta. Non si può appartenere che a una sola *familia*, quella paterna: l'unico rapporto che conta ai fini della tutela sui fanciulli e sulle donne, della successione ereditaria e della celebrazione del culto degli antenati è infatti quello fondato sulla *adgnatio*, la parentela per linea maschile che unisce tutti i discendenti da un comune capostipite. Nella *familia* si entra: innanzitutto i figli e i loro nipoti, la moglie del *pater* o dei suoi discendenti che fossero state sposate *cum manu,* cioè nelle forme previste dallo *ius civile (confarreatio, coemptio, usus)*, gli schiavi, che in quest'epoca stanno sullo stesso piano dei figli e della moglie. Sono infatti tutti soggetti al potere assoluto del *pater* che ha su di essi il diritto di vita e di morte.

Anche la proprietà (*mancipium*) ha i caratteri della sovranità: è assoluta; contro chiunque vi attenti, sia sottraendo la disponibilità di un bene (*furtum*) al suo signore (*dominus, erus*), sia danneggiandolo (*damnum*) il *pater* procede immediatamente alla *damnatio,* cioè alla messa a morte.

Il carattere originario della *familia*, ovvero il fatto che questo organismo non deriva la sua esistenza e il suo riconoscimento da parte di un ente superiore (per es. lo stato), e ha invece le caratteristiche di una vera e propria comunità politica autonoma, si coglie da una serie di considerazioni.

Il *pater* ha infatti il potere di vita e di morte sui membri della *familia*; questo suo potere – come è tipico di un potere sovrano di governo – ha un carattere unitario, identificandosi all'origine nel *mancipium*, sia che si esplicasse sui figli, sugli schiavi o sulle cose. L'uscita da una *familia* viene definita *capitis deminutio* (cioè perdita di un membro) anche se, come nell'ipotesi di *emancipatio*, comportava da parte della *civitas* l'acquisto di un nuovo soggetto pienamente capace sotto il profilo giuridico: la prospettiva è dunque quella della *familia* che perde un membro in virtù della *emancipatio* compiuta dal *pater* e non della *civitas* che acquista un nuovo soggetto di diritto. Il potere del *pater (potestas)* era tale da vincere il potere (*potestas*) del figlio magistrato. Narrano infatti le fonti che un padre, che non voleva che il figlio tribuno facesse approvare una legge sgradita alla sua parte politica, andò nei concili della plebe, prelevò il figlio e se lo portò a casa interrompendo la procedura di voto e la approvazione della legge. Sembra che non si trattasse di un caso isolato. La liberazione dello schiavo (*manumissio*), atto volontario del *pater*, si ripercuoteva sulla stessa composizione della *civitas* che acquisiva così un membro in più. Il *pater* si sceglieva inoltre il suo successore: è infatti probabile la maggiore antichità della successione testamentaria rispetto a quella *ab intestato* per cui invece tutti i figli succedevano per parti uguali, per quote.

Non si può peraltro assimilare la *familia* ad una comunità statuale mancando quella che è una caratteristica fondamentale di una comunità statuale: la stabilità nel tempo. La *familia* invero si rinnova alla morte di ogni *pater*.

1.2. *La* gens

Nell'esperienza dei latini, forse poi trasmessa ai sabini, compare anche la *gens*, organismo fondato su un vincolo di parentela attestato dal nome comune (*nomen*), dalla partecipazione a culti domestici e dal ricordo di un unico antenato, peraltro impossibile da accertare storicamente e dunque mitico. Si tratta di una parentela presunta. Il momento di unità era reso concreto con cerimonie e culti comuni oltre che con la prassi di aggiungere al prenome un *nomen* gentilizio. La *gens* è un istituto che, con altri nomi, si ritrova presso altri popoli indoeuropei (il *clan* presso i celti, la *sippe* presso i germani, le *fratriae* presso i greci), e aveva funzioni in parte analoghe alla *familia*. Non aveva tuttavia funzioni di ordine interno: manca infatti un capo stabile, la tradizione ricorda invece la sussistenza di capi occasionali, nominati per compiere certe imprese importanti. Da ciò si desume la sua funzione principale: attraverso il ricordo della comune discendenza aveva lo scopo di rafforzare le esigenze di difesa verso nemici esterni, proprie di singole *familiae*, e di sviluppare legami di reciproca assistenza, in primo luogo per meglio organizzare lo sfruttamento dei terreni ai fini dell'allevamento del bestiame.

Attorno alla *gens* vi erano i *clientes*, che erano sotto la protezione del patrono, un membro particolarmente potente della comunità gentilizia; si erano affidati a lui ricevendo in cambio la concessione precaria di terre occupate dai membri della *gens* (*ager publicus*) per allevare bestiame o per coltivarle; più tardi i clienti acquisirono pure vari diritti come per esempio quello di pretendere l'assistenza in giudizio da parte del patrono. Avevano peraltro una serie di doveri di omaggio (*obsequium*) e di rispetto (*pietas*) verso il patrono, dovendo inoltre prestare attività lavorative (*operae*), e soprattutto prendere parte alle guerre della *gens*. La clientela è l'estremo sviluppo del principio di allargamento della sfera parentale prima della concezione della *civitas*: essa risponde invero alle stesse esigenze che determinarono la nascita della *gens*: una più efficace capacità militare e un più intenso sfruttamento delle terre nell'interesse complessivo della comunità gentilizia. Dall'istituto della clientela emerge la centralità nella comunità arcaica del principio della *fides*, cioè dell'affidamento, principio che precorre il fenomeno giuridico, diventandone poi il fondamento. La violazione della *fides* comportava sanzioni assai gravi.

1.3. *Le* legae *religiose*

A un certo punto però nemmeno la *gens* fu più ritenuta sufficiente a garantire una adeguata protezione ai membri delle singole *familiae*, ad assecondare una crescita economica ormai basata sull'agricoltura – non più sulla sola pastorizia – oltreché sui commerci, ad assicurare l'ordine interno a una comunità sempre più composita. In un primo momento la strada seguita per dare una risposta alle nuove esigenze di allargamento delle alleanze sembra essere stata quella di federazioni (*legae*) di tipo religioso fra gruppi di *familiae* abitanti villaggi (*pagi*) contigui. La partecipazione alle celebrazioni in onore di una certa divinità era l'occasione per discutere di affari comuni e per decidere eventuali spedizioni militari. Il momento di coesione si realizzava nel sacrificio comune. Nel Lazio ebbe notevole importanza la federazione dei *triginta populi Albenses*, lega organizzata attorno a un centro religioso situato sul monte Albano in cui veniva venerata una comune divinità: *Iuppiter Latiaris*, il centro politico era Alba Longa. La federazione dei trenta *populi Albenses* non diede tuttavia vita a organismi permanenti con un governo dotato di poteri sulle comunità federate.

Non diversa doveva essere nella sostanza la federazione del *Septimontium* che raggruppava i villaggi situati sulle sette cime di Palatino, Esquilino e Celio.

1.4. *La* civitas

Il crescere della ricchezza, da una parte richiese una più efficace organizzazione per difenderla, dall'altra diede vita a mercati, strade, e quindi a regole giuridiche più complesse che presupponevano una associazione più ampia che non la comunità a base parentale: la *civitas*, appunto, ovvero la città-stato. Dal carattere paritario dell'ordinamento curiato, dal fatto che i *patres* conservavano una sfera significativa di prerogative politiche, dal ritorno, alla morte del capo della *civitas (rex)*, di importanti prerogative ai *patres*, dal fatto che in questo frangente i *patres* esercitassero paritariamente il potere, a turno, cinque giorni ciascuno, dalla natura della *adrogatio*, che presupponeva il consenso delle *curiae* a mutamenti dei rapporti di forza interni alla comunità e relativi alla vita delle singole *familiae*, si desume che la *civitas* doveva avere all'origine una formazione sostanzialmente consensuale. La *civitas* appare dunque come un insieme di comunità sovrane a base parentale.

Coerente con questa concezione della *civitas* è anche la pratica della secessione che ricorre frequentemente nel conflitto patrizio-plebeo. Essa presuppone la rottura di un vincolo di unità, con la minaccia di dare vita a una comunità indipendente e dunque la separazione dal corpo civico di alcuni *patres* e delle rispettive *familiae* a causa della sopravvenuta inidoneità della comunità cittadina a soddisfare l'interesse di tutti. Ciò implica una visione contrattuale della *civitas*.

Cosa è dunque la *civitas*? Non si tratta semplicemente di un certo tipo di abitato, ancorché la *civitas* coincida con un aggregato cittadino; è piuttosto l'ordinamento statale a cui si appartiene e al di fuori del quale si è stranieri. Non basta l'esistenza di un centro fortificato: la concentrazione urbana corrisponde piuttosto al formarsi di un potere politico-militare centralizzato in grado di controllare in modo stabile un certo territorio. Essa presuppone dunque una organizzazione politico-sociale e innanzitutto militare; ciò a sua volta implica istituzioni comuni e quindi comuni regole suscettibili di essere applicate e rispettate da tutti i consociati (*ius*). È pertanto la comunanza di un diritto che connota in primo luogo una *civitas*.

La *civitas* si sovrappone, almeno nei suoi primi secoli di vita, ai gruppi parentali, prendendo questi e non i singoli individui come termine di riferimento della sua sovranità.

2.
Il regnum

La *civitas* dovette presto acquistare una sua specifica configurazione istituzionale.
La forma di governo della *civitas* primitiva appare senza dubbio monarchica.

Le fonti, per indicare la particolare forma di governo di questa epoca, parlano espressamente di *regnum*, da *rex, regere.* In questa fase storica le istituzioni della *civitas* appaiono ruotare attorno a tre organi fondamentali: il *rex*, le *curiae*, l'assemblea dei *patres.*

2.1. *Il* rex

Le due principali funzioni che era chiamata a svolgere la comunità più ampia a base cittadina, e cioè la garanzia dell'ordine interno e la difesa verso l'esterno, necessitavano di una figura di coordinamento che a un certo punto parve necessario rendere meno occasionale. I *patres* delle *familiae* rappresentate nelle *curiae* dovettero dunque decidere di dare stabilità alla scelta di un capo che provvedesse a reggere la *civitas*: il *rex*. Si trattava con tutta evidenza di un *primus inter pares* a cui i *patres* volontariamente conferivano poteri originariamente spettanti a loro.

Decisiva per comprendere la natura di questa antichissima figura istituzionale è la *lex curiata* detta poi, a partire dall'epoca etrusca, *de imperio*, che doveva servire a trasmettere al *rex* il potere di comando che i capi delle singole *familiae* detenevano ciascuno singolarmente e che continuavano a esercitare nell'ambito della propria comunità parentale. La necessità della *lex curiata* per l'esercizio dei poteri di comando testimonia il carattere derivato dei poteri del *rex*. Ma vi è altro ancora. Una volta creata l'assemblea ristretta dei più potenti capi famiglia (senato) a questi spettò in via originaria il potere di consultare la divinità (*auspicari*) che, stante il rilievo che aveva la religione in quell'epoca, era il fondamento per la correttezza e la giustezza di qualsiasi decisione pubblica e dunque per l'esercizio del potere di governo. Per consentire al *rex* di adottare provvedimenti validi ed efficaci, i membri di quello che sarebbe poi stato chiamato senato, vale a dire l'assemblea dei *patres*, gli attribuirono il potere di prendere gli auspici, che tuttavia alla sua morte ritornavano in capo ai detentori originari: l'espressione *auspicia ad patres redeunt* sta proprio a significare che i *patres* erano originariamente depositari del potere di decidere per la comunità. Infine la cerimonia della *adrogatio* sta certamente a testimoniare la originaria sovranità delle *curiae* rispetto alla posizione del *rex*.

Il procedimento di nomina del *rex* era complesso. Alla morte del predecessore, gli *auspicia*, come si è detto, ritornavano ai *patres* che a turno per cinque giorni ciascuno esercitavano il potere di governo. Colui che deteneva il potere *pro tempore* si chiamava *interrex* e *interregnum* il periodo complessivo necessario alla individuazione del nuovo capo della comunità. Raggiunto l'accordo, colui che era *interrex* in quel momento compiva la *dictio*, con cui si indicava formalmente il successore. Il nuovo *rex* si presentava quindi davanti alle *curiae* per vedersi attribuire il potere di comando (*lex curiata*). Infine, per accrescere la sua posizione al cospetto della *civitas*, vi era la cerimonia della *inauguratio*, che nel nome stesso (*augere*) implicava, tramite una sorta di investitura divina, un accrescimento della posizione del *rex*, idoneo a renderlo capace di mantenere la *pax deorum*, vale a dire un buon rapporto con la divinità e quindi capace in primo luogo di prendere gli auspici. *Lex curiata* e *inauguratio* erano due passaggi necessari all'esercizio di quelle funzioni di guida militare e di garanzia della pace, dell'equilibrio e dell'ordine interno.

Il *rex* della comunità latino-sabina era dunque vitalizio, non ereditario, garante della autonomia dei capi famiglia, che continuavano per conto loro a svolgere gran parte delle funzioni sovrane, attribuendo a questa nuova figura solo quelle che non potevano essere esercitate nell'ambito più ristretto della comunità famigliare o gentilizia. In particolare dovevano attribuirsi innanzitutto funzioni militari: il *rex* è infatti il supremo comandante dell'esercito e si avvaleva di ufficiali subordinati tratti dalle curie, i tre *tribuni militum* e i tre *tribuni equitum*. I poteri del *rex* pure in campo militare erano d'altro canto limitati anche dal fatto che l'esercito era costituito da tante unità autonome strutturate su base parentale, che verosimilmente rispondevano innanzitutto ai capi delle comunità di appartenenza. Poi al *rex* competevano senz'altro funzioni legate alla necessità di mantenere l'ordine interno alla comunità, evitando in specie che i cittadini si facessero giustizia da sé. A lui spettavano dunque poteri di polizia grazie alla *coercitio*, vale a dire al potere di repressione immediata, potendo così ordinare l'arresto (*in vincula ductio*), la fustigazione (*verberatio*), o, in età più tarda, irrogare multe (*multae dictio*). Il *rex* doveva probabilmente organizzare i processi privati e forse emettere la sentenza, mentre certamente curava la repressione dei *crimina* cioè di quei reati che per la loro gravità necessitassero di una pena pubblica.

Con il crescere delle competenze della città-stato è anche verosimile che al *rex* fosse stato attribuito dai *patres* il potere di esigere prestazioni personali da singoli cittadini (*munera*) e una contribuzione monetaria per far fronte alle spese pubbliche (realizzazione di templi, strade, ponti, cloache etc.). Il costo dell'esercito era peraltro a carico dei singoli *patres*. Nell'esercizio dell'attività di repressione criminale era assistito da collaboratori, i *quaestores parricidi*.

Infine il *rex* svolgeva funzioni religiose. Proprio per il fatto che ogni atto pubblico necessitava per la sua stessa legittimità della consultazione della volontà della divinità egli era investito di poteri sacerdotali, egli era anzi, almeno formalmente, il sacerdote più importante, anche se le sue prerogative erano fortemente condizionate dalla presenza di altre figure sacerdotali di fronte alla cui sapienza tecnica doveva inchinarsi.

2.2. *Le* curiae

Fra le istituzioni della *civitas* vanno ricordate le *curiae* e quindi il comizio curiato. Come indica il nome stesso (*co-viria*), la *curia* era un insieme di *viri*, cioè di uomini liberi, adulti. Stando a una nota definizione del giurista Lelio Felice le *curiae* sarebbero state fondate sui *genera hominum* cioè sulla appartenenza a gruppi a base parentale. Ne facevano parte dunque soltanto i maschi al di sopra dei 17 anni, aventi cioè la capacità di combattere, nati da un *pater* che fosse già parte di esse o eventualmente affidatisi al patrono di una *gens* che fosse già membro di una *curia*. L'appartenenza era pertanto tendenzialmente ereditaria. È anche probabile che la appartenenza a una *curia* fosse la base della cittadinanza.

Le *curiae* rappresentavano il momento della partecipazione di tutti i *patres*, e dei loro discendenti e clienti agli affari della *civitas*. La possibilità per i clienti, cioè potenzialmente per degli stranieri, di appartenere alle *curiae* tramite il legame con una *gens*, testimonia la grande apertura della comunità romana che lascia peraltro il vaglio sulla opportunità di allargare la cittadinanza ai gruppi che la costituivano.

Le *curiae* raggiunsero a un certo punto il numero di trenta, e vennero raggruppate a loro volta per decine in tre tribù genetiche, vale a dire in tre unità su base etnica. Si riunivano invero dieci *curiae* di *familiae* e *gentes* di origine latina costituendo così la tribù dei *Ramnes* (secondo Varrone, da Romolo, peraltro con etimologia dubbia), dieci di origina sabina, dando vita alla tribù dei *Tities* (sempre secondo Varrone, da Tito Tazio), dieci dette dei *Luceres*, di origine etrusca, nucleo etnico che si aggiunse successivamente alla originaria comunità latino-sabina, forse verso la fine del VII secolo a.C. in concomitanza con il tradizionale arrivo dei Tarquini a Roma. Questa struttura risentiva verosimilmente del carattere federativo della comunità romana e della originaria autonomia dei gruppi parentali.

Le trenta *curiae* formavano i comizi (da *cum-ire*, andare insieme) curiati, vale a dire l'assemblea della *civitas*. In essi si doveva votare la decisione di intraprendere una guerra e si sceglieva un capo che guidasse l'esercito, conferendogli il comando necessario con un atto formale definito *lex curiata*, detta poi *de imperio*, provvedimento che non contenendo norme generali e astratte era di natura amministrativa, nonostante il nome, *lex*, che indica qui verosimilmente la cogenza della disposizione (da *legare*, da cui anche *legatum*), conforme allo "*iussum*" (Liv. 1.49.3), che era contenuto nella *lex* stessa e che il popolo rivolgeva al *rex*. Ogni curia forniva cento soldati di fanteria e dieci di cavalleria; ognuna delle tre tribù genetiche raggruppava a sua volta mille *pedites* e cento *equites*, per un totale di tremila fanti e trecento cavalieri.

Il sistema curiato era paritario. Ferma restando la diversa influenza politica dei vari *patres*, si realizzava nei fatti una democrazia militare: l'unico elemento discriminante all'interno della *civitas* era infatti la capacità di combattere. Da qui traggono origine il criterio della maggiore età per il godimento dei diritti politici e la esclusione delle donne dalla vita pubblica.
Una impostazione siffatta sottende d'altra parte una concezione della *civitas* a base prevalentemente personale e non a base territoriale. Oggi il concetto di stato presuppone invece tre elementi: un popolo, un territorio, un governo.

Oltre alla *lex curiata* un'altra importante funzione propria dei comizi curiati fu la cosiddetta *adrogatio*. Nel nome stesso indica una richiesta che viene fatta ai comizi da parte del *rex* per consentire che un *pater familias* passasse nella potestà di una altro *pater* acquisendo dunque la condizione di figlio e perdendo la posizione originaria. La *adrogatio* era una cerimonia antichissima che serviva a permettere il passaggio delle potestà, del patrimonio e dei *sacra* da un *pater* privo di eredi a un altro *pater*, alla morte del primo. È significativo che su un atto politicamente così rilevante, capace infatti di modificare i rapporti all'interno della comunità, fosse titolato a esprimersi esclusivamente il comizio curiato.

Davanti ai comizi curiati convocati (*calare*) e presieduti da un pontefice, dunque definiti per l'occasione *comitia calata*, si svolgeva la forma più antica di testamento, quello definito appunto *testamentum calatis comitiis*. Qui, come indica il nome stesso che deriva da *testor/testari* (chiedere e prestare testimonianza), è probabile che il ruolo dei comizi curiati fosse meramente passivo, limitandosi cioè ad una presa d'atto di ciò che avveniva. L'intervento delle curie, anche in un atto così rilevante quale la istituzione di erede, conferma il loro ruolo di depositarie della sovranità, proprio in quanto paritarie forme di rappresentanza di tutte le *familiae* della *civitas*.

Discusso è invece se i comizi curiati procedessero già alla votazione di leggi, vale a dire di provvedimenti capaci di prescrivere norme generali e astratte vincolanti per i consociati. La esistenza di una tradizione, rivalutata dagli studi più recenti, che testimonierebbe l'esistenza di *leges regiae*, la denominazione di *comitium*, che sembra tradire una funzione deliberativa della assemblea delle curie, nonché il meccanismo della *rogatio* e dello *iussum populi*, già proprio del procedimento curiato e che caratterizzerà poi il cuore del procedimento legislativo, la definizione di *lex* per provvedimenti peraltro di natura amministrativa, quale la *lex de imperio* e quale la risposta positiva alla *adrogatio* del *rex* lascerebbero intendere che già le curie votassero leggi con contenuto normativo. Ciò è del resto conforme al ruolo preminente che questo organismo aveva nella società latino-sabina. Si sarebbe trattato specificamente di regole di carattere religioso relative principalmente a istituti e riti sacri, ovvero contenenti sanzioni penali, ma anche, stando almeno a un discusso testo di Dionigi, riguardanti rapporti negoziali fra privati.

Dibattuta è infine la competenza dei comizi curiati a interferire pure nel procedimento volto alla irrogazione di una pena capitale. Le fonti sembrano attestare una competenza delle curie nelle ipotesi di crimini di natura sacrale in specie per quelli portanti alla comminazione della *sacertas*. Per le altre ipotesi, che, come si vedrà, erano poi essenzialmente relative a reati legati alla sfera militare, l'esistenza di un vero e proprio *ius provocationis* del cittadino, cioè di un diritto di rivolgersi al popolo nei casi di condanna a morte, è considerata dalle stesse fonti come una delle *arces libertatis* (baluardi della libertà individuale) introdotta con la cacciata dei Tarquini e dunque è senz'altro riferibile solo all'inizio della età repubblicana. È tuttavia verosimile, anche alla luce di alcune notizie tramandateci da Cicerone e da Livio, che già in età monarchica il *rex* preferisse non assumersi la responsabilità di una pronuncia quando fosse in gioco la vita di un cittadino, investendo così l'intera comunità della decisione.

2.3. *Il senato*

Il prestigio ed il potere acquisito dai capi di certe *familiae* nonché il differenziarsi della ricchezza legato anche allo sviluppo dell'agricoltura, dei commerci e al fenomeno della clientela dovettero determinare il rafforzamento sociale di alcune *familiae*, alterando quegli equilibri che un istituto come la *adrogatio* mirava invece proprio a controllare. Si crearono dunque le premesse per la formazione di una oligarchia che certamente non tardò a costituire un contropotere aristocratico rispetto alle prerogative regie ed a porsi come ulteriore momento di rappresentanza, più qualificata, rispetto alla assemblea delle *curiae* dove invece tutti i *patres* delle *familiae* della comunità erano rappresentati paritariamente. In questi presupposti dovette affondare le sue origini quel consesso che sarà poi definito senato, laddove le fonti usano più frequentemente, soprattutto per l'epoca arcaica, il termine *patres*. Verosimilmente con il riferimento ai *patres* si intendeva qui alludere nient'altro che ai capi di quelle famiglie più illustri e più potenti che erano andate acquisendo il controllo sostanziale della comunità.

Questi *patres* più ricchi e potenti degli altri si erano dunque venuti sovrapponendo alle curie, dando vita a una nuova assemblea e limitando così il carattere democratico della monarchia latino-sabina. Il fatto che secondo la tradizione la scelta dei senatori spettasse al re non sembra contrastare con questa ricostruzione. È evidente invero che, non trattandosi di prerogativa ereditaria, alla morte di ciascun *pater* occorreva decidere sul sostituto, e risulta inverosimile che tale scelta potesse avvenire per cooptazione fra i membri del senato, posto che un simile meccanismo non avrebbe garantito alcuna fra le *familiae* altolocate. Il *rex*, a seconda della sua autorevolezza, doveva invece di volta in volta prendere atto dei rapporti di forza interni alla comunità oppure scegliere persone a lui più vicine.

Il senato appare nelle fonti innanzitutto come il consiglio del re. Di particolare importanza al riguardo dovette essere fin dal suo sorgere l'attribuzione di dare pareri (*consulta*) in tutti quei casi in cui il *rex* ritenesse opportuno sentire l'opinione dei *patres*: i *senatus consulta* diventeranno poi in età repubblicana, anche grazie alla durata solo annuale delle magistrature, lo strumento grazie al quale il senato accentuerà il suo ruolo di sostanziale direzione politica della comunità. La struttura e le funzioni – in particolare l'*interregnum* con il ritorno degli *auspicia* ai *patres* – fanno peraltro pensare che il senato fosse comunque sorto per predeterminare gli indirizzi di fondo della comunità, in particolare le scelte nell'ambito della politica verso i popoli circostanti e in merito alla decisione della guerra. Non a caso già in epoca arcaica i senatori si erano arrogati la prerogativa di ricevere le ambascerie dei popoli stranieri, prendendo dunque in mano direttamente la gestione dei rapporti internazionali. Come si è detto, è significativa l'espressione *auspicia ad patres redeunt* usata per caratterizzare l'inizio dell'*interregnum* alla morte del *rex*. Siccome gli *auspicia* erano il presupposto della *potestas* e dunque dell'esercizio del potere di governare la comunità, siffatta espressione sta a testimoniare che alla morte del re il potere di governo ritornava ai *patres*, che ne erano dunque intesi come i primi detentori.

Il numero dei senatori variò nel corso dei secoli. Originariamente sarebbero stati 100, così fissati, secondo la leggenda, da Romolo, per poi passare a 300 con il *turannos* etrusco Tarquinio Prisco, forse contemporaneamente all'aggiunta di altre dieci curie al comizio curiato, che raggiunse così anch'esso base ternaria.

2.4. *I sacerdoti*

È un uomo religioso il romano delle origini. Base di tutta la concezione religiosa e dell'influenza del sacro nella sfera statuale è l'idea che vi sia un equilibrio nella vita della comunità, una sorta di ordine naturale delle cose voluto dalla divinità, la conservazione di questo equilibrio presuppone il rispetto della volontà degli dei e dunque un buon rapporto con la divinità, il mantenimento della *pax deorum*. A ciò è deputato il sacerdote romano.

Quattro sono i principali interventi del sacro nel campo del diritto pubblico: la presa degli auspici prima di compiere qualsiasi atto avente rilievo pubblico, la nomina del *rex*, la produzione del *ius*, la sanzione dei reati. In sostanza l'intervento del sacro si riscontra nelle tre funzioni fondamentali che corrispondono oggi alla amministrazione, alla legislazione, alla giurisdizione. Queste tre funzioni sono tutte condizionate in vario modo dalla necessità di rispettare l'equilibrio ed il buon rapporto con la divinità. Non è un caso dunque che proprio il *rex* sia il supremo sacerdote e che le sue funzioni siano anche religiose.

Particolarmente indicativa del ruolo che la religione viene a svolgere è la forma del più antico processo privato. Il giudizio infatti non si incentra sul merito della controversia dedotta davanti a colui che deve pronunziare la sentenza, quanto piuttosto sulla giustezza del giuramento, a cui entrambe le parti in lite si sfidavano. Per asseverare se avessero giurato il falso o il vero ovviamente il giudice doveva verificare la realtà dei fatti e dunque il fondamento delle pretese, ma il giudizio e la condanna non erano su ciò, bensì appunto su un atto che chiamava in causa direttamente la sfera del sacro e dunque il rapporto con la divinità. Doveva essere condannato chi avesse giurato il falso e questo proprio perché obiettivo del processo non era tanto la tutela di alcune pretese sostanziali quanto la punizione di chi avesse violato le buone relazioni con la divinità.

Relativamente al fenomeno giuridico e in particolare alla produzione della norma vincolante i rapporti fra i consociati e al suo carattere, occorre sottolineare in primo luogo la distinzione fra *fas* e *ius*. La prima è la norma che regola i rapporti con il dio, la seconda quelli all'interno della comunità.

È tuttavia significativo il carattere sacrale dell'attività con cui lo *ius* veniva ad essere individuato. Le fonti ci dicono che ciò avveniva *in penetralibus pontificum* e senza motivazione alcuna, la segretezza e l'arbitrarietà che deriva dal rapporto diretto con la divinità ci fanno intendere la natura sacrale di tutta la procedura di individuazione della norma.

Perché dunque il diritto da applicarsi fra i consociati doveva essere individuato necessariamente da un collegio di sacerdoti? Innanzitutto per evitare che esso turbasse quell'equilibrio, quel naturale ordine delle cose. Vi è dunque implicita l'idea di un ordine superiore. In altre parole i valori dello *ius* dovevano rispondere alla logica insita in quell'equilibrio con il trascendente; il modello di organizzazione sociale, la struttura della famiglia, gli atti di disposizione del patrimonio dovevano rispettare quell'equilibrio naturale e rispondere dunque implicitamente a un complesso di valori sentito come trascendente. Da qui anche il fatto che la legge in origine non potesse abrogare lo *ius*, cancellarlo, non tenerne conto, ma solo integrarlo o fissarlo, precisarlo; da qui il fatto che l'evoluzione dello *ius* potesse avvenire solo all'interno delle sue logiche, secondo un modello fortemente tradizionalista, che rifiuta salti, rivoluzioni, rotture brusche, ma sempre come naturale sviluppo di principi già contenuti, già impliciti nello *ius* stesso. Forte è dunque il legame con le "origini" stesse dell'ordinamento. In altre parole non era ammessa una contraddizione con i principi e i valori fondanti l'ordinamento.

La necessaria rispondenza a un ordine superiore si ritrova anche nell'aspetto esteriore della pratica giuridica, nel formalismo e nel verbalismo che risentono di un'atmosfera quasi magico-religiosa che caratterizza l'atto e la parola. Solo ciò che è stato compiuto "*rite*" otterrà l'effetto voluto, è necessario cioè il rispetto di forme solenni che si tramandano nel corso dei secoli *in penetralibus pontificum* perché un atto sia efficace. Così ancora determinate formule (*nuncupationes*, *concepta verba*), conosciute e suggerite dai pontefici, per loro forza intrinseca produrranno un certo risultato giuridico a prescindere dalla volontà di chi le ha pronunciate.

Tutto ciò non deve indurre peraltro a una inesatta identificazione della figura dei sacerdoti e della natura stessa dello *ius*. I sacerdoti romani invero, e in primo luogo i pontefici, non erano persone spirituali, esercitavano le loro funzioni non nell'interesse delle anime, ma nell'interesse della comunità. Erano soggetti di alto rango sociale che svolgevano funzioni pubbliche.

L'influenza dei pontefici si ridurrà sino a diventare marginale nell'ambito della produzione del diritto con l'avvento del processo formulare, incentrato sul ruolo del *praetor*, magistrato eletto sulla base di uno specifico programma di politica normativa. Correlativamente si riconoscerà alla legge la possibilità di derogare allo *ius*. Ciò è senz'altro il frutto della emersione di un'idea di sovranità del *populus* che tuttavia dovrà sempre fare i conti con l'esigenza di rispettare l'ordine trascendente delle cose: sia l'elezione dei magistrati e dunque anche del *praetor urbanus*, sia la *rogatio* di una *lex* e la sua successiva votazione nei comizi non potranno invero prescindere dalla presa degli auspici e quindi dalla legittimazione dell'atto alla luce del gradimento della divinità.

Quali sono dunque questi sacerdoti?

Innanzitutto i pontefici, in numero di cinque fino al 300 a.C. quando poi vennero portati a nove. Erano coordinati da un pontefice massimo che aveva fra l'altro il compito di far conoscere all'esterno le decisioni del collegio. Venivano scelti per cooptazione proprio per garantire la continuità nei valori di riferimento. Con l'affermazione del principio della sovranità popolare una *lex Domitia* del 104 a.C. stabilì il principio elettivo di questo sacerdozio. In età antica erano gli esperti di tutto il complesso sacro, suggerivano ai capi della comunità ed ai privati le modalità con cui soddisfare i loro obblighi religiosi, avevano la cura dei culti dello stato, erano i depositari dello *ius* che regolava i rapporti fra i privati, e che veniva individuato attraverso la *interpretatio* del *mos*, vale a dire una opera di riflessione su istituti consuetudinari. Erano anche i conoscitori ufficiali del calendario che aveva una importanza particolare, posto che gli atti aventi rilievo pubblico potevano essere compiuti solo in cerati giorni cosiddetti *fasti*. Essi costituivano un limite anche al potere del *rex* che doveva inchinarsi di fronte alla loro sapienza tecnica.

La individuazione autoritativa dello *ius* da parte dei pontefici dava nel contempo certezza al regolamento dei rapporti fra privati evitando lo svilupparsi di controversie senza fine che sarebbero inevitabilmente sfociate in una pratica violenta e arbitraria.

Altro collegio sacerdotale di particolare rilievo era quello degli auguri, anticamente in numero di tre, a cui spettava la conoscenza ufficiale della *scientia auspicandi*, delle regole e dei riti necessari perché fosse correttamente consultata la volontà della divinità. La presa degli auspici spettava ai detentori del potere politico, ma agli auguri spettava il compito di indicare le modalità con cui gli auspici dovevano essere raccolti. In questo essi potevano condizionare l'attività stessa del *rex*.

Sacerdoti importanti nell'ambito del diritto erano i feziali, veri e propri esperti delle regole di quello che può essere considerato un diritto internazionale arcaico. Essi conoscevano infatti le modalità con cui dovevano essere stipulati trattati, strette alleanze, dichiarata la guerra, conclusa la pace. Erano dunque i depositari della sapienza connessa con la disciplina delle relazioni internazionali.

2.5. *La cittadinanza*

È noto che almeno secondo gli schemi giuridici della Roma repubblicana la cittadinanza si acquisiva innanzitutto sulla base dello *ius sanguinis*. Erano cittadini solo coloro che fossero nati da padre cittadino, purché procreati in costanza di matrimonio legittimo, e coloro che fossero nati da madre cittadina qualora la procreazione fosse avvenuta al di fuori di *iustae nuptiae*. Per il particolare rilievo che aveva la figura paterna, titolare della *patria potestas*, e per l'essere la *civitas* una unione di *patres* si voleva dunque evitare che potesse diventare cittadino un soggetto il cui padre fosse estraneo alla comunità.

È probabile che già in età monarchica questo fosse anche il criterio per l'immissione in una *curia* e dunque per la partecipazione alla *civitas*.

Fin dall'antichità si ritenne peraltro ammissibile l'immissione nel corpo civico di stranieri. L'ingresso era tuttavia subordinato a un atto di autonoma sovranità del *pater* quale la *manumissio* del proprio schiavo, che acquistando la libertà diventava anche cittadino, ovvero a un provvedimento di natura pubblica che attribuiva la cittadinanza a singoli o a gruppi. Era frequente la concessione della cittadinanza ai cittadini di comunità sconfitte e annesse a Roma. È anche verosimile che nella fase più antica come al *pater* si consentiva tramite la *manumissio* di inserire nuovi soggetti nella *civitas*, si dovesse anche permettere tramite la aggregazione di *clientes* all'interno della *curia* di attribuire pure per questa via la cittadinanza a stranieri.

Ciò è la conseguenza del carattere derivato dello stato-città romano rispetto alla sovranità originaria delle *familiae*.

La politica della cittadinanza perseguita dalla *civitas* seguì obiettivi diversi a seconda delle epoche storiche. In età monarchica sembra che il soggetto legittimato ad accogliere nuovi cittadini entro la comunità fosse il *rex*, con proprio provvedimento. Era sempre il *rex* d'altro canto che, in conseguenza del loro inserimento nelle *curiae*, provvedeva a organizzare i nuovi cittadini nell'esercito. Vi era dunque una stretta connessione fra inserimento nel sistema curiato, acquisizione della cittadinanza, distribuzione all'interno dell'esercito. Le *curiae*, da *co-virites*, erano d'altro canto, come si è detto, l'insieme dei maschi liberi e adulti, atti alle armi, sulle *curiae* si fondava l'esercito: l'estensione della cittadinanza in età monarchica aveva dunque lo scopo del tutto prevalente di incrementare gli effettivi dell'esercito, di rendere più potente l'armata romana.

2.6. *La proprietà*

Pilastro di tutta la organizzazione sociale della antica *civitas* è la proprietà privata, prima ancora che un valore è elemento costitutivo del potere del *pater*. Il termine usato dai romani era *dominium ex iure Quiritium* che depone a favore della sua risalenza. L'espressione, in particolare il richiamo ai Quiriti/*co-virites*, rimanda infatti senz'altro all'antica comunità curiata. In realtà il *dominium ex iure Quiritium* è una evoluzione dal contenuto certamente economico rispetto a una più antica concezione di proprietà avente un inequivocabile carattere potestativo. La dottrina è invero concorde nel riconoscere che la forma più antica di proprietà si identificasse con la *manus* ovvero con il *mancipium*, che è la forma attiva di *manus* (da cui dunque *manum capere/mancipium*), che era a sua volta innanzitutto un potere sovrano su persone e cose. Antichissima è invero la distinzione fra *res mancipi* (i fondi su suolo italico, gli schiavi, gli animali da dorso o da soma) e le *res nec mancipi* (tutte le altre). In questo contesto la proprietà ha tutti i caratteri della sovranità e quindi in primo luogo la assolutezza e la unitarietà, poteva infatti disporsene a piacimento e non poteva invero dividersi in diritti limitati, parziali.

Le fonti ci fanno intuire che la proprietà privata era esistente già alla fondazione della *civitas*; ci lasciano inoltre intendere che la proprietà fosse diffusa tra tutti i cittadini e non dunque limitata solo ad alcuni soggetti. La comunità era pertanto costituita da liberi proprietari a cui verosimilmente si andarono aggiungendo i clienti, che originariamente dovevano essere estranei alla comunità stessa. Stando alla tradizione, un terzo delle terre sarebbe stato invero assegnato da Romolo in piena proprietà a tutti i *cives* (i cosiddetti *bina iugera*, l'*heredium*), contestualmente alla nascita della città-stato. È probabile che qui abbia origine la differenziazione della proprietà privata (*dominium*), intesa nella sua accezione economica, rispetto a quel generico potere sovrano che era caratteristico del *pater (manus)* nella fase precivica, allorquando egli era il vero e unico signore della comunità politica famigliare.

Vi erano poi terreni più estesi che verosimilmente non era interesse economico gestire isolatamente da parte del singolo *pater* e che era più funzionale sfruttare insieme con gli altri membri del gruppo parentale allargato (*gens*); era questo verosimilmente l'*ager gentilicius*, forse all'origine dell'*ager publicus*. Al riguardo di questo *ager*, non essendo prevista una proprietà di tipo individuale, ma dandosi vita a forme di sfruttamento collettivo, è possibile che si immaginasse una disponibilità di fatto ancorché giuridicamente riconosciuta (*possessio*).

La proprietà ha un carattere sacro: chi viola i confini privati, togliendoli o spostandoli, è consacrato alla divinità, così come colui che manda in rovina le messi con riti magici, ovvero come colui che si sia impadronito della messe altrui. L'attentato alla proprietà, in specie quella fondiaria, turba infatti il naturale ordine delle cose, l'equilibrio sociale e il buon rapporto con la divinità. La intangibilità della proprietà e il suo carattere essenziale nella società della Roma monarchica si desume anche dalla particolare durezza della repressione di ogni atto che ne costituisse attentato: il furto, vale a dire la sottrazione dolosa di cosa mobile, e la distruzione o anche il semplice danneggiamento di un bene davano vita alla immediata procedura esecutiva (*manus iniectio*) con la possibilità concessa al proprietario di uccidere il colpevole.

La proprietà appare strettamente legata all'autonomia e dunque alla libertà dei singoli gruppi di cui risulta anzi una garanzia di indipendenza e infine di sussistenza. Si può affermare sinteticamente che la proprietà è il fondamento stesso della autonomia delle *familiae*. In questa fase la proprietà appare in funzione della vita di ogni singola comunità famigliare, non a caso termine di riferimento dell'azione della *civitas* è qui il gruppo rappresentato dal *pater* e non invece i singoli individui, come sarà poi e come è ora.

3.

Il turannos

Alla fine del VII secolo a.C. si diffonde nell'area etrusco-laziale, importata dal mondo greco, una nuova tattica di combattimento: l'oplitismo. Si è detto che in questa fase storica la città-stato ha essenzialmente due funzioni: garantire la comunità dai pericoli esterni e mantenere l'ordine fra i consociati. Da qui discende il particolare rilievo che l'esercito e la *res militaris* hanno sulla configurazione stessa delle istituzioni politiche. Di conseguenza l'importazione a Roma dell'esercito oplitico e dei suoi principi non poteva non condizionare anche la struttura istituzionale della *civitas*.

L'oplitismo si fonda sull'impiego della falange, blocco compatto di soldati che combattevano in formazione chiusa, fondata su una stretta solidarietà fra i membri del gruppo. L'oplita è un soldato dotato di armatura pesante, con corazza di bronzo, schinieri, elmo. La falange era una armata cieca, numerosa, che presupponeva una disciplina ferrea, un addestramento continuo e una perfetta conoscenza delle tattiche di combattimento e quindi una sottomissione assoluta al capo. Questi appare un vero e proprio professionista della guerra.

Contemporaneamente si diffonde in area centro-italica, importato dall'Oriente, un nuovo culto, quello della dea *Fortuna,* la dea del destino e del fatto compiuto, dunque una divinità che sembra fatta apposta per legittimare nuove forme irrituali, senz'altro più forti, di potere politico.

Dall'Etruria si introduce parallelamente una nuova concezione del potere di comando, che diventa più assorbente, tendenzialmente assoluto: è l'*imperium*, legato verosimilmente al nuovo ruolo che il comandante militare è chiamato a esercitare, e che implica una supremazia totale sull'esercito oplitico. Si tratta di un potere che anche nella configurazione esteriore indica l'assolutezza e la pienezza delle sue prerogative: i simboli dell'*imperium* sono infatti rappresentati dal fascio di verghe per fustigare e dalla scure per decapitare.

È probabile che il *rex* romano sia ricorso all'impiego di ausiliari militari, veri e propri professionisti dell'oplitismo, inizialmente di origine straniera, verosimilmente etrusca. Questi mercenari, forti del rapporto diretto con l'esercito, probabilmente aperto a componenti non romane, a loro volta esperte nella nuova arte del combattere, dovettero rovesciare l'antico monarca latino-sabino con una serie di colpi di stato che misero in crisi l'equilibrio istituzionale raggiunto nei secoli precedenti.

L'adozione del nuovo esercito portò rapidamente Roma ad acquisire l'egemonia sulla *lega Latina* – una alleanza militare fra le principali città del Lazio – grazie anche all'abile politica degli ultimi Tarquini, che arrivarono a porre loro congiunti al vertice di alcune fra le più importanti città latine.

3.1. *L'emersione della figura del* turannos

È in questo contesto che le fonti testimoniano un cambiamento nelle forme di individuazione del capo della comunità, a cui sembra accompagnarsi una sua deriva di tipo tirannico. È probabile infatti che il *rex* etrusco, anche per le modalità eversive con cui dovette conquistare il potere, non sia stato scelto tramite la procedura dell'*interregnum* e della conseguente *dictio* senatoria, né sia stato legittimato dalla *lex curiata*, né si sia sottoposto alla *inauguratio*.

L'azione di questa nuova figura di capo della comunità si dovette dunque indirizzare verso l'indebolimento del potere dei *patres* e della loro sovranità e contestualmente verso una riduzione della autonomia dei gruppi parentali. Ciò comportò necessariamente una contrazione dell'influenza del senato e una marginalizzazione del ruolo dei comizi curiati. Parallelamente il *rex* etrusco aveva l'esigenza di fondare su basi nuove il suo potere. Il fondamento istituzionale del potere del *rex* era destinato a poggiare sul consenso dell'esercito oplitico, il fondamento sociologico si baserà su nuove forme di cittadinanza, il fondamento religioso sarà concepito nella benevolenza della dea *Fortuna*, il cui santuario, che dovette essere il vero e proprio sacrario del *turannos*, è stato rinvenuto nel Foro Boario, a conferma della tradizione.

Emerge dunque una figura autoritaria di capo, che impone la propria supremazia sulla comunità, dotato di un potere di comando assoluto (*imperium*), che implica fra l'altro la possibilità di fustigare e di mettere a morte qualunque recalcitrante, senza che nessun organo rappresentativo delle comunità parentali possa in qualche modo interferire nella attività di repressione immediata e diretta. La scelta del capo della comunità, in una prima fase, avveniva verosimilmente sulla base del carisma personale. A un certo punto è testimoniato nelle fonti il tentativo di indicare il successore utilizzando un complesso di elementi di natura sociologica quali la nomina a factotum e rappresentante del re, la concessione in sposa della figlia, la nomina stabile a *magister populi*.

È probabile che per la scelta del nuovo monarca si sia poi in qualche modo cercato di determinare una vera e propria procedura, che doveva svolgersi davanti all'esercito. Un esempio storico di questa prassi la si ricava sia dal *testamentum in procinctu*, cioè davanti all'esercito schierato, sia dal *testamentum calatis comitiis*, che presupponeva l'indicazione del successore proprio di fronte al comizio convocato, che era poi nient'altro che l'esercito in situazioni di pace. L'indicazione doveva essere sanzionata dalla acclamazione dell'esercito realizzata dal battere delle spade contro gli scudi (*suffragium*), che esprimeva formale sottomissione al futuro comandante.

Alla fine della dinastia dei Tarquini è verosimile che vi sia stato il tentativo di imporre una logica di tipo dinastico. Le fonti sono esplicite in questo senso. Tarquinio il Superbo, narra la storiografia di derivazione annalistica, avrebbe infatti tentato, senza riuscirci, di imporre uno dei propri figli come futuro successore al trono.

3.2. *L'ordinamento centuriato*

Le fonti ci attestano per la metà circa del VI secolo a.C. una profonda riforma dell'esercito che venne d'ora in poi strutturato non più sulle migliaia levate dalle tre tribù genetiche, bensì sulle centinaia (centurie) levate da tribù territoriali. Due sono gli scopi della riforma: da una parte rendere più maneggevole l'armata oplitica, dall'altra rompere il legame del nuovo esercito con le strutture della antica comunità curiata, allargando nel contempo le basi del suo reclutamento. È verosimile che in una prima fase l'esercito sia stato composto di 40 centurie di fanteria (4000 uomini). È possibile che a queste 40 centurie si siano aggiunte altre 20 centurie di armati alla leggera, residuo dell'esercito gentilizio, che combattevano verosimilmente in una posizione di seconda fila. In epoca storica l'ordinamento centuriato si comporrà di 5 classi di 170 centurie di fanti, 18 centurie di cavalieri e 5 centurie originariamente composte da specialisti, funzionali alle necessità della falange oplitica (suonatori di tromba per dare l'ordine di marcia, fabbri per provvedere alle necessità delle pesanti armature etc.). La prima classe raggruppava coloro che combattevano in prima linea. L'appartenenza alle varie classi era definita sulla base di un principio censitario. Dal momento che l'armatura aveva un costo notevole, che gravava sui singoli soldati, non tutti potevano infatti permettersela e dunque non tutti potevano far parte dell'esercito. Fra coloro che partecipavano all'esercito si differenziava poi a seconda del tipo di armamento che erano in grado di acquistare e dunque da qui si distingueva la posizione nella falange. Questo schema avrà ripercussioni sulla partecipazione politica dei cittadini quando l'ordinamento militare centuriato si trasformerà in comizio centuriato, cioè in assemblea votante. Voteranno infatti per prime le centurie della prima classe seguite dai cavalieri e quindi da quelle di fanteria successive alla prima classe.

3.3. *La residenza come criterio di appartenenza alla comunità*

Proprio le nuove esigenze dettate dal combattimento oplitico dovettero determinare una ulteriore evoluzione istituzionale, facendo emergere la necessità di costituire l'esercito sulla base della residenza in un determinato distretto.

Il meccanismo curiato di costituzione dell'esercito non si rivelava infatti più idoneo: occorreva immettere nel corpo civico un numero il più elevato possibile di soggetti che, indipendentemente dalla origine, fossero in grado di comprarsi la costosa armatura. Inoltre, il carattere della nuova armata, cieca e dunque fondata su una assoluta disciplina e sottomissione al capo, necessitava che i vari elementi si fondessero insieme in una nuova unità, cancellando l'autonomia dei gruppi parentali. Infine, il nuovo capo della comunità, sempre più caratterizzato da tentazioni tiranniche, non doveva sopportare l'autonomia di gruppi che potevano sottrarsi al suo potere.

D'altro canto, questo nuovo meccanismo fondato sulla residenza doveva essere gradito a un monarca di origine straniera che non aveva una discendenza da qualcuno dei gruppi parentali inseriti nelle curie. Ecco dunque che si dovette sostituire al criterio del sangue quello della residenza, ai fini della partecipazione all'armata. Si introdussero pertanto le tribù territoriali, vale a dire distretti di leva aventi base territoriale, verosimilmente in numero originario di 20 – 4 in città (tribù urbane) e 16 nel contado (tribù rustiche) – che raggiunsero poi definitivamente il numero di 35 (ancora una volta 4 in città e 31 in campagna) nel 241 a.C. Indirettamente, dovevano altresì cambiare i criteri per la individuazione della cittadinanza. Con il nuovo sistema si doveva tendere a sostituire il criterio della residenza a quello della discendenza, probabilmente temperato, per coloro che non fossero già cittadini o figli di cittadini, dalla capacità di partecipare agli oneri della comunità politica, e dalla appartenenza alla *sodalitas* del capo. Era così spianata la strada all'inserimento nel corpo civico di immigrati benestanti, capaci finanziariamente di dotarsi dell'armatura oplitica.

Le politiche sulla estensione della cittadinanza perseguite dai *turannoi* non cambiano dunque rispetto all'epoca latino-sabina: l'idea di fondo era sempre quella di allargare la composizione dell'esercito; cambiano piuttosto i presupposti giuridici grazie ai quali si determinava il suddetto allargamento.

3.4. *Il censo*

Decisivo per la costituzione dell'esercito, oltreché verosimilmente anche ai fini della determinazione dei nuovi cittadini, era ora l'istituto del censo. Con una certa periodicità il *turannos* procedeva all'accertamento del patrimonio di coloro che risiedevano in una tribù territoriale. Quei *patres* che fossero economicamente in grado di dotare sé e i propri figli maggiorenni della armatura oplitica erano inseriti nella *classis* delle prime 40 centurie, vale a dire erano considerati idonei a costituire la falange. Gli altri cittadini erano relegati nelle centurie dei cosiddetti *infra classem*, che continuavano a utilizzare la vecchia armatura preoplitica. Secondo la tradizione, l'accertamento avrebbe avuto base monetaria, si sarebbe cioè valutato il patrimonio, costituito innanzitutto dai fondi, dal bestiame, dagli schiavi, dagli attrezzi di lavoro. Il valore sarebbe stato espresso in assi. La valutazione monetaria, già per questa fase storica risalente, è tuttavia discussa, anche se la scoperta in varie parti d'Italia di depositi di barre di bronzo contrassegnate, con funzione monetale, e risalenti al VI secolo a.C., rende credibili le notizie della tradizione. D'altro canto è verosimile che i commercianti e artigiani stranieri, che i *turannoi* intendevano aggregare all'esercito, disponessero soprattutto di beni mobili.

3.5. *Lo strutturarsi di una amministrazione militare*

La creazione della falange, che necessitava di un comandante costantemente legato ad essa, esperto di tattiche militari, e il probabile ricorso da parte degli ultimi re latino-sabini a mercenari, capitani di ventura, a cui affidare il comando unitario degli opliti, dovettero comportare la fusione delle tre unità dell'esercito curiato (le migliaia) in un unico blocco strutturato per centurie con la conseguente creazione di una figura nuova denominata *magister populi*, vale a dire "colui che aveva un potere di comando superiore" sul *populus*, che significa qui "esercito oplitico". Al *magister populi* si dovette affiancare un *magister equitum*, che tuttavia, stante la perdita di importanza della cavalleria in questa fase storica, divenuta probabilmente funzionale alle esigenze della fanteria, finì con l'essere subordinato al capo degli opliti. È verosimile che il *rex* abbia mantenuto le funzioni di supremo comandante e che fino alla cacciata degli etruschi il *magister populi* sia rimasto un ausiliare militare del *turannos*. Accanto a questi due ausiliari militari del *turannos* si dovette aggiungere presto un terzo generale, il *praefectus urbi*, posto a capo dei *seniores*, che rimanevano in città a presidiarla in qualità di riserva allorché il *turannos* con tutto l'esercito avesse affrontato spedizioni militari. Era certamente anche lui un comandante militare seppur di rango inferiore al *magister populi*. Da qui si spiegano le funzioni militari dei *seniores* e la loro partecipazione all'ordinamento militare centuriato.

4.
Il diritto penale nell'epoca monarchica

4.1. *Alle origini della pena*

Dal momento che la *familia* svolgeva originariamente funzioni politiche e al suo capo, il *pater*, spettava lo *ius vitae ac necis*, al suo interno si sanzionavano direttamente i reati commessi dagli appartenenti al gruppo parentale. Le aggressioni esterne erano considerate alla stregua di una atto di guerra e comportavano la reazione del gruppo offeso. La situazione originaria è lasciata intendere dal più antico processo privato. La *manus iniectio* simboleggiava la reazione violenta che si traduceva nel mettere le mani addosso a colui che avesse violato i beni su cui si fondava la vita della comunità famigliare. Al riguardo non sembra pertanto che vi fosse una sostanziale distinzione fra furto, danneggiamento od omicidio. La reazione era un affare dei gruppi parentali, lasciata alla loro libera iniziativa.

La sovrapposizione della *civitas* alle strutture parentali va nel senso di ricondurre in ambito civico la reazione dei gruppi offesi, garantendo un equilibrio fra azione lesiva e reazione.

Il primo temperamento alla reazione indiscriminata dei gruppi offesi si dovette realizzare con l'istituto del taglione. Già nel nome, che ha nella sua radice la stessa base di "*talis esto*" e dunque un giudizio di equivalenza, si presupponeva una reazione equilibrata che mettesse sullo stesso piano violazione del diritto ed esercizio della vendetta.

Forme di sovrapposizione della *civitas* alla autonoma repressione dei gruppi sono testimoniate da quelle *leges regiae* che regolamentavano, legittimandola, la persecuzione attuata dai gruppi medesimi.

Il caso più rilevante appare quello dell'omicidio. Celebre è al riguardo la norma attribuita a Numa e riportata da Festo (s.v. *Parrici<di>*, L. p. 247): "*si qui hominem liberum dolo sciens morti duit paricidas esto*". Recenti correnti dottrinali interpretano questo precetto nel senso di una imposizione o forse meglio di una legittimazione data ai congiunti dell'ucciso a uccidere il colpevole. Questa interpretazione appare del resto confermata dalla complementare norma in materia di omicidio involontario che risalirebbe sempre a Numa e che prevedeva, secondo una nota testimonianza di Servio (*in ecl.* 4.43), che "*si quis imprudens occidisset hominem, pro capite occisi agnatis eius in contione offerret arietem*". Anche qui, dunque, vi è l'intervento dei famigliari della vittima a cui deve essere offerto, con funzione rituale, un ariete affinché possa essere sacrificato in sostituzione dell'omicida per placare quindi la necessità della vendetta.

Le due disposizioni sull'omicidio segnano un passaggio importante nello sviluppo del diritto criminale. Esse infatti, per la prima volta, distinguono, ai fini della responsabilità, tra atto volontario e involontario. Inizia quindi a rilevare la responsabilità personale. Si può aggiungere che per la prima volta in ambito giuridico rileva la persona con la sua individualità.

In altri casi le *leges regiae* intervenivano a regolamentare consuetudini risalenti, forse nate nell'ambiente gentilizio o comunque precivico, introducendo ora la sanzione della sacertà. Il *sacer esto* consisteva nella *consecratio* vale a dire nell'abbandono del colpevole e di quanto gli apparteneva al dio oltraggiato (*consecratio capitis et bonorum*). Conseguenza della *consecratio* era che la *civitas* toglieva qualsiasi protezione all'uomo dichiarato *sacer* così che chiunque poteva impunemente aggredire la sua persona, sino alla uccisione, ed impadronirsi dei suoi beni. Non era tuttavia consentita una immediata messa a morte per opera degli organi cittadini. Evidentemente si voleva lasciare alla divinità la decisione della eventuale vendetta. Si trattava infatti, nel caso di specie, di sanzionare atti che venivano sentiti come gravemente lesivi della *pax deorum*, vale a dire dell'equilibrio fra la comunità e la divinità offesa. Occorreva dunque evitare che sulla comunità si ripercuotessero, a seguito dell'atto, conseguenze sfavorevoli. Con la dichiarazione di sacertà la comunità allontanava pertanto il colpevole da sé. In senso tecnico non si trattava quindi di una pena, quanto piuttosto di una condizione personale. È evidente il contenuto marcatamente religioso di queste disposizioni che risentono dello stesso clima che aveva ispirato per esempio la primitiva disciplina del processo privato di cognizione, segnatamente della *legis actio sacramento*. Anche in questo caso l'interesse "laico" costituiva un interesse indiretto rispetto a quello "religioso" volto a ripristinare il buon rapporto con la divinità. Esempi di *consecratio* si hanno nei casi di violazione della fede tra patrono e cliente, di violenze del figlio contro i genitori e della nuora contro il suocero, di rimozione delle pietre di confine fra i fondi, di vendita della moglie da parte del marito. Come si vede, si trattava di comportamenti che riguardavano la sfera famigliare o gentilizia e che sino a quel momento dovevano essere repressi nell'ambito della comunità parentale oppure concernevano i rapporti fra *familiae* confinanti.

Una immediata messa a morte per opera di organi della collettività e dunque un intervento senz'altro autonomo della comunità lo si ravvisa invece per quei reati, sempre aventi contenuto religioso, che consistevano in comportamenti particolarmente empi e che presupponevano la strutturazione di una religione della intera *civitas*. Così è per la divulgazione di segreti religiosi, repressa con la immediata messa a morte tramite la atroce pena del sacco (*poena cullei*). Così è ancora per la violazione dell'obbligo di castità di una vestale che doveva rimanere vergine a vita. Probabilmente è da intendersi anche come offesa diretta a Cerere, per averle sottratto l'offerta delle primizie, anche il furto notturno di messi, che comportava la diretta uccisione del colpevole in onore a Cerere, anche se è possibile che la norma originaria sia stata in qualche modo "inquinata" dalla successiva, apparentemente identica, previsione decemvirale. La tutela della proprietà era pure qui una conseguenza della repressione del sacrilegio.

A fianco di queste ipotesi, che erano considerate inespiabili (*scelera inexpiabilia*), e la cui sanzione consisteva in un *supplicium* vi erano poi casi meno gravi di infrazione di natura religiosa (*scelus expiabile*) che potevano essere scontati limitandosi ad una offerta espiatoria (*piaculum*). In questi casi era necessario il sacrificio di un animale o il pagamento di una somma a vantaggio del culto della divinità offesa. Così era per la vedova che passasse a nuove nozze prima della conclusione dell'anno di lutto, che avrebbe dovuto sacrificare a Tellure una vacca gravida. Si voleva indirettamente garantire la certezza della paternità. Così ancora per la concubina che avesse toccato l'ara di Giunone, violando il relativo divieto, e a cui era fatto obbligo di sacrificare un'agnella. Così pure per il marito che senza giusto motivo avesse ripudiato la moglie: egli doveva attribuire al tempio di Cerere metà del suo patrimonio mentre l'altra metà andava alla donna. È significativa questa norma perché per la prima volta lega insieme una sanzione sacrale di carattere espiatorio e una sanzione "laica" destinata a provvedere alle esigenze di sostentamento della moglie. È evidente qui la novità della normativa.

Senz'altro diverse da queste ipotesi aventi tutte un connotato sacrale erano invece quelle forme di repressione più tipicamente legate alla nascita della *civitas* e tutte in vario modo legate all'ambito militare. Così, innanzitutto, la *proditio*, vale a dire l'alto tradimento, e quindi la diserzione, gli atti di sedizione, gli atti di codardia. In questi casi la repressione spettava direttamente al re quale comandante militare e consisteva in una estrinsecazione della *coercitio* con la possibilità di una immediata messa a morte del colpevole che, almeno dopo l'introduzione dell'*imperium*, veniva battuto con le verghe ed eventualmente decapitato con la scure a opera dei littori che seguivano il *rex*. Per la necessità di una immediata repressione, e in virtù della pienezza del potere di comando militare, non vi era bisogno di alcun processo. È probabilmente proprio in relazione a queste ipotesi e per estendere la garanzia di un controllo pubblico sull'operato del magistrato che nella prima repubblica fu poi previsto il meccanismo della *provocatio ad populum*, che non a caso nacque come limite all'*imperium*.

In questo contesto dovette anche presto distinguersi fra atti che violavano la *pax deorum*, e, successivamente, che intaccavano la consistenza o pregiudicavano il destino della stessa comunità, e atti che invece riguardavano direttamente ed esclusivamente la vita dei singoli gruppi. In tutte le ipotesi occorreva arrivare alla irrogazione di una sanzione di natura penale e tuttavia nei primi due casi era diretto interesse della comunità giungere alla comminazione della pena, nell'altro caso doveva apparire più immediato e preminente l'interesse del privato ad attivarsi per far irrogare una sanzione che in qualche modo avesse carattere satisfattorio del diritto leso.

È partendo da queste premesse che ipotesi come il furto, il danneggiamento o le lesioni personali vennero attratte a Roma nell'ambito del processo privato, mentre atti come la rimozione dei confini, l'omicidio o l'alto tradimento rientrarono nell'ambito di distinte procedure in cui le conseguenze sanzionatorie non erano prioritariamente destinate al ristoro del diritto violato, ma a garantire più complessi interessi collettivi o equilibri che toccavano tutta la comunità.

4.2. *La procedura criminale delle origini*

Relativamente alle modalità di accertamento della colpevolezza e di irrogazione della sanzione non si hanno informazioni dettagliate. Nelle fonti compare tuttavia più volte il riferimento a una *damnatio* pronunciata dal popolo nei confronti del reo. Per l'epoca a cui si riferisce la notizia, quella dei re latinosabini, il popolo doveva essere senz'altro quello curiato. Trattandosi di casi di *consecratio*, vale a dire di casi in cui veniva tolta la protezione della *civitas* al reo nell'interesse della collettività, per significare la estraneità del colpevole e quindi il suo abbandono al dio, è probabile che fosse la stessa comunità ad accertare l'esistenza del comportamento che avrebbe comportato empietà e dunque la rottura del rapporto con la divinità.

Con riferimento poi ai casi di omicidio volontario dell'*homo indemnatus*, è testimoniato l'intervento di *quaestores parricidii* il cui compito era probabilmente quello di accertare l'esistenza del dolo, presupposto per l'esecuzione capitale. Il nome *quaestores* (da *quaerere*) allude infatti a una attività di indagine, di ricerca del materiale probatorio. È anche verosimile che i *quaestores* assistessero i parenti della vittima nella esecuzione della vendetta. Trattandosi qui di un reato che colpiva direttamente la *familia*, comunità politica autonoma, doveva risultare improprio un giudizio di tutte le curie sulla colpevolezza del presunto omicida, limitandosi l'intervento degli organi pubblici allo scopo di evitare abusi. La procedura di esecuzione della pena era peraltro pubblica, svolgendosi di fronte al popolo riunito in modo informale (*in contione*), allo scopo di costituire un esempio per tutti e al fine di controllare la correttezza della esecuzione stessa.

È infine probabile che per le ipotesi in cui spettasse al *rex* il compito di reprimere direttamente certi reati di natura militare, il monarca solesse, almeno in certi casi particolarmente delicati, sentire il parere dell'esercito. È verosimilmente in questa prassi l'origine dell'istituto della *provocatio ad populum* che nella prima repubblica verrà configurato come un vero e proprio *ius* dato a tutti i cittadini e anzi come una delle garanzie della libertà individuale.

B. L’EPOCA REPUBBLICANA

1.
La res publica

Il tentativo dell'ultimo *turannos* etrusco di imporre una logica di tipo ereditario per risolvere il problema della successione al trono dovette essere la causa della cacciata della dinastia dei Tarquini. Stando alla testimonianza delle fonti è probabile che si sia trattato di una congiura di palazzo, interna, almeno in parte, alla stessa *gens Tarquinia*. Uno dei congiurati era infatti un parente del *turannos*, Bruto, che è raffigurato fra l'altro come un comandante oplitico. All'origine del colpo di stato sono in verità tre figure: oltre a Bruto, il Publicola e Lucrezio. Tutte e tre si caratterizzano per essere rappresentate nelle vesti di ausiliari militari del re. Il Publicola, che rinvenimenti epigrafici sembrano rivalutare in una dimensione storica, deriverebbe il suo nome da "caro al *populus*", vale a dire all'esercito oplitico e come comandante di fanteria egli è non a caso raffigurato. Spurio Lucrezio, al momento del colpo di stato, avrebbe rivestito la carica di *praefectus urbi*. Bruto era stato *magister equitum*. È dunque verosimile che abili condottieri militari dell'entourage dei Tarquini abbiano determinato la caduta del *turannos* proprio in reazione all'aver questi anteposto, alle loro aspettative di successione al trono, la indicazione del figlio, nell'intento di instaurare un meccanismo dinastico.

Insieme con i Tarquini se ne andarono molti loro seguaci e compagni d'arme. Il fatto comportò certamente un indebolimento della componente etrusca. Ciò, unito all'odio che si era creato contro questi signori assoluti, che coinvolse nei secoli l'idea stessa di *regnum*, dovette favorire la rinascita dell'elemento latino-sabino e in particolare di quelle *gentes* i cui membri avevano costituito il *consilium regis*, vale a dire l'assemblea dei *patres*. Questi *patres* e i loro discendenti, cioè i *patricii*, diedero così vita a una vera e propria serrata, cercando di riappropriarsi dei meccanismi di gestione del potere, probabilmente sfruttando rivalità interne agli stessi congiurati. Da questo ceto si distinguevano tutti gli altri cittadini, che erano la maggioranza e che appartenevano alle *minores gentes*, o più frequentemente a *familiae* isolate, a clienti che avevano allentato i vincoli di clientela, a schiavi manomessi, a stranieri che erano stati integrati nell'esercito centuriato e che erano dunque soprattutto artigiani e commercianti attratti in età etrusca dal crescere della città. Questa massa venne definita *plebs*, nome di origine mediterranea che ha in sé la stessa radice del crescere comune ai termini greci *polùs*, *plèthos*, insomma un termine che allude alla moltitudine in evidente contrapposizione ai *patricii* che erano una minoranza, una élite. È qui che nasce l'origine della contrapposizione patrizio-plebea che caratterizzò tutta l'evoluzione costituzionale e buona parte della produzione legislativa dei primi secoli della repubblica.

Siamo alla fine del VI secolo a.C. La cacciata degli etruschi ebbe qualche conseguenza anche sulla espansione della città. È attestata insieme con una contrazione della popolazione una diminuzione dei commerci e della ricchezza complessiva. Roma è d'altro canto assediata da più parti. Si arriva a sdoppiare la legione per poter combattere su più fronti. In un momento di particolare difficoltà anche gli alleati latini, che avevano dato ospitalità ai Tarquini, cercano di ribellarsi alla soggezione nei confronti di Roma. Decisiva fu tuttavia la battaglia del lago Regillo del 498 a.C. che sancì l'egemonia di Roma *in Latinos*. Il *foedus Cassianum*, stipulato nel 493, riconosceva ai magistrati romani il comando dell'esercito federale latino.

All'origine della repubblica sembrano dunque aver svolto un ruolo decisivo tre soggetti che avevano ricoperto la carica di *magister populi*, *magister equitum* e *praefectus urbi*. Nel periodo confuso che dovette seguire la cacciata dei Tarquini è probabile che il governo della repubblica fosse regolato più che da precise norme, che si andavano proprio allora sedimentando, dai rapporti di forza che si venivano a creare all'interno della classe dirigente. È verosimile comunque che la costituzione materiale si sia strutturata attorno a queste figure di comandanti che con termine generico erano definiti *praetores*, da *prae-ire*, andare innanzi all'esercito, e che svolgevano ormai funzioni essenziali per la guida dell'esercito cittadino. D'altro canto vi è nelle fonti il ricordo di una antichissima disposizione di natura sacrale, una *lex vetusta*, risalente ai primi anni della repubblica, che, prescrivendo con funzioni apotropaiche la fissione annuale di un chiodo nel tempio di Giove, presupponeva l'esistenza di un *praetor maximus*. Ora il termine *maximus* implica una gerarchia all'interno di un gruppo formato da più di due soggetti, perché altrimenti si sarebbe parlato di *praetor maior*. Stanti i diversi ruoli e i conseguenti rapporti gerarchici fra *magister populi*, *magister equitum* e *praefectus urbi* è logico pensare che *praetor maximus* fosse colui che rivestiva la carica di *magister populi*. Dal momento che questo comandante in capo dell'esercito romano era anche normalmente il comandante in capo dell'esercito federale latino, che con termine tecnico si chiamava *dictator*, è pure probabile che a un certo punto, per il maggior prestigio della carica federale e per sottolineare anche simbolicamente l'egemonia romana, sia invalso l'uso di denominare il *magister populi* con il nome di *dictator*.

Era tuttavia vivo il timore che una situazione istituzionale di questo tipo potesse in qualche modo favorire la rinascita di un potere di tipo tirannico; le fonti del resto lasciano intendere che ci sarebbero stati tentativi di restaurare forti poteri personali, che si sarebbero conclusi con la condanna a morte del colpevole. Riacquistata l'egemonia sulla *civitas* da parte delle antiche *gentes*, doveva essere poi particolarmente sentita l'esigenza di garantire un maggior equilibrio fra di loro e dunque la possibilità di una rotazione nel governo della città-stato fra i loro membri più influenti. È in questo contesto che si andò consolidando un particolare modello istituzionale. Esso prevedeva innanzitutto l'annualità delle cariche supreme di comando, il turno mensile, che si spiega agevolmente se si immagina che a mesi alterni un *praetor* ricoprisse il ruolo di *magister populi* e il mese successivo quello di *magister equitum*. Infine se al comando dell'esercito, vale a dire degli *iuniores* dell'ordinamento centuriato, si alternavano mensilmente due soggetti, un terzo *praetor* rimaneva in città a comandare la riserva con funzioni di *urbis custodia*.

Nella prima metà del V secolo a.C. i Romani, dovendo sostenere la guerra su più fronti, sdoppiarono la legione che comprese 3000 uomini su una struttura di 60 centurie. Ciò sta a significare che tale sdoppiamento avvenne in un'epoca di crisi demografica, sotto la necessità militare. Il periodo coincide fra l'altro con una ridotta importanza della cavalleria che svolgeva funzioni secondarie. Dovette dunque porsi il problema di raddoppiare la carica di *magister populi*, ovvero, detto altrimenti, di *praetor maximus*. Essendo ormai due i *praetores maximi* furono chiamati più semplicemte *praetores*. In questo riassetto dell'esercito non dovette essere invece raddoppiata la figura di *magister equitum*. I due *praetores* avevano pari *imperium* e pari *potestas* e potevano compiere qualsiasi atto di comando inerente alla carica ricoperta, con il limite del potere di veto del collega. Proprio da questa collegialità della carica derivò successivamente il nome di *consules* ai due *praetores*, che erano ora al vertice dell'esercito e dunque della *civitas*. Quando si doveva ricorrere a riunire l'armata sotto un unico comandante, per far fronte a situazioni eccezionali, si riesumava verosimilmente quella più antica figura di comandante unico dotato di poteri particolarmente intensi che, per distinguerlo dai due *praetores* comandanti le due legioni e in ricordo del nome invalso un tempo a designare il comandante supremo dell'esercito, venne denominato *dictator*.

1.1. Res publica, *significato del termine*

Con *res publica* le fonti alludono, oltre che alla organizzazione politico-giuridica di un determinato corpo sociale, e in questo significato *res publica* si avvicina al nostro concetto di stato, anche a una particolare forma di governo contrapposta al *regnum*. È con questa accezione che ci si riferisce in dottrina al modello di organizzazione costituzionale che caratterizzò la storia romana dal 509 al 27 a.C.

In particolare *res publica* era intesa dai romani come quella forma di organizzazione in cui *populi potestas summa est*. Anzi l'espressione usata nelle fonti è *libera res publica* per evidenziare il valore fondante questa specifica forma di governo. Per conseguenza la *res publica* è quel sistema in cui la *libertas* del *populus* è *maxima*. *Res publica* è dunque quella forma di governo fondata sulla sovranità popolare. Coerentemente la *res publica* è *res populi*. Il *populus* è il soggetto attivo della *res publica*.

La repubblica nasce sull'equilibrio. L'equilibrio è il principio cardine di tutta la nuova costituzione, che presuppone a sua volta il bilanciamento dei poteri. In altre parole si ha cura di evitare che qualcuno possa acquisire un potere eccessivo e restaurare il *regnum*.

1.2. *Gli organi della* res publica

1.2.1. *Le magistrature*

a) La scelta dei primi organi di governo della repubblica

Dalla creatio alla electio

Stando a Tito Livio (1.60.3) la scelta dei primi organi di governo repubblicani (i *praetores*, v. *infra*) sarebbe avvenuta nel comizio centuriato tramite una *creatio* del *praefectus urbi* seguendo regole fissate nei *commentarii Servi Tulli* e utilizzate sino a quel tempo per la nomina degli ausiliari militari del *rex*. È significativo che ancora in epoca tarda con l'atto di proclamazione dei risultati delle votazioni elettorali (la *renuntiatio*), effettuato dal magistrato che presiedeva le operazioni, si dicesse che questi "*creabat*" i successori. Era dunque ben presente, addirittura recepita nel linguaggio tecnico della procedura di voto, l'idea che vi fosse una originaria *creatio* da parte del predecessore. D'altro canto il *dictator*, quando poi divenne magistratura straordinaria, fu sempre "creato" dai magistrati in carica. Nella nomina degli organi di governo della repubblica si doveva del resto risentire della prassi monarchica per cui il predecessore indicava alla comunità il successore. È pertanto probabile che nei primi anni della repubblica più che di una elezione dei magistrati si fosse in presenza di una indicazione alla comunità da parte dei predecessori, tramite presentazione all'esercito centuriato che probabilmente acclamava con *suffragium* la scelta, potendo peraltro rifiutarla. È coerente con questa ricostruzione il fatto che ancora in età più tarda il comizio centuriato, cioè l'assemblea elettorale, avesse solo il potere di accettare o respingere le candidature.

La *creatio* dei predecessori era d'altra parte funzionale a garantire la permanenza dei supremi comandanti entro una cerchia sociale ristretta. D'altro canto se i magistrati non fossero stati creati dai predecessori, difficilmente i plebei avrebbero dovuto aspettare, come si vedrà fra breve, quasi 150 anni per avere un loro rappresentante ai vertici della *res publica*.

L'intervento delle centurie era l'altro passaggio necessario: trattandosi innanzitutto della scelta di comandanti militari doveva essere l'esercito a esprimere il proprio gradimento e l'esercito non era più rappresentato nel comizio curiato, al cui interno stavano fra l'altro alcuni soggetti che per censo erano verosimilmente esclusi o comunque ai margini dell'armata. Tuttavia per tutta la storia repubblicana le curie risultano aver conservato un ruolo formale di conferimento dell'*imperium*, anche quando in età tarda il comizio curiato era soltanto un retaggio del passato e veniva rappresentato da trenta littori che si riunivano in rappresentanza delle antiche curie per esprimere una attribuzione meramente formale del potere di comando. Nella conservazione di un ruolo vieppiù formale delle curie si ha uno degli esempi più caratteristici del tradizionalismo tipico dei romani.

È significativo che senza l'intervento della *lex curiata* i magistrati appena eletti non potessero convocare il popolo, né prendere alcun atto esplicazione di *imperium*. Da ciò si desume che la effettività del loro potere si realizzasse solo dopo la votazione della *lex curiata de imperio*, che, come nella antica costituzione latino-sabina, doveva dunque conferire formalmente il supremo potere di comando. Nelle centurie si aveva quindi l'approvazione sostanziale della indicazione fatta dai predecessori, con l'intervento delle curie si attribuiva formalmente il potere ai nuovi magistrati. La competenza del comizio curiato nella votazione della *lex de imperio* sta comunque a significare che erano le curie a essere ancora considerate le depositarie della sovranità, era lì che si trovava riunito tutto il popolo. La sovranità non era pertanto dell'esercito, ma veniva ravvisata nel popolo nel suo complesso.

Proprio la competizione che iniziò a generarsi fra i gruppi parentali più potenti per il controllo della *res publica* dovette portare ad attribuire all'ordinamento centuriato un ruolo sempre più attivo nella scelta dei futuri magistrati. La dinamica della lotta politica doveva infatti spingere nella direzione di una pluralità di aspirazioni e dunque di candidature e dal momento che due soltanto erano i magistrati supremi occorreva procedere a una scelta, vale a dire a una *electio*. È a questo punto che il ruolo dei magistrati si limitò alla semplice presentazione delle candidature, mentre le centurie si vennero a organizzare in vera e propria assemblea politica, tendenzialmente rappresentativa della intera comunità, pur con i limiti della timocrazia. Le centurie acquisirono così funzioni di scelta e quindi di elezione dei magistrati, trasformandosi in vero e proprio comizio elettorale. Riemergeva d'altra parte l'idea di una sovranità diffusa che era stata compressa in epoca etrusca, ma che era connaturata all'identità stessa della *civitas* e che portava inevitabilmente alla elezione popolare degli organi di governo della comunità.

b) La magistratura. I poteri

Dal nome di *magister* (*populi* ed *equitum*) derivò per estensione quello generico di *magistratus*, che indica colui che ha una sfera di comando superiore e che venne usato per denominare le cariche di governo della *res publica*.

Magistratus è innanzitutto l'ufficio in virtù del quale chi ne è titolare ha il potere e un dovere correlativo di esercitare in nome della *res publica* romana una serie di funzioni e di compiere una serie di atti efficaci nei riguardi di tutti i cittadini romani. Con l'espressione *magistratus* si designa poi anche la persona investita di quell'ufficio.

Può essere considerato dunque *magistratus* solo l'ufficio e il titolare di ufficio della *civitas*, non di ordinamenti di altri gruppi.

Cicerone individua l'essenza della magistratura nel fatto di *gerere personam civitatis*. Magistrato è pertanto colui che dà voce alla *civitas*, il suo gestore, è in altre parole il suo rappresentante istituzionale. Ciò significa che la volontà espressa dal magistrato non impegna la persona che riveste la carica, ma direttamente la *civitas*. È dunque la *civitas* che stipula un contratto di appalto, che concede terre pubbliche in godimento a privati, che conclude un trattato; sulla *civitas*, per conseguenza, si ripercuotono gli effetti di tali atti.

Tipico di ogni magistratura è la *potestas*. Già propria del *pater*, antico sovrano della comunità famigliare e successivamente del *rex*, non a caso modellata su quella, la *potestas* dei magistrati indicava genericamente un potere inerente all'esplicazione di funzioni dello stato e che si presentava di volta in volta con facoltà più o meno ampie, così che all'unitarietà dell'*imperium* si può contrapporre una *aliqua potestas*, una determinata *potestas*. Si tratta dunque di un potere che esprime una autorità politica sulla *civitas*. È proprio grazie alla sua *potestas* che il magistrato può esprimere con la propria volontà quella dello stato, creandogli diritti e obblighi.

Potestas è un termine certamente più generico di *imperium* e consente anche di esprimere la posizione del magistrato nei confronti degli altri magistrati: al riguardo si parla di *par maiorve potestas*. Così il dittatore ha *maior potestas* verso i consoli, questi verso i pretori. Il censore ha una posizione particolare: non ha *maior potestas* rispetto ad alcun magistrato e nessun magistrato possiede *maior potestas* verso di lui. Non esiste invece graduazione di *potestas* tra i magistrati minori (questori ed edili). Hanno *par potestas* i membri dello stesso collegio. Questa posizione reciproca trova una sua giustificazione nella genesi delle singole magistrature.

Il criterio della *par maiorve potestas* venne a rappresentare un termine di riferimento generale che permise di stabilire una graduazione che serviva a sua volta a dirimere eventuali conflitti di competenza (convocazione dei comizi, convocazione del senato, presa degli auspici etc.).

La *par potestas* si impone negativamente tramite la *intercessio*. È questo uno strumento strettamente collegato con la collegialità, di cui costituiscono altre forme di temperamento il turno, la cooperazione, la sorte, la divisione dei compiti per date funzioni previo accordo. L'*intercessio è* un potere di veto che si opponeva all'atto del magistrato a cui voleva togliere effetto e quindi era legata a tale atto da una connessione temporale: non era escluso un limitato lasso di tempo, ma essa doveva essere interposta prima che l'atto avesse raggiunto i propri effetti. Dunque l'*intercessio* si opponeva nei confronti di atti iniziali e preparatori.

I magistrati maggiori potevano poi usare nei confronti dei magistrati minori lo *ius prohibendi* che vietava il compimento di un certo atto.

Il magistrato poteva essere sospeso dall'esercizio delle funzioni. Era questa una misura sanzionatoria che poteva essere disposta da chi avesse una *maior potestas*: così il *dictator* nei confronti del *magister equitum* o del console, il console verso il pretore.

Vi era poi l'istituto della avocazione: il magistrato più alto in grado poteva avocare a sé il compimento di certi atti, per esempio la convocazione dei comizi, esautorando il magistrato dotato di *minor potestas* dal compimento di quell'atto, che tuttavia non veniva vietato come nella *intercessio*, ma veniva esercitato direttamente da colui che lo avesse avocato a sé.

L'attività ordinaria di tutte le magistrature poteva essere sospesa in casi eccezionali: si trattava di una misura per qualche aspetto affine, per le conseguenze, alla dichiarazione dello stato di guerra contenuto nella nostra costituzione. Era un provvedimento straordinario a cui si ricorreva per fronteggiare gravi situazioni di pericolo militare. La sospensione veniva decisa con editto del magistrato più alto in grado, sentito il senato. Si distingueva dal senatoconsulto ultimo che era una misura più limitata, che sospendeva soltanto le garanzie costituzionali, spettava al senato e almeno in età più recente si poteva adottare in casi di grave pericolo interno.

Nelle fonti compare pure la distinzione tra magistrature maggiori e magistrature minori; essa ha a che fare con gli auspici. Magistrati maggiori sono il dittatore, i consoli, i pretori, i censori.

Se tutti i magistrati avevano la *potestas*, non tutti erano dotati di *imperium*.

L'*imperium*, che, come si è visto, era stato introdotto dai sovrani etruschi ed era in origine il supremo potere di comando militare, viene poi a coincidere in età repubblicana, più in generale, con il massimo potere di governo. Si tratta di un potere sovrano, vale a dire che non riconosceva un potere superiore, pur essendo peraltro temperato dalla differente *potestas*. Così per esempio i consoli e il pretore avevano entrambi eguale *imperium*, ma differente *potestas*. Era un potere originario, cioè non derivato da altri poteri, ma insito nella carica, spettava al magistrato in quanto tale per la sua posizione verso la *civitas*. Poi con lo svilupparsi della idea di sovranità popolare si ravviserà l'origine e la titolarità dell'*imperium* nel popolo romano, ai magistrati spetterà proprio in quanto espressione organica di quella comunità. Era un potere unitario: era infatti indivisibile, non poteva spettare in parte a un console e in parte a un altro. Proprio il carattere originario dell'*imperium*, che si trasmette dal *rex* ai magistrati, denota la continuità dell'ordinamento romano e del suo sviluppo.

Dalla titolarità di questo potere supremo di governo discendono diverse prerogative. Così per esempio lo *ius agendi cum populo* e lo *ius agendi cum patribus*, vale a dire il diritto di convocare i comizi e il senato; la *coercitio*, cioè il potere di repressione immediata e diretta; una limitata giurisdizione criminale; lo *ius edicendi*, vale a dire il potere di emettere ordinanze aventi valore normativo; il potere di fare leve e imporre tributi; la *iurisdictio*, cioè il potere del magistrato, che interveniva nella impostazione delle controversie fra privati, di indicare in modo vincolante la norma da applicarsi al caso concreto. Il carattere imperativo della *iurisdictio*, a differenza della elaborazione pontificale del diritto che era fondata sulla *auctoritas* dei pontefici, era esplicazione di un potere sovrano.

Come il diritto di proprietà, anche l'*imperium* è delimitato solo negativamente, non invece con la specificazione tassativa di poteri.

È dunque un potere generale, comprimibile, ma elastico, nel senso che, tolto il limite, si riespande. Non divisibile, a differenza della *potestas*, in specifiche sfere di competenza, anche se poi concretamente si attua una specializzazione di funzioni. Chi detiene l'*imperium* può svolgere infatti qualsiasi atto cui la titolarità dell'*imperium* legittima.

L'*imperium* venne limitato nel successivo sviluppo costituzionale dalla introduzione della *provocatio ad populum*. In seguito a questa limitazione si arrivò a distinguere fra un *imperium domi*, vale a dire esercitato entro il pomerio cittadino, e *imperium militiae*, che, a differenza di quello *domi*, conservava il potere di mettere a morte – nonché i vari poteri punitivi rientranti nella *coercitio* – senza alcun limite, tranne quello temporale della scadenza dalla carica. Fra l'altro proprio le esigenze della guerra fecero sì che detta scadenza venisse intesa con una certa elasticità e che si rimanesse nell'esercizio del comando fino all'arrivo del successore. Da questa prassi nacque il principio della *prorogatio imperii* che consentì di far ricorso a coloro che avessero ricoperto magistrature dotate di *imperium* per governare le province.

Avendo Silla stabilizzato il sistema di proroga dell'*imperium*, si crearono le condizioni per una distinzione permanente fra *imperium militiae* e *imperium domi*. Silla invero decise che i magistrati avessero l'obbligo di risiedere in Roma e dovessero occuparsi solo delle funzioni civili di governo; esclusivamente dietro incarico del senato avrebbero potuto essere eccezionalmente autorizzati a guidare spedizioni militari. La conduzione delle operazioni militari d'ora in poi sarebbe spettata normalmente ai governatori delle province. Quel provvedimento aveva fra l'altro spezzato l'unitarietà dell'*imperium*. Con quattro secoli di anticipo rispetto alle riforme di Costantino, Silla aveva intuito l'esigenza di separare l'amministrazione civile dall'amministrazione militare dello stato.

c) La magistratura. I caratteri

Le magistrature romane si caratterizzavano per una serie di elementi che le differenziavano nettamente rispetto all'istituto regio.

Innanzitutto la temporaneità.

A differenza del *rex*, che era vitalizio, i magistrati duravano in carica per un periodo di tempo definito: normalmente un anno, diciotto mesi i censori, sei mesi il *dictator*.

Poi la collegialità. Il re era unico, i magistrati erano almeno due, tranne il *dictator*, che peraltro era nominato per fronteggiare situazioni eccezionali che, come sottolineano le fonti, richiedevano, per un periodo di tempo limitato, il ripristino di una figura dotata di poteri affini a quelli dei re. I *praetores* giusdicenti non sono una eccezione: essi erano *collegae minores* dei consoli (*praetores* pure essi), dotati dunque di *imperium*, potere unitario ed indivisibile, che li legittimava al comando dell'esercito e a tutte quelle altre funzioni espressione di tale potere. Avevano indubbiamente *minor potestas*: a causa di ciò cedevano di fronte ai consoli. Anche la *iurisdictio* teoricamente poteva essere esercitata dai consoli e tuttavia ad essa provvedevano i *praetores* nell'ambito di una attribuzione che consuetudinariamente si era specificata. Pertanto i consoli si astenevano dal compiere atti di natura giurisdizionale.

La collegialità è dunque correttamente legata alla *par potestas*. Questo significa che ciascuno poteva esplicare pienamente le funzioni di governo connesse con quella carica, salva la facoltà di veto del collega che così bloccava la sua attività.

Le magistrature erano caratterizzate dalla gratuità.

Esse venivano considerate *honores* e pertanto non venivano retribuite. Percepivano tuttavia delle indennità: di viaggio, di vitto, di alloggio, indennità che potevano essere anche rilevanti. La gratuità aveva come contraltare il fatto che solo i membri delle famiglie più influenti accedevano alla magistratura. Era invece retribuito il personale dell'amministrazione dipendente.

I magistrati erano responsabili finito l'anno di carica. I romani, avendo un alto senso delle istituzioni, ritenevano irresponsabili i magistrati per tutta la durata della carica proprio per evitare che potesse venire indebolita l'efficacia dell'azione di governo e il prestigio della *res publica*. Allo scadere della carica, tuttavia, i magistrati potevano essere perseguiti per qualsiasi illecito commesso, rispondendo fra l'altro sia di atti lesivi di diritti di privati, sia di quelli che avessero violato prerogative dello stato commessi nell'esercizio delle funzioni. Erano esclusi da questa responsabilità: il *dictator* per la natura stessa della carica, che non a caso non era soggetta nemmeno a *provocatio*, e stanti le sue finalità del tutto eccezionali; i censori, per la tipologia dei compiti a essi affidati che richiedevano una notevole discrezionalità; i tribuni, che non erano propriamente dei magistrati.

In età graccana, con una riflessione tendenzialmente di portata più generale, si insinuò, inizialmente per i tribuni della plebe, all'epoca ormai assimilati alle magistrature cittadine, l'idea che colui che sia stato eletto dal popolo è un suo mandatario. Una *lex de abactis*, che vietava ai magistrati destituiti dal popolo di accedere ad altre magistrature, venne fatta approvare da Caio Gracco, e lascia intendere che il principio si volesse generalizzare per tutte le magistrature.

Tale principio appare del tutto coerente con la concezione contrattuale dello stato: come l'esistenza della *civitas* è giustificata nella misura in cui soddisfa l'interesse comune che ne ha determinato la formazione, così la permanenza in carica del magistrato si legittima se la sua politica di governo è coerente con gli obiettivi che ne hanno provocato l'elezione. Alla sua base vi è la dottrina della sovranità popolare che si andava affermando proprio nel II secolo a.C. L'affermarsi di istanze direttamente ricollegabili con una idea di sovranità popolare si ravvisano del resto nella estensione del principio elettivo al *dictator* e persino ad alcune supreme cariche sacerdotali, prime fra tutti i pontefici, così come nel tentativo di riformare le procedure di voto dei comizi centuriati, compiuto proprio in epoca graccana al fine di garantire un coinvolgimento di più ampi strati di cittadini nella scelta dei magistrati e nella votazione delle leggi.

All'idea, implicita nella proposta graccana, che il magistrato fosse un mandatario del popolo conseguiva naturalmente la possibilità di revocarlo quando il suo operato non corrispondesse più alle valutazioni e agli obiettivi degli elettori. Tradotto nei diversi termini della democrazia rappresentativa è il principio che ispira oggi l'istituto della sfiducia parlamentare.

d) I requisiti di eleggibilità

Quando la scelta dei magistrati si evolvette da *creatio* del successore da parte del magistrato in carica a vera e propria elezione attuata dai comizi, il magistrato in carica si limitò a enunciare la futura vacanza e ogni cittadino che avesse avuto i requisiti richiesti in parte da consuetudini costituzionali, in parte da leggi, poteva avanzare la propria candidatura. Rimanevano residui del vecchio sistema: il magistrato in carica poteva invero sempre accettare o respingere le candidature, anche se nei fatti questo potere si assimilò sempre più ad una verifica dei requisiti; convocava inoltre e presiedeva i comizi e formalmente era sempre lui che presentava i nomi ai comizi; conclusa la procedura di voto era lui che con la *renuntiatio*, vale a dire con la proclamazione degli eletti, compiva la *creatio* dei successori.

Prevenendo possibili abusi dei magistrati in carica si vennero a esplicitare particolari requisiti per la eleggibilità, che dovevano essere vagliati da chi aveva il compito di accettare le candidature. Così i candidati dovevano essere nati liberi, dovevano essere figli legittimi procreati entro un matrimonio "giusto", celebrato cioè tra soggetti dotati di *conubium*, una capacità civile che consisteva nella attitudine a vivere in matrimonio legittimo con l'altro coniuge. Non dovevano sussistere cause di indegnità personali, si doveva godere della piena cittadinanza, si doveva possedere una certa età, di norma quella richiesta per far parte dell'esercito, anche se poi leggi successive innalzarono tale limite. Il titolo di *rex sacrorum*, carica che aveva ereditato le funzioni religiose dell'antico *rex*, precludeva la possibilità di candidarsi per qualsiasi magistratura, non così invece ogni altra carica religiosa.

Ciò si spiega con il timore di una possibile restaurazione monarchica.

L'insieme dei requisiti richiesti stava a indicare la particolare preoccupazione dei romani a che il futuro magistrato fosse persona moralmente specchiata e degna, a partire dal contesto famigliare di provenienza. Si voleva cioè un soggetto che per formazione e valori di riferimento fosse adeguato a rappresentare al meglio la comunità.

Successivamente si crearono specifiche regole circa il cumulo, la iterazione e la successione delle magistrature.

Così nel 342 si vietò di ricoprire la stessa magistratura se non dopo che fossero trascorsi dieci anni, onde impedire l'instaurarsi di forme di potere personale, divieto che, essendo stato spesso violato, fu riaffermato da Silla. Si stabilì inoltre il divieto di gerire contemporaneamente due magistrature per evitare una eccessiva concentrazione di potere. Nel 265 a.C. si vietò di rivestire la censura più di una volta. Nel 151 a.C. lo stesso divieto fu esteso anche ai consoli, ma non fu più in vigore con Silla. La *lex Villia annalis* del 180 a.C. stabilì poi un ordine di successione fra le magistrature: per rivestire la pretura occorreva aver prima rivestito la questura, per gerire il consolato si doveva prima aver ricoperto la carica di pretore. Questo *cursus honorum* venne reso obbligatorio da Silla che lo trasformò in un inderogabile *certus ordo magistratuum*. Si richiese inoltre che fra ciascuna magistratura vi fosse un intervallo di due anni, fissandosi poi il limite di servizio decennale nell'esercito, vale a dire l'età di 27 anni, per poter rivestire la questura. Con Silla i minimi di età vennero innalzati ulteriormente proprio per garantire una adeguata maturità ed esperienza in colui che rivestisse una carica di governo: si stabilì infatti in 30 anni l'età per poter essere eletti questori, in 40 e 43 l'età per ricoprire la pretura e il consolato. Fra questura e pretura invalse poi l'uso di ricoprire l'edilità curule, fu ribadito l'intervallo biennale fra le successive magistrature.

Per la censura e la dittatura si fissò il principio che occorreva essere stati prima consoli. Con riferimento a questa carriera, che si veniva così a delineare, si parla di *cursus honorum*.

È interessante il complesso di regole che nel corso degli anni si andò fissando circa la eleggibilità alla magistratura. Esse esprimono una certa idea di *res publica*. In particolare del tutto preminente appare l'interesse pubblico rispetto alle aspettative dei singoli. In coerenza con una idea di stato fondato sulla virtù individuale, tutto il complesso di regole evidenzia una costante e coerente esigenza a garantire, in chi deve governare la comunità, competenza, esperienza, maturità nelle valutazioni e nelle decisioni. Così è per le regole sul *cursus honorum*, ma così anche per quelle sui limiti minimi di età.

Si intendeva contrastare la costituzione di un potere personale troppo forte che durasse nel tempo e che potesse in qualche modo aggirare il principio della temporaneità della magistratura, instaurando una sorta di regime personale ancorché elettivo. In questa direzione vanno le norme sull'intervallo decennale e sul divieto della iterazione. In questo modo si scoraggiava anche la costituzione di clientele politiche. Imponendo l'intervallo di due anni fra una magistratura e l'altra all'interno del *cursus honorum*, si cercava di impedire la possibilità di un condizionamento improprio dell'elettorato causato dal potere derivante dalla carica rivestita. Si voleva così anche garantire la serenità del giudizio degli elettori, non influenzabile dal fatto che colui che si fosse candidato avesse esercitato sino a quel momento, pur ad altro livello, una potestà magistratuale. L'esigenza di un giudizio più sereno, meno condizionato da eventi esterni, era del resto già presente persino in età regia con il divieto di nomina del *rex* nei primi 5 giorni dalla morte del predecessore.

e) Lo strutturarsi delle magistrature

I. I consoli

a. I poteri

Già si è detto come lo sdoppiamento della legione abbia determinato la creazione di due *praetores* dotati di eguale *potestas* e *imperium*, posti a capo congiuntamente dell'esercito.

Questi *praetores* erano, oltre che supremi comandanti, anche coloro a cui spettava il massimo potere di governo della *res publica*. Una delle caratteristiche del sistema romano è che non vi fosse un esecutivo in senso moderno con un suo capo e singoli ministri a lui sottoposti. I vari magistrati, nell'ambito della loro *potestas*, avevano ciascuno proprie competenze. Tuttavia i *praetores*, in virtù della *maxima potestas*, potevano assumere qualsiasi atto di governo che eventualmente rientrasse nella normale attività delle magistrature inferiori di grado. Come si è visto, il coordinamento dell'azione di governo nei confronti delle magistrature minori si realizzava con gli strumenti della avocazione o con lo *ius prohibendi* e più in generale con lo svolgimento delle prerogative connesse alla *maior potestas*.

Ai *praetores* spettava l'attuazione dell'indirizzo politico tramite l'esercizio dell'iniziativa legislativa. In virtù dell'*imperium* la loro sfera di governo era illimitata e poteva essere vincolata solo dalla *provocatio* e, come si vedrà, dalla *intercessio* dei tribuni. La competenza generale dei *praetores* derivava dal fatto che in origine non esistevano altre cariche di governo. I *praetores* avevano invero ereditato la stessa competenza generale del *turannos* etrusco; questa situazione anticamente doveva risultare adeguata, posto che le funzioni della *civitas* erano essenzialmente due: la guida dell'esercito e il mantenimento dell'ordine interno.

Il nome più recente di *consules* deriva dall'acquisizione dell'idea di collegialità ben espressa dalla *par potestas* di entrambi i *praetores* e dal reciproco diritto di veto.

Normalmente, tuttavia, i conflitti venivano risolti preventivamente con il meccanismo del turno – vale a dire dell'avvicendamento nell'esercizio di un certo potere –, oppure con l'accordo (*comparatio*), o con il sorteggio su chi dovesse compiere un certo atto di governo ovvero stabilendo prima i rispettivi ambiti di competenza (*provinciae*), con particolare riferimento ai distinti scenari delle future operazioni militari.

b. Il tribunato militare con potestà consolare e le "leggi" Licinie Sestie

Il consolato era riservato sino alle leggi Licinie Sestie del 367 a.C. ai soli patrizi. Da qui la lunga lotta della plebe per l'accesso al governo della *res publica*, lotta che influenzò la struttura stessa dei vertici istituzionali di governo.

Se nella prima metà del V secolo a.C. vi era stato il raddoppiamento della figura di *praetor maximus*, la stabilizzazione della suprema carica, secondo la forma a noi ben nota dei due consoli, non fu una acquisizione definitiva sino al 367 a.C. Per alcuni decenni infatti si ricorse alla attribuzione di potestà consolari ai vecchi *tribuni militum*, ufficiali subordinati. Il ricorso a queste figure fu probabilmente dovuto a più ordini di motivi. Innanzitutto le pressioni della plebe per accedere alla suprema carica di governo e la necessità di fronteggiare su più scenari bellici la pressione militare secondo una logica non diversa da quella che aveva portato al raddoppiamento del *praetor maximus*.

Che si sia trattato di una soluzione di compromesso si ricava dal fatto che il ricorso ai *tribuni militum* non fu definitivo, né stabile e che il superamento del tribunato militare *consulari potestate* venne realizzato in via decisiva a partire dal 367 a.C., quando cioè i plebei ottennero l'accesso diretto al consolato.

L'ostacolo dell'accesso dei plebei alle supreme cariche di governo era motivato formalmente dalla assenza di *ius conubii*, vale a dire della capacità di concludere un matrimonio legittimo. La nascita da una coppia unita in matrimonio legittimo era condizione per avere il potere di prendere gli auspici, che a sua volta era il requisito indispensabile per ricoprire qualsiasi magistratura.

Un primo successo venne ottenuto dal movimento plebeo nel 445 a.C. con la *rogatio Canuleia*, un provvedimento che le fonti qualificano come legge, ma che, trattandosi di una proposta fatta da un tribuno, era in realtà un plebiscito a cui verosimilmente, al termine di uno scontro politico e in conseguenza di un accordo (*foedus*), il senato dovette prestare la propria *auctoritas*. Ciò, rafforzando la delibera plebea, le conferiva la capacità di produrre effetti validi per tutta la *civitas*. Da quel momento non vi furono più ostacoli formali per l'accesso dei plebei alla suprema carica. È significativo che il ricorso ai *tribuni militum consulari potestate* sia datato proprio dall'anno successivo, il 444 a.C. È probabile che i patrizi, non volendo riconoscere ai plebei l'accesso al consolato, ma dovendo fare alcune concessioni, abbiano attribuito ai tribuni la potestà consolare. La plebe poteva infatti già accedere al tribunato. Si trattava invero di una carica con compiti principalmente esecutivi. È fra l'altro verosimile che i rappresentanti della plebe (tribuni della plebe) fossero in origine proprio degli ufficiali subordinati, ciò si deduce anche dagli aspetti coinvolti nella rivolta plebea che ha i suoi punti caratterizzanti nel rifiuto di prestare il servizio militare, e nella secessione guidata da capi che certamente dovevano conoscere l'arte della guerra.

In compenso della concessione fatta di poter accedere alla magistratura suprema, il senato si era tuttavia riservato il potere di stabilire discrezionalmente se per l'anno successivo si dovesse ricorrere ai consoli od ai tribuni con potestà consolare. Sembra comunque certa la presenza di plebei nel collegio magistratuale solo a partire dal 400 a.C., è pertanto probabile che nel 444 si sia fissata per i plebei la teorica possibilità di accesso al tribunato militare con potestà consolare, concessione che tuttavia, dati gli equilibri politici interni al comizio centuriato, influenzati anche dal forte rilievo che doveva avere ancora l'istituto della clientela, non si riuscì a concretizzare per qualche decennio.

A partire dal 444 si ebbero dunque ai vertici della *res publica* 3 tribuni, che diventarono 4 nel 426, 6 dal 405, ma che raggiunsero in certi casi pure il numero di 8 o 9. L'aumento del numero fu legato verosimilmente all'incremento delle funzioni magistratuali e al tentativo di consentire ai plebei di accedere anche a esse.

I contrasti fra patrizi e plebei per l'accesso alla suprema magistratura ripresero tuttavia nei primi decenni del IV secolo a.C. È del 377 una proposta in questo senso dei tribuni della plebe Licinio Stolone e Sestio Laterano a cui altri tribuni della plebe, sobillati dal senato, opposero l'*intercessio*. Si ebbe così una paralisi nel governo della *res publica* dal 375 al 371. Finalmente nel 367 a.C. si addivenne alla approvazione di un plebiscito che verosimilmente ottenne la sanzione dell'*auctoritas* senatoria e con cui si stabilì che uno dei due consoli dovesse essere plebeo. Non vi era dunque la semplice possibilità di accedere, già teoricamente esistente con il tribunato, ma si prevedeva una riserva di posto direttamente per legge. È probabilmente il primo caso di quota obbligatoria nella storia delle istituzioni. Contestualmente vennero approvati anche due altri plebisciti: uno *de aere alieno*, che fissava un limite agli interessi sui mutui e un altro *de modo agrorum*, che stabiliva una soglia massima nel possesso di *ager publicus*.

II. I questori

Con il crescere della comunità cittadina e lo svilupparsi di una pluralità di rapporti, le funzioni di governo originarie non furono più sufficienti, non era d'altro canto pensabile che i consoli potessero provvedere a tutto. Si venne dunque a costituire una vera e propria amministrazione che doveva rispondere alle crescenti esigenze di compiti svolti dalla città.

In primo luogo vi erano esigenze di carattere finanziario. A questo scopo provvedevano due *quaestores*. È possibile che si sia trattato di una evoluzione dei *quaestores parricidii*, magari con riguardo alla gestione del ricavato delle multe irrogate. Da qui si spiega il loro originario ruolo di assistenti dei consoli, nonché il nome che li ricollega con una attività "inquisitoria" altrimenti non ben spiegabile. In ogni caso a loro spettava l'amministrazione dell'erario, vale a dire della cassa del popolo romano. Erano in altre parole preposti al bilancio ed al tesoro dello stato. Avevano infatti anche la competenza sui pagamenti della *civitas*. Nel 421 a.C. vennero aggiunti altri due questori che sovrintendevano specificamente alla amministrazione militare. Nel 267 raggiunsero il numero di 8 a seguito della creazione di quattro questori detti *classici* in quanto preposti all'allestimento della flotta (*classis*) e alla vigilanza sui porti e sulle coste.

Infine nel I secolo il loro numero arrivò a 20. Molto ampio fu l'impiego nelle province sia con funzioni autonome sia alle dipendenze dei governatori, con compiti dunque non dissimili da quelli esercitati a Roma al fianco dei consoli.

III. I censori

a. Nascita ed enucleazione della magistratura

Con l'introduzione dell'ordinamento centuriato il profilo censitario diventa essenziale. Era infatti di fondamentale importanza accertare il patrimonio di ogni singolo cittadino per la costituzione dello stesso esercito. È dunque logico, come ricorda la tradizione, che questa funzione fosse originariamente svolta dai pretori-consoli. Le fonti ricordano peraltro che a partire dal 459 a.C. per sedici anni vi sarebbe stata la sospensione del censimento. Ritroviamo lo svolgimento di questa funzione in capo a due nuovi magistrati, i censori, a partire dal 443. È verosimile tuttavia che la creazione di questa nuova magistratura, con una sua autonoma individualità, abbia avuto un percorso più graduale. È probabile infatti che di volta in volta due *tribuni militum consulari potestate*, a cui si sarebbe non a caso ricorso per la prima volta proprio l'anno prima, nel 444, avessero la specifica potestà di compiere le operazioni censitarie. È possibile che la istituzione di due *tribuni* specificamente ed esclusivamente incaricati di svolgere funzioni censitarie sia avvenuta nel 405 allorquando le fonti ci attestano l'aumento episodico di due ulteriori unità del tribunato, forse allo scopo di riservare queste delicatissime funzioni ai patrizi, proprio nella consapevolezza del mutamento dei rapporti di forza interni al comizio e dell'ormai prossimo accesso dei plebei al tribunato e in ogni caso nella presa d'atto della difficoltà di conciliare i compiti sempre più impegnativi cui erano sottoposti i supremi magistrati con l'adeguato svolgimento delle funzioni censitarie. È anche probabile che per l'acquisto della definitiva identità di questa nuova magistratura si sia dovuto attendere il 367 a.C. con il ritorno al consolato.

Una tappa importante per la sua enucleazione è certamente la *lex Aemilia de censura minuenda* del 434 a.C. che stabilì in 18 mesi la durata massima delle funzioni censorie ampliando così di sei mesi l'esercizio della *potestas* rispetto agli altri tribuni.

Ci si è chiesti quale fosse il senso dell'espressione "*censura minuenda*" che sembrerebbe presupporre una attenuazione dei poteri di questa magistratura. Una risposta la si può forse individuare considerando che i censori non avevano l'*imperium*, mentre lo avevano i *tribuni militum consulari potestate*. D'altro canto l'*imperium* non era necessario per lo svolgimento delle funzioni censitarie. È dunque probabile che in occasione del prolungamento di 6 mesi della attività dei *tribuni* a cui era affidato il compito di fare il censimento, si sia tolto a essi l'*imperium* per il periodo supplementare di permanenza nelle funzioni. Questo anche per evitare di derogare al principio della annualità nella titolarità dell'*imperium* e impedire che questi *tribuni* acquisissero un potere eccessivo. Oltretutto per i sei mesi ulteriori vi sarebbe stata una inutile e pericolosa sovrapposizione con i nuovi *tribuni* nel potere supremo di comando. Con la *lex Aemilia* si dovette dunque fissare l'idea che l'*imperium* non era necessario alla censura, emergeva pertanto la individualità delle funzioni censitarie: per sei mesi i *tribuni* che le svolgevano non avevano più una competenza di carattere generale, ma una competenza specifica.

I censori erano investiti dei loro poteri con una *lex centuriata de potestate censoria*, il che si spiega con lo stretto collegamento fra censura e ordinamento centuriato. Una volta stabilizzatasi la magistratura i censori verranno eletti ogni cinque anni, la dottrina parla dunque al riguardo di magistratura ordinaria, perché corrisponde a funzioni essenziali per la vita stessa della *res publica* e dunque non di carattere eccezionale; la censura viene considerata anche una magistratura non permanente, proprio perché entra in funzione a intervalli, ancorché regolari e predefiniti.

b. Le funzioni

La principale funzione della censura era la redazione delle liste dei cittadini con la indicazione dei loro averi.

Con un apposito editto (*lex censui censendo*) i censori stabilivano la data del censimento e i criteri che avrebbero seguito nella valutazione del patrimonio.

Erano coinvolti tutti i cittadini di ogni età e sesso.

Ai fini della determinazione degli oneri di tutti i capi famiglia (*patres*) e della posizione nelle varie classi censitarie del comizio di tutti i cittadini maschi adulti, rilevava dunque non il reddito percepito, ma la consistenza del patrimonio del singolo capo famiglia. I *patres* dovevano a tale fine comunicare oltre alle proprie generalità, e composizione del nucleo famigliare, l'entità del patrimonio posseduto. La valutazione fatta dai censori era assolutamente discrezionale, il verbo stesso usato per definire l'attività svolta, "*censere*", allude alla discrezionalità della valutazione. Questo spiega perché i censori non potevano essere chiamati a rispondere del loro operato al termine della carica. Le decisioni dovevano essere prese d'intesa fra i due magistrati, la collegialità era dunque perfetta, tanto che nel caso di dimissioni o di morte di un censore l'altro non poteva più compiere alcun atto dovendo dimettersi o attendere la elezione del collega. In conseguenza della valutazione fatta, i cittadini venivano inseriti in due ruoli: uno per la costituzione del comizio e per la leva, l'altro al fine del pagamento dei tributi.

I censori giudicavano anche la condotta di ogni cittadino. Per la mentalità romana gli uomini, con i loro comportamenti e le loro virtù, sono gli artefici del destino della *res publica*. L'idea di *virtus* sostanzia tutta la vita pubblica. Da qui l'esigenza che il comportamento di ogni cittadino sia ispirato a valori etici condivisi. Rilevava sia il comportamento pubblico, sia quello privato. Per i romani la forza di uno stato e il suo destino dipendono dalla forza morale dei suoi cittadini. Questo è il senso della *nota censoria* che era un giudizio negativo sul comportamento tenuto dal singolo cittadino nel quinquennio precedente. La *nota* veniva aggiunta al nome del cittadino contenuto nelle liste censitarie e produceva varie forme di incapacità che incidevano sul pieno godimento dei diritti civili, come per esempio l'incapacità di chiamare testimoni a proprio favore e di essere chiamato a testimoniare in giudizio, ed eventualmente il declassamento all'interno del comizio o addirittura la rimozione dal comizio con la conseguente perdita dei diritti politici. La *nota censoria* servì a un certo punto anche a garantire il rispetto dei diritti individuali e a proteggere i cittadini più deboli. Così, per esempio, era passibile di *nota censoria* il genitore che avesse abusato dei poteri punitivi nei confronti del figlio, così come il marito che avesse ripudiato la moglie non per gravi motivi. La protezione fu poi estesa anche agli schiavi, in particolare per casi di abuso dei poteri punitivi del *dominus*.

In coerenza con questa verifica del comportamento di ogni cittadino, ai censori spettava pure il compito di accertare il rispetto della legge da parte dei magistrati, una volta che fosse scaduto l'anno di carica.

Altra competenza dei censori era la scelta dei senatori (*lectio senatus*). Questa attribuzione era indirettamente connessa con la valutazione della onorabilità e della reputazione. Sottostava a siffatta attribuzione l'idea che il senato dovesse essere un consesso caratterizzato da esperienza, competenza e alta rispettabilità morale. Il criterio originario per la scelta era infatti quello dell'*optimus quisque*, il migliore, secondo una discrezionalità di giudizio tipica della censura. Con il trascorrere del tempo, l'*optimus quisque* si individuò, con una sorta di automatismo, in colui che avesse rivestito una magistratura.

Infine, da ricordare fra le competenze dei censori, vi era la amministrazione dell'ager *publicus*, con la conseguente cognizione nelle controversie tra stato e cittadini relative a tale bene pubblico. Così ancora i censori erano competenti in materia di appalti concernenti lo sfruttamento e la manutenzione del patrimonio statale nonché relativi alla percezione delle entrate. Al riguardo redigevano appositi capitolati d'appalto detti *leges censoriae*. Sempre i censori sovrintendevano all'impiego delle pubbliche finanze.

IV. I pretori

a. Strutturazione della carica e poteri

Nel 367 a.C. si realizzò un decisivo riassetto delle magistrature romane. Si trattò di un vero e proprio rinnovamento istituzionale che per portata può essere paragonato a quello che si determinò nel 509 a.C. con la istituzione della magistratura. Accanto alla stabilizzazione del consolato e al riconoscimento della possibilità per i plebei di accedervi, e insieme con la istituzione di una nuova magistratura curule – l'edilità –, si definì la figura del *praetor*, cosiddetto *urbanus* per distinguerlo dai due consoli che avevano pure essi il nome di *praetores*.

La sua configurazione nel nuovo assetto istituzionale conseguente al plebiscito Licinio Sestio, oltre che prendere atto della necessità di accrescere le cariche istituzionali per far fronte allo sviluppo della *civitas* e delle funzioni da essa richieste, veniva anche incontro al tentativo dei patrizi, già attuato con la istituzione della censura, di mantenere il controllo di una importante funzione quale quella giurisdizionale. La carica venne infatti riservata ai patrizi. Proprio come evoluzione dell'antico *praefectus urbi*, funzionalmente destinato a operare all'interno del pomerio, questo magistrato aveva una sfera di attività normalmente limitata alla cerchia cittadina. In virtù dell'*imperium* il *praetor* poteva in verità compiere qualsiasi atto di governo e dunque anche svolgere funzioni di comando militare fuori dal pomerio e tuttavia era stato istituito essenzialmente per svolgere competenze territorialmente definite al fine di esercitare specificamente la *iurisdictio* fra cittadini. Per prassi costituzionale il *praetor urbanus* finiva dunque con l'occuparsi pressoché esclusivamente della giurisdizione, esercitando tuttavia talvolta anche lo *ius agendi cum populo*, vale a dire l'iniziativa legislativa, che era estrinsecazione dell'*imperium*.

Il pretore aveva dunque il compito specifico di indicare il principio di diritto da applicarsi nel caso concreto (*ius dicere*) e quindi, più in generale, di organizzare i processi tra cittadini romani. Si limitava peraltro alla impostazione della controversia con la individuazione del principio di diritto che doveva essere applicato, sancendo la scelta del giudice fatta dalle parti di comune accordo e attribuendo a quello che era un privato cittadino il potere di giudicare. Il processo privato, sia quello più antico, detto delle *legis actiones*, sia quello più recente, vale a dire il processo formulare, si svolgeva dunque in due fasi: una *in iure*, davanti al pretore, l'altra *apud iudicem*. Era quest'ultimo che doveva giudicare e pronunciare la sentenza. Il pretore tornava a essere competente per la fase esecutiva della sentenza. Egli tuttavia non interveniva mai nella formulazione del giudizio. Non era in altre parole un giudice.

Il pretore era considerato *collega minor* dei consoli, rispetto a essi aveva infatti *minor potestas* il che lo esponeva al potere di avocazione che in qualsiasi momento i consoli potevano esercitare nei suoi confronti.

Nel 242 a.C. venne creata un'altra figura di *praetor*, il *praetor peregrinus*, funzionalmente destinato a esercitare la *iurisdictio* fra cittadini e stranieri (*peregrini*) e fra stranieri in Roma. La istituzione di questa carica è conseguenza della vigenza in Roma del principio della personalità del diritto che escludeva l'applicazione di un unico ordinamento giuridico per ogni soggetto presente nella *civitas*, esisteva infatti un ordinamento specificamente riservato ai cittadini (*ius civile*) da cui gli stranieri erano esclusi. Nasceva dunque l'esigenza di dare una sanzione giuridica agli atti compiuti dagli stranieri in Roma.

In questo processo di moltiplicazione delle cariche che seguiva una logica coerente con quanto fatto sino a quel momento, nel 227 a.C., dovendosi risolvere il problema della amministrazione di due nuovi territori conquistati, la Sicilia e la Sardegna, si crearono altre due figure di pretore. A somiglianza dei tre antichi *praetores* posti a capo della *res publica*, anche in questo caso i pretori venivano eletti indifferenziatamente per essere poi assegnati alle specifiche competenze, in virtù della unitarietà dell'*imperium*.

Proprio in quanto titolare di *imperium* il *praetor urbanus* aveva lo *ius edicendi* che esercitava in modo caratteristico all'entrata della carica facendo pubblicare su riquadri murali appositi (*album*), situati nel foro, il suo programma giurisdizionale. In altre parole il pretore enunciava gli strumenti giudiziari che avrebbe concesso nel corso dell'anno nell'ambito delle controversie portate alla sua competenza. In virtù dell'*imperium* l'indicazione della norma, prevista qui in via generale e da applicarsi poi ai singoli casi concreti, aveva carattere vincolante ed era destinata a fornire al giudice privato, scelto d'intesa fra le parti, la regola per risolvere la controversia. L'uso del tempo futuro (*actionem dabo* etc.) stava giusto a indicare che quello che veniva pubblicato era un vero e proprio programma di governo. Si trattava peraltro di una autoregolamentazione di attività, non invece di norme direttamente indirizzate a regolare la vita dei consociati.

Sempre in virtù dell'*imperium* il pretore poteva in verità emanare anche provvedimenti per fronteggiare singoli casi concreti che si fossero manifestati nel corso della carica. Questi provvedimenti erano denominati *decreta*. Dovette tuttavia affermarsi una prassi volta a integrare il programma esposto all'inizio dell'anno con *edicta repentina* che, pur motivati in alcuni casi da nuove esigenze, da una parte facevano correre il rischio di una incertezza del diritto da applicarsi, dall'altra potevano determinare situazioni di favore, potendo concepirsi come provvedimenti per singole situazioni e singole persone.

b. L'editto ovvero il programma di politica normativa del pretore

È in ogni caso verosimile che gli elementi più significativi della propria futura attività giurisdizionale dovessero essere esposti durante la campagna elettorale ai cittadini che, così come avveniva per tutte le altre magistrature, anche in questo caso dovevano scegliere fra i vari candidati a seconda del loro distinto programma di governo. Del resto è attestato nelle fonti che incisive riforme di importanti istituti del diritto privato, come per esempio la *lex Aquilia de damno*, avevano alle spalle un serrato confronto politico che aveva condizionato il corpo elettorale. Non è pensabile che altrettanto non avvenisse per l'attività giurisdizionale del pretore. Quando il pretore peregrino e giurista Aquilio Gallo nel 66 a.C. introdusse una *actio* ed una *exceptio doli*, rispondeva evidentemente a quelle istanze di una più forte tutela contro gli inganni e i raggiri che turbavano corrette relazioni commerciali, tutela che era certamente attesa da ampi strati sociali, quegli stessi che, come lascia intendere Cicerone, avevano auspicato la protezione dei contratti di buona fede proprio grazie alla *iurisdictio* del pretore peregrino.

Anche l'uso da parte del pretore di comunicare *in contione*, vale a dire al popolo, il proprio programma di governo all'atto di entrare in carica appare una risposta alle attese dell'elettorato, posto che il momento della pubblicità del programma già si realizzava con la pubblicazione dei vari rimedi nell'albo. Il popolo poteva in quella sede proporre correzioni o integrazioni. È significativa la similitudine con il dibattito *in contione* delle proposte di legge.

Uno stravolgimento degli impegni presi in corso di carica doveva apparire in contrasto pure con quell'idea di sovranità popolare che avrebbe addirittura portato a concepire l'eletto come un mandatario ed a legittimare, almeno secondo un certo indirizzo politico, la sua destituzione.

Una *lex Cornelia* del 67 a.C. stabilì dunque che i pretori esercitassero la *iurisdictio* in conformità all'editto pubblicato all'inizio dell'anno: *ut praetores ex edictis suis perpetuis ius dicerent*. È significativo come questa disposizione abbia riguardato specificamente gli editti concernenti l'attività giurisdizionale e non gli altri editti che i pretori emanavano nell'esercizio delle loro funzioni, a conferma della necessità di rispettare il programma in tema di *iurisdictio*. È ìnoltre indicativo come si facesse riferimento al solo editto perpetuo, cioè a quello emanato all'atto di entrata in carica e destinato a essere applicato per tutto l'anno. Non si sanzionava dunque semplicemente il fatto che il pretore per il caso concreto avesse esercitato la *iurisdictio* in modo non conforme a quanto previsto in via generale e astratta con un qualche editto, eventualmente anche repentino. Dietro la approvazione della *lex Cornelia* vi doveva essere dunque anche il disegno politico che il pretore rispettasse la sovranità popolare che si era manifestata nella sua elezione.

V. Gli edili curuli

Nell'ambito di quel più ampio riassetto istituzionale realizzatosi nel 367 a.C. a seguito della intesa patrizio-plebea venne creata anche la edilità curule. È evidente qui il risultato di una complessa trattativa politica che se da un lato arrivò a garantire un console alla plebe con una apposita riserva di posto, dall'altro ridusse l'ambito effettivo delle competenze consolari incidendo su settori importanti come la giurisdizione, l'approvvigionamento alimentare e la polizia cittadina, in specie con riferimento alla sorveglianza di quei luoghi particolarmente frequentati dalla plebe. Si decise così di aggiungere ai due edili della plebe due magistrati riservati ai patrizi. In progresso di tempo le competenze dei due diversi tipi di edilità si vennero a confondere, soprattutto dopo che all'edilità curule vennero ammessi pure i plebei, e tuttavia non si realizzò mai una situazione di collegialità restando distinte le modalità di elezione (i comizi tributi per gli edili curuli, i *concilia* della plebe per gli altri) e le prerogative (più ampie, in particolare con riferimento alla giurisdizione, quelle dell'edilità curule). Le competenze attribuite a questi nuovi magistrati si riassumono nella *cura urbis*, *annonae* e *ludorum*. Con riguardo alla prima sfera di attività a essi spettavano poteri di polizia e di vigilanza sulle strade, sugli acquedotti, sui luoghi pubblici e aperti al pubblico, e dunque sulle taverne, terme, lupanari. Spettava altresì l'organizzazione dei servizi antiincendio e della nettezza urbana.

La *cura annonae* comportava la sorveglianza sull'approvigionamento della città, sui mercati e in particolare la giurisdizione relativa alle controversie nascenti dalle operazioni commerciali che si svolgevano nei mercati. Anche gli edili curuli avevano invero lo *ius edicendi* in virtù del quale all'inizio dell'anno di carica predisponevano un apposito editto in cui annunziavano i rimedi che avrebbero concesso nell'ambito della loro attività giurisdizionale. Queste specifiche competenze in materia di *iurisdictio* vennero sempre riservate all'edilità curule. Grazie ad esse si introdussero importanti istituti in particolare in tema di compravendita. La responsabilità per i vizi della cosa era regolata nell'editto degli edili curuli mediante la concessione di due apposite azioni portanti una alla risoluzione del contratto (*actio redhibitoria*) e l'altra al pagamento della differenza fra il prezzo pagato e quello che sarebbe stato corrisposto se i vizi fossero stati palesi (*actio quanti minoris*).

La *cura ludorum* comportava infine la responsabilità della organizzazione dei giochi e la relativa vigilanza.

VI. Il dittatore

a. Origine e funzioni

Fin qui si è trattato delle magistrature ordinarie, vale a dire di quelle magistrature le cui funzioni erano stabilmente, ancorché a intervalli, esercitate all'interno della *civitas*.

Esistevano tuttavia anche magistrature straordinarie, a cui si ricorreva cioè solo in periodi eccezionali. Una di queste era il *dictator*.

Già si è detto della sua origine. Verosimilmente si trattava di una carica federale latina la cui titolatura passò a essere usata a Roma per denominare il *magister populi, praetor maximus*, quando, all'indomani della cacciata dei *turannoi* etruschi e dopo la stipulazione del *foedus Cassianum*, il supremo comandante dell'esercito romano divenne stabilmente anche il comandante in capo dell'esercito federale latino.

Con il raddoppiamento della legione si dovette sottolineare l'aspetto della collegialità fra i due *praetores*, che ormai non aveva più senso definire *maximi*, e si dovette tuttavia riesumare, per situazioni di carattere eccezionale, una carica di comandante in capo non limitato nella esplicazione del suo *imperium* dalla presenza di un collega. A questa carica venne attribuito il nome di *dictator* che era ormai entrato nell'uso comune, anche per il suo maggiore prestigio, rispetto a quello più antico di *magister populi*.

Il *dictator* si distingueva in *optima lege creatus*, vale a dire con pienezza di poteri, e in *imminuto iure*, cioè nominato per il semplice compimento di alcuni atti religiosi e civili che anticamente erano riservati al *magister populi* e che per tradizionalismo ci si sentì in dovere di riservare a una apposita figura di magistrato scelto *ad hoc*.

Con riferimento al *dictator* dotato della pienezza dei poteri esso poteva venire nominato *rei gerundae causa*, vale a dire per fronteggiare situazioni di particolare pericolo militare ovvero *seditionis sedandae causa*, cioè nei casi di gravi disordini e tumulti interni. La nomina era fatta direttamente dai consoli, sentito il senato. A sua volta, in omaggio alla tradizione, il *dictator* si sceglieva un *magister equitum*. I poteri erano assoluti: non era soggetto a *provocatio*, né alla *intercessio* tribunizia, nei suoi confronti non si aveva infatti distinzione fra *imperium domi* e *imperium militiae*. Proprio perché la nomina era giustificata dalla eccezionalità della situazione, quando questa fosse venuta meno, quando fosse stata compiuta l'impresa bellica o i disordini fossero terminati e in ogni caso dopo sei mesi dalla nomina, i poteri cessavano automaticamente, senza che ci fosse bisogno di alcun atto di revoca. Nel periodo di carica del *dictator* i poteri dei consoli erano sospesi, essi potevano invero agire solo sotto gli auspici del dittatore. Al tempo della seconda guerra punica, si stabilì che anche il *dictator* venisse in ogni caso eletto. A partire dal II secolo a.C. la carica perse peraltro di significato.

La dittatura esprimeva dunque la necessità di un potere di comando non condizionato da alcun vincolo costituzionale, per un periodo rigorosamente limitato, per fronteggiare situazioni di pericolo interno o esterno che potessero mettere a rischio la stabilità o la stessa esistenza della *res publica*. Il bene supremo era pertanto la difesa della *res publica* e del suo assetto istituzionale, difesa che poteva richiedere anche la compressione temporanea delle libertà cittadine. Proprio per meglio difendere la libertà se ne accettava una temporanea limitazione.

b. La dittatura sillana

Una rivitalizzazione della dittatura si ebbe con Lucio Cornelio Silla. Si trattò tuttavia di un ricorso irrituale alla antica magistratura straordinaria.

La vicenda storica si svolse all'interno dello scontro fra Mario ed i suoi partigiani da una parte, campioni del movimento democratico e Silla, dall'altra, vicino alle posizioni più conservatrici della *nobilitas*, vale a dire degli appartenenti a quelle *familiae* che potevano vantare fra i propri antenati un magistrato che fosse entrato in senato (*nobiles*). Era in termini aggiornati il riformarsi di un concetto affine a quello di patriziato. L'origine delle ostilità si colloca nel trasferimento del comando delle operazioni militari in Oriente contro Mitridate da Silla a Mario, attuato dal tribuno della plebe Publio Sulpicio Rufo nell'88 a.C. Silla reagì duramente a questa autentica provocazione politica conducendo l'esercito in Roma, violando così per la prima volta il limite del *pomerium* che impediva di esercitare l'*imperium militiae* all'interno dell'*urbs*. Mario riuscì a fuggire, mentre il tribuno Rufo venne ucciso insieme con alcuni suoi accoliti.

Riportato l'ordine, Silla partì dunque per l'Oriente. Sennonché alle elezioni dell'87 a.C. uno dei due consoli eletti fu Lucio Cornelio China, avverso a Silla. Contravvenendo a una antica regola, Cinna si fece rieleggere console tutti gli anni seguenti sino alla morte avvenuta nell'84. Mario e i suoi partigiani avevano approfittato della benevolenza di Cinna per rientrare a Roma e compiere numerosi atti di vendetta. La situazione andava dunque nuovamente degenerando e nonostante fosse nel frattempo morto Mario, si era coalizzato un fronte ostile a Silla. Questi, conclusa la pace con Mitridate, ritornò dunque in Italia al comando delle sue legioni e dopo due anni di scontri cruenti, che coinvolsero anche alcuni popoli italici schieratisi con i mariani, ebbe la meglio sbaragliando tutti gli avversari. Iniziò un cupo periodo di stragi. Silla non mirava tuttavia soltanto a vendicarsi degli avversari, era invero consapevole della fragilità istituzionale di un sistema ormai dilaniato dallo scontro politico. Per evitare che la repubblica venisse travolta ritenne che occorresse ridare al senato la antica posizione di centralità diminuendo il potere dei due organi che si contendevano ormai il governo della repubblica: il tribunato della plebe e il consolato.

Per realizzare un'opera di riforma istituzionale così radicale e per poter esercitare adeguati poteri di repressione ritenne che fosse indispensabile ricorrere alla riesumazione della dittatura che da ormai più di cent'anni non era stata esercitata a Roma. Solo questa magistratura invero poteva sottrarsi alla *intercessio* tribunizia che avrebbe potuto paralizzare la sua attività riformatrice.

Approfittando del fatto che i due consoli erano entrambi morti, i senatori proclamarono l'*interregnum* e anziché procedere alla indizione delle elezioni dei successori nel consolato, proposero al comizio centuriato una legge che attribuiva a Silla una dittatura costituente, vale a dire, con terminologia romana, *legibus scribundis et rei publicae constituendae*. La procedura utilizzata ancorché non conforme alla tradizione, non era viziata da illegittimità. Non essendoci a Roma super norme di rango costituzionale, la legge non incontrava alcun limite. Si tenga poi presente che a partire dalla fine del III secolo a.C. il *dictator* veniva eletto direttamente dai comizi e in questo caso, ancorché con finalità e modalità differenti, il passaggio comiziale era rispettato. A questa dittatura costituente non era fissato un termine di scadenza, veniva derogato dunque il limite tradizionale di sei mesi. Poiché Silla non mirava alla instaurazione di un potere personale, è verosimile che il limite temporale fosse implicito nel conseguimento del fine fissato per legge, vale a dire la ricostituzione della repubblica.

Nella *lex Valeria de Sulla dictatore creando* vi era poi una clausola che in modo irrituale ratificava anticipatamente tutto quello che il dittatore avrebbe fatto.

Grazie ai poteri conferiti, Silla da una parte ridimensionò il consolato, dall'altra ridusse il tribunato a una *imago sine re*. Riformò profondamente il processo criminale incentrandolo essenzialmente sul sistema delle *quaestiones perpetuae*, che mise nelle mani del senato. Raddoppiò il numero dei senatori, portandolo a 600. Diede vita inoltre alle cosiddette proscrizioni con cui intendeva eliminare i suoi avversari politici. Queste comportavano la confisca dei beni e la uccisione di coloro che non avessero scelto la strada dell'esilio. I discendenti perdevano l'elettorato passivo. Il ricavato della vendita dei beni confiscati venne distribuito fra i suoi partigiani così come le terre espropriate e incamerate dallo stato.

Di particolare importanza fu anche la separazione fra *imperium militiae* e *imperium domi*: Silla invero riservò ai consoli l'*imperium domi*, ai governatori provinciali l'*imperium militiae*. Questa frattura del supremo potere di comando, destinata a impedire che potessero condursi eserciti all'interno della penisola italica, implicava il superamento della unitarietà dell'*imperium*, e introdusse per la prima volta a Roma la separazione fra amministrazione militare e civile, che erano state invece da sempre unificate proprio in virtù della inscindibilità dell'*imperium*.

f) Gli ausiliari dei magistrati

Al servizio dei magistrati vi erano organi non dotati di *potestas* che dunque non possono considerarsi di carattere magistratuale e che tuttavia divennero a un certo punto pure essi elettivi. Si parla al riguardo di *vigintisexviri* cosiddetti dal loro numero. Fra questi vi erano i *tresviri capitales* che avevano la competenza di vigilare sulle prigioni e sulla esecuzione delle sentenze capitali; *i decemviri stilitibus iudicandis* che presiedevano i giudizi di libertà, i *tresviri monetales* preposti alla zecca cittadina, i *duoviri* per l'amministrazione dei sobborghi, i *quattuorviri* per la nettezza urbana e i *quattuorviri* per l'esercizio della *iurisdictio* su Capua e Cuma. Il processo di allargamento delle funzioni amministrative, in particolare per quelle caratterizzate da un minore rilievo politico e da un carattere maggiormente esecutivo, generò dunque ad un certo punto il ricorso a una struttura gestionale di livello inferiore senza ricorrere alla moltiplicazione delle magistrature.

1.2.2. *I comizi*

a) Origine, struttura e principi di funzionamento

Già si è detto come l'ordinamento centuriato da ordinamento militare si sia trasformato nel corso del tempo in assemblea popolare a cui partecipavano tutti i cittadini sulla base della loro capacità patrimoniale. La sua trasformazione da struttura finalizzata alla costituzione dell'esercito in organismo di carattere politico, e la conseguente evoluzione della partecipazione popolare, prese le mosse da quel *suffragium*, vale a dire da quella acclamazione fatta nei confronti delle proposte del *turannos* prima e del magistrato poi. Questi invero, in quanto muniti di *imperium*, potevano convocare l'esercito in armi per ottenere la consacrazione di certe scelte.

Con la nascita della *res publica*, a causa dello svilupparsi della lotta politica e per le varie aspirazioni che dovettero interessare i membri delle *gentes* più in vista, il meccanismo della *creatio* dei successori evolse in presentazione delle candidature, a cui seguiva dunque una vera e propria scelta da parte delle centurie. Vale a dire una *electio*. Nel frattempo, a seguito di nuovi mutamenti della tattica militare e della struttura dell'esercito, la centuria dell'ordinamento aveva perso la corrispondenza con una unità bellica. Nelle centurie venivano dunque distribuiti tutti i cittadini maschi di età maggiore ai 17 anni sulla base del censo dichiarato da ciascun *pater*.

L'acquisizione del carattere politico della assemblea centuriata portò nel tempo anche a una evoluzione della sua struttura, originariamente incentrata sul binomio *classis/infra classem*. Quando il comizio centuriato raggiunse la sua veste definitiva si componeva di cinque classi: una prima classe costituita da 40 centurie di giovani (*iuniores*) di età compresa fra i 17 e 45 anni e 40 centurie di anziani (*seniores*) dai 46 ai 60 anni, quindi una seconda, terza e quarta classe composte ciascuna di 10 centurie di giovani e 10 di anziani e infine una quinta centuria composta da 15 centurie di *iuniores* e 15 di *seniores*. A queste centurie di fanteria si aggiungevano altre 5 centurie di specialisti suonatori di tromba, fabbri etc. che originariamente erano funzionali rispettivamente a dare l'ordine di marcia e di battaglia ed a provvedere alle necessità delle pesanti armature. I più ricchi (in età storica coloro che avevano un patrimonio superiore ai 100.000 assi) costituivano la prima classe, poi a discendere: la seconda era composta da coloro che avevano un patrimonio di oltre 75.000 assi, la terza da quelli con oltre 50.000, la quarta con non meno di 25.000, la quinta presupponeva un patrimonio minimo di 15.000 assi. Gli *equites* erano tratti verosimilmente dalla antica aristocrazia gentilizia, poi vennero scelti anche fra coloro che avessero un censo quadruplo rispetto ai *pedites* della prima classe (venendo detti dunque *equites equo privato* rispetto ai più antichi *equites* che appartenevano di diritto alla cavalleria, e dunque che erano definiti *equo publico*). Da sole le 98 centurie della prima classe e degli *equites* costituivano la maggioranza dell'assemblea politica e pertanto, nell'ipotesi in cui ogni centuria di questo blocco sociale si fosse espressa in senso conforme, precludevano la possibilità di pronunciarsi agli appartenenti alle classi successive.

Affiora dall'ordinamento centuriato un principio timocratico per cui conta di più colui che ha più mezzi economici, principio che si accompagnerà a una proporzionalità dei diritti e dei doveri politici: all'originario onere di dover sopportare maggiori rischi legati alla posizione nell'esercito (i componenti la prima classe erano coloro che in origine stavano in prima linea) e maggiori spese per l'acquisto dell'armatura si affianca una posizione nel comizio che garantisce un peso particolare nella partecipazione politica. Nel comizio centuriato si affermerà poi anche un principio gerontocratico: pur essendo per ovvi motivi anagrafici in numero sensibilmente inferiore (si è calcolato un rapporto di uno a tre) gli anziani avevano a disposizione un eguale peso politico all'interno del comizio essendo le centurie dei *seniores* in numero pari a quelle degli *iuniores*.

La necessità di valorizzare maggiormente la posizione di quel ceto medio di piccoli proprietari e commercianti che era l'asse portante della *res publica* dovette portare ad un aumento delle centurie del blocco non appartenente alla oligarchia costituita dalla prima classe, originariamente costituite dalle 20 centurie degli *infra classem*. Nella direzione di un indebolimento dell'egemonia assoluta della prima classe va anche la costituzione delle trenta centurie della quinta classe che rendevano necessarie maggioranze più ampie ai fini delle decisioni comiziali. Fu questa la prima risposta a una esigenza di maggiore democratizzazione del comizio forse anche conseguente alla pressione del movimento plebeo.

b) La riforma del III secolo a.C.

Una riforma complessiva del comizio che accentuò la sua democratizzazione fu quella realizzata con ogni probabilità nel terzo secolo a.C.

Interpretando un passo di Tito Livio si deduce che: 1) la riforma del comizio si sarebbe avuta dopo che il numero delle tribù raggiunse 35. Poiché a questo numero si arrivò nel 241 a.C. è probabile che la riforma avvenne in questo periodo. Il riferimento alla modifica del numero delle tribù lascia inoltre intendere da subito un legame tra le due riforme; 2) è poi esplicitato il collegamento che si venne a instaurare fra numero delle tribù e numero delle centurie; 3) il rapporto doveva in qualche modo implicare due centurie, una di giovani e una di anziani, per ciascuna tribù; 4) la riforma intervenne sulla struttura "serviana", quella composta di 5 classi e 193 centurie. Un'altra notizia interessante è quella fornita da Cicerone che presuppone una riforma del comizio che ridusse di dieci unità le centurie della prima classe, portandole a 70, pur rimanendo inalterato il numero complessivo di 193. Dunque le dieci centurie perse dalla prima classe vennero attribuite al blocco delle classi successive.

Il problema diventa quello di comprendere in che termini si sarebbe realizzato questo rapporto fra tribù e centurie.

Con queste premesse appare pertanto verosimile la ipotesi già avanzata dall'Arangio Ruiz che constatava come le centurie della prima classe fossero 70, il doppio delle 35 tribù, mentre 105, il numero complessivo delle rimanenti centurie è il triplo di 35. È dunque probabile che ogni tribù abbia fornito due centurie, una di *iuniores* e una di *seniores* alla prima classe, altre due centurie al blocco costituito dalla seconda, terza e quarta. In questo contesto è pure verosimile che la seconda classe abbia acquisito le 10 centurie perse dalla prima. Infine ogni tribù avrebbe conferito due centurie al blocco costituito dalla quinta classe e dalle cinque centurie di specialisti. È logico invero che le 5 centurie di inermi, che rappresentavano il livello più basso dell'ordinamento, siano state aggiunte alla quinta che esprimeva il livello censitario meno elevato fra tutte le classi.

È dunque probabile che la riforma mirasse a fornire più velocemente e più agevolmente i componenti alle varie centurie delle singole classi, eliminando fra l'altro la discrezionalità dei censori e facendo sì che la ripartizione risentisse della divisione fra proprietari di terre e non proprietari, favorendo i primi a discapito dei secondi, che erano maggiormente concentrati nelle quattro tribù urbane. Il periodo della riforma appare coerente con questa conclusione posto che proprio nel terzo secolo si inizia il confronto fra un ceto agrario da una parte e quello espresso da pubblicani e commercianti, confronto che condizionerà anche le scelte di politica estera di Roma. La riforma prosegue peraltro il processo di democratizzazione del comizio, iniziato con l'incremento delle centurie degli *infra classem* e con l'aggiunta della quinta classe. Ora si toglieva definitivamente la maggioranza al blocco espresso dalla prima classe e dagli *equites*, rendendosi sempre necessario ricorrere al voto di almeno i componenti la seconda classe. È anche possibile, fra l'altro, che il blocco delle classi seconda, terza e quarta votasse congiuntamente.

Il processo di democratizzazione dei comizi, volto cioè a vanificare il principio timocratico e a coinvolgere su un piano di parità tutte le classi, ebbe peraltro conclusione con i Gracchi nella seconda metà del II secolo d.C. Una legge di Caio Gracco dispose infatti che l'ordine di voto sarebbe seguito *ex confusis quinque classibus*, vale a dire estraendo una centuria a sorte, a qualunque classe appartenesse, e procedendo da quella a scrutinare ininterrottamente, dando dunque il risultato complessivo espresso da tutte le centurie, senza fermarsi nello spoglio dei voti allorquando si fosse raggiunta la maggioranza, come avveniva in precedenza.

c) Le funzioni del comizio centuriato e le procedure di votazione

I comizi centuriati svolgevano tre funzioni fondamentali: legislativa, elettorale, giudiziaria.

Il sistema romano era invero di democrazia diretta. Il popolo partecipava direttamente al procedimento legislativo votando le leggi.

Il procedimento legislativo si apriva con la convocazione mediante editto dei comizi da parte di un magistrato dotato di *imperium* che fissava la data e il luogo della riunione. Seguiva la presentazione della *rogatio*, vale a dire della proposta di legge. Il magistrato che presentava la *rogatio* era detto *legis lator*. Per essere validamente presentata, la *rogatio* doveva ricevere, a partire da una *lex Publilia Philonis* del 339 a.C., l'approvazione del senato espressa con la consueta *auctoritas*, che formalmente serviva a rafforzarne l'efficacia. La pubblicazione della proposta di legge prendeva il nome di *promulgatio* e avveniva con la iscrizione su tavole di legno imbiancate. La proposta veniva discussa in pubbliche assemblee (*contiones*) per tre mercati (*trinundinum*) ovvero per un periodo di trenta giorni (*triginta iusti dies*). Durante questo tempo, che per esigenze di urgenza, poteva essere abbreviato dal senato o dal magistrato rogante, si sviluppava il dibattito con la illustrazione del progetto e le osservazioni adesive o critiche (*suasiones* e *dissuasiones*) fatte da qualunque cittadino. Qualora il magistrato, per tener conto di alcuni rilievi emersi, intendesse emendare il progetto, doveva ripresentarlo nuovamente facendo riprendere da capo la intera procedura. Erano invece vietate le *rogationes per saturam*, vale a dire le proposte di legge aventi contenuto eterogeneo. Questo proprio per evitare che il consenso potesse essere carpito da qualche disposizione demagogica inserita per fuorviare la volontà popolare. Si auspicava poi la coerenza del progetto – per evitare di introdurre contraddizioni nell'ordinamento – e la sua semplicità – perché esso fosse facilmente comprensibile e la futura legge senz'altro attuabile –.

La votazione si svolgeva nel Campo Marzio, fuori dal pomerio, e si apriva con la presa degli auspici che doveva avvenire la notte precedente le votazioni. Si poteva votare solo nei *dies fasti*, stabiliti dai pontefici nel calendario. Il giorno fissato per le votazioni il magistrato, dopo aver sacrificato agli dei e recitato una preghiera solenne per garantire la benevolenza della divinità sulla futura legge, dava formale notizia della sua proposta tramite un banditore così che tutti i cittadini, anche coloro che non la avessero potuta leggere sulle tavole, potessero essere edotti del suo contenuto. Essenziale era dunque la pubblicità del testo su cui si chiedeva il consenso dei cittadini.

Si passava così alla votazione che avveniva in appositi seggi aventi forma di recinti (*saepta*) entro cui venivano riunite di volta in volta le centurie. Per prime votavano le diciotto centurie di cavalleria, poi la prima classe, con due centurie di specialisti, i *fabri*, quindi la seconda classe e a seguire tutte le altre. Questo almeno sino alla riforma del 241 a.C.

Il voto veniva espresso individualmente passando su un ponticello e dichiarandolo originariamente a voce agli scrutatori, poi, a partire da una *lex Papiria* del 131 a.C., il voto fu scritto e segreto e la propria espressione di volontà da quel momento in poi si segnò su tabelle che venivano successivamente depositate in apposite urne. Sulla tabella si segnava *UR* (*uti rogas*) nell'ipotesi di approvazione della proposta ovvero (*A*) (*antiquo iure utor*) nei casi di bocciatura. Il voto della centuria era dato dalla maggioranza dei voti dei suoi singoli componenti. Il voto del comizio era considerato espresso quando si raggiungeva la maggioranza dei voti delle centurie.

Si afferma dunque il principio della maggioranza, che caratterizzerà poi anche i concili della plebe e lo stesso comizio tributo. È il principio fondamentale per la formazione di una volontà pubblicamente rilevante. Il principio maggioritario sarà poi per eccellenza alla base dello stesso principio democratico, quello che consente a una democrazia di funzionare e di decidere. Democrazia non è invero solo *demos* (popolo), ma anche *kratia (krateo)* (potere/governo), senza il principio della maggioranza il potere sarebbe nei fatti impraticabile e si annullerebbe, il popolo non potrebbe nei fatti governare.

Il passaggio al voto segreto fu un'altra conquista di grande civiltà in quanto consentì di rompere definitivamente qualsiasi soggezione di tipo clientelare, rendendo effettivamente libero il voto, non più sottoposto al controllo dei maggiorenti della *civitas* e dunque a possibili ritorsioni; esso andò di pari passo con la sempre più forte consapevolezza della sovranità popolare. Ancora nel I secolo a.C. i circoli più reazionari peraltro auspicavano una abolizione del voto segreto, consapevoli che era nella segretezza del voto l'origine della loro diminuita influenza nella comunità.

I risultati venivano ufficialmente proclamati con la cosiddetta *renuntiatio*, una dichiarazione solenne del magistrato che presiedeva la procedura.

Una copia della legge veniva conservata nell'erario per garantire la sua inalterabilità e perché potesse al bisogno essere controllata nella sua forma ufficiale. Non si conosceva invece l'istituto della pubblicazione della legge, che per noi avviene con la pubblicazione sulla Gazzetta Ufficiale che ha lo scopo di ritardare l'entrata in vigore per consentire la presa di conoscenza del provvedimento. La legge entrava infatti in vigore subito dopo la sua approvazione. Questo perché la pubblicazione a Roma era preventiva, mediante affissione del progetto sulle tavole e mediante pubblica lettura al momento del voto. Trattandosi di democrazia diretta con il popolo che era il legislatore, non era necessaria alcuna ulteriore pubblicazione, presumendosi la conoscenza del testo legislativo.

La procedura elettorale si caratterizzava invece per la presentazione della candidatura da parte di ogni cittadino al magistrato dotato di *imperium* che aveva convocato il comizio.

Era lo stesso magistrato che verificava la sussistenza delle condizioni di eleggibilità e decideva se accettare o respingere la candidatura. Il magistrato che presiedeva la procedura di voto conservava una serie di prerogative che confermano il suo decisivo, originario ruolo nella *creatio* del successore: poteva infatti interrompere le votazioni, farle ripetere, non proclamare i risultati. Il voto veniva poi espresso con la indicazione del nome che, a partire dalla *lex Gabinia* del 139 a.C., era scritto su una tabella, inserita poi in una apposita urna. Seguiva anche qui lo spoglio dei voti e risultavano eletti i due candidati più votati secondo lo stesso meccanismo previsto per la procedura legislativa.

È significativo come per la procedura elettorale si sia stabilita in anticipo, rispetto alle altre procedure, la segretezza del voto. Ciò sta a indicare come fosse qui particolarmente sentita l'esigenza di proteggere la riservatezza della espressione di volontà proprio per evitare future ritorsioni e nel contempo scoraggiare la formazione di clientele elettorali.

Anche nella procedura elettorale seguiva, alla proclamazione dei risultati, l'interposizione dell'*auctoritas patrum*, che nel corso del III secolo a.C. divenne preventiva, in occasione cioè della presentazione delle candidature.

Relativamente alla procedura giudiziaria si estese a essa la segretezza del voto con una *lex Cassia* del 137 a.C.

d) I comizi tributi

In alcuni passi delle fonti si fa riferimento anche ai comizi tributi. È evidente che si trattava qui della riunione di tutto il popolo per tribù e non invece per centurie. Stando sempre alle fonti, nei comizi tributi sarebbe avvenuta, a partire dalla media repubblica, la elezione di questori ed edili curuli, peraltro mediante convocazione e presidenza dell'assemblea da parte di magistrati dotati di *imperium*. È possibile che le stesse esigenze che portarono a una democratizzazione dei comizi centuriati, attraverso la moltiplicazione delle classi, la riduzione del numero delle centurie della prima classe, e infine la votazione *ex confusis quinque classibus*, abbiano anche comportato la scelta dei magistrati minori in assemblee ove il criterio decisivo era quello della residenza e non invece quello censitario.

1.2.3. *Il senato*

a) Evoluzione e composizione

Già si è detto come il potere dell'antico *rex* latino-sabino fosse in qualche modo condizionato dalla presenza di una assemblea ristretta composta dai *patres* delle *familiae* più potenti che oltre a rappresentare il suo *consilium* ne doveva in qualche modo limitare i poteri finendo con l'essere intesa come la depositaria originaria del potere di governo sulla *civitas*, che non a caso ritornava a essa alla morte del re. È probabile che la scelta di chi dovesse sedere all'interno di questo consesso spettasse al monarca, ma fosse in qualche modo espressione dei rapporti di forza all'interno della *civitas*, avvenendo peraltro in un contesto caratterizzato dall'autonomia dei gruppi famigliari.

Con l'avvento dei *turannoi* etruschi il senato subì un sostanziale svuotamento delle funzioni e una marginalizzazione del ruolo. È verosimile che al suo interno, su nomina regia, fossero inseriti in numero significativo, accanto ai vecchi esponenti dell'aristocrazia latino-sabina, gli amici del *turannos*.

Con la instaurazione della repubblica e il riaffiorare del potere degli esponenti delle più antiche e potenti *gentes*, a questi dovette spettare il controllo sulla *civitas* stante la temporaneità della magistratura suprema. Vi doveva essere infatti un organismo che rappresentasse e garantisse la continuità dei valori repubblicani e dunque incarnasse la indentità stessa della città-stato.

La scelta dei membri di questo consesso, che probabilmente a partire da questa epoca storica si usò chiamare "senato", spettò ai consoli sino al plebiscito Ovinio del 312 a.C., che la attribuì definitivamente ai censori. Si individuò anzi un criterio che presiedeva alla scelta e che era espresso dal principio "*ex omni ordine optimus quisque*". Tre sono gli elementi che qui emergono: la discrezionalità della scelta; il principio della eccellenza intesa sia come possesso di qualità morali che di capacità ed esperienza; l'ammissibilità dei plebei al senato. A un certo punto invero il consesso fu definito con il sintagma di *patres conscripti*, dove *conscripti* erano i membri di origine plebea che si erano andati aggiungendo. È verosimile che l'accesso dei plebei al senato sia avvenuto tra la fine del V secolo a.C. e il IV. La competenza dei censori si spiega con riferimento al *regimen morum* che a essi spettava e alla particolare selezione che veniva qui richiesta. La scelta avveniva dunque ogni cinque anni e l'appartenenza era normalmente vitalizia. Questo meccanismo di nomina esprime chiaramente il carattere aristocratico della *res publica*.

A un certo punto il criterio dell'*optimus quisque* verme ravvisato, con una sorta di automatismo, in colui che avesse già rivestito una magistratura, inizialmente una magistratura patrizia (curule) poi qualsiasi magistratura. Questo proprio per il fatto che si presumeva che un magistrato avesse particolare capacità ed esperienza. Si produsse anzi una legittima aspettativa a essere chiamati a far parte del senato tanto che i tralasciati erano ricoperti di ignominia. Si determinò anche una sorta di graduatoria di importanza che andava in ordine discendente dagli ex censori, agli ex consoli, agli ex pretori per finire con gli ex edili curuli e quindi con gli ex questori. Il presidente del senato (*princeps senatus*) era il più anziano ex censore patrizio. In attesa di essere inseriti ufficialmente in senato, gli ex magistrati potevano partecipare alle sedute prendendo la parola, ma senza diritto di voto. A partire dal 102 a.C. vennero ammessi anche i tribuni della plebe a seguito della progressiva equiparazione del tribunato alle magistrature cittadine.

Questa trasformazione dei meccanismi di scelta dei senatori era destinata da una parte a togliere discrezionalità ai censori, non diversamente da quanto avvenne per la costituzione del comizio centuriato all'indomani della riforma del III secolo a.C., dall'altra doveva evitare la dispersione di quel patrimonio di esperienze e di competenze, arricchendo il vertice della repubblica di coloro che l'avevano governata nel corso degli anni. Nei fatti il senato evolvette verso una sorta di camera composta dai rappresentanti del popolo, evoluzione che sarà poi consapevolmente teorizzata da Cicerone nel suo progetto di riforma istituzionale contenuto nel *de legibus*.

b) Competenze

La necessità di garantire la continuità dell'indirizzo politico della *res publica*, stante la temporaneità e la brevità della magistratura suprema, fece sì che nel senato si concentrassero funzioni di direzione e di coordinamento delle politiche di governo, funzioni che si andarono accentuando nel corso degli anni. Nei fatti vi fu la tendenza a fare del senato l'arbitro delle pubbliche decisioni.

Si realizzò dunque un sistema che garantiva un equilibrio di poteri, con una sola autorità che governava la *res publica* (i magistrati), un gruppo di uomini di provata competenza ed esperienza che svolgeva una funzione di indirizzo, supervisione e controllo e infine il popolo, riunito nei comizi, a cui erano riservate le funzioni, in specie elettorali e legislative, in cui si esplicava la sovranità.

Il senato ebbe poi anche più specifiche attribuzioni. Alcune di queste erano riservate ai senatori di origine patrizia. Così fu per l'*interregnum* e l'*auctoritas*. Quanto al primo si trattava della riesumazione di un istituto che aveva avuto particolare rilievo in età regia, ma a cui ormai si ricorreva solo nell'ipotesi in cui venissero meno entrambi i consoli. A differenza della procedura di età regia, in epoca repubblicana l'*interrex pro tempore* aveva esclusivamente il compito di convocare i comizi elettorali, raccogliere le candidature, e "*creare*" formalmente i consoli eletti dal popolo. In questo istituto si conservava l'idea che il potere di governo spettasse, in assenza dei magistrati supremi, all'assemblea dei *patres*.

Più frequente era invece il ricorso all'*auctoritas patrum*. Si dovette invero affermare la tendenza del senato a prestare l'*auctoritas* al termine del procedimento di approvazione delle leggi, costituendo così una sorta di sanzione di efficacia che dovette sfociare presto nel controllo, non solo sulla legittimità, del provvedimento. Stante infatti la sua discrezionalità, è verosimile che il controllo ebbe presto a sconfinare nel sindacato di merito sul contenuto della legge. È anche verosimile che questa prassi sia stata conseguente al ruolo sempre più decisivo che nel comizio avevano i plebei, finendo con l'essere uno dei tentativi messi in atto dai patrizi per salvaguardare il proprio ruolo di controllo ed egemonia politica all'interno della *civitas*, non diversamente da quanto era avvenuto nel campo degli organi di governo con il tentativo di svuotare le competenze dei consoli, creando nuove magistrature riservate ai patrizi, allorché il consolato era diventato ormai accessibile ai plebei. Non a caso l'*auctoritas* fu sempre riservata esclusivamente alla componente patrizia del senato.

Proprio per reagire a questa evoluzione, che rischiava di indebolire il ruolo delle assemblee popolari, determinando gravi abusi, una *lex Publilia Philonis* del 339 a.C. stabilì che l'*auctoritas* dovesse essere preventiva, posta cioè direttamente nei confronti della *rogatio* del magistrato. Nel contempo un'altra *lex Publilia Philonis*, fatta votare contemporaneamente, disponeva che i *patres* potessero rendere vincolanti per tutti i cittadini i plebisciti, integrando la delibera votata nei concilii della plebe con la prestazione della *auctoritas*, sul modello di quanto già era avvenuto nel 445 con il plebiscito Canuleio e nel 367 con le leggi Licinie Sestie.

Fra le competenze proprie di tutto il senato si deve ricordare innanzitutto la funzione consigliare. Al di là degli atti di ordinaria amministrazione era consuetudine per i magistrati adottare le loro decisioni dopo aver consultato il senato. Forse prendendo spunto dalla *auctoritas patrum*, che, come si è visto, era un atto destinato a integrare il processo di formazione della legge, rafforzandone l'efficacia, diventò consuetudine sottoporre al parere del senato anche le proposte di legge comiziale. In questo caso tutto il senato emanava un senatoconsulto preventivo, non vincolante, ma frutto di una collaborazione con il magistrato che finiva con il rendere inutile la stessa *auctoritas*. Poiché l'istituto dell'*auctoritas* era verosimilmente funzionale al mantenimento di una egemonia politica patrizia, è infatti probabile che questa prassi fosse in qualche modo destinata a superare il meccanismo dell'*auctoritas*, che oltretutto, dopo le *leges Publiliae Philonis*, era diventata preventiva e non riguardava più la deliberazione del popolo, ma proprio la *rogatio* del magistrato.

La prassi di consultare il senato sulle proposte di legge finì comunque con il legittimare anche un intervento autonomo del senato, vale a dire l'emanazione di senatoconsulti in materia di produzione normativa indipendentemente dalla richiesta di un magistrato. Con senatoconsulto si giunse pertanto a sollecitare anche la presentazione di una *rogatio*, fissandone talvolta i criteri ispiratori, dettando le direttive. In altri casi, con autonomo senatoconsulto si arrivò a invitare il magistrato giusdicente a esercitare la *iurisdictio* in conformità ai principi contenuti nell'atto del senato e dunque ad introdurre nell'ordinamento nuovi rimedi.

Sempre con senatoconsulto, soprattutto a partire dalla fine del III secolo a.C., si stimolarono i magistrati dotati di *imperium* a reprimere certi fatti considerati pericolosi per la salute della repubblica. Ciò avveniva normalmente per fronteggiare situazioni contingenti, mentre laddove fosse necessario prevedere una repressione stabile e generale di certi comportamenti si ricorreva solitamente a una *lex publica* che istituiva un apposito collegio giudicante. Collegato a questa prassi era il *senatus consultum ultimum* che era emanato in momenti di grave pericolo interno e comportava la sospensione delle garanzie costituzionali e in particolare la sospensione della *provocatio*, invitando i consoli a ristabilire a qualsiasi costo l'ordine pubblico violato. La formula era infatti: "provvedano i consoli perché la *res publica* non riceva alcun danno". Connessa con questa preprogativa era la dichiarazione nei confronti di un singolo cittadino di *hostis rei publicae* che comportava la soppressione delle sue garanzie di libertà e la esclusione dal contesto cittadino.

Infine i senatoconsulti avevano un particolare rilievo e vennero anche utilizzati con grande frequenza nel settore della amministrazione pubblica. In altre parole il senato, con questo strumento, dava delle istruzioni ai magistrati per quanto riguarda l'adozione di atti di gestione della repubblica. Nell'ipotesi in cui non si trattasse di direttive riferite a casi specifici, ma aventi "portata generale, tendenzialmente astratta", si è parlato di un vero e proprio potere regolamentare del senato.

Anche in siffatto caso i senatoconsulti, avevano pur sempre la forma del "consiglio" che formalmente non vincolava il magistrato, ma che difficilmente – in virtù della *auctoritas*, del prestigio del senato – sarebbe stato disatteso, in particolare con riguardo a quelle materie che vennero gradualmente a profilarsi come di competenza esclusiva del senato stesso.

Dalla partecipazione al procedimento legislativo il senato finì con il ritagliarsi competenze ulteriori vale a dire la concessione di deroghe alla applicazione di una legge e infine la competenza a emettere un giudizio di legittimità sulle leggi votate.

Nel primo caso si trattò inizialmente di interventi di urgenza, fatta salva la ratifica dell'assemblea popolare che aveva votato il provvedimento, poiché la potestà di derogare a una legge spettava per l'ordinamento esclusivamente allo stesso organismo che l'avesse approvata. Con una evoluzione successiva si arrivò tuttavia a concedere la deroga anche in assenza di situazioni di urgenza e a prescindere dalla successiva ratifica.

Nel secondo caso vi fu probabilmente alla base il tentativo di recuperare all'intero senato, dunque ad entrambe le componenti, patrizie e plebee, quel giudizio conclusivo sulla legge che in passato si esprimeva nell'*auctoritas* patrizia. In ogni caso, almeno formalmente, non si trattava di accertare la compatibilità della legge con i principi dell'ordinamento, come è nel giudizio delle moderne corti costituzionali, quanto piuttosto, di verificare l'esistenza di vizi nel procedimento che inficiassero la validità della legge. Tuttavia la competenza che al senato venne riconoscendosi di accertare la inefficacia delle leggi per *vitia in procedendo* costituì un vero e proprio potere di annullamento delle leggi stesse, condizionato soltanto dal gioco concreto delle forze politiche. Nei fatti, dunque, si apriva la strada, a cui per verità si ricorse con parsimonia, per una verifica di conformità della legge ai valori condivisi dal ceto politico egemone, vale a dire per una sostanziale verifica di costituzionalità. A differenza di quanto avviene oggi nell'ordinamento italiano, ove il giudizio di costituzionalità presuppone la violazione di una legge (accertamento in via incidentale), laddove non riguardi i rapporti stato/regioni, per cui è anche ammesso un accertamento in via principale, cioè su iniziativa del governo o del presidente di una giunta regionale, nel sistema che si andò delineando a Roma e che vide una competenza del senato, l'iniziativa spettava sempre a un senatore che investiva del problema l'intera assemblea.

Insieme alla collaborazione con i magistrati nella predisposizione delle proposte di legge, si sviluppò anche un intervento del senato nella verifica dei requisiti di eleggibilità dei candidati alla magistratura su cui il parere dell'assemblea divenne sempre più decisivo.

In materia militare spettava al senato la decisione politica di dichiarare guerra, di concludere un trattato di pace così come di stipulare una alleanza, anche laddove interveniva poi formalmente il comizio con un proprio provvedimento (per esempio la *lex de bello indicendo*). Dichiarata la guerra era il senato che invitava il magistrato a disporre la leva militare, fissava i contingenti forniti dagli alleati, interveniva nella assegnazione del comando militare in ordine a distinte operazioni belliche, vigilava sulla condotta della guerra tramite propri *legati*, finendo così con l'assumere la sorveglianza sulle operazioni militari. Finita la guerra era il senato che premiava o puniva i generali, decretando eventualmente il trionfo. In materia di politica estera molto ampie erano le competenze del senato che sovraintendeva ai rapporti con le altre nazioni, curava le relazioni diplomatiche, inviava commissioni e propri legati, riceveva e accreditava ambasciatori.

Il senato acquisì il potere di conferire ai magistrati la *prorogatio imperii* e dunque la decisione se un magistrato dotato di *imperium* dovesse continuare, scaduto l'anno di carica, ad esercitare funzioni di governo nell'ambito di una provincia, che era un altro modo per premiare o punire i magistrati. Era d'altra parte il senato che fissava l'ordinamento giuridico delle nazioni conquistate e vigilava sull'amministrazione delle singole province.

In campo finanziario, nella disposizione del patrimonio pubblico il magistrato competente era vincolato al preventivo assenso del senato.

Infine in campo giudiziario, a commissioni composte da senatori (*quaestiones*) costituite *ad hoc*, su invito del senato, spettò, a partire dalla fine del III secolo a.C., il giudizio su alcuni reati.

L'acquisizione graduale delle competenze da parte del senato venne agevolata da tre fattori: il grande spazio riservato alla affermazione di consuetudini costituzionali dovuto alla circostanza che le leggi erano poche e poca era dunque in campo costituzionale la certezza del diritto; la possibilità per i magistrati di essere sottoposti a giudizio di responsabilità per fatti commessi durante la carica una volta tornati privati cittadini: ciò fece sì che durante l'esercizio delle loro funzioni i magistrati preferissero cautelarsi ricorrendo sistematicamente al parere preventivo del senato; il grande prestigio e la grande autorità morale che presso i romani aveva l'assemblea dei *patres*.

Nel sistema romano la centralità del senato, la sua indipendenza, la sua autorevolezza e la sua funzione di controllo sugli organi di governo erano sentite come garanzia della libertà della repubblica.

c) Il funzionamento del senato

Il senato era convocato e presieduto da un magistrato dotato di *ius agendi cum patribus*, essenzialmente consoli e pretori o comunque magistrati dotati di *imperium*, che con editto o anche con pubblici banditori indicavano il giorno e il luogo della riunione e un sommario ordine dei lavori. La prerogativa di convocare il senato spettava peraltro originariamente anche all'*interrex*, come residuo della analoga prerogativa regia e venne poi concessa nella tarda repubblica anche ai tribuni. È interessante constatare come il senato si convocasse normalmente per iniziativa dei magistrati, fatto che evidenzia la sua originaria funzione consultiva, di stretta collaborazione con gli organi supremi di governo. Il senato aveva un luogo per le riunioni che era di norma la *Curia Hostilia*. I senatori che non fossero impediti da cause legittime avevano l'obbligo di partecipare alle sedute. Occorreva giustificare l'assenza eventuale. La seduta non poteva mai svolgersi di notte; si apriva con la presa degli auspici, seguiva la relazione del magistrato che aveva convocato il senato. Questi poteva decidere se si dovesse votare immediatamente oppure se fosse opportuno aprire il dibattito. L'ordine degli interventi procedeva secondo la gerarchia ed il rango. Apriva la discussione il *princeps senatus*, che era il censore patrizio più anziano e svolgeva le funzioni di portavoce del senato stesso, seguivano i *consulares* (categoria che ricomprendeva gli ex censori, gli ex dittatori e gli ex consoli), quindi i *praetorii* e via dicendo. Se la *relatio* del magistrato si concludeva con una proposta di votazione immediata si procedeva a votare *per discessionem*, vale a dire spostandosi da un settore all'altro dell'aula.

Il parere votato dal senato prendeva il nome di senatoconsulto: veniva redatto dal magistrato che aveva fatto la *relatio*, assistito da un gruppo di senatori; si apriva con un preambolo in cui si indicava il magistrato che aveva convocato la riunione, il giorno e il luogo della stessa, seguiva la *relatio* del magistrato e quindi il parere (*sententia*) del consesso senatorio. Nonostante i poteri discrezionali del presidente, nel senato operava l'iniziativa dei singoli senatori che esprimevano pareri e facevano proposte liberamente. Ognuno poteva chiedere di contare il numero legale per la validità delle sedute. Si poteva chiedere la divisione per parti separate di più proposte presentate insieme per il voto, si poteva domandare il passaggio alla esposizione di pareri prima del voto. Non vi era limite alla facoltà di parlare: da qui si sviluppò la prassi dell'ostruzionismo che nelle moderne democrazie è peraltro tipico della tradizione anglo-sassone e in particolare di quella nord-americana, ove il cosiddetto *filibustering* è ampiamente tollerato proprio come garanzia della indipendenza degli stati membri dell'Unione che sono rappresentati nel senato americano in modo paritario. Nel senato romano l'ostruzionismo era a garanzia dell'autonomia dei *patres*.

1.3. *Gli organi sacerdotali*

I sacerdoti a Roma svolgevano funzioni pubbliche. Particolarmente delicate e importanti erano quelle dei pontefici e degli auguri dal momento che incidevano direttamente sulla produzione del diritto, sulla sfera di attività dei magistrati e sul funzionamento dello stato, a iniziare dalla costituzione dei suoi organi di governo.

Se infatti ai pontefici, fino al III secolo a.C., era riservata l'esclusiva interpretazione del diritto, gli auguri, controllando la interpretazione degli auspici, vale a dire della volontà degli dei, che doveva essere accertata prima di assumere qualsiasi decisione avente rilievo pubblico, potevano bloccare la presentazione di proposte di legge o la elezione di un magistrato.

I pontefici e gli auguri si caratterizzavano per la durata vitalizia, per la cooptazione, vale a dire per una nomina che passava per una decisione discrezionale dei componenti il collegio, e per la riserva ai soli patrizi del diritto di accedervi. Il meccanismo della cooptazione è d'altro canto sempre funzionale alla conservazione di valori di riferimento, vuole evitare evoluzioni per salti, rotture brusche col passato, privilegiando una continuità dei modelli di riferimento.

Un passaggio decisivo verso la democratizzazione dei collegi sacerdotali, è la *lex Ogulnia*. Con questo plebiscito fatto votare nel 300 a.C. da due tribuni della plebe, Quinto e Gneo Ogulnio, si stabiliva che anche i plebei potessero accedere al pontificato e al collegio augurale. Per consentire la immediata attuazione di questa disposizione si estese il numero dei componenti che passarono per i pontefici da cinque a otto e successivamente a nove e per gli auguri da quattro a nove.

Grazie alla *lex Domitia* del 104 a.C. la battaglia per una democratizzazione dei collegi sacerdotali ottenne un altro significativo successo mediante la fissazione del principio elettivo che fu pertanto applicato pure per la scelta dei pontefici e degli auguri. Il movimento democratico dovette verosimilmente puntare anche a una delimitazione dei poteri di questi organi sacerdotali, obiettivo che sfociò in una apposita *rogatio* del 58 a.C. proposta dal tribuno Clodio che intendeva abrogare la *obnuntiatio*, vale a dire la sospensione della attività politica per motivi di carattere religioso.

1.4. *Gli organi della plebe*

1.4.1. *Origine di plebe e patriziato*

Già si è visto, come all'indomani della cacciata dei Tarquini le *gentes* protagoniste della liberazione della *civitas* abbiano finito con il riprendere il controllo della città.

I *patres* e i loro discendenti, i *patricii*, appunto, si chiudono ora a difesa del proprio potere rivendicando solo per sé il controllo delle magistrature, l'accesso al senato, lo sfruttamento dell'*ager publicus*, vale a dire di quel terreno pubblico che da età molto antica veniva lasciato alla *occupatio* dei privati, che ne avevano una signoria di fatto, riconosciuta nella sua esclusività nei confronti di terzi, e tuttavia non usucapibile e nemmeno revocabile. Queste terre erano probabilmente, fin da età risalente di fatto riservate a quelle *gentes* potenti che avevano i mezzi e l'interesse a sfruttarle.

Di fronte a questi *patricii* stavano, come si è detto, i *plebei*. Questi erano cittadini inclusi nel comizio centuriato. I plebei dunque combattevano e pagavano i tributi e tuttavia erano esclusi dalla direzione della repubblica. Veniva meno quell'interesse comune che aveva determinato la spontanea aggregazione delle *familiae* nella più ampia *civitas* e che era il motivo per la permanenza di una comunità unitaria. Per reagire contro tale stato di cose, questa massa composita, particolarmente concentrata sull'Aventino, si coalizzò attorno al culto di Cerere, Libero e Libera, divinità originariamente estranee al Pantheon quiritario, dando vita a una autonoma e parallela organizzazione. I plebei erano d'altra parte la struttura portante della società intanto perché molti fra loro dovevano far parte della falange, inoltre perché esprimevano la classe produttiva, in buona parte piccoli contadini, artigiani, commercianti. La crisi economica della prima metà del V secolo aveva peggiorato la condizione di quei piccoli agricoltori che si basavano sul ricavato del raccolto per poter comprare le sementi, gli attrezzi da lavoro, gli animali. Si acuì di conseguenza il problema dei debiti, che crescevano in proporzione al peggioramento delle condizioni economiche e che comportavano, nel caso di insolvenza, la *addictio* del debitore al creditore e la possibilità di questi di venderlo al di là del Tevere. Infine proprio la crisi economica aveva determinato la richiesta di estendere anche ai plebei la possibilità di occupare i lotti di *ager publicus*. Va ricordato fra l'altro che le nozze fra plebei non erano considerate *iustae* e dunque i figli non erano legittimi.

I plebei di fronte alla serrata del patriziato giungono a dar vita a una comunità nella comunità, con propri organi, un proprio patrimonio, utilizzando altresì un'arma potente, che denota il carattere militare della originaria organizzazione plebea: la secessione, vale a dire la minaccia di dare vita a una comunità indipendente, rompendo l'unità dello stato. La secessione implica una visione contrattuale della *civitas*, alla cui base è ravvisata una libera adesione dei singoli in vista di un bene comune. In questa ottica lo stato risulta uno strumento, non un fine. Il diritto di secedere appare come la prosecuzione naturale della libertà del singolo cittadino di espatriare, vale a dire di abbandonare la sua comunità originaria. Nello stesso modo dunque anche il gruppo si può staccare dalla comunità di cui ha fino a quel momento fatto parte.

I plebei si rifiutano fra l'altro di prestare il servizio militare e di pagare i tributi.

1.4.2. *Gli organi di governo della plebe*

Proprio il carattere militare della rivolta plebea traspare dagli organi che guidarono la plebe nella secessione del 494 a.C. sull'Aventino: due *tribuni*, verosimilmente, in origine, due *tribuni militum*, come afferma lo stesso Varrone, come lascia d'altro canto intendere il fatto che una secessione, per essere efficace, doveva accettare la possibilità di uno scontro bellico e inoltre come si intuisce dalla considerazione che l'altro strumento di forte pressione è il rifiuto di prestare il servizio militare.

I tribuni della plebe furono peraltro portati a quattro nel 471 e a dieci nel 457.

I plebei votano delle *leges sacratae*, con cui giurano che difenderanno la inviolabilità dei loro rappresentanti, e sono pronti a resistere sull'Aventino. I patrizi cedono di fronte alla prospettiva di sfasciare l'unità della *civitas* e davanti alla sempre più forte pressione militare dei nemici che assediavano Roma su più fronti. Per sancire l'accordo si addiviene a un *foedus* a cui parteciparono anche i feziali a dimostrazione che si sarebbe trattato di un vero e proprio accordo fra due comunità distinte, ciascuna dotata di propri organi. Con il *foedus* la organizzazione plebea viene formalmente riconosciuta, anche se rimane soltanto espressione della plebe, i suoi organi non diventano cioè organi della *civitas*. Si verifica dunque il fenomeno della pluralità degli ordinamenti: l'unità viene affermata attraverso la pluralità. Questa straordinaria duttilità e adattabilità dell'ordinamento romano è un suo aspetto tipico di tutti i tempi, una delle cause della sua grandezza.

A seguito dell'accordo, dunque, i tribuni vennero riconosciuti come i difensori della plebe. L'accordo, in particolare, sancì l'inviolabilità dei tribuni, essi erano infatti *sacrosancti*. Chiunque avesse attentato alla loro persona era dichiarato *sacer*: nei suoi confronti la *civitas* toglieva ogni protezione e questi poteva essere ucciso impunemente. Dopo la sospensione del tribunato attuata nel 451 a seguito della istituzione del decemvirato, nel 449 una *lex Valeria Horatia* ribadì il carattere sacrosanto, e dunque inviolabile dei tribuni che, sempre con una legge *Valeria Horatia* del 449, venne verosimilmente esteso anche agli edili della plebe. È probabile che con questa legge si sia sancito il definitivo riconoscimento all'interno della comunità cittadina degli organi plebei, che nel 493 erano stati considerati nell'ambito di un *foedus* fra due comunità distinte. È anche possibile che nel 449 si sia riconosciuta la più ampia sfera di poteri, fra cui in primo luogo l'*intercessio*, che si era nel frattempo precisata a seguito di una evoluzione durata circa cinquant'anni.

Fra le prerogative riconosciute ai tribuni è verosimile che vi sia stata da subito la *auxilii latio*, cioè il riconoscimento del potere del tribuno di portare aiuto al singolo plebeo minacciato dalla estrinsecazione dell'*imperium* magistratuale. Doveva naturalmente trattarsi di un comportamento ingiusto del magistrato. Il riconoscimento dello *ius auxilii* appare dunque come la prima norma contro la discriminazione sociale. Da questa prerogativa si dovette svolgere successivamente la più generale *intercessio*, che, sul modello di quella che caratterizzava la *potestas* dei consoli, era un potere di veto con cui i tribuni potevano paralizzare qualsiasi atto dei magistrati, bloccando così l'attività dei pubblici poteri. Si trattava dunque di un potere negativo; i tribuni non avevano invero funzioni positive nei confronti della comunità cittadina, questo sino al riconoscimento della funzione legislativa dei *concilia plebis tributa* nell'ambito dei quali spettava ai tribuni la presentazione della *rogatio* dei plebisciti. L'*intercessio*, una volta superato il conflitto patrizio-plebeo, venne peraltro poi utilizzata anche per la difesa di interessi generali. I tribuni si attribuirono infatti il ruolo di difensori delle libertà individuali di tutti i cittadini nei confronti di possibili abusi dei pubblici poteri, utilizzando più in generale i poteri di arresto e di irrogazione di multe nei confronti di quei magistrati che avessero commesso arbitrii.

Per garantire la effettività dello *ius auxilii* e della *intercessio*, ai tribuni fu riconosciuta la *coercendi potestas*, vale a dire il potere di multare e nei casi più gravi di arrestare tutti coloro, dunque in primo luogo i magistrati, che avessero attentato alle prerogative dei tribuni e avessero tenuto un comportamento discriminatorio nei confronti di qualsiasi plebeo.

Oltre ai tribuni della plebe vi era un altro importante organo plebeo, l'edilità. Gli *aediles* erano originariamente dei sacerdoti plebei, essi infatti erano i custodi del tempio di Cerere, Libero e Libera, le tre divinità care alla plebe. Poiché nel tempio di Cerere era custodita la cassa della plebe, è probabile che la loro competenza originaria sia stata quella di amministrare il tesoro plebeo, a un certo punto costituito anche dal ricavato delle multe comminate dai tribuni. Agli edili i tribuni delegavano infatti la esecuzione dell'arresto da essi deciso nei confronti di chi avesse attentato ai diritti della plebe. Con la istituzione dell'edilità curule nel 367 a.C. agli edili plebei furono riconosciute alcune delle competenze previste per la corrispondente magistratura patrizia, tranne quelle legate alla *iurisdictio* sulle contrattazioni svolte nei mercati, che, come si è visto, rimasero sempre appannaggio dell'edilità curule. Gli edili, dunque, prima dei tribuni, vennero ricompresi nell'ambito delle magistrature cittadine, anche se la loro carica fu sempre riservata a plebei. Infine già nella *lex Valeria Horatia* del 449 in materia di estensione della inviolabilità erano ricordati i *iudices decemviri*, anch'essi dichiarati infatti inviolabili, e che verosimilmente ebbero competenza sulle cause di libertà. È anche possibile che questi *iudices* fossero originariamente pensati per rendere giustizia all'interno dell'autonomo ordinamento plebeo. Attuatasi la secessione e fino alla ricomposizione del patto di cittadinanza, non dovette invero più venire riconosciuta la *iurisdictio* consolare. Appaiono dunque ai vertici della comunità plebea tre organi: i tribuni con funzioni di governo e di comando forse anche militare, gli edili con funzioni finanziarie, infine i *iudices* con funzioni giudicanti. È evidente che questa organizzazione presuppone un periodo in cui la plebe si pose effettivamente come comunità autonoma rispetto alla *civitas*.

1.4.3. *L'evoluzione del tribunato*

Il processo di evoluzione del tribunato va nella direzione di una graduale assimilazione alle magistrature cittadine. Decisiva fu l'avvenuta parificazione fra i due ordini realizzatasi definitivamente entro la fine del IV secolo a.C.

e la piena equiparazione dei plebisciti alle leggi, prodottasi nel 286 a.C. A quel punto il tribunato, per giustificare la sua stessa esistenza, doveva modificare identità e funzioni, trasformandosi in un organo di garanzia a difesa dei diritti di libertà di tutti i cittadini e in questo sovrapponendosi e poi soppiantando la stessa censura. In questa ottica il percorso di definitiva parificazione venne sancito quando nella seconda metà del II secolo a.C. (tra il 149 a.C. e il 102) una *lex Atinia* diede ai tribuni la possibilità di entrare in senato. Peraltro già dalla fine del III secolo a.C. alla *tribunicia potestas* venne ricollegata una nuova prerogativa, lo *ius senatus habendi*, vale a dire non solo il diritto di partecipare alle sedute del senato, ma anche quello di convocarlo.

È nella seconda metà del II secolo a.C. che il tribunato viene a esplicare in pieno il suo nuovo ruolo di garante delle libertà individuali, in particolare grazie alla azione politica dei Gracchi e allo strumento del plebiscito. Così è, per esempio, con la *lex de capite civis* con cui si impedì che per atti qualificati dal senato o dai magistrati come alto tradimento non ci si potesse avvalere della *provocatio ad populum* e nel contempo si stabilì che le *quaestiones extraordinariae*, tribunali speciali che potevano emettere sentenze di condanna capitale, potessero istituirsi solo con legge e non previo semplice senatoconsulto. Ma in direzione analoga va anche il plebiscito che consentiva di chiamare al voto le centurie per sorteggio, *ex confusis quinque classibus*. Esprimevano istanze garantistiche anche la *lex de abactis*, che vietava qualsiasi ulteriore ricandidatura ai magistrati che fossero stati destituiti dal popolo e una *lex de provinciis consularibus* che attribuiva le *provinciae* ai futuri consoli prima che questi fossero nominati, facendo sì che tra la *nominatio provinciarum* e l'assunzione del governatorato passassero 18 mesi e impedendo così abusi a favore di magistrati "amici" da parte del senato.

I tribuni, in particolare durante il tribunato di Caio Gracco, tendono a sostituire i consoli nella gestione politica della *res publica*, svolgendo una vera e propria attività di governo a largo raggio. A questo scopo si ricorse con grande frequenza allo strumento legislativo. Si pensi solo alla *lex* in materia di deduzione di colonie, a quella *de novis portoriis* che incise sulla materia fiscale introducendo nuove imposte e regolamentando l'obbligo del rendiconto da parte dei pubblicani, alla *lex viaria*, alla proposta di concedere lo *ius Latii* ai *socii Italici* e la cittadinanza ai Latini, alla stessa riforma della *quaestio de repetundis*, attuata da un collega di Caio. È evidente il disegno di Caio Gracco di prendere in mano le redini della *res publica* utilizzando in modo sempre più accentuato lo strumento del plebiscito, che era potenzialmente incendiario perché aveva una forza contro cui non vi era rimedio costituzionale.

L'uso eversivo dei poteri tribunizi prosegue negli anni successivi. Saturnino, nel 103 a.C., oltre ad aver istituito una *quaestio de maiestate* in chiave antisenatoria, fatto di per sé non nuovo, vi aggiunse distribuzioni di terre e fondazioni di colonie fuori d'Italia riservate ai veterani di Mario, introducendo in questo modo una evidente forma di clientelismo e di favoritismo che distorceva, per scopi prettamente politici, le finalità delle riforme agrarie e delle deduzioni coloniarie. Non diversamente, Marco Livio Druso nel 91 a.C., con la sua proposta di estensione della cittadinanza agli italici, finiva con il mettere in discussione le fondamenta stesse della *res publica*. Senza contare che un tribuno quale Druso era arrivato a proporre il raddoppiamento del numero dei senatori incidendo addirittura sulla configurazione del massimo organo della *res publica*. Quando poi un altro tribuno, Publio Sulpicio Rufo, pochi anni dopo, nell'88 a.C., fece votare il trasferimento del comando delle operazioni militari contro Mitridate da Silla a Mario, esautorando il senato da una sua competenza, la necessità di arrivare a un ridimensionamento di un organismo che si avviava a diventare il vero organo di governo della *res publica* diventò drammaticamente attuale.

Ecco dunque il senso dell'intervento restauratore di Silla che nell'81 a.C. ridusse il tribunato della plebe a una *imago sine re*. Innanzitutto gli tolse la *intercessio*, limitando i suoi poteri allo *ius auxilii* in favore di singoli cittadini, eliminò il potere di intentare l'accusa nei concili della plebe, bloccò nel *cursus honorum* chi fosse stato tribuno, nel senso che gli ex tribuni non potevano ricoprire magistrature curuli, riservò la carica di tribuno a chi sedesse già in senato e soprattutto sottopose i plebisciti al parere preventivo e vincolante del senato. Si dovette attendere il 75 a.C. per abrogare con una *lex Aurelia* la norma che impediva agli ex tribuni di proseguire nel *cursus honorum*. Pochi anni dopo, nel 70 a.C. un accordo politico fra Crasso e Pompeo ridiede al tribunato con una *lex Pompeia Licinia de tribunicia potestate* le antiche prerogative. Era peraltro ormai tramontato un disegno politico autenticamente democratico volto a fare del tribunato l'asse portante della costituzione repubblicana.

1.4.4. *I* concilia plebis tributa

Accanto a questi organi plebei ve ne era un altro che svolgeva funzioni di assemblea deliberante: i *concilia plebis tributa*. È interessante notare già dal nome che si trattava di riunioni informali organizzate sulla base della semplice residenza in una delle tribù territoriali. A differenza del comizio centuriato, il concilio aveva dunque una struttura democratica che presupponeva la parità fra tutti i membri dell'assemblea. Il voto individuale veniva infatti contato su basi paritarie al fine di formare il voto complessivo di ogni distretto territoriale (la tribù), in altre parole i voti contavano uguale. La maggioranza dei voti delle tribù favorevoli a una certa proposta esprimeva poi la volontà dell'intero concilio. Alle origini si trattò di un organismo tipicamente plebeo entro cui dovevano essere assunte decisioni che riguardavano i destini della plebe e più in generale circa materie di comune interesse. Le loro deliberazioni prendevano il nome di *plebiscita* e ovviamente vincolavano soltanto la comunità plebea. Anche in questo appare la duplicità della organizzazione plebea rispetto alla organizzazione della *civitas*.

La tradizione afferma che una ulteriore *lex Valeria Horatia* del 449 avrebbe equiparato i plebisciti alle leggi comiziali. I moderni ritengono questa notizia una evidente anticipazione. Non è invero pensabile che quando i plebei non potevano ancora accedere al governo della repubblica, e anzi persino le loro nozze erano illegittime e altrettanto i loro figli, le deliberazioni della plebe potessero già vincolare tutta la *civitas*. Non avrebbero certo tardato a provvedere a eliminare il divieto di accesso al consolato. È probabile che l'anticipazione sia stata causata da una errata lettura di provvedimenti come il plebiscito Canuleio e le stesse norme Licinie Sestie che avevano fatto parlare gli antichi di leggi e che erano peraltro plebisciti la cui sanzione fu tuttavia determinata dalla prestazione successiva della *auctoritas* senatoria, nello schema del *foedus*.

È invece verosimile che una *lex Publilia Philonis* del 339 a.C. abbia provveduto alla equiparazione (*ut plebiscita omnes Quirites tenerent*) assumenendo come normale la prassi della interposizione successiva della *auctoritas* senatoria che doveva essere un elemento costitutivo della efficacia stessa, per la intera *civitas*, del provvedimento plebeo. Si chiarisce così il senso, altrimenti oscuro, della legge *Hortensia* del 286 a.C. la quale avrebbe riaffermato che *quod plebs iussisset omnes Quirites teneret*. È interessante osservare come qui sia direttamente lo *iussum plebis* a vincolare tutta la *civitas* e non genericamente i plebisciti, come invece nel testo della legge del 339. È chiaro, proprio dalla lettera della *lex Hortensia*, che il semplice *iussum plebis*, senza dunque necessità della *auctoritas*, era ora in grado di vincolare direttamente tutti i cittadini. È pertanto probabile che a partire dal 286 a.C. l'efficacia del plebiscito per tutta la *civitas* non fosse più condizionata dalla successiva *auctoritas*, che potrebbe forse essere diventata preventiva sul modello di quanto stabilito per le leggi comiziali da una delle *leges Publiliae Philonis* del 339 a.C. Il fatto che risalga a quegli anni la importante *lex Aquilia* che disciplinava il danno cagionato ingiustamente, lascia intendere peraltro che ormai i plebisciti nei primi decenni del III secolo a.C. erano pienamente equiparati alle leggi.

Ottenuta la piena parificazione alle leggi, i plebisciti diventeranno, a distanza di poco più di un secolo, lo strumento per avviare un tentativo di profondo rivolgimento della costituzione repubblicana, sino a quando Silla non decise di ripristinare l'*auctoritas* senatoria con efficacia vincolante ancorché preventiva.

1.4.5. *Due tribuni esemplari: Tiberio e Caio Gracco*

Realmente rivoluzionaria appare l'azione politica dei due tribuni della plebe Tiberio e Caio Gracco, adombrando, soprattutto l'opera di Caio, il tentativo di dare vita a una nuova forma di governo fondata fra l'altro sulla centralità del tribunato. Il piano riformatore dei due Gracchi va in ogni caso ben al di là della lotta a favore dei ceti più emarginati, contro l'oligarchia senatoria, diversamente da quanto ha invece inteso una certa storiografia.

L'obiettivo di Tiberio Gracco, ripreso poi anche dal fratello, era la ricostituzione di un ceto di piccoli proprietari terrieri nella consapevolezza che i proprietari sono la spina dorsale, l'asse portante di uno stato. Vi è alla base la convinzione che i proprietari immobiliari siano, fra tutti i ceti, quelli più legati, perché più interessati, al destino di una città e dunque di uno stato. Nella Roma della seconda metà del II secolo a.C. si era invece andato costituendo un proletariato urbano sempre più tumultuante e preda di facili passioni che non aveva grande interesse al destino della repubblica. D'altro canto l'*ager publicus* era ormai concentrato nelle mani di un ceto di possidenti che non solo non lo sfruttava adeguatamente, ma che utilizzava sempre più diffusamente manodopera servile che generava a sua volta una pluralità di problemi: la disoccupazione di sempre più ampie fasce di cittadini e dunque il conseguente loro impoverimento e l'immissione nel corpo civico, a seguito delle manumissioni degli schiavi, di un numero crescente di stranieri.

Per porre dunque rimedio a questa situazione, Tiberio pensò di ricorrere a una *lex agraria* che si inseriva nel solco di una plurisecolare battaglia del tribunato, ma che nel caso di specie manifestava le lucide intenzioni del Gracco contenendo una serie di disposizioni volte a rendere duraturi gli effetti sociali della riforma agraria.

Tiberio invero, dopo aver sottoposto le occupazioni di *ager publicus* a un limite massimo di 500 iugeri, più altri 250 iugeri per ogni figlio maschio, fino a un limite complessivo di 1000, dispose non solo la distribuzione dei lotti ricavati fra il proletariato urbano, ma soprattutto decretò la assegnazione in piena proprietà delle terre così recuperate, con in più il vincolo di inalienabilità. Questo vincolo è decisivo per comprendere che la funzione del

Gracco era proprio quella di ricostituire un ceto sociale di piccoli proprietari terrieri. Per realizzare la sua riforma Tiberio previde la istituzione di una commissione di *triumviri agris dandis, adsignandis, iudicandis* con lo scopo cioè di attribuire la proprietà dei nuovi lotti, di confermare il possesso di quelli esistenti e di giudicare su eventuali controversie. Le decisioni dei triumviri erano inappellabili. Per garantire il successo della sua opera di ricostituzione di un ceto medio di proprietari terrieri, Tiberio con un apposito plebiscito fece anche attribuire alla disponibilità dei triumviri il tesoro che Attalo re di Pergamo, morto nel frattempo, aveva lasciato in eredità al popolo romano. Il denaro sarebbe così servito per finanziare la nascita delle nuove imprese agricole. Inoltre fece approvare una legge che riduceva il servizio militare, anch'essa funzionale alle esigenze dei piccoli proprietari terrieri. Questi, infatti, dovendo servire per molti anni nell'esercito erano costretti a trascurare i loro campi, impoverendosi. Finivano così spesso con il vendere a basso prezzo le loro terre ai grandi latifondisti che le coltivavano su larga scala grazie alla manodopera servile mettendo fuori gioco ancora una volta la piccola proprietà.

Già si è detto che di fronte alla *intercessio* opposta dal tribuno Ottavio, politicamente contiguo alla *nobilitas*, il Gracco propose al popolo la sua destituzione, adducendo che egli non rappresentava gli interessi di coloro che lo avevano eletto, in applicazione dunque del principio della sovranità popolare. Tiberio venne ucciso nel 133 a.C. dopo aver deciso di ripresentare la propria candidatura al tribunato per l'anno successivo. La riproposizione della candidatura era vietata per le magistrature, non invece per il tribunato, che tuttavia ormai si andava assimilando ad una magistratura cittadina. Responsabile dei disordini in cui perse la vita Tiberio fu il pontefice massimo Scipione Nasica che ricorse in modo improprio all'antichissimo istituto della *evocatio*, che consentiva a ogni privato cittadino di prendere le armi per difendere la *res publica* dai nemici.

Il disegno di Tiberio venne ripreso dieci anni più tardi dal fratello Caio che, eletto tribuno nel 123 a.C., non solo fece approvare una nuova legge agraria, ma inserì questo provvedimento in un più ampio disegno riformatore. Innanzitutto Caio Gracco, portando alle sue logiche conseguenze il principio della sovranità popolare, perseguì coerentemente l'obiettivo di completare la democratizzazione della repubblica. Innanzitutto intese cambiare il sistema di votazione dei comizi centuriati così che cessasse l'antico privilegio timocratico che riservava alle classi dei più abbienti maggiore influenza nelle votazioni. Fece poi approvare un plebiscito *de abactis* che vietava ai magistrati destituiti dal popolo per aver tradito gli interessi dei propri elettori di proseguire la carriera politica. Infine tese a sostituire i tribuni ai consoli nella iniziativa politica. L'indirizzo politico di governo della *civitas* sarebbe dunque passato dai consoli ai tribuni. Di fronte a un programma riformatore così ampio quale quello attuato da Caio e dai suoi seguaci c'è da chiedersi quale fosse ancora il ruolo dei consoli, che paiono quasi limitati al ruolo di comandanti in capo dell'esercito. Senza contare peraltro al riguardo, che i loro poteri erano fortemente ridotti dal fatto che le legioni erano stanziate ormai pressoché esclusivamente nelle province, al comando dei rispettivi governatori. Non appare dunque un caso che in questo contesto maturasse la rivendicazione di limiti precisi ai poteri dei magistrati dotati di *imperium*, per contenere entro confini certi la loro sfera d'azione, garantendo così i diritti dei cittadini avverso i pubblici poteri con una sorta di *habeas corpus ante litteram*.

Vi è poi una eccezionale accelerazione nell'impiego della *lex*, qui intesa nella forma del plebiscito, come strumento normativo idoneo a realizzare i grandi interventi riformatori. Ciò in controtendenza con una tradizione secolare che era sempre rifuggita da un ricorso eccessivo allo strumento legislativo.

Parallelamente, Caio aveva di mira la compressione del ruolo del senato e la riduzione della sua sfera di influenza. In questa direzione vanno provvedimenti come: la *lex de capite civis* che impediva la creazione di *quaestiones extraordinariae* sulla base di semplice senatoconsulto; la trasformazione in procedimento criminale (prima aveva solo una funzione recuperatoria), grazie ad una *lex Acilia*, del procedumento istituito innanzi alla *quaestio de repetundis*, che era destinata a colpire reati commessi da appartenenti al ceto senatorio, in particolare dai governatori provinciali; la esclusione dei senatori dalle commissioni giudicanti (*quaestiones perpetuae*) e la attribuzione del relativo *munus* agli *equites* (cioè a quel ceto di ricchi imprenditori che avessero un censo dieci volte superiore a quello necessario per entrare nella prima classe); la *lex de provinciis consularibus* che, rendendo preventiva la assegnazione, era finalizzata a impedire al senato di condizionare l'attività dei magistrati dotati di *imperium*, decidendo a conclusione del loro incarico cittadino se e dove inviarli come governatori; la *lex de provincia Asia*, che toglieva al senato per darla ai concili della plebe la competenza a stabilire la condizione giuridica dei territori ereditati da Attalo e quindi, indirettamente, anche il controllo dei relativi appalti; infine, ovviamente, la *lex agraria*, che colpiva gli interessi dei grandi *possessores* di terre pubbliche, in buona parte appartenenti alla *nobilitas* senatoria.

È poi evidente il disegno espansionista immaginato dal Gracco che intendeva sviluppare una politica di deduzione di colonie e che, se da una parte aveva la funzione di ridurre la consistenza del proletariato urbano proseguendo in questo il disegno già proprio della *lex agraria*, dall'altra mirava a diffondere la civiltà romana nell'area di lingua greca dell'Italia meridionale (v. per esempio Taranto) e nella sponda sud del Mediterraneo (Cartagine). Per facilitare questa politica di espansione culturale il Gracco aveva immaginato la costruzione di nuove strade che si fece autorizzare con un'apposita *lex viaria* e che dovevano servire per facilitare i collegamenti fra le varie aree del dominio romano, per far correre le merci, ma anche, verosimilmente, i soldati della *res publica*.

Caio aveva infine di mira l'accoglimento nell'ambito della comunità romana dei latini e degli italici per farli partecipi dei valori di Roma e del suo disegno espansionista.

Nella sua mente vi era dunque la creazione di una grande comunità di lingua latina e cittadinanza romana che cingesse le due rive del Mediterraneo, retta da un governo che doveva essere diretta espressione del popolo senza distinzione di ricchezza o di classe, in cui i tribuni svolgessero un ruolo chiave. Infine auspicava un corpo di cittadini costituito da liberi e prosperi proprietari, partecipi del destino della comunità.

In questo disegno Caio Gracco doveva appoggiarsi a quel ricco ceto imprenditoriale, gli *equites*, che aveva nei commerci, nell'appalto della riscossione dei tributi (*publicani*), e nell'appalto della esecuzione di opere pubbliche, le ragioni principali del proprio arricchimento. Il divieto stesso fatto ai senatori di esercitare il commercio, fin da una *lex Claudia* del 218 a.C. e la soluzione di un conflitto di interessi *ante litteram*, che aveva portato alla fine del III secolo a vietare ai senatori la gestione dei pubblici appalti, aveva determinato il monopolio delle attività imprenditoriali, a esclusione di quelle legate allo sfruttamento dei terreni, in capo a questo ceto emergente di grandi possidenti, che si era fin lì distinto dai senatori per la estraneità alla gestione della cosa pubblica. Questa aristocrazia degli affari aveva un interesse coincidente con la politica di Caio volta a limitare privilegi e potere della oligarchia senatoria, la cosiddetta *nobilitas*.

Il suo disegno come quello del fratello venne infranto dalla morte prematura avvenuta nei torbidi nati a seguito della proposta, avanzata nel 121 a.C. da suoi avversari politici, di annullare la legge istitutiva della colonia di Cartagine. Il console Lucio Opimio, dopo aver sollecitato il senato a emanare un senatoconsulto ultimo che autorizzasse a reprimere il movimento graccano, lamentando il pericolo mortale che avrebbe corso la repubblica, attuò una dura repressione.

1.5. *L'ordinamento giuridico romano in età repubblicana*

L'ordinamento giuridico romano in età repubblicana era costituito dallo *ius civile*, dallo *ius honorarium* e dallo *ius gentium*. È discusso se si debba parlare a tale riguardo di una pluralità di ordinamenti giuridici ovvero di un unico ordinamento disposto su più piani. Quest'ultima pare la soluzione più corretta per una serie di ragioni. In primo luogo perché per quanto concerne i rapporti fra *ius civile* e *ius honorarium* la *iurisdictio* era unica, è lo stesso pretore che applica gli strumenti appartenenti ai due settori normativi e pone fra l'altro all'interno di un unico editto. Lo *ius honorarium* non vive autonomamente, non potrebbe stare in piedi in modo indipendente, ma, come afferma Papiniano (D.1.1.7.1), fu concepito proprio con la funzione di integrare lo *ius civile*. Quanto poi allo *ius gentium*, è sintomatico il fatto che i suoi istituti confluiscano nello *ius civile*. Persino la giurisprudenza nella sua riflessione arrivò a concepire un sistema unitario con il genere letterario dei *Digesta*. Questa fu senz'altro l'evoluzione conclusiva, tanto che con Giustiniano non vi è più ormai alcuna distinzione fra istituti di *ius civile* e di *ius honorarium*, ma essa non sembra porsi in antitesi con una tradizione risalente, appare piuttosto come un ulteriore sviluppo.

È l'ordinamento romano nel suo complesso che tende all'unità. La storia giuridica di Roma va nel senso di ricondurre a unità la diversità, pur rispettando e anzi valorizzando l'autonomia dei gruppi. Così è stato innanzitutto nei rapporti fra *familiae* e *civitas*. Certamente pluralistico era l'ordinamento nell'ambito della contrapposizione patrizio-plebea, ma ancora una volta sarà poi l'ordinamento plebeo ad essere lentamente attratto in quello cittadino, tanto che tribuni, edili e *concilia plebis tributa* diventeranno organi della *civitas*. La pluralità ritornerà con lo svilupparsi degli ordinamenti municipali, ma anche qui, pur nel rispetto delle autonomie, finirà con il sovrapporsi la cornice unitaria dello *ius romanum*.

1.5.1. *Lo* ius civile

Cosa era dunque innanzitutto lo *ius civile*? Le fonti lo definiscono *ius proprium civitatis* (Gai. 1.1; D.1.1.6 pr.). Dunque quel diritto che si applica solo ai cittadini, che è legato alla stessa identità cittadina, quel diritto che *quisque populus ipse sibi constituit* (Gai.1.1). È pertanto quel diritto che risente dei valori e delle costumanze tipiche della *civitas* romana. È infatti un diritto che affonda le sue radici nel *mos*, nei costumi più antichi dei *patres*. Non a caso è proprio nello *ius civile* che vengono riconosciuti in primo luogo i poteri del *pater* e alcuni fondamentali istituti del diritto privato, quali il *dominium ex iure Quiritium*, così come la *mancipatio*, atto solenne di trasferimento della proprietà, o la prima forma di contratto, la *sponsio*, che per la sua semplicità doveva svolgersi tipicamente nella vita di relazione fra le *familiae*. I depositari originari dello *ius civile*, i conoscitori ufficiali, erano i pontefici. Lo *ius civile* infatti si svolge, si sviluppa grazie alla *interpretatio* che delle più antiche norme consuetudinarie davano i pontefici prima, i giuristi laici poi: *in sola prudentium interpretatione consistit* (D.1.2.2.12). È dunque in senso proprio un diritto *quod sine scripto venít compositum a prudentibus* (D.1.2.2.5). In senso proprio lo *ius civile* vede dunque un ruolo significativo della giurisprudenza. "In senso proprio" scrive Pomponio, perché se lo *ius civile* originario era costituito solo dal *mos* e dalla interpretazione che di esso davano i pontefici, *ius civile* fu poi considerato anche lo *ius legitimum*, lo *ius scriptum*, vale a dire lo *ius* di derivazione legislativa. *Ius civile* era invero pure quello che nacque dalla interpretazione delle Dodici Tavole, proprio perché le Dodici Tavole, come si vedrà, erano in buona parte una raccolta di norme del costume tramandate da tempo immemorabile e sino ad allora custodite nel segreto del collegio pontificale. Giusto il fatto che da una legge e dalla sua interpretazione (D.1.2.2.5; 6) cominciò a sgorgare lo *ius civile*, dovette tuttavia, ad un certo punto, per attrazione estensiva, far considerare che più in generale la *lex* poteva essere produttiva di *ius civile*.

Lo *ius civile* si presenta dunque nella sua parte originaria e preponderante come un complesso formatosi e sviluppatosi al di fuori della autorità degli organi della *civitas*, in quanto investe il campo che fa capo alla società dei gruppi minori.

Una delle caratteristiche della evoluzione dello *ius civile* consisteva nel fatto che non si verificò mai la "abrogazione dei *mores* più antichi" e nemmeno una loro sostituzione con istituti giuridici più rispondenti alle moderne esigenze. Era insita nel sistema dello *ius civile* l'idea della eternità e immutabilità dei più antichi istituti quiritari. La *interpretatio* giurisprudenziale ragionava su istituti esistenti portandoli a nuove conseguenze, costruendo sulla loro base istituti nuovi, ma che avevano il fondamento della loro efficacia nei modelli utilizzati. Così fu per esempio per il *testamentum per aes et libram* che consentiva la nomina di un erede e la trasmissione testamentaria del patrimonio utilizzando lo schema della *mancipatio;* analogamente, per configurare la emancipazione del figlio, si ricorreva ancora una volta in via estensiva all'uso della *mancipatio* oltreché alla norma decemvirale che sanzionava, con la definitiva perdita della *potestas*, la vendita del figlio per tre volte.

Caratteristica della *interpretatio* dello *ius civile* e dunque della evoluzione di questo diritto, fu la costante aderenza allo stesso ordine di interessi tramandatisi nel tempo. Conseguenza di tutto questo fu la eternità dei principi dello *ius civile* che fu sempre concepito come un patrimonio non modificabile di principi generali, pur potendo i medesimi principi venire applicati a una pluralità e diversità di situazioni concrete. È questa quella che è stata definita la "eternità e fecondità" dello *ius civile*. La immodificabilità di quei principi generali derivava dal fatto che essi erano considerati come una espressione naturale della stessa civiltà romana. Era in altre parole la traduzione giuridica della realtà sociale, intesa tuttavia come rispondente alla natura stessa delle cose.

Una ulteriore caratteristica dello *ius civile* era il suo esclusivo riferimento ai rapporti di diritto privato, questo proprio perché esso nasce nella vita di relazione dei *patres*: è il diritto dei *patres*.

Lo *ius civile* si venne poi allargando ulteriormente recependo al suo interno istituti sorti nell'ambito dello *ius gentium* e dello *ius honorarium*. Si pensi nel primo caso ai contratti consensuali produttivi di effetti sul piano dello *ius civile*, per cui le relative obbligazioni erano espresse nella formula dal verbo *oportere*, nel secondo caso si possono ricordare i contratti di deposito e di comodato, originariamente protetti da *actiones in factum* di origine pretoria e poi attratti nel sistema civilistico.

1.5.2. *Le Dodici Tavole*

[...] *lege duodecim tabularum ex his fluere coepit ius civile*: secondo Pomponio (D.1.2.2.6), dunque, lo *ius civile* incominciò a fluire dalle Dodici Tavole. In particolare lo *ius civile* avrebbe preso avvio dalla discussione del testo legislativo e in specie dalla sua interpretazione. Già si è osservato come in realtà gli istituti di *ius civile* siano risalenti, senz'altro più antichi rispetto alla raccolta normativa contenuta nelle Dodici Tavole che, come vedremo, è della metà del V secolo a.C. La notizia di Pomponio consente tuttavia qualche considerazione. Le Dodici Tavole erano sentite come un momento di svolta decisivo, come l'origine del diritto della *civitas*. Appaiono ai romani del principato, ma già della tarda repubblica, come il risultato di un accordo fondamentale, quasi una sorta di testo costituzionale, certamente l'inizio di una nuova vita per il diritto di Roma: ciò che preesisteva è come se non avesse rilievo, tutto sembra partire da lì. Già Tito Livio (3.34.6), non a caso, le definiva fonte di tutto il diritto pubblico e privato. Questa visione era indubbiamente condizionata anche da una certa letteratura giuridica che nelle sue opere più risalenti prendeva spunto proprio dalle Dodici Tavole, si pensi per esempio ai *Tripertita* di Sesto Elio. In ogni caso questa raccolta normativa fu un passaggio decisivo nella evoluzione del diritto a Roma.

Cosa erano dunque, in realtà, le Dodici Tavole e quale funzione effettivamente svolsero?

Per comprendere ciò occorre partire da due altre notizie che ci forniscono le fonti.

Sempre Pomponio (D.1.2.2.3) sottolinea come, cacciati i re, non sarebbero state più applicate le *leges regiae* e l'ordinamento romano si sarebbe ridotto a un insieme di norme consuetudinarie. Questo stato di cose avrebbe determinato l'incertezza del diritto. Ritorna per la seconda volta e a breve distanza nel *liber singularis Enchiridii* (v. infatti anche D.1.2.2.1) l'esigenza della certezza del diritto che già in epoca regia la legge avrebbe garantito di fronte all'arbitrio dei re. È evidente in Pomponio la considerazione della superiorità di un sistema fondato sulla legge scritta così come l'idea che l'incertezza del diritto è un fattore che può di volta in volta produrre arbitrio o addirittura disgregare una comunità politica. La legge è dunque vissuta come lo strumento per garantire la certezza del diritto tramite la pubblicità e la stabilità delle norme che vengono preventivamente conosciute dai consociati e non invece successivamente individuate da un ceto di sapienti.

Tito Livio aveva poi già sottolineato che la funzione delle Dodici Tavole sarebbe stata quella di *aequare libertatem* (Liv. 3.31.7), *aequare iura* (Liv. 3.34.3), vale a dire di parificare la posizione dei cittadini davanti al diritto. La libertà individuale era dunque per i Romani della tarda repubblica strettamente connessa con l'eguaglianza giuridica, la certezza del diritto era d'altra parte la garanzia della eguaglianza dei cittadini e della loro libertà.

Le notizie forniteci dalla tradizione contengono certamente alcuni elementi di verità.

Sino alle Dodici Tavole la individuazione della norma da applicarsi e la precisazione degli istituti giuridici era affidata ai pontefici, che interpretavano le regole del costume, consentendo una evoluzione interna ai loro valori di riferimento. Quale fosse tuttavia la struttura degli istituti da impiegarsi, quali in definitiva i diritti e obblighi dei cittadini, era in ogni caso competenza esclusiva dei pontefici individuare. I *mores* erano custoditi gelosamente da questo collegio sacerdotale che suggeriva privatamente ai singoli le soluzioni. Siccome i pontefici erano tutti di origine patrizia, è evidente il rischio di una discriminazione a danno di chi non appartenesse a quel ceto ristretto. Non è un caso che la raccolta legislativa si situi proprio nel periodo del confronto patrizio-plebeo e che essa sarebbe stata preceduta dalla richiesta avanzata da un tribuno della plebe, nel 462 a.C., di istituire una commissione che scrivesse delle leggi volte a precisare l'*imperium* dei consoli.

Nel 454 a.C. i tribuni avrebbero abbandonato le precedenti pretese e si sarebbero accontentati della istituzione di una commissione formata da dieci persone (*decemviri*), a cui avrebbero potuto accedere anche i plebei, che ponesse fine al confronto politico in atto scrivendo un corpo di norme che consentisse appunto di *aequare libertatem*. La proposta sarebbe andata a buon fine. I *decemviri* avrebbero ottenuto un potere costituente, potendo scrivere le leggi, che, stando alla tradizione, avrebbero peraltro avuto poi la sanzione dei comizi; i *decemviri* sarebbero stati inoltre esenti da *provocatio* e da *intercessio*. I primi *decemviri* furono in realtà tutti patrizi, anche se a presiedere la commissione vi sarebbe stato Appio Claudio, considerato vicino alla plebe. La plebe avrebbe incassato il riconoscimento definitivo delle *leges sacratae*, vale a dire di quelle norme votate nei concili che avevano istituito tribunato ed edilità, fissando nel contempo le loro competenze e immunità.

La critica più recente sembra orientata a ritenere genuino il nucleo fondamentale della tradizione sulle Dodici Tavole e sul decemvirato legislativo.

Il testo conosciuto già dai giuristi del III/II secolo a.C. venne dunque redatto verosimilmente nel 451 /450 a.C.

Di questo corpo di norme abbiamo una conoscenza frammentaria, tramite numerose citazioni di versetti contenute nelle opere giuridiche e letterarie.

Ci si è posti il problema se si tratti di una codificazione. Per codificazione intendiamo una raccolta di tutte le norme in vigore inerenti a un certo settore del diritto. La codificazione ha dunque una portata tendenzialmente esaustiva, è insita l'idea della completezza della raccolta. Qui siamo in presenza invece di una raccolta caratterizzata da frammentarietà che lascia sopravvivere ampi settori di *mos*. In altre parole si presuppone l'esistenza di istituti, soprattutto di quelli già ben noti alla comunità e consolidatisi nel tempo, che non richiedevano dunque una chiarificazione legislativa. Il testo ha quindi un carattere allusivo che non si ritrova nella legislazione più tarda e che consente quella che è stata definita una normazione *per relationem*, vale a dire una normazione per rinvio.

Non risultano invero norme che definiscano cosa sia la *patria potestas*, la *mancipatio*, i comizi centuriati o che precisino la forma degli atti giuridici. Vi sono dunque elementi di struttura che vengono presupposti, dandosi per scontata la loro definizione e disciplina. Essi erano talmente noti nella loro identità che dovevano apparire come connaturati all'ordine delle cose senza che si sentisse bisogno di una regolamentazione specifica. La disciplina decemvirale si appunta pertanto su quegli aspetti che apparivano più incerti. Così, per esempio, se non si disciplina la *patria potestas*, se ne regola l'abuso, se non si definisce la *mancipatio*, si chiarisce che dalla *mancipatio* gli effetti giuridici dovevano prodursi in conformità alle parole solennemente pronunciate. Per questi motivi i contemporanei sentirono comunque esaustiva la raccolta decemvirale che da una parte presupponeva l'esistenza e implicitamente legittimava gli istituti di struttura, dall'altra chiariva le norme meno certe o di confine, in qualche caso – peraltro assai scarso – arrivando a introdurre istituti nuovi, come per esempio la *legis actio per iudicis arbitrive postulationem*, che appare una forma più moderna di *legis actio* di cognizione – vale a dire volta all'accertamento di situazioni giuridiche incerte o controverse – rispetto a quella *sacramento*.

Per quanto si è premesso appare dunque logico che prevalessero nella codificazione decemvirale le norme di relazione che risolvono conflitti di interessi, piuttosto che le norme di organizzazione che strutturano situazioni soggettive, poteri o forme di atti.

La tecnica legislativa risente della arcaicità del testo, fondata com'è su versetti scarni, molto brevi, che lasciano molto spazio alla interpretazione, in certi casi perfino oscuri agli stessi romani della tarda repubblica.

La gran parte delle norme contenute nelle Dodici Tavole riguarda il diritto privato, vi sono peraltro anche norme che contengono importanti principi di diritto pubblico e pure norme in materia di diritto e processo penale.

La società che emerge dalle Dodici Tavole appare fondata essenzialmente sull'agricoltura e sulla pastorizia, il commercio risulta marginale nell'economia del tempo, prevale non a caso la disciplina delle obbligazioni da delitto piuttosto che quella delle obbligazioni da contratto, i negozi giuridici si riducono essenzialmente a *mancipatio, in iure cessio* (due forme di trasferimento della proprietà), *nexum* (una forma di garanzia personale in cui il debitore era sostanzialmente ostaggio del creditore) e *sponsio* (un contratto verbale che comportava la promessa di un *dare* o di un *facere*), che era l'unico contratto menzionato. Sono tutti negozi rigorosamente formali, tutti caratterizzati dal fatto che gli effetti giuridici si producevano al solo rispetto delle forme prescritte a prescindere dalla volontà. Prevale dunque la forma sulla volontà. È una società in cui vige il principio della economia dei mezzi giuridici: un caso paradigmatico è la *mancipatio*, che pur essendo originariamente una compravendita con effetti reali, viene poi utilizzata per costituire servitù, per acquistare la potestà sulla moglie, per fare testamento, per emancipare il figlio.

La disciplina della proprietà riguarda soprattutto la regolamentazione dei rapporti fra i fondi e la tutela contro varie forme di attentato alla stessa, la circolazione dei beni ha carattere di marginalità. La servitù di *via* non è ancora concepita come un diritto reale su cosa altrui, ma come la proprietà sul pezzo di strada su cui si esercita il passaggio. Persiste la vitalità della famiglia agnatizia, soprattutto per quanto riguarda la successione, mentre la posizione degli schiavi non diverge molto da quella dei figli a cui sono sostanzialmente equiparati nella sottomissione alla *potestas* del *pater*.

Il rigoroso formalismo si riscontra ovviamente pure nel processo privato. Oltre a recepire la *legis actio sacramento*, di cognizione e quelle *per manus iniectionem*, e *per pignoris capionem*, esecutive, si introduce la *legis actio per iudicis arbitrive postulationem*, pure essa di cognizione.

Alcuni principi importanti contenuti nella legislazione decemvirale riguardano peraltro anche il diritto pubblico. Così si vieta di fare proposte di legge concepite per favorire o per danneggiare taluno (*privilegia ne inroganto*). Si prescrive che le condanne a morte possono essere pronunciate solo dal popolo nel comizio centuriato (*de capite civis nisi per maximum comitiatum*) e si aggiunge che nessun uomo, dunque anche lo straniero, poteva essere ucciso senza una preventiva condanna (*interfici enim indemnatum quemcumque hominem etiam XII tabularum decreta vetuerunt*). Infine si stabilisce il principio che la legge posteriore abroga quella anteriore (*quodcumque postremum populus iussisset, id ius ratumque esset*): quando dunque vi siano due leggi in contrasto fra loro la nuova annulla sempre la vecchia.

1.5.3. *Lo* ius honorarium

L'espressione *ius honorarium*, e quella più ristretta *ius praetorium*, si incontra nelle fonti classiche. Era presente già in Gaio (4.34) ove lo *ius praetorium è* contrapposto allo *ius civile*, in Pomponio (D.1.2.2.10) e successivamente in Marciano (D.1.1.18). In Papiniano si definisce lo *ius praetorium* (D.1.1.7.1). L'espressione è ricordata anche da Paolo (D.1.1.11). La contrapposizione fra istituti di *ius civile* e di *ius praetorium* era peraltro già ben nota a Cicerone (*pro Caec*. 12.34).

Ius honorarium è il diritto di origine magistratuale, prende invero il nome da "*honor*", carica pubblica. Era un complesso di norme avente fondamento nell'editto del pretore, da cui *ius praetorium*, e nell'editto degli edili curuli, a cui si aggiungeranno poi le norme contenute nell'editto dei governatori delle province. Era dunque un insieme di norme fondato sull'*imperium* magistratuale.

La funzione dello *ius praetorium* è efficacemente espressa da Papiniano: *Ius praetorium est, quod praetores introduxerunt adiuvandi vel supplendi vel corrigendi iuris civilis gratia propter utilitatem publicam*. Già da questa premessa si comprende che lo *ius honorarium* non costituisce un sistema a sé stante. A differenza dello *ius civile*, che era autosufficiente, essendo il sistema cittadino per eccellenza, lo *ius honorarium*, da solo non poteva stare, presupponeva l'esistenza dello *ius civile*.

Per capire dunque cosa intendesse Papiniano occorre sottolineare che le norme dello *ius civile* non sempre conservavano la loro adeguatezza nel trascorrere del tempo e nell'evolvere della società, va inoltre osservato che la evoluzione determinata dalla giurisprudenza era caratterizzata dalla lentezza e per di più era legata a principi e istituti già esistenti nel sistema, era dunque una evoluzione interna al sistema. Per una evoluzione esterna al sistema si utilizzò un organo dotato di *imperium*, cioè di un potere espressione della sovranità cittadina, e per di più eletto dal popolo.

Il magistrato, proprio perché lo *ius edicendi* era fondato sul suo *imperium*, non era vincolato dalle norme di *ius civile*, egli poteva infatti accordare un'azione, vale a dire lo strumento processuale con cui far valere una pretesa, anche per un rapporto o per un interesse non riconosciuto dallo *ius civile;* poteva mutare la posizione delle parti, pur scaturita dallo *ius civile*.

A questo proposito va peraltro ricordato che il pretore si muoveva originariamente nell'ambito di un sistema processuale, quello delle *legis actiones*, caratterizzato oltreché dalla oralità, dal formalismo, da una notevole rigidità e strettamente collegato con il diritto sostanziale tanto da non lasciare alcuno spazio ad un suo intervento discrezionale. Il formalismo del processo per *legis actiones* era tale che la parte che avesse sbagliato a recitare una parola determinata o a compiere un certo gesto perdeva la lite anche nella ipotesi in cui avesse avuto ragione. Questo processo non si poteva peraltro utilizzare nelle controversie con gli stranieri, essendo un procedimento fondato sullo *ius civile*.

Nel terzo secolo a.C., tuttavia, la crescita notevole delle relazioni commerciali dovette spingere il pretore a individuare un modello di processo che potesse agevolmente applicarsi nei rapporti fra romani e stranieri in Roma. Si rese pertanto necessario ad un certo punto ricorrere a un meccanismo processuale caratterizzato da istruzioni redatte per iscritto date dal pretore al giudice e in cui il magistrato fissava i termini della controversia in modo semplice e informale. Questo documento scritto si chiamò *formula*. È peraltro probabile che questo nuovo tipo di processo si sia esteso, sempre sulla base dell'*imperium* del magistrato, alle controversie fra romani, almeno a partire dalla fine del III secolo a.C., ma forse già nella sua prima metà, certamente prima di Sesto Elio, che attesta la concessione ai cittadini di azioni nascenti dalla compravendita consensuale, contratto originariamente estraneo allo *ius civile* e dunque non azionabile nelle forme del processo *per legis actiones*.

Attorno alla metà del II secolo a.C. una *lex Aebutia* legalizzò il processo formulare, che sino a quel momento si fondava esclusivamente sull'*imperium* del pretore, attribuendogli così gli effetti di un processo di *ius civile*. In questo modo, da una parte si apriva la strada per il superamento del processo *per legis actiones*, di cui si coglieva ormai la inadeguatezza, dall'altra si favoriva lo sviluppo dell'attività pretoria e della formazione di un nuovo sistema di principi e di norme. Il processo formulare invero poteva essere impiegato per l'esercizio di un numero teoricamente illimitato di azioni. Queste erano tipiche, vale a dire potevano essere utilizzate solo quelle che fossero state individuate con un proprio nome e una propria struttura dal pretore nell'editto e tuttavia proprio la struttura non rigida della formula consentiva la tutela di un numero assai ampio di pretese.

Per capire meglio come operava lo *ius honorarium* nei confronti dello *ius civile* si possono fare alcuni esempi. Pilastro della concezione del diritto era a Roma l'*aequitas*, vale a dire la garanzia dell'equilibrio fra le parti, nell'ambito di una relazione di correttezza reciproca. Alcune soluzioni a cui giungeva lo *ius civile* apparivano senz'altro inique. Prendiamo il caso di colui che avesse promesso di compiere una certa prestazione sotto la minaccia di un male rilevante oppure a seguito di un inganno. Sarebbe stato certamente iniquo concedere l'*actio ex stipulatu* per l'adempimento, ecco dunque che il pretore promise di accordare, sulla base di quanto suggeritogli dalla giurisprudenza, l'*exceptio metus* o l'*exceptio doli* che paralizzavano la pretesa dell'attore e impedivano dunque la condanna del convenuto. Era questo un caso di intervento *corrigendi iuris civilis gratia*, lo *ius honorarium* cioè eliminava alcuni effetti iniqui dello *ius civile*.

Vi potevano essere poi situazioni in cui la proprietà era stata trasmessa con un negozio inidoneo, per esempio una *traditio* avente a oggetto una *res mancipi* anziché dunque una *mancipatio*, e tuttavia si era in presenza di una giusta causa, come nell'ipotesi di adempimento di un contratto di compravendita. In questo caso si sarebbe dovuto aspettare il decorso dei termini per l'usucapione per poter concedere al possessore, che avesse perso il possesso della cosa, l'azione di rivendica. Ecco dunque che il pretore previde nell'editto un'azione detta *Publiciana*, dal nome del pretore del 67 a.C. Q. Publicio, con cui si autorizzava il giudice a considerare come se fossero trascorsi i termini per l'usucapione. In questo caso il magistrato agiva *supplendi iuris civilis gratia*, qui lo *ius honorarium* integrava la disciplina incompleta propria dello *ius civile*.

Vi era poi ancora un diverso tipo di intervento. Nell'ipotesi di furto anticamente si prevedeva l'*addictio* del ladro al derubato. Questa soluzione apparve senz'altro inadeguata perché era ormai vietata la vendita *trans Tiberim* e dunque non vi era un interesse economico reale del derubato a tener legato presso di sé il ladro. Pertanto il pretore previde la possibilità di concedere, sulla base del proprio *imperium*, un'*actio furti* per il quadruplo del valore della cosa rubata. Si trattava pertanto di apprestare una difesa più idonea per un istituto già previsto dallo *ius civile*: è questo un tipico caso di intervento *adiuvandi iuris civilis gratia*.

Tipico strumento pretorio sono le cosiddette *actiones in factum*. La difesa dell'interesse dell'attore si realizza qui utilizzando azioni le cui formule, come indica il nome stesso, non si fondano sullo *ius*, ma sulla descrizione del fatto contenuta nella *intentio*, che era quella parte della formula in cui l'attore indicava liberamente la propria pretesa. Grazie alle azioni con formula *in factum* il pretore veniva dunque a proteggere tutta una serie di rapporti, che non avevano una tutela nello *ius civile*, estendendo notevolmente il sistema dei rapporti giuridici.

Dalle caratteristiche delle azioni in fatto si coglie una differenza essenziale fra *ius civile* e *ius honorarium*: nello *ius civile* si modellano rapporti giuridici sostanziali (il *dominium*, le *obligationes*, l'*hereditas*), ad essi si adeguava la struttura formulare, ad essi invero faceva riferimento come presupposto la *formula: si paret rem ex iure Quiritium Auli Ageri esse; si paret Numerium Negidium Aulo Agerio centum dare oportere*. Compare il riferimento all'*oportere*, che indica il dovere giuridico. Nello *ius honorarium* si prometteva l'azione sulla base dei presupposti di fatto richiamati nella *formula* e dalla promessa del mezzo si induceva l'esistenza del rapporto: *si paret Aulum Agerium Numerio Negidio rem qua de agitur commodasse eamque dolo malo Numeri Negidi redditam non esse, quanti ea res erit, tantae pecuniae index Numerium Negidium Aulo Agerio condemnato: si non paret absolvito*.

A seguito della legalizzazione del processo formulare, l'editto si dovette arricchire di formule concepite dal pretore per tradurre nei nuovi termini processuali anche le *actiones* fondate sullo *ius civile* che dovevano sino a quel momento essere concesse nell'ambito della relativa *legis actio*. In questo caso non si trattava ovviamente di *ius honorarium*. Non era dunque l'inserimento nell'editto di un certo strumento processuale che qualificava quest'ultimo come di *ius honorarium*, quanto piuttosto l'essere o meno fondato sull'*imperium* del pretore, non essendo già previsto nello *ius civile*.

In conclusione e sulla base di quanto si è detto, appare pertanto che lo *ius honorarium* non era mai in grado di abrogare norme esistenti sul piano dello *ius civile*, né vi è rapporto gerarchico fra norme di *ius honorarium* e di *ius civile*, si tratta di due piani che operano autonomamente, trovando la loro sintesi nell'ambito della unica *iurisdictio* pretoria e determinando così un risultato processuale coerente.

1.5.4. *Lo* ius gentium

Come si è accennato, a Roma e presso i popoli dell'antichità vigeva il principio della personalità del diritto. In virtù di questo criterio, ogni popolo seguiva il proprio diritto. Ognuno era in altre parole soggetto giuridico secondo il diritto della propria *civitas*. Ai *peregrini*, cioè agli stranieri che commerciavano o vivevano a Roma, non si potevano applicare le norme dello *ius civile*, essi continuavano a seguire le proprie usanze giuridiche, per diritto romano non erano soggetti di diritto. Ben diverso è invero il criterio della territorialità del diritto che implica che su un certo territorio si applichi un unico diritto, indipendentemente dalla nazionalità di coloro che vi vivano, ancorché temporaneamente. Questo principio è coerente con un'idea di stato a base territoriale, la personalità del diritto risente di una concezione che identifica lo stato nell'elemento personalistico, in sostanza con un certo popolo. Peraltro diverso regime seguivano le norme penali, posto che esse si applicavano a tutti coloro che vivessero nello spazio soggetto alla sovranità della *civitas*. Qui le esigenze di ordine e di difesa della comunità spingevano a un superamento del principio della personalità del diritto. Mentre nel caso del diritto privato si sentiva l'insieme delle regole come qualcosa di rispondente alla identità stessa della *civitas*, trovando la loro ragion d'essere in quelle consuetudini che regolavano i rapporti fra i *patres*, le norme penali erano la evoluzione giuridica di quella reazione violenta che i gruppi mettevano in atto contro coloro che avessero attentato alla sicurezza della comunità.

Un criterio siffatto creava tuttavia numerosi problemi laddove vi fosse una presenza massiccia di stranieri dediti ai traffici commerciali.

Per ovviare agli inconvenienti che sin dall'antichità un simile criterio determinava, era usuale inserire nei trattati internazionali la disciplina della protezione giuridica dei cittadini degli stati coinvolti. Così si era fatto per esempio già nel trattato tra Roma e Cartagine della fine del VI secolo a.C. Normalmente le controversie erano giudicate da collegi di *recuperatores*. Questo regime presupponeva la reciprocità del trattamento. Così nel secondo trattato fra Roma e Cartagine ai Cartaginesi presenti in Roma si estendeva il *commercium*, vale a dire la possibilità di utilizzare validamente i *gesta per aes et libram*, in primo luogo la *mancipatio*, in cambio della parità di trattamento riservata ai romani residenti in Sicilia e Sardegna.

Nell'ambito dei rapporti con i Latini il *foedus Cassianum* prevedeva l'organizzazione di un giudizio nella città dove fosse stato concluso il negozio giuridico. Ai membri della Lega era poi riservato lo *ius commercii*, che non sembra tuttavia implicasse la possibilità di utilizzare le *legis actiones;* si considerava peraltro validamente acquisita la proprietà di un bene trasferito tramite *mancipatio*.

In ogni caso, in virtù del proprio *imperium*, il magistrato rimaneva libero di emanare norme per regolare i rapporti tra stranieri e romani.

Nelle Dodici Tavole compaiono poi norme specifiche che fanno pensare a giorni determinati dedicati ai processi che coinvolgevano stranieri: si parla infatti di uno *status dies cum hoste*. Si parla inoltre di una *aeterna auctoritas adversus hostem*, vale a dire il venditore era tenuto a prestare assistenza a tempo indeterminato contro eventuali azioni di rivendica intentate contro lo straniero per la cosa trasferita, posto che a favore dello straniero non operava l'istituto civilistico della usucapione.

In assenza di regole stabilite nei trattati la efficacia di un negozio e la protezione delle aspettative da esso nascenti erano fondate sulla *publica fides*.

In ogni caso, anche quando si prevedesse la istituzione di collegi di *recuperatores*, si poneva il problema di quale dovesse essere il diritto da applicarsi. Il principio cardine a cui ci si doveva ispirare nel giudicare sulle reciproche pretese era quello della *bona fides*, vale a dire della correttezza tipica degli affari internazionali, un criterio dunque di natura oggettiva che presupponeva la fiducia, l'affidamento verso la controparte. In altre parole come ci si dovesse comportare era definito dal principio di buona fede.

Nei rapporti con gli stranieri vi erano poi alcune figure contrattuali ricorrenti, tipiche del commercio internazionale. Fra queste la compravendita, il mandato, il contratto di trasporto, che veniva configurato nelle forme della *locatio conductio*, la società. È probabile che, indipendentemente dall'esistenza di trattati, già il pretore urbano, in virtù del proprio *imperium*, organizzasse una tutela di queste situazioni. A questi contratti si affiancarono, sempre per opera del pretore, istituti romani utilizzabili anche dai *peregrini* quali la *stipulatio*, contratto verbale, evoluzione della più antica e formale *sponsio*, e la *traditio*, che era un negozio traslativo della proprietà di *res nec mancipi*. Non potendo ricorrere alle *legis actiones*, il pretore creò un sistema di formule, vale a dire di programmi scritti per il giudice, con cui dare evidenza ai rapporti intercorsi fra le parti. La scrittura si giustifica fra l'altro con la necessità di dare certezza alla definizione dei rapporti in un contesto di lingue e consuetudini differenti.

Il principio cardine che individuava il contenuto delle obbligazioni assunte era quello della buona fede. I rapporti erano basati sulla *fides*, dunque un soggetto era tenuto verso la controparte in base alla buona fede. Questo era l'originario fondamento dell'obbligo ed era sempre la buona fede che dava efficacia a determinati negozi. La buona fede appare pertanto come un elemento normativo a cui il pretore riconosceva, in virtù del proprio *imperium*, forza vincolante. Non a caso nella formula delle azioni dei quattro contratti del commercio internazionale si parlava di *oportere ex fide bona*: vi era un esplicito riferimento a un dovere giuridico fondato sulla buona fede.

Non potendo il pretore far fronte alla massa crescente di questi processi, nel 242 a.C. fu istituita una nuova figura di *praetor*, detto *peregrinus*, ovvero un *praetor* che aveva il compito specifico di *ius dicere inter cives et peregrinos*.

Come si è peraltro già osservato, Sesto Elio attesta una risalente estensione dei contratti di buona fede anche ai rapporti fra cittadini; viceversa alcuni contratti nati nello *ius civile*, come per esempio la *stipulatio*, si applicarono pure ai *peregrini*, ciò fu reso possibile dal fatto che non avevano forme tipiche. In questo modo si finiva con l'applicare per la prima volta a Roma il criterio della territorialità del diritto, dal momento che le norme che si utilizzavano, seppur sorte nei rapporti commerciali, erano ormai impiegate sia per i romani che per gli stranieri.

Questo complesso di norme nato nella giurisdizione fra romani e stranieri, fu a un certo punto definito, nell'ambito di una riflessione filosofica, *ius gentium*. La prima fonte che attesta l'uso del termine è Cicerone. L'Arpinate lo definisce come quel complesso di norme applicate presso tutti i popoli in quanto fondate sulla *lex naturae*. Ovviamente Cicerone non intendeva sostenere che l'istituto della *emptio venditio*, con le sue specifiche caratteristiche, si ritrovava presso tutti i popoli, ma che il principio, l'esigenza che vi sottostava, la sua *causa*, vale a dire lo scambio di cosa contro prezzo, si ritrovava presso tutti i popoli perché è tipico dell'esigenza di tutte le epoche della storia, presso ogni gente, il vendere e il comprare. Essendo gli istituti di *ius gentium* applicati a Roma, è pure ovvio che quelle esigenze fossero trasfuse in forme e secondo schemi romani: ecco perché la *emptio venditio* ha caratteristiche, in specie la efficacia meramente obbligatoria, che non si ritrovano altrove.

Sappiamo poi per certo che la categoria dello *ius gentium* venne assunta nel linguaggio giuridico, almeno a far data dalla giurisprudenza adrianea. Gaio infatti nel libro primo delle sue *Institutiones*, al primo paragrafo, riprende lo stesso concetto ciceroniano affermando che ciò che un naturale impulso ha stabilito fra tutti gli uomini è osservato da tutti i popoli e si chiama *ius gentium*. Affiora chiaramente l'idea della *naturalis ratio*, lo *ius gentium* appare come insieme di istituti fondati sulla ragionevolezza, su un impulso che vi sarebbe in ogni uomo, in tutte le epoche, dunque in definitiva un diritto fondato sull'ordine naturale delle cose. Si affaccia l'idea che la ragionevolezza sia una categoria generale che sta a fondamento del fenomeno giuridico, non peraltro di qualsiasi istituto, ma di quelli di portata più generale, di alcune grandi categorie giuridiche.

I giuristi classici elencano alcuni istituti che ritrovano presso tutti i popoli. Così è per la potestà dei genitori sui figli e per il potere dello stato sui consociati (così secondo Pomponio in D.1.1.2). Così ancora per la legittima difesa (Fiorentino, in D.1.1.3): il respingere la violenza e l'offesa è considerato invero generalmente conforme al diritto. La protezione del proprio corpo contro l'aggressione altrui è anzi implicitamente secondo natura, dal momento che l'insidia che un uomo tenda a un altro uomo è giudicata essere contraria a quella consaguineità che la natura ha stabilito fra tutti gli essere umani. È pure di diritto delle genti la guerra come forma di tutela del diritto, la esistenza degli stati, la proprietà privata, l'obbligarsi a compiere una certa prestazione e il vincolo giuridico che ne deriva, fino a scendere a quei contratti come la compravendita e la locazione che erano tipici del commercio internazionale.

Secondo Ulpiano dallo *ius gentium* si distinguerebbe lo *ius naturale*, che sarebbe una categoria ancora più ampia in quanto comprenderebbe quegli istituti e quei principi che non solo sono comuni a tutti i popoli, ma che addirittura sono propri di tutti gli essere animati. La ulteriore distinzione muove verosimilmente dalla considerazione che vi sono istituti comuni a tutti i popoli, come la schiavitù, che non corrispondono a una logica naturale. La libertà sarebbe dunque principio di diritto naturale, così come nome unico e naturale sarebbe quello di "uomo", mentre "schiavo" introdurrebbe un concetto originariamente sconosciuto. Fondato sull'ordine naturale delle cose appare in ogni caso il matrimonio che viene ora classificato come di diritto naturale, sulla base della constatazione che ogni essere vivente si accoppia. Anzi,per questa visuale, la *procreatio* sarebbe l'essenza stessa del matrimonio. Dato questo presupposto ne consegue che l'unica forma di matrimonio concepibile è quella che deriva dall'unione di due soggetti di sesso diverso. La figliazione e l'educazione della prole sarebbero pure, in questo nuovo contesto, di diritto naturale in quanto comuni non solo a tutti i popoli, ma anche a tutti gli essere animati.

La ulteriore distinzione di un diritto naturale diverso dallo *ius gentium*, implica un giudizio di valore su alcuni istituti all'insegna della contrapposizione *bonum/malum;* presuppone la rispondenza di certi istituti a una naturale esigenza sentita conforme alla ragionevolezza, al di là della semplice considerazione della generale diffusione di quel determinato istituto, che era invece la prospettiva classica dello *ius gentium*.

1.6. *Le fonti del diritto*

Per fonte di produzione si intendono i fatti grazie ai quali una nuova norma si inserisce nel sistema di regole che disciplina la vita di una certa collettività.

L'idea di fonte del diritto era già ben presente ai romani. Così Livio

(3.34.6) parla espressamente delle Dodici Tavole come di *fons omnis iuris publici privatique iuris*. Il significato di fonte è quello di sorgente da cui scaturisce il diritto, come del resto chiarisce proprio un giurista, Pomponio, laddove, con riguardo alle Dodici Tavole, afferma che *ex his fluere coepit ius civile*. Giusto Pomponio (D.1.2.2. pr. e ss.) fa riferimento ai fatti produttivi del diritto distinguendo correttamente fra la fonte e il suo prodotto. La fonte è invero ravvisata nella legge, nella *interpretatio prudentium*, nell'editto dei magistrati, nei senatoconsulti e infine nelle costituzioni del principe, presupponendosi invero il superamento della forma di governo repubblicana. Il prodotto è il complesso di norme che costituisce lo *ius civile* e lo *ius honorarium*.

Pomponio nella sua qualificazione dei fenomeni produttivi di diritto usa due termini significativi: *origo* e *processus*. È chiara dunque l'idea della nascita della norma, tipica del concetto di fonte, così come l'idea della produzione del diritto quale fattore di continua evoluzione, come "processo" che dà all'ordinamento una soluzione dinamica.

Il verbo chiave che qualifica l'inserimento della norma nell'ordinamento è *constituere (ius)*, che ritorna più volte nella trattazione di Pomponio (v. per es. D.1.2.2.9;10; 11;12) e che ha in sé l'idea della statuizione autoritativa. È peraltro significativo che con riferimento alla *interpretatio* giurisprudenziale compaia invece il verbo *componere* (D.1.2.2.5), che presuppone un'attività creativa non di per sé vincolante, e poco oltre il verbo *consistere*, che prescinde anch'esso da una sanzione autoritativa.

Non diversamente, anche in Gaio è presente una teoria delle fonti del diritto, proprio all'inizio del suo manuale istituzionale (Gai. 1.2 ss.), che sembra risentire di una sistematica repubblicana. Pure qui è chiara l'idea della derivazione delle norme da un fatto qualificato. Scrive Gaio: "*Constant autem iura populi Romani ex*", segue poi l'elenco delle fonti: leggi, plebisciti, senatoconsulti, costituzioni imperiali, editti dei magistrati, *responsa prudentium*. La distinzione fra plebisciti e leggi lascia pensare che il nucleo originario della teoria fosse in qualche modo risalente.

È opportuno analizzare ora partitamente le singole fonti.

1.6.1. *La giurisprudenza*

a) La giurisprudenza pontificale

Abbiamo già accennato alle caratteristiche della giurisprudenza pontificale. Essa provvedeva a una *interpretatio* del *mos* che si svolgeva attraverso le tre attività fondamentali dell'*agere*, del *cavere* e del *respondere*. L'*agere* consisteva nella preparazione delle *actiones* da suggerire ai privati per la protezione delle loro pretese. Il *cavere* alludeva alla predisposizione degli schemi negoziali idonei a realizzare gli scopi pratici perseguiti dai privati. Il *respondere* alludeva ai pareri espressi dai pontefici in ambito giuridico. Mediante i *responsa* si poteva per esempio suggerire una determinata interpretazione di un contratto o di un testamento, individuare i limiti di diritti o di obblighi derivanti dal *mos* o da una *lex*, le forme di tutela di una determinata posizione giuridica.

Con riguardo alla attività di precisazione della norma e dei diritti dei singoli esercitata dai pontefici, pressoché nullo era il margine lasciato al magistrato, stante un processo come quello *per legis actiones* ove i formulari erano gelosamente custoditi dai pontefici che li suggerivano privatamente e segretamente ai cittadini. Il formalismo tipico delle *legis actiones*, che portava addirittura alla perdita della lite laddove non si fossero recitati i *verba solemnia* o compiuti gli atti prescritti pure nell'ipotesi in cui il litigante avesse ragione, era una conseguenza del carattere sacrale del processo arcaico. In questa fase la *interpretatio* giurisprudenziale appare certamente come fonte di produzione del diritto anche se alcune riflessioni inducono a limitarne la unicità del ruolo. Intanto essa ha sempre come punto di partenza il *mos*, anzi la *interpretatio* pontificale deve necessariamente svolgersi a partire proprio da istituti già esistenti nel costume, la giurisprudenza non può creare *ex novo* un istituto che non affondi in qualche modo le sue radici in esso, che non trovi la sua giustificazione nel costume. Una delle creazioni più originali e più geniali della giurisprudenza pontificale, il *testamentum per aes et libram*, che parte proprio da una applicazione della *mancipatio* estendendone la *causa*, vale a dire la funzione economico sociale, è un esempio di quanto si è appena sottolineato. È il fondamento consuetudinario di questo diritto che consente di affermare che lo *ius civile* è *quod quisque populus ipse sibi ius constituit*. In altre parole l'uso di impiegare la bilancia e il pezzo di rame pronunciando certe parole venne probabilmente "sistemato" dai pontefici, ma sulla base di consuetudini diffuse fra le *familiae* che abitavano i sette colli. A monte della attività dei pontefici sta comunque il consenso sociale radicatosi nel tempo che ha portato ad accettare un certo istituto come idoneo a fornire soluzioni di tipo giuridico: l'intervento dei pontefici serve a dare riconoscimento autentico a questa prassi consuetudinaria. Il *mos* preesiste dunque alla giurisprudenza dei pontefici, viene da questa identificato, precisato, sancito ufficialmente e poi interpretato e fatto evolvere. La giurisprudenza dà una sanzione politica a ciò che già esisteva e ne favorisce la evoluzione secondo logiche interne al sistema. I pontefici svolgono quindi una attività ricognitiva e creativa. Entro questi limiti la giurisprudenza pontificale concorre a essere fonte di produzione del diritto.

Proprio il fatto di muoversi nell'ambito di certezze ritenute immutabili, fa sì che l'attività della giurisprudenza sia caratterizzata dal tradizionalismo. Emerge forte il principio identitario, che non a caso è tipico di un diritto proprio soltanto dei cittadini romani, a essi solo applicabile. Dall'altro lato, giusto la interpretazione garantisce una notevole adattabilità del diritto che ne scaturisce, anche se il suo carattere tradizionale determina la lentezza dello sviluppo giuridico.

Il ruolo della giurisprudenza pontificale si situa in una logica oligarchica, per cui il controllo della evoluzione della società e del suo ordinamento deve rimanere nelle mani di pochi soggetti, espressione delle grandi famiglie e delle grandi *gentes* dominanti. È la stessa logica che caratterizza il ruolo del senato, allorché pretende di sanzionare con la propria *auctoritas* la legge comiziale e poi il plebiscito.

La lotta democratica del movimento plebeo è non a caso costantemente volta a ridurre l'influenza della giurisprudenza pontificale, a contenere la sua autonomia e in definitiva il suo arbitrio. Il primo passaggio decisivo fu proprio la redazione delle Dodici Tavole. Ma di non minore importanza fu la pubblicazione dei formulari delle *legis actiones* che sarebbe stata effettuata da Gneo Flavio, scriba di Appio Claudio Cieco, insieme con la pubblicazione del calendario giudiziario. Le azioni erano state redatte in forma definitiva da Appio Claudio nel *liber actionum* poi divulgato dal suo collaboratore. Non è casuale che l'iniziativa di Gneo Flavio si sia verosimilmente svolta sotto la protezione dello stesso Appio, discendente da quell'omonimo appartenente alla *gens Claudia*, gradito al movimento plebeo, che avrebbe presieduto la commissione dei decemviri. Lo stesso Gneo Flavio sarebbe stato poi eletto tribuno della plebe. Se la pubblicazione del calendario toglieva discrezionalità ai pontefici nella individuazione dei giorni in cui era possibile agire in giudizio, la divulgazione dei formulari delle *legis actiones* dava un colpo durissimo al monopolio pontificale e rappresentava la base per la emancipazione dalla *interpretatio* dei pontefici.

Nel frattempo, precisamente nel 337 a.C., era avvenuto il riconoscimento della possibilità per la plebe di accedere alla pretura. È evidente come da questo momento dovette accrescersi l'interesse a mettere in crisi la giurisprudenza pontificale. Con l'accesso dei plebei ad una magistratura dotata di *iurisdictio* si sviluppò pertanto la prassi – prima timidamente, poi sempre più diffusamente – di organizzare processi fondati sull'*imperium* del pretore, grazie al sistema di documenti scritti, le *formulae*, in cui riassumere liberamente le pretese delle parti. La individuazione di una via alternativa alle *legis actiones*, oltre che dettata da esigenze di modernizzare un processo ormai arcaico, per venire incontro alle esigenze dei ceti mercantili, contribuì senz'altro alla marginalizzazione del ruolo della giurisprudenza pontificale.

Infine ancora un plebeo avrebbe svolto un ruolo decisivo nel superamento del monopolio pontificale.

b) La giurisprudenza laica

Secondo Pomponio, infatti, Tiberio Coruncanio, primo pontefice massimo di origine plebea, nei primi decenni del III secolo a.C. avrebbe dato *responsa* in pubblico sviluppando nel contempo una attività di insegnamento del diritto. Se fino a lui i pontefici poterono conservare lo *ius civile* in segreto, l'avvio di una riflessione pubblica aperta a qualsiasi cittadino contribuì a sviluppare un ceto di tecnici, esperti di diritto, che si dedicavano per passione a raccogliere i *responsa*, a commentarli, si esercitavano su di essi e proponevano a loro volta delle soluzioni alternative. È in questa attività che nacquero i germi di una nuova giurisprudenza, questa volta laica, sganciata dal potere pontificale, non più provvista della autorevolezza tipica del massimo collegio sacerdotale di Roma, ma forte soltanto della sua competenza, della sua acutezza e ingegnosità, capace di suggerire ai consociati soluzioni idonee a risolvere i problemi quotidiani. Una giurisprudenza che fonda il suo prestigio sul merito individuale e non sulla appartenenza a un ceto o ad un gruppo ristretto di oligarchi. Una giurisprudenza che si inserisce dunque pienamente nel nuovo clima sempre più democratico che caratterizza la Roma del III secolo a.C.

Nasce così un ceto di tecnici, esperti di diritto, una novità nella storia della civiltà, il più grande lascito di Roma.

Era dunque fonte del diritto questa giurisprudenza "laica"? Prima di rispondere a tale domanda dobbiamo chiarire quale fosse il ruolo di siffatti giuristi.

Intanto va subito precisato che essi non erano politicamente caratterizzati. Sono dei tecnici del diritto al servizio dei cittadini romani e dei loro magistrati; sono dei consulenti del potere politico e dei privati. Ben lungi da loro svolgere la funzione di oppositori del sistema, di cui piuttosto assorbono i valori di riferimento, provenendo normalmente dallo stesso ceto sociale che esprimeva gli organi di governo della repubblica ed essendo essi stessi sovente magistrati. Si inseriscono armonicamente in un sistema che si svolge tutto all'interno di valori di riferimento dati. Proprio per questo non furono mai sentiti come una minaccia per la sovrana esplicazione della volontà popolare, non apparvero mai come un ceto di oligarchi che pretendeva di condizionare l'evoluzione della società secondo logiche elitarie, ma come persone che volevano piuttosto risolvere le preoccupazioni dei cittadini o suggerire ai magistrati idonee soluzioni tecniche. Come scrive Cicerone di Sesto

Elio, riassumendo quella che era la funzione di questo ceto di interpreti, egli "dava *responsa* che liberavano da ogni preoccupazione quelli che gli chiedevano consiglio".

Questa giurisprudenza laica, a differenza di quella pontificale, che svolgeva un ruolo politico esprimendo istanze di governo della *res publica*, non era unitaria. Era piuttosto contradditoria, vivace, plurale, perché animata dal gusto della ricerca delle soluzioni più adeguate. Se il collegio pontificale individuava ogni anno un membro che aveva il compito di dare *responsa* ai privati per garantire la unitarietà della *interpretatio*, qui invece spettava ai cittadini scegliere fra le tante soluzioni quella più confacente.

Fatte queste premesse ci sono tutti gli elementi per dare una risposta al quesito da cui siamo partiti.

Anche l'attività della giurisprudenza laica si svolgeva secondo i tre *verba* del *respondere*, *cavere* e *agere*.

Di certo essa non appare come fonte del diritto nell'esercizio dell'attività rispondente, che aveva una funzione meramente ricognitiva, limitandosi a prendere atto della situazione giuridica determinatasi, che andava chiarita al richiedente. Anche quando la *interpretatio* nell'ambito del *respondere* allargava la portata di certi istituti e i margini di applicazione di alcune azioni, era però pur sempre il pretore che accoglieva o meno quella *interpretatio* concedendo o denegando l'azione. Si pensi per esempio alla nozione di furto per cui si passò dal concetto di *amotio* (il portar via la cosa) *rei* a quello di *contrectatio* (qualsiasi uso o ingerenza non consentita nella cosa), o alla *interpretatio* del verbo *rumpere*, che qualificava una certa fattispecie di danno aquiliano, e che a un certo punto fu inteso nel senso di *corrumpere*, o alla *iniuria*, che da lesione personale passò a indicare anche l'atto ingiurioso. Era sempre il pretore che accoglieva o meno le conseguenze di una certa evoluzione interpretativa, che pur si sviluppava nella giurisprudenza, accordando o denegando l'azione nel caso specifico.

Nell'ambito del *cavere* si dà vita certamente a *nova negotia* e tuttavia anche qui, a prescindere dall'avere o meno questa attività carattere normativo, la giurisprudenza non appare affatto come fonte del diritto. Intanto occorre precisare che anche questi giuristi, come già i pontefici, svolgevano la loro attività nell'ambito del diritto esistente. Essi non potevano creare istituti nuovi sganciati da istituti esistenti, ma portavano a nuove conseguenze istituti già riconosciuti. Inoltre, in particolare con l'affermarsi del processo formulare, la sanzione, in termini di riconoscimento di diritti e obblighi giudiziariamente azionabili, spetterà sempre e soltanto al pretore che prevederà apposite formule. Dunque la protezione delle situazioni sorte con i *nova negotia* passerà sempre dalle mani di un organo politico. In ogni caso la considerazione più importante è che le nuove soluzioni non si impongono autoritativamente, ma per la loro bontà intrinseca. È il libero giudizio dei consociati a determinare il successo di una certa innovazione giuridica, sono i cittadini che applicandole ripetutamente in quanto rispondenti a oggettive esigenze sociali ne decretano l'affermazione. Così per esempio, la *cautio Muciana*, così detta dal giurista Q. Mucio Scevola, consentiva di superare gli inconvenienti della apposizione di una condizione potestativa negativa a una disposizione *mortis causa*, in primo luogo un legato, attribuendo al legatario il lascito dietro prestazione di una *cautio* (promessa) con cui si prometteva all'erede la restituzione di quanto ottenuto se la condizione fosse mancata.

È dunque un sistema in cui ancora una volta i consociati con il loro comportamento concludente, questa volta a posteriori, recepiscono i suggerimenti dati da uomini dotti e tecnicamente preparati, determinando così l'accoglimento all'interno dell'ordinamento di questa o quella soluzione giuridica.

Quanto poi all'*agere*, dopo il superamento della giurisprudenza pontificale che in virtù della sua autorevolezza imponeva le azioni che essa stessa elaborava, la determinazione dei formulari e dunque dei rimedi da concedersi era ormai esclusivamente nelle mani del pretore. Questo ancora prima dell'affermarsi del processo formulare, che darà al magistrato giusdicente una notevole discrezionalità e libertà di scelta dei rimedi più adeguati. È vero, il pretore, non essendo normalmente un tecnico del diritto, nella scelta delle soluzioni si ispirava alla elaborazione fatta dai giuristi, erano i giuristi che gli suggerivano specifici rimedi processuali, ma la scelta e la responsabilità dell'accoglimento del rimedio era sua. In tanto si poteva proteggere una determinata situazione giuridica in quanto il pretore avesse concesso nel suo editto un certo rimedio processuale; si trattava di una scelta politica, che certo non doveva essere estranea al dibattito elettorale, e che verosimilmente era stata anticipata agli elettori in un programma che non a caso veniva pubblicato, in forme certamente più dettagliate, all'assunzione della carica.

La sanzione delle soluzioni suggerite dalla giurisprudenza laica è data dunque sempre da un organo politico. I giuristi appaiono come consulenti, dotati di una raffinatissima tecnica, di un magistrato eletto, che decide se e quando introdurre nel sistema una certa norma. È vero, Pomponio, ma anche Gaio, cita la giurisprudenza fra le fonti del diritto e arriva a dire che lo *ius civile in sola prudentium interpretatione consistit*, ma il passo di Pornponio è strettamente collegato con quanto poco prima l'autore dell'*Enchiridion* aveva affermato e cioè che lo *ius civile* inizia a fluire dalla *interpretatio* fatta dalla giurisprudenza pontificale delle Dodici Tavole e, come si è visto, la giurisprudenza pontificale era stata senz'altro fonte del diritto. Inoltre sia Pomponio sia Gaio sono influenzati dal fatto che alla loro epoca la giurisprudenza era ormai fonte del diritto in virtù di quanto disposto da Augusto e soprattutto dal rescritto di Adriano, che aveva parificato i *responsa prudentium* alle *leges* e sia Pomponio sia Gaio costruiscono una teoria delle fonti avendo presente la situazione della epoca in cui scrivono; non a caso citano entrambi per prima la legge, attribuiscono la qualifica di fonte del diritto ai senatoconsulti, che, come si vedrà (D.2.12.2), in età repubblicana non producevano diritto, ricordano le *constitutiones principum*. Non è un caso del resto che Pomponio, menzionando la giurisprudenza come fonte, non qualifichi la sua attività con il verbo *constituere*, che presupponeva una statuizione vincolante, ma con i più neutri *componere* e – con riferimento al risultato di quella attività nei confronti dello *ius civile* – *consistere*.

Questo non vuol dire rinnegare lo straordinario e originale contributo dato dai giuristi alla elaborazione del diritto, vuol dire riconoscere che l'introduzione nell'ordinamento di nuove regole e istituti era il frutto di una scelta politica operata da organi politici, il che significa fra l'altro che altre soluzioni pur suggerite dai giuristi non ebbero alcuna operatività concreta.

Ricordando quanto si è detto su chi fosse responsabile a introdurre rimedi processuali in materia di diritto privato e considerando che laddove si aveva a che fare con norme di diritto criminale o con principi costituzionali l'unica fonte deputata era la legge, si può concludere che a partire almeno dal III secolo a.C. e poi, con ulteriore consapevolezza, dalle riforme dei Gracchi, quando si incideva su diritti e obblighi dei consociati, competente a introdurre nell'ordinamento la nuova norma era sempre un organo scelto direttamente dai cittadini.

c) I giuristi repubblicani

Un contributo importante alla ricostruzione della giurisprudenza laica repubblicana ci viene fornito da Pomponio che nel suo *liber singularis Enchiridii* contiene un *excursus* sui giuristi romani.

La prima figura significativa è Sesto Elio, edile curule nel 200 a.C., console nel 198 a.C. e censore nel 194. Fu verosimilmente l'iniziatore di una vera e propria letteratura giuridica. La sua opera principale furono i *Tripertita*, così detti perché costituiti di tre parti: la prima conteneva il testo delle Dodici Tavole, ne seguiva la interpretazione, concludevano gli schemi di azione che si potevano far discendere dalle Dodici Tavole.

Cicerone (*de rep.* 1.18.30) ci consente di comprendere il pensiero di Sesto Elio e il senso della sua opera. Emerge intanto la sua concretezza che è una caratteristica costante di questa giurisprudenza: citando Ennio, Cicerone ricorda infatti che il giureconsulto era molto apprezzato "non perché cercasse quello che non avrebbe mai potuto trovare, ma perché dava *responsa* che liberavano da ogni preoccupazione quelli che gli chiedevano consiglio". Non era dunque interessato alla speculazione astratta, fine a se stessa, ma mirava a risolvere i casi dei cittadini che a lui si rivolgevano. Coerentemente sosteneva che occorreva dedicarsi agli studi filosofici, ma con moderazione, senza lasciarsi assorbire troppo da essi. Manifestava infatti una certa cautela verso gli "studi dei Greci", essendocene altri più pratici che si possono meglio adattare alla vita e alla politica. Concludeva che la cultura greca e la filosofia sono utili per acuire l'ingegno dei giovani, per renderlo più pronto ad affrontare questioni più importanti. Emerge la centralità del diritto e della politica intesa come amministrazione della *res publica*.

È interessante il giudizio che Pomponio dà dei *Tripertita*: conterrebbero infatti i *cunabula iuris*. L'espressione sembra doversi collegare con il contenuto dell'opera, che si occupava appunto delle Dodici Tavole, vale a dire di quella che era considerata l'origine, e dunque la culla, del diritto civile. Doveva mirare infatti a spiegare e a rendere attuale il contenuto della raccolta decemvirale traendo dalla antica legislazione un modello ancora valido per il presente.

Un altro giurista citato da Pomponio è Marco Porcio Catone, anche lui uomo politico, raggiunse la carica di censore nel 184183 a.C., storico ed esperto di *ius civile*. Cicerone (*de rep*.2.1.2) ricorda il suo giudizio sulla costituzione romana la cui superiorità rispetto ad altre esperienze sarebbe consistita nel fatto che essa non era il frutto dell'opera di un solo uomo e di una sola generazione, ma si era piuttosto modellata nel corso di più generazioni e per l'opera di molti uomini. Per Catone l'esperienza e la vetustà di un istituto ne determinavano il valore. Rifiutava la logica delle riforme rivoluzionarie, scegliendo quella dei graduali adattamenti. Emerge l'idea che uno stato debba avere delle radici solide, una propria identità e una continuità con il suo passato. Esperienza e tradizione sono sentite come valori. Da qui anche la diffidenza quando non l'ostilità verso il mondo greco, estraneo ai valori su cui poggiava la repubblica romana. Sottolineava altresì la completezza dell'ordinamento romano che avrebbe creato istituti idonei a rispondere a tutte le esigenze di una comunità organizzatasi nelle forme della *civitas*.

Dopo costoro vi furono Publio Mucio Scevola, Bruto e Manio Manilio.

Di questi tre giuristi Pomponio ci dice che *fundaverunt ius civile*. Questa espressione non va certamente intesa nel senso che essi avrebbero creato o "fondato" lo *ius civile*, anche perché altrimenti si dovrebbe supporre una contraddizione con quanto poco prima lo stesso Pomponio aveva affermato. È probabile che avesse qui presente una attività interpretativa più indipendente dalla tradizione decemvirale, forse meno formalistica e dunque idonea ad essere intesa come una riformulazione dello *ius civile*.

Manio Manilio, console nel 149 a.C., è noto per aver scritto dei *formularii* per gli atti di compravendita. Si sarebbe dedicato quindi soprattutto alla attività cautelare. A Manio risale anche una qualificazione del *nexum*, istituto che già compare nelle Dodici Tavole.

Bruto, pretore attorno al 140 a.C., scrisse, in forma di dialogo, una raccolta in tre libri di *responsa*, che assumevano il valore di esempi. Forse per la prima volta ci troveremmo di fronte a un'opera che sembra staccarsi dalla pratica proponendo delle regole. Significativo è il passo di Bruto contenuto nel Digesto di Giustiniano (D.9.2.27.22) a proposito dell'aborto della cavalla o della schiava a seguito di un colpo o di un pugno subito nel ventre. Secondo il giurista si applicava comunque l'azione aquiliana, come se si trattasse di una *ruptio* della madre. Il feto viene qui considerato una parte della madre per garantire una più efficacia tutela della proprietà.

Publio Mucio Scevola fu invece console nel 133 a.C. Consigliere di Tiberio Gracco, si oppose al senato consulto ultimo con cui il senato invitava i consoli a reprimere il movimento graccano. Accusato di eccessivo legalismo legittimò tuttavia a cose fatte la sostituzione privata dei pubblici poteri quando Scipione Nasica, ricorrendo all'antichissimo istituto della *evocatio*, che consentiva a ciascun cittadino di prendere le armi per difendere la patria contro il nemico, guidò la repressione contro Tiberio. Secondo Mucio Scevola, verosimilmente minacciato dalla fazione filosenatoria, la violenza sarebbe stata compiuta nel rispetto del diritto. Riordinò e pubblicò gli *Annales Maximi* cioè la registrazione dei fatti redatta dai pontefici anno per anno. Scrisse 10 libri su terni specifici di *ius civile*.

All'interno del ragionamento giuridico che si sviluppò a Roma, in particolare con riguardo alla costituzione romana, è bene ricordare qui uno storico che non fu giurista e che per di più era di origine greca: Polibio.

Secondo Polibio la costituzione repubblicana era una costituzione mista, che riuniva tutti i pregi e le caratteristiche dei diversi sistemi politici, quello monarchico, quello aristocratico, quello democratico, neutralizzando le tendenze degenerative di ognuno di essi. Emerge l'esigenza di un equilibrio fra gli organi costituzionali, che sarà poi ripresa anche da Cicerone, e che aveva per fine quello di pareggiare i reciproci rapporti di potere e di forza. Due giuristi vanno invece qui ricordati per la specificità della loro indagine: C. Sempronio Tuditano, console nel 129 a.C., che scrisse un'opera sui magistrati, e Giunio Graccano, amico di Caio Gracco, che si occupò delle potestà. È importante questa testimonianza perché segna la nascita di una giurisprudenza che si occupa della struttura dello stato, dei suoi organi, dei loro poteri anche se poi la letteratura di diritto pubblico non ebbe grande sviluppo in età repubblicana. È degno di essere ricordato, a proposito, solo Q. Elio Tuberone, che peraltro è della metà del I secolo a.C., che dedicò una particolare attenzione al diritto pubblico, in particolare scrisse sul senato.

Essendo Giunio Graccano vicino al movimento dei Gracchi, è verosimile che con la sua opera sulle potestà intendesse delineare innanzitutto i limiti dei poteri dei magistrati. È possibile che proprio nella storiografia annalistica coeva sia stata ripresa e forse rafforzata quella notizia che ricordava il tentativo di un tribuno della plebe di scrivere nel 462 a.C. leggi che limitassero l'*imperium* dei consoli. Appare questo come un *leit motiv* della azione del movimento plebeo e più in generale democratico. È significativo che sia Tuditano sia Graccano non si siano occupati di diritto privato, ma abbiano concentrato la loro ricerca su temi di diritto pubblico. Tutto ciò proprio nell'epoca in cui si affermava definitivamente l'idea di sovranità popolare e veniva addirittura proposta la assimilazione del magistrato a un mandatario del popolo.

Una evoluzione importante nella storia della giurisprudenza repubblicana si ebbe a seguito della importazione dalla Grecia del metodo dialettico. Questo metodo comportava lo studio dei generi e delle specie. I generi dovevano essere studiati ricorrendo da una parte alle distinzioni e dall'altra mediante sintesi del molteplice. Come scrive lo Schulz, "questa distinzione dei generi doveva condurre alla scoperta dei principi che governano i generi stessi e che spiegano i casi individuali". Questo metodo era conosciuto a Roma tramite lo studio della filosofia greca sin dalla metà del II secolo a.C., ma il primo che lo applicò in modo scientifico al diritto sembra sia stato Quinto Mucio Scevola. È l'ultimo che unì alla sua attività laica di giurista la funzione di pontefice massimo. Fu tribuno della plebe nel 106 a.C., edile nel 104, console nel 95 a.C. Scrisse 18 libri di commento allo *ius civile* e una raccolta di regole. Già da questo lavoro si coglie l'esigenza di dominare la casistica accomunando situazioni diverse in base ad aspetti di cui si coglieva l'identità o la prossimità. Stando a Pomponio, Quinto Mucio sarebbe stato il primo a sistemare lo *ius civile generatim*, vale a dire a raggrupparlo secondo classificazioni sistematiche, inquadrando dunque in schemi ordinati e in reciproci rapporti norme e istituti, così da semplificare le molteplici varietà delle forme giuridiche.

Secondo alcuni studiosi Quinto Mucio sarebbe alle radici della moderna scienza europea del diritto: a lui risalirebbe l'idea di sistema, che è certamente il grande lascito della giurisprudenza romana. È proprio sul sistema che si sono fra l'altro costruiti i moderni codici.

A questo proposito occorre tuttavia fare qualche precisazione, almeno in virtù di quel poco che di lui ci resta. Le sue *distinctiones* furono discusse, emendate, perfezionate dai giuristi posteriori che scrissero lavori di commento alla sua opera. Il che fa pensare che certamente il suo lavoro di sistemazione fu originale e importante. Quello che sembra pure certo è che egli fece un uso molto frequente della tecnica divisoria. Sappiamo per sicuro che Mucio distingueva cinque generi di tutela, così come distingueva vari *genera possessionis*. Pare però che l'uso delle distinzioni e delle associazioni fondato sul criterio del genere e della differenza specifica si applicasse ancora per singoli istituti e non sembra dimostrato che tutto il complesso del diritto sia stato organizzato in un sistema coerente. Non è invero ravvisabile la individuazione di pochi generi caratterizzati da un elevato livello di astrazione entro cui sarebbero state raggruppate le varie *species* sino ad arrivare, a guisa di piramide, alla trattazione dei singoli casi.

La particolare importanza data da Quinto Mucio ai contratti che davano luogo ad un *oportere ex fide bona* giustifica peraltro il giudizio datone da Cicerone di teorico della buona fede.

Pure Quinto Mucio nutriva una qualche avversione nei confronti della filosofia. A proposito dei tre generi di tradizioni sugli dei, quella che discende dai poeti, quella che deriva dai filosofi, e quella che proviene da coloro che dirigono lo stato, sembra che ritenesse che la seconda non si addicesse alle società civili, "perché contiene o dettagli del tutto inutili, o idee che non è opportuno vengano divulgate alla collettività" (Aug. *de civ. Dei*. 4.27).

Allievo di Quinto Mucio fu Servio Sulpicio Rufo. Avvocato, aveva studiato retorica ed era considerato fra i migliori nel perorare le cause, dopo Cicerone. Famoso l'aneddoto raccontato da Pomponio per cui Servio avrebbe iniziato ad approfondire lo studio dello *ius civile* dopo esser stato ripreso da Quinto a cui si era rivolto in qualità di avvocato per avere un parere. Scrisse un commentario ai *libri iuris civilis* di Quinto, un'opera monografica sulle doti, divenne famoso per i suoi libri di *responsa*, che derivavano dalla esperienza concreta e avevano un andamento casistico anche se individuavano un legame tra regole e prassi. Scrisse inoltre dei *libri ad Brutum* in cui tentò una prima interpretazione del testo dell'editto del pretore nel suo complesso.

La sua opera rivela una grande abilità nelle classificazioni, nelle definizioni, nell'uso delle *distinctiones* e delle regole della retorica che Servio aveva appreso con Cicerone. Egli è stato considerato come il giurista più innovatore della sua epoca (Krueger). Servio era ricordato da Cicerone anche come massimo sostenitore di una *interpretatio secundum aequitatem*.

La sua opera evidenzia un notevole rigore nei procedimenti.

Discepolo di Mucio Scevola era anche Aquilio Gallo. È a lui che risalgono l'*actio* e l'*exceptio doli* che saranno poi per opera sua inserite nell'editto del pretore. Il concetto di dolo che elaborò Aquilio Gallo non è ancora quello che passò poi alle moderne esperienze giuridiche e che vide la successiva mediazione di Labeone. Per Gallo il dolo consisteva nell'*aliud simulare*, *aliud agere* vale a dire nella consapevole falsificazione della realtà. Dall'inserimento dell'*actio e* dell'*exceptio doli* nell'editto emerge una particolare attenzione al rispetto dell'*honestum* e soprattutto dell'*aequitas*. Accogliendosi l'elaborazione di Aquilio Gallo, si compiva una ben precisa scelta politica in favore della parità fra i privati neutralizzando ogni inganno che portasse, nell'attività negoziale o nel processo, vantaggio ad una parte e danno all'altra. Colpendo la simulazione si ribadiva una forte opzione per la certezza dei rapporti giuridici.

Allievo di Servio è il cremonese Alfeno Varo, dunque un provinciale, nato nella Gallia Cisalpina, console nel 39 a.C. Autore di una raccolta di *responsa*, in gran parte del maestro, ma alcuni anche originali, deve la sua notorietà soprattutto ai *Digesta*, opera il cui ordine espositivo seguiva quello dell'editto del pretore. Eguale autorevolezza viene attribuita da Pomponio ad Aulo Ofilio che pubblicò numerosi libri di *ius civile*. Scrisse in materia di eredità e sulla giurisdizione. Suo è il primo importante commento all'editto del pretore, che non sembra si sia limitato alla semplice interpretazione del testo edittale, ma pare abbia tentato di delinearne una struttura più organica.

Degni di menzione sono anche Aulo Cascellio, autore di *responsa*, e Trebazio, maestro di Labeone, particolarmente esperto nel procedimento definitorio tanto che Cicerone gli dedicò la sua opera di retorica, i *Topica*. Anche lui fu autore di *responsa*.

1.6.2. *La legge*

a) Definizione e tipi

Fra le fonti del diritto sia Pomponio sia Gaio menzionano la legge, essa appare anzi nell'età del principato la fonte per eccellenza. Ma si tratta di un punto di arrivo.

Lex deriva, secondo la dottrina più accreditata, dal verbo *legare*, propriamente "dare incarico", ma qui nel senso di disporre, regolare e quindi statuire. Si cita al riguardo il versetto decemvirale (*XII Tab.* 5.3): *uti legassit super pecunia tutelave suae rei, ita ius esto*, dove alla disposizione sul proprio patrimonio segue una certa condizione giuridica. *Lex* è in generale qualunque norma regolatrice di rapporti che vincoli e obblighi, sia che venga posta unilateralmente, è l'esempio delle *leges datae*, fra le quali gli statuti dei municipi; sia che provenga da un accordo fra due o più persone, come nel caso delle *leges contractus* (*leges venditionis*, *locationis* etc.), vale a dire le clausole annesse a un contratto; sia che poggi sul *consensus* di una certa comunità. Già da questa premessa si ricava che potevano esserci *leges pu-*

blicae e *leges privatae*, che erano poste da privati per regolare rapporti o condizioni di cose di cui avevano la disponibilità. Tra le *leges publicae* vi erano quelle *rogatae*, vale a dire presentate al popolo per l'approvazione, e le *leges datae* che erano imposte dal magistrato.

Ci occuperemo qui esclusivamente delle *leges publicae* e fra queste, in particolare, delle *leges rogatae*.

b) Struttura della lex rogata

La legge rogata era costituita innanzitutto da una *praescriptio*, che identificava la legge con il nome o i nomi dei proponenti, l'assemblea votante, il luogo e la data in cui l'assemblea si era tenuta. Vi era poi l'indicazione dell'unità comiziale che aveva votato per prima o della tribù estratta a sorte, se si trattava di plebiscito, e quindi del cittadino che entro quella centuria aveva espresso per primo il suo voto.

Seguiva la *rogatio* che conteneva il testo proprio della legge, con le norme che disciplinavano la materia oggetto del provvedimento legislativo. Sempre nella *rogatio* erano scritte le eventuali sanzioni a carico di coloro che contravvenissero alle singole disposizioni.

Concludeva infine una terza parte, detta *sanctio*, che tendeva ad assicurare l'efficacia della legge e a garantirne l'applicazione. Più in generale la *sanctio*, che non può essere identificata con la parte sanzionatoria, contrapposta a quella precettiva, intendeva piuttosto definire i rapporti della legge con le leggi precedenti o successive e con l'ordinamento giuridico nel suo complesso. Un caso tipico di *sanctio* era costituito dal *caput tralaticium de impunitate* con cui si garantiva l'impunità a colui che per osservare la legge nuova fosse costretto a violare precetti del *ius civile* o leggi preesistenti. Nella *sanctio* compariva non infrequentemente una clausola con cui si proibiva di abrogare la legge. Si trattava ovviamente di un auspicio di carattere politico non avente valore giuridico, dal momento che non vi erano nell'ordinamento romano delle super norme di carattere costituzionale che non potessero essere abrogate da leggi successive.

c) Caratteri

La legge rogata ha in età repubblicana avanzata carattere sempre bilaterale. Si è già detto come l'iniziativa legislativa spetti sempre al magistrato fornito di *ius agendi cum populo* e presupponga l'approvazione del popolo riunito nel comizio.

Cosa sia la legge lo avevano ben chiaro già i giuristi romani accogliendo una concezione senz'altro ben presente in età repubblicana. Secondo Capitone, giurista della fine del I secolo a.C., infatti, la legge sarebbe un "*generale iussum populi aut plebis, rogante magistratu*" (Gell. 10.20.2). Si presuppone qui ovviamente la parificazione dei plebisciti alle leggi avvenuta nel 286 a.C. Non molto diversa è la definizione di Gaio (1.3): "*Lex est quod populus iubet atque constituit*" Più tarda e di minor significato per ricostruire il concetto romano di legge è poi la definizione di Papiniano (D.1.3.1): "*Lex est commune praeceptum, virorum prudentium consultum, delictorum quae sponte vel ignorantia contrahuntur coercitio, communis rei publicae sponsio*". La definizione di Papiniano sembra infatti influenzata da analoghe, precedenti definizioni greche.

La legge è dunque per i romani innanzitutto un precetto caratterizzato da generalità (*generale iussum*) il fondamento della cui efficacia sta nella volontà del popolo. Senza lo *iussum populi* la *rogatio* del magistrato non produce alcun effetto. È necessaria la iniziativa del magistrato, ma la sanzione è del popolo; la volontà espressa dal magistrato, di per sé priva di valore, diventa vincolante dopo la deliberazione popolare.

Caratteristica della legge è, come si è detto, la generalità: precisa Ulpiano (D.1.3.8) che "le norme non vengono statuite riguardo a singole persone, ma in via generale".

È questo un principio che i romani sentirono in modo particolare sin dall'età delle Dodici Tavole che vietavano *rogationes in privos latae*. Era invalida una *lex* che fosse stata proposta a favore o contro singole persone, proprio perché il provvedimento sarebbe stato estraneo al concetto stesso di legge. Questo per evitare provvedimenti discriminatori o di favore che alterassero l'eguaglianza formale dei cittadini, garanzia della libertà di ognuno. Tale norma appare pienamente congruente con quello che era lo spirito stesso delle Dodici Tavole, che, come ricordava Livio, erano destinate ad *aequare libertatem*.

Oltre alla generalità dei suoi precetti è anche caratteristica della legge la sua stabilità nel tempo: dice Gaio infatti che legge è ciò che il popolo ordina e fissa in modo stabile (*constituit*).

Modestino (D.1.3.7) riassume quelle che sono le caratteristiche della legge: *imperare, vetare, permittere, punire*. La legge per i Romani era sempre uno *iussum*, un ordine che poteva vietare un certo comportamento oppure permettere un certo tipo di azioni, nell'ipotesi in cui l'ordine fosse stato violato conseguiva la sanzione.

La definizione di Papiniano appare l'esatta traduzione di un passo di Demostene, citato da Marciano (D.1.3.2) e non risulta dunque particolarmente significativa anche se in qualche modo riflette una realtà non estranea alle origini stesse della *civitas* e forse proprio per questo era stata accolta dal giurista romano. Nella frase *communis rei publicae sponsio*, invero, più che un contratto fra magistrato e popolo, si può intravvedere l'essenza originaria e antichissima della *lex*, in particolare delle *leges curiatae*, che appaiono proprio come un comune accordo fra i vari *patres* delle *familiae* della comunità.

Già si è osservato come la legge fosse nell'età del principato la fonte del diritto per eccellenza. Ciò fu il frutto di una evoluzione. È probabile che all'inizio della repubblica la *lex* fosse essenzialmente un atto del magistrato, a cui il popolo aggiungeva una sorta di acclamazione non diversamente da quanto avveniva per la scelta del successore, che era in origine una *creatio* del predecessore. Ciò è lasciato intendere da espressioni tecniche come *promulgare leges*, ricordata da Verrio Flacco (Fest. s.v. *Promulgari*. 251 L.), che si riferiva, ancora in età tardo repubblicana, alla pubblicazione fatta dal *rogator* del progetto di legge. Il nome stesso *legis lator*, che indicava in origine il magistrato rogante, lascia intendere che ci potrebbe essere stato un periodo in cui la legge si considerava già esistente prima del *suffragium populi*.

In ogni caso alla metà del V secolo a.C. la legge aveva alla base della sua vincolatività lo *iussum populi*. Di origine decemvirale è infatti il noto principio "*ut, quod postremum populus iussisset, id ius ratumque esset*".

d) La lex rogata *nel sistema delle fonti*

È a questo punto che dobbiamo inquadrare la *lex rogata* nella storia delle fonti del diritto.

La legge è senz'altro lo strumento per eccellenza della plebe e più in generale del movimento democratico. Come si è detto, alla legge la tradizione assegna il compito di assicurare la certezza del diritto e dunque la parità e la libertà dei cittadini e quindi di garantire la democrazia contro l'arbitrio delle oligarchie.

Questo è innanzitutto il senso generale delle Dodici Tavole. In questa direzione vanno tuttavia anche due disposizioni specifiche contenute nel testo decemvirale. La prima era la famosa norma che vietava di approvare leggi dirette contro o a favore di singole persone. Questa disposizione era già contenuta, insieme con quella che riservava i giudizi *de capite civis* ai comizi centuriati, in una *lex sacrata* votata dalla plebe, e costituiva un vero e proprio divieto di discriminazione.

La seconda disposizione aveva un valore rivoluzionario e sanciva che ciò che il popolo aveva da ultimo ordinato avesse il valore di *ius*. Il Frezza osservava invero che questa norma avrebbe affermato "il supremo principio regolatore fra norma della *lex* e quella del *ius*". Presa nella sua assolutezza, la norma poteva invero avere un valore ben più ampio della semplice sanzione della inefficacia della legge precedente in contrasto con quella successiva. Essa parificava indubbiamente la norma di legge a quella dello *ius civile*.

Alla luce di questo principio non è credibile che la legge non potesse abrogare lo *ius*, anche perché la legge era essa stessa fonte di *ius*. Le Dodici Tavole poi non erano soltanto ricognitive, si pensi per esempio alla introduzione della *legis actio per iudicis arbitrive postulationem;* non è nemmeno da escludere che esse abbiano anche rivisitato alcune norme già esistenti nel *mos*, in particolare quelle in materia di *delicta*.

Non osta contro questa conclusione la notizia che si ritrova in un'opera tarda, del IV secolo d.C., ma basata su fonti antiche, i *Tituli ex corpore Ulpiani*, relativa alla distinzione delle leggi in tre categorie: le *leges imperfectae* che vietano qualcosa, ma non considerano nullo l'atto compiuto in violazione, né puniscono il contravventore; le *minus quam perfectae* che si limitano a punire il contravventore lasciando efficace l'atto compiuto in violazione della legge; le *perfectae* che dispongono l'annullamento dell'atto. L'unica *lex imperfecta* a noi nota è peraltro la Cincia del 204 a.C. che vietava le donazioni oltre un certo limite, ma non prevedeva nessuna forma di reazione contro la violazione del divieto. Venne fra l'altro presto prevista una *exceptio* che consentiva di paralizzare l'azione volta alla esecuzione della donazione che avesse violato il divieto legislativo. Relativamente più numerosi sono i casi di *leges minus quam perfectae*: la legge Furia degli inizi del II secolo a.C. fissava in 1000 assi il valore massimo di ogni legato. Nell'ipotesi di violazione il legatario che avesse esatto dall'erede il pagamento di una somma superiore veniva punito con una pesante pena pecuniaria, ma intanto il pretore assisteva il contravventore nella riscossione del credito.

Non sembra esservi tuttavia una regolarità di sviluppo che consenta con certezza di sostenere che le *leges perfectae* siano tutte del I secolo a.C. Occorre invero considerare che la *lex Poetelia Papiria* già nel 324 a.C. aveva abrogato l'antichissimo istituto del *nexum*, un *gestum per aes et libram* tipico del più antico *mos*, e la stessa *lex Aquilia* aveva profondamente innovato la disciplina del *damnum* e la concezione stessa dello schiavo rispetto al *mos* raccolto nelle Dodici Tavole. Non sembra esistesse dunque alcun limite alla abrogazione di istituti civilistici da parte della *lex*, almeno a far data dal IV secolo a.C. Non è peraltro da escludere che in qualche caso il legislatore non se la sia sentita di stravolgere completamente principi risalenti, avvertiti come insiti nella natura stessa dei rapporti umani, lasciando che il comportamento difforme dalla prescrizione legislativa venisse sanzionato sul piano sociale, magari dai censori, come ben poteva essere nel caso previsto dalla *lex Cincia*, ove l'interesse politico a scoraggiare donazioni sopra il limite massimo non doveva essere poi così rilevante.

Né appare rilevante, per sostenere una pretesa inabrogabilità dello *ius civile* da parte della legge, la clausola contenuta nella *sanctio* di alcune leggi secondo cui "*si quid ius non esset rogarier eius ea lege nihilum rogatum*". Intanto va osservato che la clausola recita "*si quid*" dunque fa riferimento a qualche aspetto soltanto dell'ordinamento su cui "*ius non esset rogarier*", implicitamente riconoscendo che ve ne sono altri che possono essere normalmente abrogati. La sua funzione era piuttosto quella di "dare attuazione ai vincoli posti sotto qualsiasi profilo, all'attività legislativa" (Talamanca), così come si potevano voler far salve norme che secondo una interpretazione della legge si sarebbe potuto considerare abrogate. Va peraltro detto che l'esempio addotto da Cicerone nella clausola qui discussa riguarda proprio due aspetti fondanti la stessa comunità cittadina, vale a dire la *libertas* e la *civitas*, che si riteneva non potessero essere in alcun modo oggetto di disposizione. In altre parole la legge non poteva togliere la libertà e la cittadinanza al cittadino romano.

È piuttosto l'intervento legislativo nel campo del diritto privato a essere assai scarso: dal 339 a.C. al 27 a.C. sono note 564 leggi. Nel periodo successivo alle Dodici Tavole sino all'ultimo secolo della repubblica si contano circa una trentina di leggi in materia di diritto privato. Si tratta sempre di interventi di rottura, in importanti campi economici e sociali, resi necessari dall'immobilismo e dalla lentezza della evoluzione della *interpetatio* giurisprudenziale. La scarsità degli interventi, ma anche la loro radicalità, fa pensare dunque più che a una incapacità ad abrogare lo *ius civile* a una timidezza del legislatore a intervenire in un settore caratterizzato dalla autonomia dei gruppi. Il *mos* era sentito come appartenere alla identità stessa della *civitas* e vi era quindi grande cautela prima di stravolgere gli stessi fondamenti identitari della comunità. È anche probabile che non fosse interesse delle classi dirigenti, a cui appartenevano gli stessi magistrati, indebolire lo strumento della *interpretatio* pontificale che consentiva di mantenere nelle mani di un ristretto ceto dirigente l'evoluzione del diritto. È significativo invero che la stragrande maggioranza delle leggi di rottura sia rappresentata da plebisciti.

Va peraltro anche osservato che sul piano del diritto privato vi era già la possibilità di un intervento del pretore che con il suo editto, soprattutto a partire dal III secolo a.C., aveva finito con l'incidere in profondità sui rapporti intersoggettivi e dunque non si doveva sentire la necessità di un intervento legislativo se non proprio in quelle ipotesi in cui occorresse innovare significativamente lo *ius civile*. Si pensi al riguardo proprio ad una delle leggi più importanti in materia di diritto privato, la *lex Aquilia de damno*, che sarebbe stata preceduta, secondo la tradizione, da altre *leges*. La *lex Aquilia* presenta una disciplina profondamente diversa rispetto a quella accolta nelle Dodici Tavole, che aveva fondamento nei *mores;* la stessa concezione della persona dello schiavo appare radicalmente mutata. Essa non solo innovava sullo *ius civile*, ma interveniva laddove nessun altro organo era in grado di intervenire.

Certamente lo strumento legislativo non doveva essere particolarmente caro alla oligarchia senatoria. Non a caso i *patres* davanti alla grande conquista plebea rappresentata dal principio decemvirale "*ut, quod postremum populus iussisset, id ius ratumque esset*" erano riusciti a imporre la prassi della soggezione della delibera popolare alla *auctoritas* dei senatori patrizi, secondo una tattica politica che faceva seguire a una concessione un recupero di spazi di influenza che ne ridimensionava la portata. Così alla conquista del console plebeo ottenuta nel 367 a.C. era seguita la istituzione della edilità curule e della pretura, riservate ai patrizi. Analogamente per l'enucleazione di una coppia di censori patrizi proprio nel periodo in cui la plebe aveva acquisito il teorico accesso alla suprema magistratura grazie alla istituzione del tribunato militare.

D'altro canto la diffidenza nei confronti di magistrati, senatori e giudici, era particolarmente elevata, come si deduce dal contenuto della *sanctio* di alcune *leges*, e lascia pensare che casi di sabotaggio dei precetti legislativi non fossero infrequenti. In particolare era frequente nella *sanctio* una clausola che imponeva a coloro che rivestivano certi incarichi di osservare e applicare la legge e di non operare in frode a essa. È poi significativo come "la clausola più antica" (Serrao) dovette essere quella che comminava una multa contro magistrati, senatori e giudici che non avessero curato l'applicazione della legge, o avessero operato contro o in frode a essa. Era questo, già duemila anni fa, l'ultimo atteggiamento di resistenza delle oligarchie che, non potendo contrastare in altro modo la volontà popolare, si arroccano nel sabotaggio amministrativo o giudiziario delle leggi.

Un grande passo avanti nella lotta contro l'oligarchia senatoria fu senza dubbio la parificazione dei plebisciti alle leggi realizzatasi con due *leges*, la *Publilia Philonis* del 339 a.C., che sottoponeva peraltro la efficacia del plebiscito all'*auctoritas* del senato, e la *Hortensia* del 286 a.C., che realizzava la definitiva equivalenza. A questo punto non vi era più necessità della iniziativa di un magistrato curule, per dare vita a una *lex publica*. Anche i tribuni della plebe, nell'ambito dei *concilia* plebei, potevano avviare il procedimento per la approvazione di un atto ormai in tutto e per tutto parificato alla *lex publica*.

Se la legge era tradizionalmente concepita per garantire i diritti individuali fin dalla fondamentale *lex Valeria* del 509 che aveva introdotto la *pro-*

vocatio ad populum, con i plebisciti l'intervento legislativo si caratterizza ancora più marcatamente come strumento di garanzia dei diritti pubblici soggettivi: dal plebiscito Canuleio, equiparato a una *lex*, alle *leges Liciniae Sextiae*, anche esse assimilate a una *lex publica* in virtù dell'intervento successivo dell'*auctoritas* senatoria, ma si pensi ancora, solo per fare uno fra i tanti esempi, alla *lex de capite civis* di età graccana che vietava di istituire *quaestiones extraordinariae* con senatoconsulti.

Legge ed editto del pretore appaiono dunque come i due grandi strumenti a garanzia dei diritti soggettivi: l'una, in specie, dei diritti soggettivi pubblici, l'altro dei diritti soggettivi privati, sanzionati, in particolare a partire dal III secolo a.C., dalla previsione di appositi rimedi processuali. Si può anzi concludere affermando che, almeno a far data dal III secolo a.C., laddove si incida sui diritti dei singoli ciò può avvenire solo con legge o con editto.

Rimane da sottolineare il passaggio conclusivo: la considerazione della legge come la fonte del diritto per eccellenza.

Certamente il ruolo fondamentale assunto dalla legge nella garanzia dei diritti individuali dovette conferirle una autorevolezza tutta particolare; il fatto che poi essa fosse ormai, esauritasi la giurisprudenza pontificale, l'unica fonte di *ius civile* la trasformò nel paradigma delle fonti del diritto. Anzi, a fondamento dello *ius civile* stava proprio una *lex*, le Dodici Tavole, che la giurisprudenza laica iniziò subito a commentare e a prendere come punto di riferimento di tutta la propria *interpretatio*. Da quella *lex fluere coepit ius civile*, e ancora le Dodici Tavole erano ravvisate già nel I secolo a.C. come la *fons omnis iuris publici privatique*.

Da qui a considerare la legge come la fonte del diritto per eccellenza, come appare nei passi della giurisprudenza del II secolo a.C., il passo era ormai breve, in mezzo vi era persino l'assimilazione già attuata da Cicerone dell'editto alla legge, considerato appunto *lex annua*. E proprio Cicerone sottolineava nel *de legibus* che i magistrati erano eletti dal popolo e dunque la loro volontà esprimeva in ultima analisi la volontà popolare.

e) La interpretazione della legge e la voluntas legislatoris

Pomponio attesta il passaggio dalla oralità alla scrittura nella evoluzione stessa della *interpretatio* che da *interpretatio iuris* si farebbe in primo luogo *interpretatio legis*.

Per Pomponio infatti l'*interpretatio* è fondamentalmente connessa a un testo scritto. Essa nascerebbe invero con le Dodici Tavole, una volta superato l'*incertum ius* e la *aliqua consuetudo*. È interessante rilevare che per un certo indirizzo giurisprudenziale in tanto è possibile parlare di interpretazione della norma in quanto si parta da un riferimento certo. Uno *ius incertum*, un diritto fattuale, e a maggior ragione quello che oggi alcuni definiscono come "diritto vivente", non consentirebbero lo sviluppo di una attività interpretativa, essa presuppone infatti la stabilità dell'oggetto della interpretazione, la solidità del riferimento e il superamento di una situazione di fluidità.

Con l'affermarsi in Roma dei principi della retorica, si sviluppa anche una teoria della interpretazione. Il criterio di fondo, ben espresso da Cicerone in più passi, è quello della *voluntas* del legislatore. Essa prevale sullo *strictum ius*, vi è anzi il rifiuto di una interpretazione letterale quando porti a conclusioni contrastanti con quelle che erano le intenzioni del *legis lator*. Si afferma, contro il formalismo giuridico, un criterio ermeneutico fondato sull'*aequitas*. Aquilio Gallo e Servio appaiono giuristi particolarmente legati all'idea di *aequitas* come valore fondante l'*interpretatio* in contrapposizione all'*interpretatio ex litteris*. Non a caso Aquilio Gallo era anche colui che concepì l'*actio* e l'*exceptio doli*, rifiutando una applicazione rigida dello *ius civile* che avrebbe portato a conseguenze inique, premianti per l'autore dell'inganno.

Cicerone (*de off.* 1.33.10) spiega con esemplare chiarezza cosa si intendesse per interpretazione fondata sull'*aequitas*: "*Existunt etiam saepe iniuriae calumnia quadam et nimis callida, sed malitiosa, iuris interpretatione. Ex quo illud 'summum ius summa iniuria' factum est iam tritum sermone proverbium*". Si rifiuta dunque la interpretazione troppo sottile, cavillosa, maliziosa della legge. In questo senso l'apparente, rigoroso rispetto della lettera della legge (*summum ius*) genererebbe una massima ingiustizia (*summa iniuria*). Per sgombrare il campo da qualsiasi equivoco Cicerone cita subito il caso di colui che avendo patteggiato con il nemico una tregua di trenta giorni (*triginta dies*), saccheggiava di notte le campagne adducendo che la tregua era stata pattuita per il giorno e non anche per la notte. La lettera del patto, almeno secondo Cicerone, era formalmente rispettata, ma l'interpretazione era contro l'*aequitas* e contro il senso stesso dell'accordo. Attenuandosi il formalismo tipico del vecchio *ius civile*, l'*aequitas*, che presuppone un equilibrio, che può essere rotto dalla *calliditas*, postula dunque l'esigenza di correttezza, facendo il paio con il criterio della *bona fides*, che presuppone l'affidamento della controparte. Più in generale l'identificazione dell'*aequitas* con la *voluntas legis* o con la *sententia legis*, di cui la *voluntas legis latoris* sembra niente altro che una variante espressiva, appare una topica ciceroniana e riflette il nuovo atteggiamento della giurisprudenza della fine del II e del I secolo a.C. In questa direzione si muove anche l'idea che il *legis lator* non può dettare disposizioni che conducano a conseguenze irragionevoli. La coincidenza tra *voluntas legis latoris* e ragionevolezza appare un'applicazione specifica di quel più generale sviluppo in base al quale l'*in-*

terpretatio secondo la *voluntas legis* si fondava sull'*aequum*.

Ma quale era la volontà di cui tenere conto, chi era dunque il *legis lator?*

Senz'altro il magistrato rogante, era la sua *voluntas* che doveva essere indagata; da questo punto di vista l'assemblea popolare si limitava a recepire la proposta del magistrato dandole una sanzione di efficacia.

1.6.3. *L'editto*

Fra le fonti del diritto viene citato esplicitamente dai giuristi romani l'editto dei magistrati. Gaio (1.2) scrive che "*Constant autem iura populi Romani*", fra l'altro, "*ex [...] edictis eorum qui ius edicendi habent*". Pomponio (D.1.2.2.10) dichiara espressamente che "*edicta praetorum ius honorarium constituerunt*".

Su questo argomento già si è detto molto, qui ci si limiterà a sottolineare alcuni concetti.

Intanto va ricordato che editti venivano emanati dal pretore urbano, da quello peregino, dagli edili curuli e dai governatori delle province.

Il fondamento del carattere normativo dell'editto sta nell'*imperium* del magistrato, dunque in una potere di comando e di decisione. Proprio questo fondamento garantiva la particolare efficacia di questo strumento normativo che non era costretto a passare attraverso infinite mediazioni, ma si ispirava alla logica più generale del potere di un comandante che doveva risolvere con rapidità, decisione, bontà di risultato, problemi concreti. Si ispirava in altre parole alla logica del *decidere*.

Oggi la dottrina dominante ritiene che l'intervento attivo del pretore sulla base del suo *imperium* fosse piuttosto risalente. Anche "nel periodo delle *legis actiones* quella del magistrato non era assistenza passiva, ma collaborazione attiva che si esprimeva attraverso le formule *do, dico, addico*" (De Francisci). Egli già a quell'epoca poteva *denegare* l'azione così come poteva concedere tutela giurisdizionale "anche fuori dei limiti e dalle forme del *ius Quiritium*" (De Francisci). La pubblicazione di un programma che indicasse i criteri con cui avrebbe esercitato la *iurisdictio* diventò tuttavia usuale dal III secolo a.C. cioè in contemporanea con la riduzione del ruolo dei pontefici. È in questo periodo che non a caso "la creazione di un nuovo diritto nel tribunale [...] del pretore urbano si svolge al di fuori di una costante supervisione della giurisprudenza" (Talamanca). D'altro canto la giurisprudenza pontificale doveva essere "poco propensa a recepire le istanze di un mondo che corrisponde a un assetto economico e sociale così diverso da quello in cui i *pontifices* affidavano le proprie tradizioni" (Talamanca). Ciò spiegherebbe "l'arditezza" con cui procedeva il pretore in questa epoca.

L'editto contiene norme generali e astratte, applicabili in tutte le ipotesi rientranti nella previsione astratta fatta dal magistrato. In verità la produzione normativa scaturisce dall'editto in via indiretta. Le clausole edittali sono infatti una autoregolamentazione dell'attività del magistrato, preannunciano la sua condotta futura. Il pretore in altre parole si limitava a preannunciare i criteri con cui avrebbe esercitato la *iurisdictio*. Non venivano pertanto direttamente riconosciuti diritti e obblighi a carico dei privati. Indirettamente però ci si impegnava a garantire la giuridicità di una serie di rapporti fra privati. L'editto diventava così fonte di norme dette appunto *ius honorarium*. Essendo i magistrati eletti dal popolo, le norme che scaturivano dai loro editti non si ponevano in contrasto con la sovranità del popolo.

Già si è detto dei rapporti fra *ius honorarium* e *ius civile*. Se fin dalle sue origini la legge aveva per obiettivo riconosciuto e comunemente accettato, ancorché imposto da una parte della *civitas*, proprio quello di incidere sui *mores*, selezionandoli, integrandoli, eventualmente, in qualche caso, precisandoli, ma soprattutto dando loro una veste scritta, non altrettanto si può dire dell'editto del pretore. Esso non solo nasceva come autoregolamentazione di attività, ma non entrava nemmeno in immediato rapporto con lo *ius civile*, anzi, l'esistenza di una giurisprudenza quale quella dei pontefici, che in virtù della propria autorevolezza indicava la norma da applicarsi di volta in volta, nonché la appartenenza del magistrato allo stesso ceto sociale dei sommi sacerdoti non dovevano predisporre per una capacità abrogativa dell'editto nei confronti dello *ius civile*. Tutto ciò, unito all'autonomo fondamento dello *ius honorarium* rispetto allo *ius civile*, spiegano perché non si sia sviluppata una gerarchia delle fonti fra *ius civile* e *ius honorarium*. L'editto non modificava dunque lo *ius civile*, non lo poteva abrogare.

1.6.4. *I senatoconsulti*

Sempre secondo Pomponio (D.1.2.2.9) ad un certo punto, per la notevole estensione raggiunta dal territorio di Roma e il conseguente allargamento della cittadinanza, il popolo avrebbe cominciato ad affluire in città con grandi difficoltà e dunque la necessità stessa avrebbe trasferito al senato la cura della cosa pubblica. Così il senato avrebbe iniziato a interporsi e tutto ciò che avesse statuito veniva osservato: "tale diritto veniva chiamato senatoconsulto".

Più cauto appare invece Gaio, almeno per la fase più antica, che è quella che qui interessa: stando alla testimonianza del giurista alla sua epoca i senatoconsulti erano certamente equiparati alla legge e dunque erano senz'altro fonte del diritto, per il passato di quella equiparazione si sarebbe "discusso".

Indipendentemente dalla equiparazione alla *lex* occorre verificare se i senatoconsulti fossero in grado di introdurre nell'ordinamento norme vincolanti per i consociati.

Nel campo privatistico il senatoconsulto non appare per tutta l'epoca repubblicana fonte di norme vincolanti.

Il senato può invero sollecitare i magistrati a presentare una *rogatio*, può eventualmente invitare il pretore ad adeguare l'esercizio della propria *iurisdictio* a certi principi fissati in un senatoconsulto. Questi interventi non appaiono tuttavia diversi da quelli che nel nostro ordinamento il Presidente della Repubblica è abituato a fare nei confronti del Governo per sollecitare la presentazione alle Camere di disegni di legge aventi un certo contenuto. Al più i senatoconsulti potevano vincolare il magistrato in virtù della autorevolezza politica del senato, ma la fonte era sempre la legge o l'editto del pretore.

Circa il diritto e il processo criminale anche qui il senato poteva suggerire la presentazione di proposte di legge così come poteva invitare i magistrati a reprimere certi atti in virtù del proprio *imperium*, magari anche organizzando un collegio destinato a collaborare con il magistrato stesso ed a cui sarebbe spettato emettere un verdetto.

Anche nel campo del diritto e del processo criminale l'intervento del senato si esauriva dunque nell'ambito dei rapporti senato/magistrato.

Diverso è il discorso per quel che riguarda l'amministrazione pubblica. Qui è stato affermato il "valore" normativo dei senatoconsulti (Talamanca), "nei limiti in cui vincolano il magistrato competente ad attuare quelle che sono le direttive del senato". Queste possono essere infatti di carattere particolare, ma possono anche avere "una portata generale, tendenzialmente astratta", in questo caso si potrebbe parlare di un "potere regolamentare" (Talamanca). Se infatti i senatoconsulti appaiono comunque sempre come consigli dati al magistrato, in quelle materie dove si è andata profilando una competenza esclusiva del senato può essersi sviluppata la convinzione che quei consigli vincolassero direttamente il magistrato, che nell'eseguirli "si limitava dunque ad applicare delle norme preesistenti" (Talamanca).

Quanto poi al rapporto con le altre fonti normative si riconosce in dottrina che la *lex* poteva in ogni momento intervenire a disciplinare materie in cui si fosse affermata una competenza del senato. Eventuali competenze esclusive rivendicate dal senato potevano avere dunque valore solo sul piano dei rapporti con l'*imperium* del magistrato.

1.7. *L'organizzazione dei territori. Il principio di autonomia*

L'espansione di Roma comportava l'estensione della egemonia su nuovi territori. I rapporti con queste nuove comunità che entravano nell'orbita romana seguivano due criteri: la federazione e l'annessione.

Questa impostazione era già tipica della più antica politica espansionista, fin dall'epoca monarchica, pur con tutte le varietà di applicazione tipiche del pragmatismo romano.

Così, dopo aver sconfitto Alba Longa, Roma ne annette il territorio ed estende la cittadinanza ai suoi abitanti che peraltro nel caso di specie sarebbero stati deportati nella città tiberina.

Si è visto poi come Roma facesse parte della *Lega Latina*, una federazione avente carattere religioso che univa varie città del Lazio.

Dopo la battaglia del lago Regillo si addiviene alla stipula del *foedus Cassianum* fra Roma da una parte e tutte le città del Lazio dall'altra. È evidente, dal fatto che Roma è unica controparte, che essa si situava in una posizione di sostanziale supremazia. Questa posizione venne sancita e regolata ricorrendo ad un *foedus*.

Foedus significa accordo, fra soggetti liberi e sovrani.

Il *foedus Cassianum* conteneva una serie di clausole specifiche: divieto di guerra fra i *socii*, vale a dire fra i sottoscrittori del *foedus*, divieto di aiuto al nemico di una delle comunità coinvolte, aiuto reciproco, parità nella divisione del bottino fra Roma da una parte e tutte le altre città dall'altra, previsione di modalità di risoluzione pacifica delle controversie relative a negozi tra privati, membri delle comunità federate. *Ius commercii* e *ius conubii* con i romani, vale a dire facoltà di utilizzare i negozi dello *ius civile* commerciando con i romani e legittimità delle nozze concluse.

Non vi erano strutture di coordinamento se non per gli aspetti militari. L'esistenza invero di un comune esercito federale comportava la necessità di prevedere un comandante comune che, come è noto, venne chiamato *dictator*.

Il principio tipico che sembra affiorare da questi primi cenni sulla federazione latina è quello della reciprocità, principio che era naturalmente presupposto nell'idea di *foedus* e che verrà tuttavia pragmaticamente superato in altre circostanze.

La reciprocità si coglie infatti nella previsione del turno nel comando dell'esercito, nella equa divisione del bottino, nell'aiuto reciproco che i federati dovevano prestarsi. Nei fatti risulta peraltro che il comando dell'esercito rimase sempre nelle mani dei magistrati romani.

Gli stessi principi vennero seguiti nell'alleanza con gli Ernici.

Proseguendo la sua politica di espansione Roma tende a trasformare sempre più l'alleanza con i Latini in una loro subordinazione. Persino la magistratura suprema federale viene strutturata su due pretori, che sostituiscono così il vecchio *dictator*, probabilmente proprio per rispecchiare la nuova situazione istituzionale creatasi a Roma.

All'indomani dell'ultimo tentativo dei latini di sottrarsi all'egemonia romana, sfociato nella guerra del 340-338 a.C. con la vittoria finale dei romani, questi procedettero ancora una volta a una duplice politica: alcune città vennero annesse, con altre vennero conclusi distinti accordi tutti peraltro caratterizzati da un elemento comune: la controparte era sempre Roma.

1.7.1. *Il sistema della federazione*

a) Lo ius Latii

Le comunità federate latine, anche se formalmente conservavano la loro sovranità, erano associate ai destini di Roma. I patti intercorsi con le singole *civitates*, infatti, se garantivano il sovrano esercizio delle funzioni di governo per quanto riguarda la politica interna, avevano privato la città della politica estera dal momento che non era più di sua competenza lo *ius belli ac pacis*. Le comunità latine non potevano dunque concludere accordi con le altre comunità della disciolta lega, avevano l'obbligo di partecipare alle guerre di Roma, e non potevano avere altri amici o nemici che non fossero quelli di Roma. I loro cittadini se conservavano il *conubium* e il *commercium* con i romani lo avevano perso nei confronti dei cittadini delle singole città del Lazio.

Circa l'ordinamento interno mantenevano i propri organi di governo (normalmente un *dictator* annuale), un proprio censo, un proprio esercito, una moneta, avevano una loro giurisdizione.

La posizione dei Latini aveva alcune peculiarità che la distinguevano da quella degli altri alleati (*socii*). Lo *ius Latii*, cioè la posizione giuridica di latino, rappresentava dunque una posizione intermedia fra quella di cittadino e quella di straniero (*peregrinus*). Questa posizione giuridica venne poi concessa anche a certi coloni (*coloniae latinae*) e a certi *peregrini* a cui non si voleva concedere la piena cittadinanza così come in alcune forme di manomissione. Si distinsero pertanto i *Latini prisci*, che erano i cittadini delle comunità della antica Lega latina e delle colonie fondate dalla Lega; i *Latini coloniarii*, che identificavano gli abitanti delle colonie latine fondate da Roma; i *Latini iuniani*, che erano gli schiavi manomessi nelle forme pretorie, vale a dire con modalità non solenni, informali: *inter amicos* e *per epistulam*. Tutti i Latini avevano lo *ius commercii* con i Romani, cioè la possibilità di utilizzare gli antichi negozi dello *ius civile*, solo i *Latini prisci* ebbero invece lo *ius conubii*, lo *ius migrandi*, esteso poi anche ai *Latini coloniarii*, vale a dire il diritto di acquistare la *civitas* romana spostando la propria residenza a Roma e lo *ius suffragii*, limitato peraltro all'elettorato attivo. I *Latini prisci* presenti a Roma nei giorni delle votazioni potevano invero votare in una tribù estratta a sorte.

Formalmente l'indipendenza della comunità era garantita dall'esistenza di un *foedus* che, trattandosi di un accordo, teoricamente poteva essere rimesso in discussione. Nella sostanza esso non poteva venire denunciato senza l'assenso di Roma.

In realtà Roma avrebbe potuto annettersi i territori conquistati estendendo il diritto romano e l'*imperium* dei consoli. Questa peculiare tipologia organizzativa garantiva invece l'autonomia delle singole comunità che pur tuttavia venivano di fatto inglobate nella comunità romana. Proprio la garanzia dell'autonomia fu la chiave del successo di questa aggregazione.

b) L'estensione del sistema federativo

Il sistema federativo venne applicato anche nei rapporti con altre comunità estranee all'antica Lega latina. In particolare esso venne applicato nella penisola italica che era stata la prima terra di conquista. Qui i *foedera* potevano essere conclusi con singole comunità politiche statuali organizzate nella forma della città stato, ovvero con interi popoli laddove non si fosse in presenza di una preesistente organizzazione cittadina. Così fu, per esempio, con alcuni popoli celtici e liguri della *Gallia Cisalpina* che mantennero formalmente la propria indipendenza sino all'89 a.C., anno in cui la Cisalpina venne organizzata in provincia.

Assai variegato era il regime dei *foedera*, anche se alla diversa denominazione non sempre corrispondeva uno specifico regime. Troviamo invero attestati *foedera aequa*, come per esempio con Napoli, *aequissima*, con Camerino. *Aequissimum et prope singulare* era il *foedus* con Eraclea. Al di là della differente terminologia, che rispondeva anche a esigenze di retorica politica, per dimostrare la particolare benevolenza romana, tutte queste situazioni si caratterizzavano per il fatto che era garantita la piena indipendenza della comunità straniera, che salvaguardava, oltre alla propria sovranità interna, anche quella relativa alla politica estera.

Da questi *foedera* si distinguevano invece i *foedera iniqua* in cui il *socius* si impegnava a *servare maiestatem populi Romani*, rinunciava cioè allo *ius belli ac pacis* e si obbligava ad aiutare Roma in tutte le guerre che questa avesse intrapreso, fornendole contingenti militari che il *foedus* definiva nella entità massima. In alcuni casi nel *foedus* poteva essere previsto anche il pagamento di tributi a Roma.

Con riferimento a questi alleati si parlò di *socii Italici*. La affine condizione giuridica, accomunando vari soggetti, finì con il qualificarli unitariamente. Proprio la comune condizione giuridica, sullo sfondo della suggestione di una determinata entità geografica, suggerì la estensione del termine *Italia* che originariamente qualificava la punta estrema della Calabria e successivamente la *Magna Graecia* peninsulare.

I *socii Italici* nel governo delle loro comunità conservavano, come già i *socii Latini*, la propria sovranità: avevano infatti propri magistrati, una propria giurisdizione, una propria moneta, propri eserciti. Non avevano invece lo *ius conubii* e lo *ius commercii*. Erano dunque a tutti gli effetti *peregrini*.

1.7.2. *Il sistema della annessione*

a) Il municipium

Per motivi strategici o più semplicemente per punire le comunità sconfitte militarmente, Roma seguiva talvolta un diverso criterio di organizzazione dei rapporti con le comunità sottomesse: l'annessione. L'annessione poteva avvenire con distinte modalità. Vi poteva essere invero la concessione della piena cittadinanza vale a dire della cittadinanza *optimo iure*, oppure della cittadinanza a cui non era collegato l'esercizio dei diritti politici (*sine suffragio*). In qualche caso Roma si limitava ad annettere una parte del territorio della comunità sconfitta (normalmente un terzo), lasciandola per il resto sussistere come comunità indipendente.

Anche nelle ipotesi di annessione il principio cardine a cui Roma si ispirava per organizzare il governo del territorio era quello dell'autonomia. Il perno dell'autonomia era rappresentato dal municipio; fu questo lo strumento che, rispettando le tradizioni locali ed estendendo in modo graduale l'*imperium romanum*, creò consenso e partecipazione ai destini di Roma, trasformandosi in uno straordinario elemento di integrazione.

Con l'annessione si estendeva dunque la cittadinanza romana e la comunità incorporata cessava di essere una *civitas*. L'amministrazione spettava tuttavia a organi propri del municipio che normalmente conservava l'ordinamento preesistente.

Le condizioni giuridiche del municipio variavano a seconda delle diverse modalità di annessione. Questa poteva derivare infatti da un *foedus* con cui cioè Roma e l'altra comunità politica decidevano concordemente l'incorporazione di quest'ultima nella *civitas romana*. Oppure poteva discendere da un atto unilaterale (*lex data*) conseguente solitamente a una resa senza condizioni (*deditio*). Da qui la distinzione fra *municipia optimo iure* e *sine suffragio*.

I municipi *optimo iure* godevano di una larga autonomia che si concretava nel mantenimento di proprie magistrature, di un senato locale e di assemblee del popolo. Per quanto riguarda l'amministrazione l'autonomia era pressoché completa. Conservavano anche una propria autonoma giurisdizione, sebbene questa finì con il doversi contemperare con la estensione del diritto romano ai nuovi cittadini. In origine i municipi *optimo iure* mantenevano comunque il proprio diritto. I loro abitanti godevano di tutti i diritti dei cittadini comprensivi dell'elettorato attivo e passivo che potevano esercitare nelle assemblee romane venendo iscritti nelle tribù e nelle centurie e giungendo a Roma il giorno delle votazioni.

La posizione dei *municipia sine suffragio* era invece peggiore. Intanto gli abitanti non godevano normalmente dei diritti politici, relativamente allo *ius conubii* e allo *ius commercii* la posizione cambiava di volta in volta e veniva fissata nell'atto unilaterale di annessione. In alcuni casi erano tenuti anche al pagamento di tributi. Circa l'amministrazione interna la posizione era variamente determinata. Solitamente i municipi conservavano i propri organi di governo, in alcuni casi, però, erano privati dell'autonomia venendo soggetti alla amministrazione diretta di Roma. Si trattava di condizioni sfavorevoli determinate da intenti punitivi proporzionali al grado di resistenza antiromana delle singole comunità.

Proprio a dimostrazione che il principio di autonomia era comunque il cardine dell'amministrazione dei territori, l'evoluzione andò verso una progressiva riduzione dei *municipia sine suffragio*, mano a mano che le ragioni punitive che li avevano determinati si andavano affievolendo.

La generalizzazione dei *municipia optimo iure* avvenne in ogni caso all'indomani della guerra sociale.

Gli ordinamenti interni variavano a seconda della realtà su cui il municipio si era sovrapposto. Così i municipi latini avevano come organi di governo un dittatore con accanto uno o due edili, i municipi oschi erano governati dai *meddices*, i sabini da un octovirato. I Romani conservarono dunque le originarie magistrature locali rispettando l'identità delle singole comunità. Successivamente, essendo diventato molto alto il grado di assimilazione, si procedette a una uniformizzazione degli organi di governo delle comunità locali all'insegna dello schema quattuorvirale con due magistrati *iuredicundo*, addetti cioè alla funzione giurisdizionale e due *aediles*. Accanto a queste figure magistratuali vi era poi un senato, detto *ordo decurionum* che con il passare del tempo finì con lo svolgere anche funzioni amministrative e all'occorrenza persino giudiziarie. Nel sistema municipale l'organo consigliare ebbe una posizione centrale in omaggio ad un principio oligarchico che sul modello romano presupponeva sempre il contemperamento della democrazia diretta rappresentata dai comizi. Questi erano presenti anche nei municipi: il popolo era infatti diviso in *curiae* che rappresentavano l'assemblea del popolo, peraltro viepiù svuotata di significato allorché le leggi vennero progressivamente a identificarsi con quelle votate per tutti i cittadini romani dai comizi centuriati e dai concili della plebe.

I magistrati locali *iuredicundo* si ritagliarono una competenza limitata a quella che con terminologia moderna potrebbe definirsi come bassa giurisdizione. Con riguardo all'alta giurisdizione si sovrappose gradualmente la *iurisdictio* del pretore urbano che era espressione della sovranità dell'*imperium*. Il pretore, non potendosi recare nei territori, esercitava la *iurisdictio* attraverso propri delegati chiamati *praefecti iuredicundo* originariamente scelti da lui e quindi, in omaggio al principio di sovranità popolare, eletti dai comizi: si trattava infatti di amministrare la giustizia fra cittadini, ancorché non residenti nell'urbe.

Ricalcando l'ambito territoriale di competenza di questi *praefecti* si formarono poi dei raggruppamenti di municipi, chiamati appunto *praefecturae*, che servivano pure per lo svolgimento di funzioni amministrative.

Vi erano poi anche distretti di campagna che raggruppavano *fora, vici, castella* e che venivano definiti *concilabula* retti da *decemviri* per l'amministrazione locale. L'appartenenza al municipio, con il conseguente godimento dei diritti politici, era determinata dalla nascita (*origo*). Gli *incolae* avevano invece soltanto il domicilio.

Con una *lex Iulia municipalis* di Cesare si diede infine ai municipi una regolamentazione generale e unitaria.

Il modello autonomistico scelto da Roma per il governo dei territori risponde a una idea innata nella *civitas* romana, pienamente coerente con le sue stesse origini e con la sua identità: una *civitas* infatti che si era a sua volta costituita attraverso la federazione di gruppi autonomi, le *familiae*, e che aveva, ben prima di eventuali influenze greche, un sentimento contrattuale della sua origine, di cui il ricorso alla secessione è una prova chiarissima.

L'autonomia era d'altra parte speculare all'idea di libertà che caratterizzava la *res publica* e al principio della sovranità popolare che, come si è visto, venne applicato anche nei municipi. Emerge dunque una attenzione alle comunità locali e alle loro tradizioni che è sintomo di una grande intelligenza politica. Da questo rispetto verso le comunità locali e da questa democrazia diffusa discende l'attaccamento all'idea di Roma e il coinvolgimento di popoli tanto diversi nelle vicende e nelle sorti dell'Urbe.

Un altro aspetto degno di nota è la gradualità della estensione del diritto romano e degli schemi organizzativi uniformi, quando cioè si erano ormai strutturate società omogenee che spontaneamente erano pronte ad accogliere quel diritto e quella organizzazione generale. Si noti la differente politica seguita da Roma rispetto per esempio alla brutalità del processo unitario perseguito per realizzare l'unità d'Italia a partire dal 1861 in poi.

Proprio la capacità attrattiva del modello romano portò alla fine del 91 a.C., caso più unico che raro nella storia dei popoli, a una guerra dei *socii Italici* contro Roma per rivendicare l'estensione della cittadinanza con tutto ciò che questa comportava, vale a dire, innanzitutto, l'applicazione alle loro comunità del diritto romano. I *socii* volevano fra l'altro usufruire dei benefici commerciali che derivavano dall'essere cittadini di Roma, godendo del flusso crescente di ricchezza che interessava l'Urbe. Dopo un aspro conflitto che incendiò gran parte dell'Italia, la cittadinanza fu estesa innanzitutto ai *socii* rimasti fedeli con una *lex Iulia* del 90 a.C. Vennero emanate successivamente tre leggi che concedevano la cittadinanza a favore dei popoli che si arrendevano, fino alla conclusione definitiva del conflitto avvenuta solo nell'87 a.C. Peraltro in una prima fase i nuovi cittadini vennero concentrati in appena dieci tribù; fu finalmente con una legge del console Lucio Cornelio Cinna che si distribuirono i cittadini in tutte le 35 tribù. Alle città incorporate venne estesa la organizzazione municipale secondo lo schema della *civitas optimo iure.*

b) Le coloniae

I municipi presuppongono la preesistenza nel territorio annesso di una forma di organizzazione cittadina (*civitas, polis*). Diversa invece è la situazione in cui Roma dà vita a una nuova comunità inviando dei coloni in un territorio conquistato, non precedentemente strutturato a livello di città.

Si tratta di una prassi già propria della antica *Lega Latina.* La funzione originaria della colonia è militare e serviva in particolare per controllare i territori sottomessi. La specificità delle finalità perseguite dalla colonia si ravvisa già nelle modalità di deduzione della colonia e nell'esonero dal servizio militare dei coloni, proprio perché dovevano essere pronti a prestare servizio nel territorio in cui si andavano a stanziare. Si inserivano dunque comunità fedeli a Roma, che ne condividevano i valori e la civiltà, in aree popolate da genti distanti per costumi e potenzialmente ribelli. Così fu per esempio per Rimini, fondata nel 280 a.C. nel territorio dei celti Senoni, che erano stati nemici irriducibili di Roma.

A partire dall'età dei Gracchi le colonie assumono anche una finalità sociale: dare uno sfogo a quel proletariato urbano sempre più numeroso e potenzialmente eversivo che rappresentava un pericolo per la politica riformatrice di Tiberio e di Caio e per i loro obiettivi di restaurazione di una repubblica fondata su un ceto medio non parassitario costituito da proprietari/produttori. Da Mario in poi, a seguito della introduzione dell'esercito professionale, vi fu anche l'esigenza di compensare i veterani che si erano dimostrati particolarmente valorosi e fedeli al generale di turno. Friuli, ad esempio, deriva il suo nome da *Forum Iulii* e testimonia un fenomeno di importante colonizzazione realizzata da Cesare per ricompensare i soldati delle sue legioni, in parte celti romanizzati reclutati proprio per combattere le guerre galliche.

Certamente le colonie furono uno strumento di essenziale importanza per diffondere la lingua e l'identità latina.

Le colonie potevano invero essere romane o latine. Chi fosse iscritto in una colonia romana acquisiva la cittadinanza di Roma, un romano che andasse a dedurre una colonia latina perdeva la cittadinanza e acquisiva lo *status* di latino coloniario. Laddove si concedeva successivamente la cittadinanza, come nel caso di Rimini, le colonie latine scomparivano e si trasformavano in municipi.

L'organizzazione delle colonie romane era modellata su quella della città madre e si svolgeva nel senso di una ampia autonomia amministrativa e giurisdizionale. Lo statuto della colonia, vale a dire la sua legge fondamentale, concesso con *lex data* dal magistrato che sovraintendeva alla fondazione, prevedeva normalmente due magistrati che svolgevano funzioni di governo detti in origine *praetores* e successivamente *duoviri*, un senato (l'*ordo decurionum*) e una assemblea del popolo.

È significativo come anche nel caso delle colonie l'autonomia si estendesse alla giurisdizione. Non bisogna fra l'altro dimenticare che il giudice romano non era un organo dello stato, ma veniva scelto dai privati, lo stato si limitava invero a porre la norma. Questa concezione alta, profonda dell'autonomia del privato ritorna anche sul piano locale, riconoscendo alle singole comunità l'esercizio dello *ius dicere*, esprimendo così una sensibilità che meglio poteva considerare e valutare l'interesse dei singoli coinvolti nel processo.

Le colonie latine erano invece, almeno formalmente, comunità indipendenti legate a Roma con un *foedus*, con tuttavia il vantaggio di godere dei privilegi della *latinitas*.

L'istituzione di una colonia era decisa da senatoconsulto, a partire dall'epoca graccana con plebiscito. Ai magistrati nominati per la deduzione della colonia era attribuito l'*imperium*, essi comandavano i coloni che venivano inquadrati militarmente fino al raggiungimento del luogo dove doveva essere fondata la nuova comunità. Davano lo statuto alla colonia e presiedevano alla organizzazione del territorio. La colonia veniva fondata con una apposita cerimonia augurale. Il territorio veniva diviso per una linea verticale (cardo) e una orizzontale (decumano) e all'interno si svolgeva la centuriazione, con la divisione in tanti lotti attribuiti ai coloni romani in piena proprietà *(ex iure Quiritium*), in proprietà di diritto latino per le colonie latine. Lo schema della centuriazione è ancora alla base di molte città europee di origine romana.

1.7.3. *L'amministrazione dei territori fuori dall'Italia*

a) Il sistema dell'annessione e della federazione

Al di fuori dell'Italia e dunque al di fuori di quel territorio compreso fra la linea che andava dall'Arno all'Esino a nord e fino allo stretto di Messina a sud, il sistema utilizzato seguiva ancora il meccanismo della annessione e quello della federazione, tuttavia esso subiva alcune significative variazioni.

Intanto l'annessione del territorio dava vita a conseguenze diverse per quanto riguarda lo *status* dei suoi abitanti. Normalmente, invero, essi rimanevano stranieri (*peregrini*) e per di più nella condizione di sudditi: vale a dire in potestà del popolo romano, anche se la loro condizione di libertà non veniva intaccata.

Diversa è anche la condizione del suolo. Mentre all'interno della penisola si estendeva il *dominium ex iure Quiritium*, al di fuori dell'Italia si affermò il principio per cui il terreno era di proprietà del popolo romano: dunque non era riconosciuta la proprietà privata delle terre extraitaliche, proprietà privata che era strettamente legata alla *libertas* del cittadino. Si riconosceva peraltro una *possessio vel ususfructus*, vale a dire il possesso del terreno e un diritto di usufrutto, dietro pagamento di un tributo al popolo romano. Invero mentre Roma, espandendosi in Italia, incontrava popoli liberi a cui ben poteva riconoscere di continuare nel precedente regime delle terre, nelle prime esperienze di espansione fuori dalla penisola e in particolare in Sicilia, Sardegna, Corsica, ma anche nella Spagna mediterranea, essa subentrava a una situazione caratterizzata dalla soggezione al dominio cartaginese o a forme di tirannie personali, come nel caso di Siracusa, che avevano già privato della piena proprietà dei suoli i rispettivi abitanti, riducendoli in condizione di sudditi. Il suolo era infatti di proprietà o del popolo cartaginese o del monarca. Roma si limitava dunque a sovrapporre la propria presenza a quella di Cartagine o del *basileus* precedente.

I cittadini di quelle comunità non erano sovrani: era logico, stante la stretta connessione che per i Romani sussisteva tra libertà, sovranità e proprietà, che il dominio sulle terre spettasse quindi direttamente al popolo romano. Tutto ciò ovviamente non riguardava le colonie fondate all'interno di questi territori i cui abitanti partecipavano della piena cittadinanza con tutte le prerogative conseguenti ovvero rivestivano la condizione intermedia di *latini coloniarii*. Erano altresì eccettuate quelle comunità rimaste indipendenti che normalmente, ma non in ogni caso, erano legate a Roma da *foedera*.

Il tributo pagato dai possessori dei terreni passati in proprietà del popolo romano era riscosso dai publicani sulla base di un capitolato d'appalto (*lex censoria*) e di un successivo contratto (*locatio censoria*) concluso con il miglior offerente. Il tributo era di solito proporzionale alla produttività del suolo.

Nei confronti di quelle città rimaste libere, ma soggette a contribuzione in virtù normalmente di un *foedus*, si parlava invece di *stipendium*, che era il corrispettivo della tregua. La differenza fondamentale rispetto alla situazione precedente consisteva nel fatto che lo *stipendium* veniva imposto alla comunità, non ai singoli possessori e veniva pagato direttamente al questore, non invece esatto dai publicani. La diversità del regime sta proprio nella formale sovranità della comunità i cui abitanti non erano direttamente impegnati nei confronti di Roma, essendo soggetti alle leggi e al governo cittadino. Spettava dunque alla comunità nel suo complesso adempiere all'obbligo contributivo verso Roma.

b) Le provinciae

La peculiarità del regime delle terre e dello *status* dei rispettivi abitanti, così come le particolari condizioni geografiche e la estensione delle aree da amministrare, avevano fatto sì che venisse seguito per questi territori extraitalici un regime differente: si diede vita invero al sistema delle *provinciae*.

Provincia indicava in origine la sfera di competenza riservata al magistrato. Si trattava dunque non di un ambito territoriale, bensì del settore specifico destinato al magistrato, sovente il settore delle operazioni militari entro cui egli esercitava il proprio *imperium militiae*. Al magistrato che si trovasse a svolgere attività di comando su un fronte extraitalico, spettavano peraltro, in virtù della unitarietà dell'*imperium*, anche funzioni amministrative e giurisdizionali. Per traslato *provincia* finì con l'indicare anche il territorio su cui il magistrato esercitava le proprie prerogative.

Dovendosi dunque provvedere alla organizzazione dei territori conquistati, non essendo idoneo per quanto si è sopra esposto il criterio dell'autonomia, si procedette all'amministrazione romana diretta. In primo luogo si ricorse alla creazione di nuovi magistrati. Si vennero dunque ad istituire specifici *praetores* per l'amministrazione della Sicilia, della Sardegna e Corsica e della Spagna ulteriore e citeriore. Questo meccanismo, con il crescere delle province rischiava peraltro di impegnare i comizi in sedute elettorali permanenti, aumentando a dismisura il numero dei magistrati. Si utilizzò pertanto l'istituto della *prorogatio imperii*. Per prassi risalente era invero consentito a un magistrato di continuare a esercitare le proprie funzioni di comando militare sino all'arrivo del successore. In questo caso la proroga era invece preventivamente stabilita dal senato e aveva la durata di un armo. Il magistrato (console o pretore) a cui fosse stato prorogato l'*imperium* veniva dunque inviato come promagistrato, proconsole o propretore, a seconda della carica ricoperta, in una provincia scelta discrezionalmente dal senato. In virtù della accennata prassi costituzionale le funzioni potevano essere peraltro esercitate anche oltre l'anno stabilito, fino cioè a quando non fosse subentrato il successore. Una *lex Sempronia* del 123 a.C. cercò di ridurre la discrezionalità senatoria stabilendo che la destinazione dovesse essere decisa prima dello svolgimento dei comizi elettorali che dovevano eleggere il console o il pretore a cui sarebbe stato prorogato l'*imperium*, vale a dire 18 mesi prima dell'eventuale invio in provincia, quando dunque non si conosceva ancora il nome del futuro promagistrato. Questo al fine di evitare favoritismi personali e condizionamenti indebiti dell'azione di governo del singolo magistrato. Infine una *lex Pompeia* del 52 a.C. stabilì che dovessero passare cinque anni tra magistratura e promagistratura.

I promagistrati erano accompagnati da un questore per l'amministrazione finanziaria e da *assessores* e *legati*, spesso inviati dal senato per esercitare funzioni di controllo e di informazione sull'andamento della provincia. Il governatore provinciale aveva la piena competenza per quanto concerne le controversie fra romani presenti nella provincia e fra romani e *peregrini*. Al riguardo, emanava all'inizio della carica un editto sulla falsa riga dell'editto del pretore urbano, che aveva tuttavia alcune sue specificità. Il giudice, nelle cause che concernevano romani, era tuttavia sempre un privato cittadino.

Proconsoli e propretori beneficiavano di una serie di indennità legate ai costi della funzione e potevano compiere requisizioni per l'utilità dell'amministrazione.

La situazione interna ai confini delle province era assai variegata dal punto di vista giuridico. Vi era innanzitutto il territorio provinciale annesso a Roma che poteva comprendere al proprio interno municipi e colonie che si ponevano nei confronti del governatore, in particolare per quanto concerne l'alta giurisdizione, come i municipi e le colonie italiche si ponevano verso il pretore. Le colonie latine erano nella stessa condizione delle città federate. La condizione di *latinitas* venne poi estesa talvolta a intere comunità a prescindere dalla esistenza di una *civitas*, come per esempio alle comunità celtiche e liguri della *Gallia Cisalpina*.

Vi erano poi alcune *civitates* a cui era riconosciuta la qualifica di stati sovrani, il cui territorio era escluso dalla provincia e che erano legate a Roma con un *foedus*: accanto ai *socii Italici* si vengono così a costituire i *socii exterarum nationum*. Essi avevano propri ordinamenti, proprie leggi e una propria giurisdizione, normalmente erano esonerati dalla contribuzione e il suolo era privato *iure peregrino*.

Vi erano infine *civitates liberae*, ma in virtù di un atto unilaterale di Roma (*sine foedere liberae*) che dunque Roma poteva sempre revocare. Esse erano normalmente soggette a tributo.

1.8. *La cittadinanza*

Il criterio a fondamento della *civitas*, cacciati i *turannoi* etruschi, dovette tornare a essere essenzialmente basato sul sangue. A parte l'ipotesi normale di discendenza da padre cittadino in costanza di *iustae nuptiae*, o da madre cittadina, in assenza di questa condizione, e oltre al caso di manomissione, e di *adoptio civitatis mutandae causa*, che rimonta tuttavia pur sempre a un atto di autonomia del *pater* che adotta uno straniero, anche in età repubblicana la *civitas* poteva essere concessa in virtù di un atto pubblico.

La decisione di conferire la *civitas* non sembra tuttavia essere più compito degli organi di governo della *res publica*. Si dovette a un certo punto affermare il principio che solo il popolo con una *lex publica* poteva attribuire la *civitas* a stranieri. In altre parole la decisione di allargare il corpo civico poteva spettare solo ai titolari della sovranità. Ciò appare pienamente coerente con l'idea alta di sovranità popolare e di *libertas* che si viene ad affermare in epoca repubblicana. Come nella propria *domus* e nella propria *familia* solo il *dominus* può decidere chi ammettere, così nella *civitas* solo i *cives* possono stabilire chi abbia il diritto di entrare.

La estensione della cittadinanza fu peraltro perseguita "con estrema parsimonia e sempre attraverso concessioni individuali *virtutis causa*" (Luraschi). Con grande saggezza i romani della repubblica rifuggivano da incorporazioni di vasta portata di nuovi cittadini, difficilmente controllabili sotto il profilo della integrazione e forieri di sconvolgimenti del corpo civico. La politica romana sulla cittadinanza fino all'epoca dei Gracchi fu sempre molto attenta da una parte alla capacità di assorbimento dei nuovi venuti, dall'altra alla necessità di non condividere i privilegi di cui il cittadino romano ai vari livelli godeva, in particolare il ceto imprenditoriale.

Il criterio per la concessione della cittadinanza era piuttosto quello del valore individuale: in altre parole si perseguiva lo scopo di accogliere i migliori fra gli stranieri, coloro che potessero dare un contributo all'arricchimento e alla crescita morale e materiale della *civitas* e che per virtù personali fossero facilmente integrabili. Il criterio per valutare l'opportunità di concedere la cittadinanza era dunque quello della *utilitas rei publicae*.

Una apparente eccezione, che va tuttavia nel senso indicato, si era avuta con i *Latini prisci*, cioè con gli abitanti delle antiche città della *Lega Latina* e delle sue colonie. Questi, esercitando lo *ius migrandi*, vale a dire trasferendosi stabilmente a Roma e iscrivendosi in una tribù, diventavano cittadini romani. Si trattava peraltro pur sempre di rafforzare la componente latina, di arricchire la comunità cittadina di nuove forze e tuttavia assolutamente omogenee sotto il profilo culturale e dunque facilmente assimilabili. In sostanza si trattava di rafforzare l'identità originaria di Roma.

L'esigenza di non allargare a dismisura il corpo civico per evitare stravolgimenti degli equilibri interni difficilmente controllabili, portarono a frequenti provvedimenti di espulsione come quello del 187 a.C. che allontanò da Roma ben 12.000 *Latini* immigrati e domiciliati in città dal 204 in poi. Una *lex Claudia* del 177 a.C. arrivò a proibire le manomissioni e le adozioni fatte con lo scopo di attribuire la *civitas* romana. Le superiori esigenze della comunità su un punto così delicato come quello della *civitas* finirono con il limitare la tradizionale autonomia dei *patres*.

Un cambiamento di rotta si ha in epoca graccana. Fulvio Flacco propose nel 125 a.C. di attribuire la *civitas* a tutti gli *Italici*, mentre una *rogatio* di Caio Gracco intendeva conferire la *civitas* ai soli *Latini*, dando agli *Italici* solo il diritto di voto, inteso qui come primo passo per una graduale assimilazione degli stranieri nel corpo civico.

Lo scopo di Caio Gracco era innanzitutto di carattere politico-clientelare: per realizzare il suo rivoluzionario progetto di trasformazione istituzionale aveva bisogno di una base elettorale più ampia. Ma è verosimile che si profilasse pure l'esigenza di allargare la base demografica di una Roma chiamata a compiti sempre più vasti sullo scacchiere del Mediterraneo, che aveva dunque bisogno di una base più ampia per costituire le proprie legioni.

Il coinvolgimento degli *Italici* nel processo di allargamento della cittadinanza appare tuttavia funzionale agli interessi di Roma e dei promotori delle riforme.

Uscito di scena Caio Gracco riprendono le espulsioni di immigrati, il suo tentativo ebbe comunque il risultato di svegliare all'interno dei *socii Italici* la voglia di cittadinanza, accentuando le loro rivendicazioni, destinate poi a sfociare nella cosiddetta guerra sociale. Va detto peraltro che ciò avveniva dopo un processo di integrazione culturale durato secoli, che tramite l'istituto del *foedus*, e la conseguente stretta collaborazione alla politica romana e l'inquadramento dei soci italici in eserciti posti sotto il comando dei consoli romani, aveva finito con il comportare una assimilazione ormai ben radicata al modello romano. In queste condizioni la estensione della cittadinanza non doveva determinare conseguenze particolari sulla identità romana e sulla stabilità sociale.

La degenerazione della moralità delle classi dirigenti e la radicalizzazione e personalizzazione della lotta politica portarono peraltro a un fatto senz'altro negativo, vale a dire al superamento del principio per cui la concessione della cittadinanza presupponeva sempre e comunque una *lex publica*. Mario infatti si attribuì il potere di conferire la cittadinanza a gruppi di individui in occasione di ciascuna fondazione di nuove *coloniae*, con lo scopo esclusivo di incrementare il numero dei propri fedeli seguaci, estendendo la clientela personale. Sempre Mario inaugurò una prassi ancora più pericolosa consistente cioè nell'arrogarsi il diritto di concedere la cittadinanza *virtutis causa*, fondando questa prerogativa sull'*imperium* e non più su una deliberazione popolare. Come è stato osservato (Luraschi), per la prima volta la cittadinanza usciva "dal controllo degli organi tradizionali della *res publica* per essere appannaggio dell'arbitrio magistratuale". Questa prassi ruppe dunque con il criterio della considerazione dell'interesse superiore della *res publica* e della esclusiva sanzione popolare di questo interesse, ancorché ispirato dalle classi dirigenti artefici della *rogatio*. Da questo momento i problemi della cittadinanza finiscono con l'entrare nel grande gioco degli interessi personali di ambiziosi politici, con il rischio di destabilizzare la *res publica* stessa.

Un aspetto caratteristico della cittadinanza romana, che rimase costante nei secoli, fu il principio della unicità della *civitas*. Come ricorda Cicerone (*pro Balbo* 11.28), *duarum civitatum civis poster esse nemo potest*. Non si poteva appartenere contemporaneamente a due diverse *civitates*. L'identità romana era invero tendenzialmente universalista, aperta a inglobare e ad amalgamare altre comunità, ma non si stemperava in una generica visione mondialista che includesse anche ciò che non fosse romano. Qualsiasi straniero, laddove fosse utile per la *res publica*, poteva diventare romano, ma doveva alla fine condividerne i valori essenziali. Ritorna una forte idea identitaria che farà affermare con orgoglio a ogni cittadino "*civis romanus sum*", e che presupponeva la condivisione di valori su cui si reggeva la costituzione e l'esistenza stessa dello stato.

2.
Diritto e procedura penale in età repubblicana

2.1. *Il diritto penale sostanziale*

La separazione del potere militare e civile dal potere religioso che accompagna la nascita della repubblica, con la riduzione *ad sacra* e la marginalizzazione politica della figura dell'antico *rex* (ora non a caso chiamato *rex sacrorum*), comportano anche una progressiva trasformazione del sistema penale la cui finalizzazione evolve da espiazione sacrale volta al mantenimento della *pax deorum* a tutela della sicurezza pubblica. La punizione dei reati spetta ora ai magistrati, subentrati al monarca nella titolarità dell'*imperium* e dunque di quel potere a esso connesso di repressione immediata (*coercitio*). I magistrati, non avendo il compito di curare il rapporto con la divinità, applicavano un complesso di sanzioni prettamente laiche.

Contemporaneamente a questa evoluzione si ha un notevole allargamento della repressione pubblica.

Accanto alle competenze dei *praetores* vi era la reazione dei gruppi offesi che ora l'ordinamento mirava a regolamentare.

Da questa divaricazione di interventi repressivi sorgerà la distinzione fra *crimina* e *delicta*. I primi sono quei reati che offendono non solo il singolo soggetto, ma l'intera *civitas* e che per ciò sono perseguiti dagli organi cittadini con una pena pubblica, corporale o pecuniaria. I *delicta* erano invece considerati dal punto di vista del torto arrecato al singolo cittadino, erano repressi nell'ambito di un processo privato intentato dall'offeso dal reato e davano luogo all'obbligo di pagare una certa pena pecuniaria in favore della vittima dell'illecito. L'evoluzione del diritto penale romano fu peraltro nel senso di una progressiva attrazione dei *delicta* nella sfera criminale, parallelamente a una riduzione della sfera di libertà e di autonomia dei privati e ad un accentuarsi di esigenze repressive nei confronti di reati quali certe ipotesi di furto qualificato, di lesioni personali gravi o di danneggiamento violento.

Testimonianza preziosa per ricostruire il diritto penale della prima repubblica sono certamente le Dodici Tavole.

Di particolare importanza è la tavola ottava. Qui, accanto a qualche norma che risaliva all'antico diritto dell'età regia, come per esempio la repressione della frode del patrono verso il cliente, che prevedeva ancora la *sacertas*, o la sottrazione furtiva di messi, che comportava la *suspensio Cereri*, o la condanna dell'omicidio involontario, che era ancora sanzionato con l'obbligo di consegnare un ariete agli *agnati* dell'ucciso, vi era uno spazio importante dedicato alla repressione innanzitutto dei cosiddetti *delicta*.

Compare in primo luogo l'ipotesi della rottura di un membro – vale a dire di un organo – che prevede un *pacisci* in alternativa all'antica pena del taglione, che rimane sullo sfondo e si applica in assenza della composizione consensuale (appunto la *pactio*) fra offeso e offensore. L'ipotesi di *ossis fractio* dava luogo all'obbligo di pagare 300 assi nel caso in cui la vittima fosse un libero, 150 assi invece, qualora si trattasse di uno schiavo. Le semplici percosse (*iniuriae*) erano punite con il pagamento di 25 assi.

Si prevedeva una sanzione pecuniaria anche nel caso di *rupitiae*, cioè di danneggiamento cagionato mediante *ruptio* di un bene. Già nelle Dodici Tavole era prevista la figura della *pauperies*, vale a dire del danno cagionato da un animale a quattro zampe, che comportava un'obbligazione alternativa: dare a nossa l'animale, cioè consegnarlo al danneggiato, ovvero pagare il danno da questi arrecato. Una sanzione pecuniaria era prevista pure per il taglio di alberi altrui, punito con la pena di 25 assi per ogni albero abbattuto, così come una pena pecuniaria comportava il pascolo abusivo.

Nell'ambito della repressione privata veniva ricondotto il furto nelle sue varie figure.

Vi era innanzitutto il *furtum manifestum* o furto commesso da colui che venisse colto sul fatto. La sanzione variava qui significativamente a seconda che il furto fosse commesso di notte ovvero a mano armata oppure che il ladro venisse colto altrimenti in flagranza di reato.

Nelle prime due ipotesi il derubato poteva uccidere il ladro, peraltro dopo aver chiamato a testimonianza i vicini. È significativa l'equiparazione del furto notturno con quello realizzato a mano armata. Anche in alcune legislazioni moderne il furto notturno legittima una reazione difensiva che può arrivare ad accettare la eventualità della uccisione del colpevole. Questo per il particolare allarme che esso suscita nell'aggredito, per la maggiore difficoltà nella difesa, per un maggior pericolo non solo ai beni, ma anche alla persona stessa della vittima. Le altre ipotesi di furto manifesto comportavano la fustigazione del ladro e la sua *addictio* al derubato, con la verosimile, originaria riduzione in schiavitù del delinquente. Qualora il ladro fosse uno schiavo veniva invece frustato e gettato dalla rupe Tarpea. Anche per l'ipotesi di furto, come già per quella di *membrum ruptum*, era fatta salva la possibilità di una composizione pecuniaria.

All'ipotesi di furto in flagranza era assimilata quella del furto in cui la refurtiva era stata rinvenuta a casa del presunto ladro a seguito di una perquisizione formale (*lance licioque*). Per il furto in cui il ladro non fosse stato colto sul fatto la pena era pecuniaria e ammontava al doppio del valore del bene sottratto. La pena era invece del triplo nel caso di *furtum conceptum* – in cui gli oggetti rubati fossero cioè trovati a casa del ladro alla presenza di testimoni, ma non a seguito di perquisizione solenne *lance licioque* – e di *furtum oblatum*, cioè di furto in cui la cosa fosse stata rinvenuta presso un terzo incolpevole. Qui l'aumento di pena è legato all'intento di reprimere un comportamento ulteriormente malizioso, volto cioè a gettare la colpa del misfatto su un soggetto estraneo al reato.

La modalità scelta dal sistema penale dell'alta repubblica per sanzionare i *delicta* con pene pecuniarie destinate all'offeso dal reato doveva essere di particolare efficacia anche per il fatto di venire accompagnata, nell'ipotesi di insolvenza, da conseguenze particolarmente gravi. Il condannato, che non avesse pagato il debito pecuniario e non avesse trovato un *vindex* disposto ad assumersi su di sé i rischi di un nuovo processo volto a contestare il diritto dell'attore di procedere all'esecuzione, veniva *addictus* in favore del creditore, che poteva tenerlo incatenato in carceri private per 60 giorni. Entro questo periodo di tempo il creditore, offeso dal reato, poteva portare il colpevole in tre mercati dando la possibilità a qualsiasi cittadino di riscattare il debitore. Qualora nessuno si fosse presentato, il condannato era venduto *trans Tiberim* come schiavo.

Non soggetti a composizione pecuniaria erano invece atti che per gravità o per il fatto di toccare direttamente interessi pubblici arrecavano un particolare pregiudizio alla sicurezza pubblica o all'ordine sociale.

Così colui che dolosamente avesse incendiato l'altrui abitazione ovvero i covoni di grano posti vicino a essa, doveva essere legato, fustigato e bruciato. Così ancora doveva essere ucciso colui che avesse maledetto i raccolti altrui o avesse tentato di attirarli nel proprio campo tramite sortilegi, ovvero colui che avesse cercato di provocare la morte di un uomo tramite pratiche di malaugurio (*malum carmen incantare*).

Se questi reati rispecchiavano una società ancora arcaica, fortemente condizionata dal timore di forze maligne e dunque profondamente superstiziosa, senz'altro espressione di istanze più moderne appaiono invece altre figure criminose punite già nelle Dodici Tavole. Così per esempio chi avesse testimoniato il falso in un giudizio veniva ucciso precipitandolo dalla rupe Tarpea, la collusione del giudice o dell'arbitro con una delle parti comportava la pena di morte, il rifiuto di testimoniare veniva sanzionato con la perdita della capacità di testimoniare e con la incapacità di chiamare in giudizio testi a proprio favore. Si era condannati per il doppio del valore del bene nell'ipotesi di dolosa consacrazione della cosa su cui si litigava allo scopo di danneggiare la controparte processuale.

L'apparente sproporzione delle sanzioni fra falsa testimonianza e rifiuto di testimoniare si spiega non solo per le possibili conseguenze del fatto, ma anche per la ulteriore disonestà dimostrata nel primo caso.

2.2. *La* provocatio ad populum

Come si è anticipato, la repressione dei *crimina* spettava ai supremi magistrati in continuità con quel potere di repressione che competeva al monarca.

In verità è possibile che già nell'epoca della monarchia latino-sabina le curie fossero chiamate a intervenire nella repressione di crimini laddove vi sarebbe stata la possibilità di una condanna a morte del cittadino e il re non se la sentisse di decidere da solo di fronte magari a personaggi di grande prestigio e popolarità.

Instaurata la repubblica vi era peraltro l'esigenza da una parte di evitare la possibilità di arbitrii dei nuovi magistrati, prevedendosi quindi una limitazione dei poteri di repressione; contestualmente vi era pure la necessità di garantire un equilibrio fra le *gentes* più influenti, sottoponendo a controllo l'esercizio della *coercitio*, estrinsecazione dell'*imperium* magistratuale.

Da qui dunque dovette venire presto creata (secondo gli autori antichi fin dalla istituzione delle prime magistrature) quella che le fonti definiscono un baluardo della libertà individuale: la *provocatio ad populum*. Essa appartiene a quell'insieme di garanzie come lo *ius auxilii*, concesso poi ai tribuni della plebe, o il turno e l'annualità nell'esercizio del potere di comando, volte a impedire l'esercizio arbitrario di poteri che potessero discriminare singoli appartenenti alla comunità o prefigurare il ritorno a esperienze tiranniche. Sembra evidente da tutto ciò il valore fondamentale della *libertas* del cittadino come valore cardinale su cui poggia la *res publica*.

La *provocatio* è dunque un limite all'*imperium* o meglio un limite alla *coercitio* che è estrinsecazione dell'*imperium*: blocca quindi l'esplicazione della *coercitio*. Essa presuppone sempre atti di magistrati dotati di *imperium* e consiste nella possibilità di far intervenire il popolo, chiedendone il giudizio, di fronte a un provvedimento coercitivo che comportasse la messa a morte del cittadino. Siccome non era possibile interporre la *provocatio* al magistrato che operasse nell'ambito dei suoi poteri di comando militare, si venne a distinguere fra *imperium domi* e *imperium militiae*: nell'esercizio del primo la *provocatio* poteva infatti essere opposta, non altrettanto verso l'*imperium militiae*.

Secondo la tradizione la *provocatio* sarebbe stata istituita già nel 509 a.C. con una *lex Valeria,* sarebbe stato poi ribadito uno *ius provocationis* con una legge *Valeria Horatio* del 449 a.C. che avrebbe vietato, all'indomani del decemvirato, la istituzione di magistrature nei cui confronti non fosse possibile opporre la *provocatio* e sarebbe stata infine riaffermata nel 300 con una ulteriore *lex Valeria* con cui si sarebbe anche introdotta una sanzione, ancorché apparentemente blanda: il magistrato che non avesse tenuto conto della *provocatio* avrebbe commesso un atto *improbe factum*, il che avrebbe comportato la possibilità per i censori di sanzionarlo togliendogli i diritti politici. È anche possibile che si potesse instaurare un giudizio di responsabilità cessato l'anno di carica.

Con due leggi ulteriori, la *Aternia Tarpeia* del 454 e la *Menenia Sextia* del 452 a.C., si sarebbe prevista la possibilità di opporre la *provocatio* anche nei confronti di atti di magistrati miranti a infliggere multe oltre un certo limite.

Nel 195 a.C. tre *leges Porciae*, una almeno delle quali risalente a Marco Porcio Catone, avrebbero ulteriormente esteso e rafforzato la garanzia della *provocatio*. Con la prima infatti si sarebbe prevista la possibilità della *provocatio* anche nei confronti dell'ordine di fustigare un cittadino; con la seconda si sarebbe estesa la *provocatio* pure nei confronti dei provvedimenti repressivi presi contro il cittadino al di là dei mille passi da Roma: dunque anche nelle province e nei confronti di militari, tranne per i casi di alto tradimento e di diserzione; con la terza si sarebbe contemplata la condanna a morte del magistrato che non avesse concesso l'esplicazione della *provocatio*.

La *provocatio* non appare quindi come un rimedio volto a introdurre un giudizio di secondo grado, non dà cioè vita a un giudizio di appello. Essa è piuttosto una guarentigia contro l'eccesso di potere coercitivo del magistrato che avesse minacciato la libertà del cittadino in modo arbitrario. È dunque la prima testimonianza di quel disegno volto a delimitare i poteri dei supremi magistrati che sarà poi una delle principali rivendicazioni del movimento plebeo.

Con l'affermarsi della *provocatio* affiora l'idea che è il popolo il depositario della sovranità e che al popolo e soltanto a lui spetta il giudizio sulla vita del cittadino quantomeno nei casi in cui si contestasse la fondatezza della procedura repressiva, che per il naturale istinto alla sopravvivenza che vi è in ogni uomo dovette essere la norma. Poiché il popolo, depositario della sovranità, coincide in quell'epoca con il cittadino che militi o che abbia militato nell'esercito, sono escluse dalla *provocatio* le donne, come pure i minori d'età. Essa non spettava peraltro ai soli plebei. Diverso dalla *provocatio* è lo *ius auxilii*, altro importante limite all'*imperium* magistratuale, che aveva una estensione più ampia e un distinto significato: di fronte ad un qualsiasi atto di arbitrio del magistrato voleva rendere effettiva la protezione del plebeo con l'intervento diretto del tribuno. Si trattava dunque di una protezione ulteriore dettata dalla debolezza politica della componente plebea.

2.3. *Il processo comiziale*

La possibilità concessa al popolo di giudicare della vita di un cittadino come garanzia contro gli abusi dei magistrati supremi dovette contribuire a diffondere l'idea che al popolo spettava l'ultima parola laddove fosse in gioco il *caput* di un uomo libero e romano, idea che è poi alla base del principio moderno per cui la giustizia è amministrata in nome del popolo.

Del resto già in età monarchica il popolo interveniva come testimone nei casi di omicidio involontario, verosimilmente per garantire la regolarità della procedura ed evitare anche lì che si trasmodasse in possibili abusi, così come è verosimile che pure nella procedura prevista per l'omicidio volontario l'esercizio della vendetta dovesse svolgersi *in contione*. D'altro canto la stessa uccisione del *fur nocturnus* era consentita a condizione che si fosse chiamato a testimonianza il vicinato, che doveva evidentemente garantire contro omicidi ingiustificati.

Sulla base di una prassi che sarebbe già iniziata in età monarchica, i supremi magistrati dovettero essere sempre più spesso indotti a non assumersi da soli la responsabilità dei giudizi *de capite*. La tradizione relativa alla prima repubblica attesta infatti di giudizi capitali per *adfectatio regni* e falsa testimonianza trattati con l'intervento del popolo. Per altro verso le assemblee della plebe iniziarono ad arrogarsi il potere di condannare a morte per quei casi di attentato alle prerogative degli organi plebei, fatto che certamente faceva correre il rischio di ulteriori abusi: quel potere doveva essere pertanto ricondotto in ambito cittadino, riaffermando la sovranità dell'intero corpo politico, non di una sola sua parte.

Da queste premesse si arrivò dunque al principio affermato nelle Dodici Tavole per cui "*de capite civis nisi per maximum comitiatum* [...] *ne ferunto*" e "*altera (lex) de capite civis rogari nisi maximo comitiatu vetat*", vale a dire: non si decida della vita di qualche cittadino se non nei comizi centuriati.

Una volta che fu introdotto questo principio, la *provocatio* assumeva un significato ulteriore vale a dire diveniva uno strumento per far valere la competenza del popolo a giudicare *de capite*, consentendo di impugnare un atto comunque illegittimo del magistrato, viziato cioè da abuso di potere.

Il comizio, oltre che per i reati che comportavano l'irrogazione della pena capitale, era altresì competente per i reati puniti con multa superiore al limite fissato nelle leggi *Aternia Tarpeia* e *Menenia Sextia* del 454 e 452 a.C., che venne aggiornato successivamente con riferimento a valori monetali (3020 assi).

Per i reati puniti con pena pecuniaria inferiore era competente il concilio della plebe nell'ambito di un processo instaurato dai tribuni o dagli edili plebei. Successivamente, per crimini legati alle funzioni svolte dai magistrati competenti, l'instaurazione di un processo portante alla irrogazione di sanzioni pecuniarie fu consentita anche agli edili curuli: in questo caso giudice era il comizio tributo. Si trattava essenzialmente di reati di usura, truffe sui mercati, incetta di derrate alimentari, offese al pudore.

La competenza dei concili e dei comizi tributi sembrerebbe essersi infine estesa a tutti i processi multatici, sottraendo al comizio centuriato i giudizi per i reati sanzionati con pena superiore al limite per l'ammissibilità della *provocatio*.

2.3.1. *Svolgimento del processo comiziale*

Il processo comiziale ruotava attorno a due organi: i *quaestores (parricidii)* che avevano il compito di "*quaerere de rebus capitalibus*" e il popolo che emetteva la decisione.

I *quaestores parricidii* sarebbero risaliti già all'età monarchica con il compito di assistere nell'esercizio della vendetta colui che era stato offeso dall'omicidio di un congiunto e nello stesso tempo con la funzione di verificare l'esistenza del dolo e dunque la legittimità della punizione. Si sarebbe pertanto ora estesa e perfezionata la competenza di quegli antichissimi ausiliari del *rex*. L'omicidio è ormai con la repubblica un *crimen* che riguarda tutta la comunità cittadina, che ha perso invero un suo membro. Proprio perché la punizione del colpevole corrisponde ora a un interesse pubblico, è necessario che sia un organo della *civitas* a prendere l'iniziativa per avviare la repressione. D'altro canto si trattava qui di sostituire una competenza che i *turannoi* e i pretori/consoli avevano originariamente concentrato in sé esercitando direttamente la *coercitio* sul presunto colpevole, probabilmente già assistiti nella ricerca delle prove da questi ausiliari. È significativo come sino al 447 a.C. essi non sarebbero stati eletti dai comizi, ma nominati dai consoli per la condotta dei singoli processi.

Ai questori spettava dunque il compito di istruire il processo, indagare sullo svolgimento dei fatti, raccogliere le prove, e promuovere l'accusa, aprendo così un dibattimento in contrapposizione con l'accusato, che aveva l'onere di difendersi su un piede peraltro di sostanziale parità con la pubblica accusa.

Il processo era infatti promosso dal *quaestor* sulla base di una *notitia criminis* e prevedeva una fase istruttoria, la *anquisitio*, seguita dal giudizio popolare. L'accusato era invitato a comparire davanti a una *contio* (assemblea informale del popolo) a una data stabilita dal magistrato, che specificava insieme con l'invito a comparire anche l'imputazione e la pena che veniva proposta. Per assicurare la sua comparizione l'accusato doveva fornire dei garanti. In caso contrario sarebbe stato sottoposto a carcerazione preventiva. Il carcere serviva dunque a garantire la presenza dell'imputato al processo. Proprio per l'alta idea della libertà del cittadino, che non a caso era depositario della sovranità, il carcere nella Roma repubblicana era limitato a situazioni transitorie ed eccezionali.

Le ragioni dell'accusa venivano esposte pubblicamente in riunioni informali del popolo che si svolgevano in tre udienze con un intervallo di un giorno l'una dall'altra. In queste adunanze il magistrato assumeva le prove a carico. Nelle stesse udienze seguivano le deduzioni dell'imputato che poteva anche farsi rappresentare da difensori e che produceva a sua volta le eventuali prove a discarico.

Dopo un intervallo di tre mercati (24 giorni) venivano convocati i comizi centuriati che erano chiamati a pronunciare la sentenza. Con un residuo forse di natura ordalica, che esprimeva in ogni caso un'istanza certamente garantista, per qualche aspetto affine all'istituto della prescrizione, se non fosse stato possibile per un qualsiasi fatto pronunziare la sentenza nel giorno previsto, non era consentita la dilazione della causa e il processo si concludeva, non potendosi peraltro più riproporre l'accusa in un nuovo giudizio. Al riguardo vi era verosimilmente anche l'esigenza di non tenere impegnato il popolo per un periodo eccessivamente lungo, in cui oltre tutto il ricordo dei fatti e delle prove si sarebbe potuto affievolire. Vi doveva essere infine una esigenza di certezza delle situazioni giuridiche: si richiedeva così che a un certo punto si concludesse una volta per tutte un determinato procedimento penale, senza pregiudizio per le garanzie dell'imputato.

Colui che fosse stato condannato attendeva in carcere l'esecuzione della pena capitale. La carcerazione aveva qui una funzione ancora una volta strumentale: mirava cioè ad impedire la fuga del reo.

La pena di morte, che veniva eseguita sotto la sorveglianza dei *tresviri capitales*, era peraltro quasi sempre sostituita dall'esilio volontario. Prima della pronunzia dell'ultimo voto si affermò invero la prassi di concedere all'imputato la possibilità di espatriare verso una comunità legata a Roma da un trattato, che consentiva specificamente l'accoglienza degli esiliati, secondo condizioni di reciprocità. Contro colui che avesse scelto l'esilio veniva peraltro pronunciata l'*aquae et ignis interdictio* che comportava la perdita della cittadinanza romana, la confisca dei beni e la messa a morte nell'ipotesi di rientro in patria. Il condannato, considerato indegno di far parte della comunità, era infatti bandito da Roma.

È anche verosimile che ai questori spettasse la gestione dei beni confiscati ai condannati. Affiora anzi un parallelismo fra organi cittadini e organi plebei laddove le funzioni dei questori appaiono speculari, ancorché riferite all'intera cittadinanza, rispetto a quelle degli edili della plebe. La competenza finanziaria di questi ausiliari dei magistrati cittadini spiegherebbe la successiva evoluzione della carica che, come è noto, si caratterizzò per le sue competenze in tema di amministrazione dell'erario: è infatti verosimile che proprio da queste originarie funzioni si sia sviluppata la magistratura repubblicana dei *quaestores*.

Il processo avviato dai questori era dunque di tipo accusatorio. La distinzione fra processo di rito accusatorio e rito inquisitorio attiene principalmente al rapporto fra organo dell'accusa e giudice. Nel rito inquisitorio puro non vi è distinzione alcuna fra colui che assume le prove, promuove l'accusa ed esprime poi successivamente il giudizio. Si tratta in altre parole dello stesso organo. Il processo accusatorio puro vede in origine il privato stesso offeso dal reato promuovere l'accusa. Un'altra caratteristica del processo inquisitorio è la libertà del giudice nella ricerca e nella acquisizione delle prove, indipendentemente dal comportamento delle parti. Da queste considerazioni si comprende come nella storia il processo inquisitorio sia stato normalmente segreto e scritto, mentre il processo accusatorio si è caratterizzato per la sua prevalente oralità (da qui l'importanza del dibattimento) e per la sua pubblicità. Il processo di tipo inquisitorio è tipico dei regimi autoritari. Nell'esperienza repubblicana conosciamo un solo processo tipicamente inquisitorio, quello introdotto dai *duoviri perduellionis*, che riguardava le ipotesi gravissime di *perduellio*, vale a dire di attentato alla costituzione repubblicana (*adfectatio regni*), reato che comportava una pena atroce, la pena del sacco (*poena cullei*), in virtù della quale il colpevole veniva rinchiuso vivo insieme con alcuni animali – un gallo, un cane e una vipera – e gettato nel Tevere. In questo caso l'accusa era promossa direttamente dai *duoviri* che emettevano anche la sentenza. I *duoviri* erano originariamente di nomina consolare, e ad essi probabilmente veniva delegato l'*imperium*; successivamente vennero eletti dai comizi per i casi in cui fosse necessaria la loro attività.

Con la previsione della procedura avviata da un atto dei *quaestores (parricidii)* si sarebbe dunque affiancato a un processo popolare introdotto da *provocatio* un processo per atto di accusa. Entrambi coinvolgevano la intera comunità nel giudizio sulla colpevolezza: nel primo caso peraltro a fini anche garantistici, per evitare cioè abusi; in entrambe le situazioni per il valore che aveva assunto la *libertas* di ciascun cittadino, e per la considerazione della volontà popolare che sola poteva determinare per la comunità la perdita di un *caput* – vale a dire la eliminazione di un cittadino –, in assenza di situazioni eccezionali legate cioè ad eventi particolari come la guerra o gravi disordini interni.

Progressivamente, accanto al ruolo dei *quaestores*, venne a svilupparsi anche una competenza dei tribuni della plebe che, in particolare a partire dal III secolo a.C., risultano aver portato l'accusa per giudizi *de capite* davanti ai comizi centuriati. È probabile che per la convocazione dei comizi abbiano dovuto rivolgersi alla iniziativa di un magistrato dotato di *imperium*, in ogni caso essi appaiono sempre più frequentemente come i titolari della pubblica accusa per quei reati in cui si fosse in presenza di abusi di potere da parte dei magistrati o fossero state violate le garanzie del cittadino, a prescindere da offese alla persona dei tribuni stessi. Con il passare del tempo i tribuni finirono con il sostituirsi anche ai *duoviri perduellionis* promuovendo processi pure per *adfectatio regni*. In coerenza con una evoluzione più generale dell'organo, essi si trasformarono dunque nei difensori delle libertà individuali e collettive.

2.4. *L'evoluzione del diritto penale*

Rispetto al modello delineato dalle Dodici Tavole il sistema delle pene, per quanto ci è testimoniato dalle fonti, rimase sostanzialmente inalterato fino al III secolo a.C. con una importante novità. Livio ricorda come già nel IV secolo sarebbe stato introdotto il *crimen ambitus*, che sarebbe stato comunque nuovamente disciplinato, probabilmente con la pena di morte, nel II secolo a.C.

L'*ambitus*, da *ambire*, "fare il giro", e quindi poi anche "sollecitare", riguardava la corruzione elettorale, e assomigliava a quello che nel nostro ordinamento viene definito come voto di scambio. In sostanza era la illecita pressione sul corpo elettorale per ottenere voti. La fattispecie più frequente che la istituzione del *crimen ambitus* intendeva scoraggiare era la compravendita dei voti mediante la distribuzione di doni e di favori. L'istituzione di questa figura di reato sta a testimoniare l'importanza che veniva data nella

Roma repubblicana alla libera formazione della volontà popolare, non a caso le leggi del II sec. a.C. sono cronologicamente di poco anteriori a quelle che introdussero la segretezza del voto nei comizi centuriati. La previsione della pena capitale e la pluralità di interventi in questo settore rafforzano l'impressione della rilevanza, all'interno della comunità romana, del tema della libertà del voto, che è il fondamento della sovranità popolare e senza il quale non si può avere una autentica democrazia. È evidente peraltro come molteplici possono essere i condizionamenti indebiti nei confronti della formazione di una libera volontà popolare.

Significativamente diversa appare la considerazione di un'altra figura di reato introdotta nello stesso periodo, il gioco d'azzardo, che sarebbe stato punito con una multa da una *lex de alea* del 203 a.C. Si trattava qui di una fattispecie che danneggiava in primo luogo il patrimonio del singolo cittadino e dunque aveva una minore rilevanza sociale. È chiara la sussunzione della *familia* all'interno di una comunità più ampia quale la *civitas*, che risulta ormai funzionalmente superiore rispetto alla considerazione degli interessi del gruppo minore.

La sostanziale stabilità del sistema delle pene viene messa in crisi dalla introduzione di una nuova forma processuale, quella delle cosiddette *quaestiones perpetuae*.

2.5. *Le* quaestiones perpetuae

Questo nuovo processo trova la sua origine in alcuni elementi di debolezza del processo comiziale.

Un primo inconveniente del processo popolare consisteva infatti nel rischio di paralisi della vita pubblica. I romani, tra elezioni, votazioni di leggi e processi avrebbero invero dovuto passare quasi tutto l'anno riuniti nel comizio. Oltretutto il processo davanti ai comizi coinvolgeva in più sedute il popolo romano.

È probabile d'altro canto, data la relativa frequenza dei giudizi, che solo in occasioni eccezionali, per la notorietà dell'imputato o per la particolarità del reato, partecipasse al giudizio la gran parte della popolazione maschile adulta. La ridotta partecipazione ai comizi portava a rendere sempre più partigiane le sentenze, in balia di masse di sfaccendati facilmente orientabili.

Più in generale, è evidente come un giudizio popolare fosse esposto a pressioni di carattere demagogico e ad una emotività che non si conviene a ogni qualsivoglia tipo di funzione giudicante, in specie per quella criminale. La contrapposizione politica a Roma, particolarmente viva a partire dal II secolo a.C., faceva sì che, soprattutto per reati di natura politica o che coinvolgevano esponenti della classe dirigente, vi fosse il rischio di una politicizzazione del processo.

Per converso proprio quella classe dirigente aveva in qualche modo interesse che per certi reati politici si potesse esercitare una qualche forma, seppur indiretta, di controllo politico sulla sentenza.

Vi erano infine motivazioni tecniche che rendevano superato il processo comiziale: in primo luogo la sua eccessiva lunghezza; la brevità dei processi corrisponde sempre a una istanza di buona giustizia. Infine risultava senz'altro difficile la trattazione di questioni complesse.

All'inizio del II secolo a.C., si rese dunque sempre più frequente la prassi, forse già risalente in via eccezionale al IV secolo a.C., di istituire da parte del senato corti di giustizia straordinarie (*quaestiones extraordinariae*) con il compito di giudicare su reati di particolare gravità che minacciavano la sicurezza pubblica e l'autorità dello stato. Tali corti di giustizia, create per casi specifici, erano presiedute da consoli o da pretori mentre le giurie, cui spettava il compito di emettere la sentenza, erano composte da senatori. Il senatoconsulto istitutivo della *quaestio* definiva anche la procedura da seguire e la pena che sarebbe stata eventualmente comminata.

Uno dei primi processi sottratti alla competenza del comizio fu quello istituito nel 186 a.C. per reprimere i Baccanali, feste orgiastiche in onore di Bacco che coinvolgevano strati sempre più estesi di popolazione. Successivamente gravi episodi di veneficio, accaduti tra il 184 e il 180 a.C. richiesero la istituzione di *quaestiones extraordinariae* che irrogassero celermente pene esemplari. Sempre mediante *quaestiones extraordinariae* nel 138 a.C. vennero poi repressi gravi episodi di sangue avvenuti in Sila così come nel 132 a.C. furono perseguiti i seguaci di Tiberio Gracco.

Oltre che con senatoconsulto, corti straordinarie vennero create pure con plebiscito. A partire dalla *lex Sempronia* del 123 a.C. il plebiscito divenne anzi l'unico strumento che consentiva la legittima istituzione di una *quaestio*.

Una *quaestio extraordinaria* era anche quella che nel 171 a.C. venne istituita dal senato per giudicare relativamente alle accuse di concussione mosse da una delegazione di ispanici al governatore romano.

Le lamentele degli ispanici mettevano in discussione il prestigio della amministrazione romana e rischiavano di diminuire la credibilità di Roma nelle province spagnole. Occorreva dunque dare una risposta rapida, capace di soddisfare gli interessi violati, ancorché controllata dal senato di cui era pur sempre membro il governatore accusato delle ruberie.

Sulla falsariga dei processi privati istituiti per i giudizi che riguardavano romani e stranieri vennero nominati cinque *recuperatores*, tutti tratti dal senato, con il compito di giudicare sulle accuse mosse ed eventualmente di condannare alla restituzione del maltolto. Da qui l'idea che detta *quaestio* fosse preordinata a *repetere*, vale a dire a chiedere indietro, ciò che era stato sottratto, da cui dunque il nome di *quaestio de repetundis*. Il giudizio era di natura privata e si concludeva con una sanzione non criminale. Vi era l'evidente intento politico di considerare la faccenda una questione privata intercorrente fra il governatore e coloro che fossero stati danneggiati dal suo comportamento. Si voleva così circoscrivere la responsabilità a un fatto personale che non intaccasse la buona fama di Roma, che anzi, in nome di superiori esigenze di giustizia, assicurava la reintegrazione dei patrimoni violati.

A evitare la possibilità di strumentalizzazioni e per governare meglio l'andamento del processo, il senatoconsulto prevedeva fra l'altro che l'accusa venisse sostenuta da *patroni* romani e per di più pure essi senatori, ancorché scelti liberamente dagli ispanici.

Fin qui dunque si rimaneva nel campo delle eccezioni per casi singoli a un sistema, quello comiziale, che era comunque il processo criminale ordinario.

Un deciso passo avanti verso la configurazione di un nuovo tipo di procedimento avvenne nel 149 a.C. quando con un plebiscito, la *lex Calpurnia*, si istituì la prima *quaestio perpetua de repetundis*. *"Perpetua"* significa che era permanente, non si trattava più di risolvere un singolo caso che aveva creato imbarazzo a Roma; si era piuttosto acquisita l'idea che fosse un interesse stabile di Roma reprimere le malversazioni dei governatori nei confronti dei provinciali onde garantire una amministrazione ispirata a criteri di giustizia che desse fiducia e non creasse sentimenti di ostilità.

La corte era presieduta dal *praetor peregrinus* che a sua volta componeva una lista annuale di giudici scelti tra i senatori. Il procedimento era ancora di natura privata: era infatti *per sacramentum*, senza tuttavia la possibilità di utilizzare la relativa *legis actio* che era preclusa agli stranieri. L'oggetto del giudizio era dunque la vericidità del giuramento (*sacramentum*) e ancora una volta mirava a indennizzare i danneggiati piuttosto che a perseguire il colpevole.

La trasformazione in senso criminale del processo *de repetundis* avvenne invece nei 123/122 a.C. con una *lex Acilia* collegata alla *lex Sempronia iudiciaria* di Caio Gracco, che aveva fra l'altro sostituito i senatori con i cavalieri nelle commissioni giudicatrici così da rendere il corpo giudicante meno favorevole agli imputati.

La condanna prevista era infatti al *duplum* rispetto al valore dei beni estorti: il doppio costituiva l'elemento punitivo della condanna.

La presidenza della giuria era affidata a un apposito *praetor*, eletto con questo scopo specifico, il quale compilava all'inizio della carica una lista di 450 giudici: fra questi, in occasione di ogni singolo processo, l'accusatore ne sceglieva 100; all'interno di questi 100 l'accusato ne selezionava a sua volta 50.

Trattandosi di una legge concepita per garantire una tutela più forte delle ragioni dei provinciali, per la prima volta si stabilì che l'accusa potesse venire promossa personalmente. I *patroni* diventano dunque degli assistenti dell'accusatore: si trattava di una figura ibrida che non era ancora quella dell'avvocato, ma che doveva comunque chiarire le norme romane ai provinciali e poi, soprattutto, rappresentarli politicamente. Trattandosi di una giuria che era politicamente condizionata, l'appoggio politico era infatti essenziale.

Il procedimento prevedeva innanzitutto la *postulatio*, vale a dire la richiesta al pretore di poter accusare. Se i postulanti erano più di uno si dava luogo alla *divinatio* per accertare chi desse maggiori garanzie circa la serietà dell'accusa, valutazione che riguardava anche la onorabilità dell'accusatore. A differenza del processo privato si afferma il principio che per un unico fatto penale vi può essere una sola accusa. Si instaurava così un rapporto processuale fra un unico accusatore e un solo accusato, non essendo previsto il concorso di persone.

Individuato l'accusatore si aveva la vera e propria proposizione dell'accusa con previo giuramento di *non postulare calumniae causa*, cioè con lo scopo di diffamare. Alla *nominis delatio* corrispondeva il *nomen recipere*, il formale accoglimento dell'accusa, a cui seguiva la *inscriptio inter reos*, cioè l'inserimento nel ruolo dei giudicabili della persona denunciata.

Si formava quindi la giuria nei modi sopra indicati e così poteva avere inizio il dibattimento.

In questa fase del giudizio si aveva innanzitutto l'assunzione delle prove essenzialmente documentali e testimoniali. Le prove non potevano essere precostituite al momento della proposizione della accusa, occorreva infatti accertarle quando venivano prodotte. Decisiva diventava la interpretazione delle prove che richiedeva l'assistenza di esperti (*advocati*) abili nell'arte della persuasione. Si poteva avere la *ampliatio* del dibattimento, che venne resa anzi obbligatoria dalla *lex Servilia Glauciae* con la previsione della duplicità del dibattimento con un giorno di intervallo.

Formatesi le prove, il dibattimento terminava con le arringhe conclusive delle parti o dei loro avvocati. Si arrivava così alla fase del giudizio. La giuria si limitava ad accertare l'innocenza o la colpevolezza esprimendo il proprio voto con una *A* (*absolvo*) o una *C* (*condemno*). La pena era fissa ed era stabilita dalla legge. Non vi poteva essere dunque valutazione delle circostanze. Era questo uno dei difetti più significativi del processo delle *quaestiones*.

Nel caso di *quaestio de repetundis*, nell'ipotesi di condanna, seguiva un giudizio accessorio per la quantificazione della somma da pagare.

Laddove l'accusatore avesse vinto la causa, otteneva la cittadinanza romana e il diritto di voto nella tribù del condannato. Chiaro era l'intento di facilitare e incoraggiare l'accusa.

Il processo era dunque marcatamente di stampo accusatorio. A questo riguardo appaiono illuminanti le parole di Cicerone (*Verr.* II.5.23) da cui si deduce che un processo criminale per essere giusto deve prevedere tre elementi fondamentali: un pubblico accusatore, una piena possibilità di difesa, una sentenza emanata da una apposita giuria popolare.

La *quaestio de repetundis* servì poi da modello per tutte le altre *quaestiones* che nel frattempo venivano create.

Ogni commissione (*quaestio*) era competente per un particolare reato. La legittimazione della commissione derivava non a caso dalla stessa legge che definiva anche la configurazione del reato. Si aveva pertanto un sistema caratterizzato dalla tipicità dei reati. Parallelamente il processo poteva essere intentato per la sola fattispecie prevista dalla legge: era dunque escluso il concorso di reati.

A presiedere ogni *quaestio* vi era uno specifico *praetor*.

A seguito della *lex Acilia* si diede vita a un vero e proprio *iudicium publicum* che si caratterizzò per il fatto che la pena, come si è detto, non mirava al semplice risarcimento né era comunque pena privata: non era infatti destinata direttamente a colui che era stato danneggiato dal reato, ma veniva riscossa dalla *civitas*, che ne riversava ai danneggiati una parte o forse l'intero ammontare.

La giuria rappresentava in qualche modo tutto il popolo, non era pertanto ammessa la *provocatio* nei confronti dei provvedimenti presi dalla commissione giudicante, né era prevista una qualche forma di appello contro la sentenza. D'altro canto la condanna non era esplicazione dell'*imperium* del magistrato, che anzi impostava qui solo la causa, senza interferire nella decisione, non diversamente da quanto avveniva nel processo privato.

Il verdetto era immotivato. Non vi era infatti possibilità di ricorso, al cui fine diventa invece essenziale la motivazione della sentenza. Non esisteva una responsabilità degli organi che si erano pronunciati, posto che si trattava di organi in qualche modo politici. La comunità aveva deciso nella persona dei 50 commissari e dunque non vi era necessità di renderla edotta. Per tutti questi motivi, il sistema delle *quaestiones* appare affine alle giurie popolari esistenti per esempio negli USA, in Francia, in Belgio, che emettono un verdetto immotivato sulla semplice colpevolezza dell'imputato, mentre si discosta nettamente dalle corti di assise italiane, che prevedono un giudizio sul fatto e sul diritto, stabiliscono anche la pena e motivano la sentenza.

La *lex Acilia* si inserisce nell'ambito di un confronto politico fra movimento democratico filo graccano e *nobilitas* senatoria. Da qui il favore verso la presenza dei cavalieri nelle commissioni giudicanti a scapito dei senatori. In questo contesto una rivincita della oligarchia senatoria appare invece la *lex Servilia Caepionis* del 106 a.C., che non solo abolì la legittimazione alla accusa dei provinciali, ma reintrodusse i senatori nella giuria in sostituzione degli *equites*. Con questa legge nasce la pubblica accusa, da non intendersi tuttavia nel senso che essa spetti a un organo dello stato, ma nel senso che essa compete a ogni cittadino: pubblico è invero ciò che riguarda tutta la collettività. Si ritrasforma anche il ruolo dei *patroni* che diventano dei pubblici accusatori.

Con una successiva *lex Servilia Glauciae* del 101 a.C. ritornano i cavalieri al posto dei senatori e si procede a una più forte sanzione del reato di *repetundae*, prevedendo, oltre alla pena pecuniaria, anche la privazione dei diritti politici.

Una rivincita senatoria si ha con una *lex Cornelia* di Silla che riattribuisce il compito di giudicare a esponenti della classe senatoria e che prevede fra l'altro una modifica della composizione delle *quaestiones* con il ricorso al sorteggio (*sortitio*) e possibilità di ricusazione alternata fra accusatore e accusato.

Infine una *lex Aurelia* del 70 a.C. risolse definitivamente il problema della presenza di cavalieri e senatori, stabilendo che le commissioni dovevano essere composte per un terzo da senatori, per un terzo da cavalieri e per un terzo da *tribuni aerarii*, che pare godessero di una posizione economica meno abbiente rispetto agli *equites*.

Anche se con le *leges Serviliae* ogni cittadino può esperire l'accusa, ciò non deve far pensare a una completa pubblicizzazione del rapporto processuale dal momento che rimane come punto di partenza l'interesse delle vittime delle spoliazioni e per conseguenza la rappresentanza di questo interesse.

2.6. *Il sistema delle pene. Le singole fattispecie di reato nella sistemazione sillana*

Si è detto che la pena era prevista dalla legge istitutiva di ogni specifica *quaestio*. Si aveva al riguardo una certa varietà di pene. Innanzitutto la pena di morte, che sull'esempio di quanto avveniva ormai nell'ambito del processo comiziale dava luogo normalmente all'esilio volontario con la perdita della cittadinanza e del patrimonio. Questa consuetudine venne poi accolta in una autonoma disposizione di legge, la *lex Tullia de ambitu* del 63 a.C., che previde espressamente l'*aquae et ignis interdictio* come pena autonoma. Vi potevano essere altresì pene pecuniarie, poteva essere anche prevista come sanzione autonoma la perdita dei diritti politici. Pure nel caso delle *quaestiones* non venne mai prevista la sanzione carceraria. Il carcere aveva unicamente funzioni di custodia degli imputati.

La generalizzazione del sistema delle *quaestiones* e il sostanziale superamento del processo comiziale avvenne con le leggi di Lucio Cornelio Silla dell'81 a.C. Ogni legge fissò, oltre alla pena, anche la procedura da applicare e definì dettagliatamente la specifica fattispecie.

Innanzitutto venne precisato il *crimen repetundarum* che risultò così identificarsi in "*quantum ablatum, captum, coactum, conciliatum, aversumve sit*". Significativo è l'uso di ben cinque verbi per indicare dettagliatamente ogni possibile comportamento. Dunque le *repetundae* comprendevano quanto fosse stato dal magistrato o dai senatori sottratto (*ablatum*), preso con la forza (*captum*), fattosi consegnare coercitivamente (*coactum*), carpito con promesse (*conciliatum*), distratto a proprio vantaggio (*aversum*). Nella versione sillana riguardava ancora i crimini commessi a danno dei provinciali. Si reprimeva pertanto ogni attività volta a procurarsi indebitamente un bene approfittando delle pubbliche funzioni. Si confronti al riguardo il reato di concussione previsto dall'articolo 317 del codice penale italiano che sanziona il comportamento del pubblico ufficiale che "abusando della sua qualità o delle sue funzioni, costringe o induce taluno a dare o a promettere indebitamente, a lui o ad un terzo, denaro o altra utilità". La fattispecie romana appare più ampia ricomprendendo anche ipotesi (*ablatum* e *captum*) che prescindono dalla collaborazione, ancorché coartata, del danneggiato, essa inoltre sconfina nell'ipotesi di peculato (*aversum*), vale a dire nella appropriazione o distrazione di denaro o altre cose mobili appartenenti alla pubblica amministrazione; nel caso di specie si trattava di denaro o di beni mobili delle comunità locali.

La fattispecie sillana presuppone sempre l'iniziativa criminosa del magistrato, non basta invece il mero accoglimento di denaro.

Con Silla la sanzione ritorna peraltro a essere pari al valore dei beni indebitamente procurati, la condanna è infatti al *simplum*. Il processo rimane tuttavia pubblico.

Successivamente, in fase di applicazione estensiva della legge, si estese la sua portata anche ad altre fattispecie come l'esercizio da parte di senatori di attività commerciali non consentite. Il fenomeno della interpretazione estensiva, che, come si vedrà, riguardava anche altre leggi istitutive di *quaestiones*, rispondeva a una logica di economia dei mezzi giuridici.

Con una *lex Iulia* di Cesare il reato di *repetundae* si estese quindi anche alle ipotesi di corruzione.

Altra *quaestio* regolamentata da Silla fu quella *de falsis* che si occupava del falso testamentario e monetario. Poi in età imperiale vi furono fatte rientrare in via interpretativa pure la supposizione di parto, la corruzione dei giudici e la subornazione di testimoni, tutte ipotesi che in qualche modo presupponevano o inducevano una falsificazione della realtà. La pena prevista era la pena capitale che veniva peraltro evitata accettando l'*aquae et ignis interdictio*. È evidente la sproporzione rispetto alla pena prevista per la fattispecie precedente: qui si aveva un attentato contro la *civitas* e, diremmo noi oggi, l'economia pubblica, contro la libertà del cittadino e il suo patrimonio, là invece il reato riguardava pur sempre degli stranieri. La *lex de falsis* provvedeva a tutelare fra l'altro le aspettative di natura successoria del cittadino.

È testimoniata pure una *lex Cornelia de ambitu*. Come è noto l'*ambitus* riguardava la corruzione elettorale e fra l'altro anche la organizzazione di feste finalizzate all'accaparramento di voti. Configurava il moderno voto di scambio, il procacciarsi voti mediante la elargizione di favori e più in generale ogni illecita pressione sui votanti. La sanzione comminata prevedeva la interdizione per 10 anni dalle magistrature. È interessante considerare come pochi anni più tardi si arriverà nel campo del diritto privato alla repressione del dolo, inteso proprio come rottura di un rapporto di parità fra contraenti. È viva l'idea di una pari condizione fra candidati, una sorta di *par condicio ante litteram*; emerge dunque, fra l'altro, l'esigenza di garantire l'eguaglianza e la parità fra i concorrenti alle magistrature, senza possibilità che le diverse condizioni economiche potessero viziare la competizione elettorale che doveva essere fondata solo sulla bontà dei programmi politici e sulla credibilità nel rappresentarli. Affiora un modello di società che rifugge da una logica corruttrice, vi è l'idea forte che si concorre per una funzione pubblica e dunque la scelta deve riguardare ciò che è considerato dai cittadini più utile per la comunità, non invece conveniente solo per singoli gruppi o individui. Si vuole altresì impedire una partecipazione elettorale che non persegua logiche meramente politiche e meritocratiche.

La legge romana sulla corruzione elettorale puniva peraltro, a differenza della legge italiana, solo il candidato, non anche il cittadino che avesse partecipato allo scambio di favori.

Altro reato contemplato da una *lex Cornelia* era il *crimen maiestatis*. Esso configurava l'attentato contro la sovranità del popolo romano e le prerogative del senato e dei magistrati. Si sovrapponeva alla più antica *perduellio* e prevedeva la irrogazione della pena capitale. Nell'età del principato finirà poi con il ricomprendere anche l'attentato alla persona e all'onore del *princeps* e alle sue statue.

Di particolare interesse, anche per le conseguenze che avrà sull'evoluzione della disciplina del danno aquiliano, fu poi un'altra legge Cornelia, quella *de sicariis et de veneficiis*, che prevedeva la condanna a morte per il relativo *crimen* e aveva alcuni precedenti nella *quaestio inter sicarios* del 142 a.C., ricordata da Cicerone, e in una *quaestio de veneficiis* attiva nel 98 a.C., di cui non è chiaro se fossero già corti permanenti.

La *lex* dell'81 a.C. era dunque destinata a reprimere le ipotesi di omicidio e inoltre quelle relative al porto d'armi a scopo di omicidio, l'incendio doloso e l'uso di sostanze venefiche. Più in particolare introduceva il concetto di *mortis causam praestare*, vale a dire "fornire una causa di morte". Qualsiasi atto doloso che in qualche modo fornisse una causa di morte rientrava pertanto nella fattispecie indicata. Così, per esempio, le ipotesi di falsa testimonianza, che avesse comportato la condanna a morte dell'imputato, così pure il caso di colui che avesse armato la mano di un folle. Rientrava nella fattispecie prevista dalla *lex Cornelia* anche l'ipotesi di colui che avesse venduto del veleno sapendo che sarebbe stato utilizzato per uccidere. Si insinua per la prima volta l'idea del tentativo come azione punibile, in quanto manifestazione dell'intenzione di commettere un reato. È evidente il carattere preventivo oltreché repressivo della legge, volta cioè a scoraggiare la consumazione di ipotesi criminose.

Infine sempre a Silla è riferibile la *quaestio de iniuriis* che separò dal *delictum* di *iniuria* – illecito privato punito ormai nelle forme del processo formulare – le ipotesi più gravi quali percosse e bastonate. Solo la persona lesa poteva esperire l'accusa e ad essa sola spettava la somma oggetto della condanna. La necessità di una difesa più forte della integrità individuale porta oggettivamente a una più adeguata tutela della libertà personale.

Dopo il riordino sillano, non si arresta la previsione di altre leggi in materia di *quaestiones*. Intanto si susseguono numerose leggi volte a inasprire la repressione dei reati contemplati dalla legislazione sillana. Così è per l'*ambitus*, che appare al centro dell'interesse del legislatore dell'ultimo secolo della repubblica. Fra le tante leggi che si susseguirono possiamo ricordare una *lex Calpurnia* del 67 a.C., che tramutò in perpetua la ineleggibilità prevista da Silla, vi aggiunse la sanzione della esclusione dal senato e una pena pecuniaria. Una *lex Tullia* di Cicerone del 63 a.C. arrivò a prevedere l'esilio decennale, mentre una *lex Pompeia* del 52 a.C. avrebbe inasprito ulteriormente la sanzione contemplata dalla *lex Tullia*. Una *lex Licinia de sodaliciis* del 55 a.C. colpì anche la costituzione di associazioni volte a conquistare il consenso con mezzi illeciti, tramite cioè scambio di favori o varie forme di pressione sul corpo elettorale. Questa particolare repressione dell'*ambitus* lascia intendere da una parte l'ampiezza che il fenomeno del voto di scambio aveva raggiunto a quel tempo, e d'altro canto la consapevolezza che era in gioco il buon andamento della amministrazione dello stato oltre alla libertà di scelta degli elettori su cui si fonda la stessa sovranità popolare.

Un inasprimento ebbe con Cesare anche la repressione delle *repetundae* grazie ad una *lex Iulia* del 59 a.C. che estese l'ambito della punibilità soggettiva e oggettiva.

Vennero poi istituite nuove *quaestiones*.

Una *lex Plautia* del 78 a.C. punì il *crimen vis*, che riguardava sedizioni e indebite coercizioni sulla vita pubblica, oltre a ipotesi di violenza privata grave. Erano dunque punite, ad esempio, le ipotesi di occupazione armata di luoghi pubblici, di violenze contro senatori e magistrati, di distruzione di edifici. Prevedeva fra l'altro il divieto di usucapione delle *res vi possessae*. Una *lex Iulia* di Cesare distinse poi fra ipotesi concretizzanti una *vis publica* da quelle caratterizzanti *vis privata*. Una *lex Pompeia de parricidiis* del 55 a.C. istituì una corte permanente per le ipotesi di parricidio, figura di reato che venne estesa rispetto alla sua previsione originaria ricomprendendo anche i casi di uccisione dei prossimi congiunti.

Sono ricordate pure altre leggi istitutive di ulteriori *quaestiones* di cui è peraltro incerta la datazione. Così la *lex Remnia* che previde una *quaestio* destinata a reprimere la falsa accusa, e che è probabilmente anteriore a Silla, così ancora una *lex de peculatu*, che reprimeva la sottrazione di *publica pecunia*, vale a dire di valori della comunità ovvero di beni consacrati al culto. La pena prevista ammontava originariamente al quadruplo del prezzo dei beni sottratti e successivamente consistette nella pena di morte. Al *peculatus* fu associato il *crimen de residuis*, vale a dire la mancata restituzione all'erario, da parte del consegnatario di *pecunia publica*, di quanto rimasto al termine dell'esercizio. La sanzione era una pena pecuniaria pari a un terzo in più della somma trattenuta.

Una *lex de plagiariis* puniva con istituzione di apposita *quaestio* la riduzione del cittadino in condizioni di schiavitù di fatto (*plagium*). Una *lex de adulteriis et de pudicitia*, che potrebbe essere dello stesso Silla, perseguiva evidenti fini di moralizzazione dei comportamenti privati del cittadino, in particolare in materia di morale famigliare. Probabilmente di Silla sembrerebbe essere una *lex sumptuaria* che doveva affiancarsi alla *lex de pudicitia* esprimendo analoghi intenti moralizzatori.

Al termine di questa evoluzione rimanevano fuori i casi di *perduellio*, che configurava ormai un attentato all'indipendenza del popolo romano e seguiva una sua autonoma procedura, che portava, in caso di condanna, alla irrogazione della pena di morte, non scontabile con l'esilio, e la *proditio*, vale a dire il tradimento, che veniva punito con il *supplicium more maiorum*, cioè con la crocefissione. La gravità di questi reati, che mettevano a rischio l'esistenza stessa della comunità cittadina, richiedevano una estrema severità nella sanzione: emerge qui forte l'idea della superiorità dell'interesse collettivo.

Accanto alla legislazione criminale, che istituiva una pubblica repressione nell'ambito delle *quaestiones perpetuae*, vi era poi la previsione dei cosiddetti *delicta*: *furtum, damnum iniuria datum* (danneggiamento), *iniuria* (lesioni personali, offese all'onore e al pudore), e quindi *bona vi rapta* (rapina), che erano disciplinati nell'editto del pretore e davano luogo a un processo privato portante alla irrogazione di una pena privata, destinata cioè alla vittima dell'illecito. In caso di mancato pagamento delle pene pecuniarie previste per questi *delicta*, si dava luogo all'esecuzione personale, che comportava la possibilità per il creditore di tenere in proprie carceri private il debitore fino a che lui stesso, eventualmente con il lavoro, o qualcuno, con denaro, non avesse provveduto a riscattare il debito. In alternativa vi era la esecuzione patrimoniale, introdotta da una apposita *actio iudicati*, che poteva arrivare fino alla vendita all'asta del patrimonio ed alla dichiarazione di *infamia* del debitore insolvente, con pesanti ripercussioni sulla sua capacità personale, in specie di diritto pubblico. La incapienza non consentiva dunque nella Roma repubblicana di rendere inefficace la repressione di reati pur puniti con pene pecuniarie.

La procedura prevista nell'ambito delle *quaestiones* divenne pertanto, dopo le riforme di Silla, l'ordinamento ordinario volto a reprimere i *crimina* in Roma: da qui si parlò al proposito di *ordo iudiciorum publicorum*.

C. LA TRANSIZIONE

1.
Il disfacimento della res publica

Se la *res publica* si fa da taluni convenzionalmente durare fino al 27 a.C., in realtà le premesse per il suo superamento prendono le mosse dal 49, anno in cui Caio Giulio Cesare, passando il Rubicone, diventa unico arbitro di Roma.

Il progetto di Cesare, che si manifestò nei suoi primi atti di governo, prevedeva infatti proprio il superamento della *res publica*, o almeno di quella forma di *res publica* che si era andata strutturando nei 450 anni dalla sua fondazione.

Discendente da una delle più antiche e nobili *gentes* romane, la *Iulia*, Cesare scelse i *populares* per convinzione e per ostilità verso l'oligarchia senatoria, chiusa nella difesa dei suoi privilegi di casta, una oligarchia nei cui confronti lo stesso Cicerone si era scagliato, denunciandone la grettezza e la miopia.

Diffuso era comunque il convincimento che le strutture repubblicane fossero ormai inadeguate a governare una Roma proiettata in uno scenario mondiale. Lo stesso Cicerone aveva proposto nel *de legibus* una ipotesi di riforma istituzionale in senso peraltro moderato, sostanzialmente conservatrice degli equilibri esistenti, senza arrivare a mettere in discussione l'idea della città-stato, anche se nella trasformazione del senato in vera e propria assemblea legislativa vi era la consapevolezza della inadeguatezza dei comizi centuriati, una assemblea popolare che nei fatti escludeva la gran massa dei nuovi cittadini.

Cesare riteneva invece che quegli equilibri dovessero essere superati, non semplicemente aggiustati.

La crisi di Roma aveva subito una accelerazione a partire dall'epoca dei Gracchi. Fra i tanti fattori vi era innanzitutto la forte diminuzione di quel ceto di piccoli proprietari terrieri, che da sempre era stata la spina dorsale della repubblica, e l'aumento a dismisura di un proletariato urbano pronto a qualsiasi avventura, in buona parte parassitario: la gran massa di lavoro schiavista aveva tolto la dignità del lavoro a questa consistente parte di cittadinanza. Dall'altro lato vi era la perdita di autorevolezza del senato che non aveva saputo trovare equilibri più avanzati, rinunciando a quella saggezza che ne aveva caratterizzato l'azione dall'istituzione della repubblica in poi e che aveva consentito invece, a suo tempo, di superare la crisi rappresentata dalla lotta plebea per una partecipazione diretta alla direzione della *civitas*. Le modalità con cui era stato represso nel sangue il movimento graccano avevano aperto la strada a rancori senza fine e avevano costituito un esempio assai pericoloso per l'avvenire, facendo oltretutto fallire il disegno dei Gracchi di ricreare un ceto di piccoli proprietari terrieri, liberi coltivatori. Ne era seguita una instabilità permanente e un radicalizzarsi dello scontro politico, che aveva visto il suo culmine nelle terribile lotte civili tra mariani e sillani, con l'avvio della prassi delle proscrizioni e delle confische.

I Romani avevano perso quello che era stato fino a quel momento il loro principale punto di forza, una classe dirigente conosciuta per le sue virtù civiche anche nei Paesi più lontani. D'altro canto il numero sempre più elevato di schiavi manomessi e la crescente immigrazione dalle regioni più disparate finivano con lo snaturare il tessuto sociale indebolendo la consapevolezza dei valori repubblicani. In questo contesto la lotta politica non era più riconducibile a istanze di tipo riformatore per la costruzione di spazi maggiori di partecipazione democratica, ma scadeva a lotta di fazioni o a personalismi finalizzati alla costruzione di carriere personali che non esitavano a far leva su provvedimenti demagogici devastanti le casse pubbliche, come le famigerate *frumentationes*, o che creavano ulteriore risentimento sociale, come le leggi sulla abolizione dei debiti. Per contro, la riforma dell'esercito varata da Mario alla fine del II secolo a.C., che aveva portato a sopprimere la leva obbligatoria, con il reclutamento di professionisti, aveva creato i presupposti per legare i soldati ai vari generali con vincoli di natura personale, favorendo l'avventurismo politico e incentivando varie forme di ricompensa verso coloro che si fossero dimostrati più fedeli ai disegni di comandanti ambiziosi.

All'indomani delle guerre sociali che avevano esteso la cittadinanza agli alleati italici, le strutture della città-stato non erano del resto più adeguate: i magistrati supremi erano eletti da quelle minoranze che potevano recarsi ai seggi elettorali, quasi esclusivamente i residenti a Roma e dintorni, e che rappresentavano una piccola parte rispetto alla gran massa dei nuovi cittadini. La democrazia era diventata una finzione.

Cesare, console nel 59 a.C., si era fatto assegnare per l'anno successivo la Gallia Cisalpina come provincia ove esercitare il governatorato. Oltre a sperimentare le doti civiche di questi provinciali, aveva concepito il disegno di soggiogare la Gallia Transalpina per acquisire prestigio e fama da spendere a

Roma, al servizio dei suoi disegni politici. Durante il decennio delle guerre galliche aveva instaurato un legame assai stretto con i suoi legionari, in buona parte provinciali, e aveva compreso il ruolo decisivo che i nuovi *cives* potevano giocare per i suoi futuri destini e per quelli di Roma.

Alla scadenza del proconsolato, durato in modo eccezionale per un decennio, intendeva ripresentare la propria candidatura al consolato. Messo alle strette dal tentativo di processarlo per alcune irregolarità commesse durante il suo primo consolato e dalla ambiguità di Pompeo che aveva fatto votare una legge *de iure magistratuum* che prevedeva l'obbligo di essere presenti a Roma alla presentazione della candidatura, decise di fare il salto rivoluzionario superando il Rubicone e marciando su Roma.

Gli avversari fuggono nella penisola balcanica, e vengono sbaragliati nella decisiva battaglia di Farsalo. Cesare rimane padrone incontrastato di Roma.

Da vincitore inaugurò una politica nuova, quella che in una sua lettera conservataci nelle *epistulae* ciceroniane egli stesso definì *nova ratio vincendi*: al posto della ormai lunga tradizione di vendette sui nemici politici, inaugurata dopo il massacro dei Gracchi e poi accentuata con il conflitto tra seguaci di Mario e di Silla, Cesare fece del valore della *clementia* il suo punto di riferimento. Era nei fatti il tentativo di una politica di pacificazione giocata attraverso il ricorso alla liberalità e alla misericordia personali.

All'insegna della integrazione delle province e dei nuovi cittadini, per Cesare Roma era destinata a perdere la sua assoluta centralità, affiorava un ruolo più significativo dell'Italia così come delle province e dei provinciali. Si doveva essere ormai reso conto che occorreva una iniezione di sangue fresco nel corpo ormai asfittico della *civitas*.

Tutta l'Italia lo accolse come un liberatore, confidando nel fatto che riportasse pace e ordine, mettendo fine alla spaventosa prassi di proscrizioni, confische, omicidi politici che ormai durava da ottant'anni. In molti speravano anche che restaurasse la legalità.

È con questi presupposti che si apprestava a cambiare la *forma civitatis*, introducendo un potere di tipo personale che richiamava aspetti orientali e che rinviava a quell'idea di *regnum* che peraltro a Roma era ancora vissuta con forte ostilità. La difesa della *libertas* repubblicana, e nel contempo degli equilibri politici preesistenti, fu la molla che armò la mano alle idi di marzo del 44 a.C. di un gruppo di congiurati che lo uccise nel Foro con trentatrè pugnalate.

Cesare aveva istituito erede un giovane di 19 anni, di nome Gaio Ottavio.

Questi, con Antonio e Lepido, ne vendicò la morte e pose fine per sempre alla *libera res publica*.

2.
La nuova forma civitatis

2.1. *La dittatura*

Cesare, definendo la repubblica un nome senza sostanza, né forma, avrebbe accusato Silla di essere un analfabeta della politica perché aveva rinunciato alla dittatura.

Proprio la dittatura era invece per Cesare lo strumento che doveva consentire rapidità di decisioni e possibilità di riforme profonde e incisive. Vi era probabilmente la consapevolezza che l'annualità del consolato garantisse un tempo troppo breve per riformare incisivamente lo stato; la dualità della carica, in un'epoca di scarsa concordia, rischiava poi di paralizzare l'attività riformatrice. L'ispirazione stessa gliela dovette fornire proprio Cicerone che nel quinto libro del *de re publica* pensava a un governo di emergenza guidato da un *dictator* e coadiuvato nel compito di riorganizzare lo stato da dieci "ministri". Questo *dictator* si sarebbe posto al di sopra delle magistrature ordinarie, che avrebbero dovuto sbrigare gli affari correnti.

In mancanza dei consoli la dittatura gli venne attribuita per la prima volta nel 49 a.C., seguendo una procedura compatibile con la prassi costituzionale, essendo già stata sperimentata a suo tempo con Quinto Fabio Massimo: la *dictio* del pretore, previa esplicita autorizzazione da parte dei comizi. La dittatura venne peraltro rinnovata più volte negli anni successivi. Alla fine del 48 a.C. gli venne conferita per l'intero anno seguente, in modo dunque palesemente incostituzionale, finché nel 44 a.C. gli fu attribuita a vita. Era un cambiamento rivoluzionario: la dittatura repubblicana scadeva automaticamente dopo sei mesi, venendo così meno i poteri del *dictator* senza necessità di atti ulteriori; la dittatura sillana era finalizzata alla ricostituzione della *res publica*, aveva dunque nelle finalità la sua limitazione temporale. Con Cesare si cambia forma di governo: non è più repubblica, è nei fatti monarchia, nel senso di governo di uno solo, e per di più senza il controllo e la direzione del senato e oltretutto senza più necessità di legittimazione popolare.

In modo ibrido il *dictator* assunse, senza alcuna legittimazione democratica, tutta una serie di poteri che non erano ancora riconnessi direttamente alla magistratura straordinaria ricoperta, ma erano legati alla persona di Cesare. Non erano in altre parole ancora espressione diretta dei poteri dittatoriali, ma certamente erano destinati in prospettiva a caratterizzare la posizione complessiva del *dictator*. Così, per esempio, il diritto di nominare i magistrati e i governatori delle province, il potere di nominare i senatori, la cura dei costumi, il diritto di disporre dell'erario, alcune potestà tribunizie. In parallelo vanno anche quei provvedimenti volti a dare alla figura di Cesare un'aureola di particolare carisma che contribuiva a distinguerla, anche sotto il profilo delle forme esteriori, rispetto a quella di qualsiasi altro cittadino, avvicinandola all'aspetto di un re. Dall'assunzione di abiti che richiamavano il costume regale, alla sottolineatura della pretesa origine divina della *gens Iulia*, dalla celebrazione del suo anniversario di nascita durante i giochi di Apollo, alla trasformazione del mese in cui era nato – *Quintilis* – in *Iulius*, fino alla assunzione in via permanente del titolo di *imperator*, che in origine veniva attribuito per il solo giorno del trionfo ai generali vittoriosi: con questa mescolanza di attributi divini e regali Cesare mirava a caratterizzare l'essenza stessa e il fondamento del suo potere di governo.

La *dictatura perpetua* era lo strumento per avere mani libere, senza possibilità di *intercessio*, senza soggezione a *provocatio*, senza possibilità che qualcuno fosse legittimato a intentare una qualche azione di responsabilità nei suoi confronti, senza nemmeno dover rendere conto del proprio operato al senato. La *dictatura* gli offriva un *imperium* sovraordinato a ogni altro magistrato, che finiva così con l'agire sotto i suoi auspici, con l'operare dunque, nella sostanza, come un subordinato.

Nasceva un rigido controllo su ogni attività: non solo era mutata la forma di governo, ma era cambiata pure la forma di stato: dallo stato di impianto democratico si era passati a una forma tendenzialmente dispotica.

2.2. *Le magistrature repubblicane*

Cesare procedette a uno svuotamento delle magistrature repubblicane, dando vita a una tutela progressiva su di esse.

Nei fatti già nel 49 a.C. si era verificato che si candidassero solo le persone autorizzate dal *dictator*. Nel 48 l'assenza di Cesare da Roma impedì di tenere i comizi centuriati per eleggere i magistrati per il 47 a.C. Dopo Farsalo si era infatti sostenuto che le magistrature potessero essere assegnate solo in presenza di Cesare. Il 47, con Cesare *dictator* per la seconda volta, inizia dunque senza consoli, pretori e questori.

Rientrato a Roma convocò personalmente i comizi per scegliere i consoli per gli ultimi mesi del 47 e per il 46 a.C. Nel secondo semestre del 46, dovendo partire per la Spagna, dispensò i comizi dal riunirsi e al posto dei pretori e dei questori istituì 8 prefetti.

Dopo Munda un plebiscito gli affidò la nomina di tutte le magistrature. Nel 44 a.C. gli venne confermato il potere di creare i consoli e metà degli altri magistrati con una *commendatio* (raccomandazione) vincolante. Per l'altra metà controllò ufficiosamente le candidature.

Lui stesso si era fatto eleggere console nel 46 per 5 anni e nel 45 per 10 anni. Il consolato era stato così nei fatti dimezzato dal momento che uno solo era il magistrato che poteva essere eletto. Essendo Cesare normalmente anche *dictator*, e a partire dal 44 addirittura dittatore a vita, veniva meno la funzione stessa della *intercessio*. In questo contesto perdeva di significato l'essenza della collegialità.

Si era inoltre dilatata la prassi del ricorso a *consules suffecti*. Durante la repubblica i *consules suffecti* venivano eletti solo nel caso di morte o dimissioni dei consoli in carica, era dunque una prassi eccezionale. Con Cesare diventò la regola.

Era stata più in generale ridotta la durata della permanenza in carica dei consoli. Nel 47 i consoli vennero eletti soltanto per gli ultimi tre mesi. In più occasioni la durata del consolato fu limitata a soli tre mesi.

Il consolato era dunque destinato a perdere ogni rilievo, non avendo più alcun potere reale: l'*imperium* non poteva nei fatti concretizzarsi in facoltà il cui esercizio non fosse autorizzato dal *dictator*.

Pure gli incarichi promagistratuali erano ora decisi direttamente da Cesare, che con un apposito plebiscito aveva fra l'altro vietato la possibilità di proroga dei promagistrati.

Parallelamente aumentò notevolmente il numero delle altre magistrature. I pretori raggiunsero la cifra di 16, i questori arrivarono addirittura a 40. Anche in questo disegno si coglie la volontà di svalutare l'importanza e il prestigio di queste magistrature.

In sostanza magistrati e promagistrati agivano ormai come suoi delegati, osservando le sue istruzioni.

Fortemente innovativa, seguendo l'ottica di una *reductio ad unum*, caratteristica di quella politica di semplificazione e unificazione che contraddistinse tutta l'attività riformatrice del *dictator*, fu la introduzione di una sorta di governo di gabinetto, una specie di consiglio dei ministri *ante litteram*. Nell'intento di riformare l'amministrazione dello stato Cesare ricorse infatti a *praefecti* che si trasformavano così in uffici ausiliari del *dictator* per razionalizzare il governo dello stato.

2.3. *Il senato*

Anche il senato subì un processo di forte ridimensionamento. Innanzitutto Cesare inaugurò la prassi della *adlectio*: elevò privati cittadini al rango magistratuale per integrare la composizione del senato con persone di sua fiducia. Introdusse in senato un numero considerevole di appartenenti alle classi dirigenti delle comunità italiche e anche provinciali, talvolta si trattò peraltro di semplici soldati a lui fedeli, segnalatisi per valore militare. Arrivò persino a inserire liberti, contravvenendo a un principio proprio della costituzione repubblicana che richiedeva la condizione di *ingenuus*, cioè di nato libero, per accedere alle magistrature e dunque al senato. Il senato, inoltre, perse quel carattere rappresentativo che, seppur in via indiretta, aveva finito con l'acquisire: l'appartenenza a esso non era infatti più legata necessariamente alla precedente elezione a una magistratura. Da organo espressione di competenza ed esperienza si trasformava in una assemblea di fedelissimi. Il numero dei senatori venne fra l'altro portato a 900, facendo perdere così ulteriore forza e rappresentatività a un consesso che si era riempito di oscuri personaggi legati a Cesare da vincoli di amicizia. In questo contesto il senato era destinato a perdere qualsiasi funzione significativa, assumendo al più una veste di *consilium* allargato del *dictator*. L'inserimento di veterani di origine provinciale, se concorreva a trasformare il senato in un organo facilmente manovrabile, ne indeboliva la consapevolezza di rappresentare l'identità stessa di Roma. Il vincolo di personale riconoscenza nei confronti del *dictator* era ciò che caratterizzava e che legava fra loro questi nuovi senatori.

Cesare tolse al senato il controllo sull'erario, vale a dire sulle finanze dello stato, riservandolo a se stesso, e affidando l'amministrazione del tesoro a due prefetti. Tolse al senato anche il controllo sulla zecca e quindi sulla emissione e sulla circolazione del denaro. Eliminò il controllo del senato sulle province, assumendosi il potere di nominare i governatori. A seconda degli interessi politici del momento, o semplicemente per esprimere un gradimento personale, modificò anche l'ordine delle precedenze attraverso il quale i senatori intervenivano in aula e votavano. Essendosi fatto attribuire la prefettura dei costumi nel 46 a.C., si arrogò pure il potere di radiare dal senato personaggi sgraditi, eventualmente riammettendoli se avessero dimostrato pentimento e deferenza alla sua persona. I plebisciti del 45 avevano nei fatti tolto al senato il supremo comando dell'esercito. Nel frattempo il senato aveva rinunciato, a vantaggio di Cesare, al potere di decidere della pace e della guerra. La politica estera e la politica militare venivano concentrate nelle mani del *dictator*.

Con la trasformazione della dittatura in magistratura vitalizia il senato perdeva poi anche teoricamente la possibilità di chiedere conto dell'operato del *dictator*, di controllarlo: in altre parole il *dictator* diventava irresponsabile.

2.4. *Le assemblee del popolo e le fonti del diritto*

Molto ampia fu nel quinquennio della dittatura cesariana l'attività legislativa dei comizi e dei concili della plebe che tuttavia sembrano trasformarsi in un organo ausiliario della politica di governo del *dictator*. Per verità, in omaggio alla sua provenienza politica, Cesare fu attento a riconoscere, in particolare ai concili della plebe, un ruolo formalmente attivo. Dopo aver perso la possibilità di scegliere direttamente e liberamente le cariche supreme della *res publica*, i comizi e gli stessi concili della plebe, nell'ambito delle residue funzioni legislative appaiono svolgere una funzione sostanzialmente ricettiva della volontà di Cesare. Il governo dello stato era del resto ormai nelle mani del *dictator* che si avviava a rivendicare alla stessa sua volontà il valore della legge (Suet. *divus Iulius*. 77). Cesare, ancor prima degli imperatori dell'epoca del principato, era la legge vivente.

Per comprendere il ruolo ormai meramente passivo delle assemblee popolari, è significativo un esempio storico. Balbo, autorevole collaboratore di Cesare e fedele esecutore delle sue disposizioni, informando Cicerone su alcuni aspetti della futura riorganizzazione delle città italiche si esprimeva come se la legge, che non era stata ancora presentata, fosse già in vigore. Egualmente significativo è il verbo usato da Cicerone per indicare la risposta: *Balbus rescripsit*, una espressione che caratterizzerà poi il linguaggio delle costituzioni imperiali. I comizi in altre parole si limitavano ora a ratificare i testi che il gabinetto di Cesare aveva predisposto su indicazione del *dictator*.

Di grande interesse appare piuttosto la notizia che Cesare avrebbe avuto in animo di realizzare una sistemazione dello *ius*. Si sarebbe trattato della prima, vera codificazione a noi nota. Questo progetto rispecchia quella mentalità sistematica, "unificatrice", che Cesare manifestò anche nella legislazione sui municipii. Per converso, se da una parte si procedeva in linea con lo spirito del movimento popolare e democratico che fin dalle Dodici Tavole rivendicava la fissazione dello *ius* in forme scritte e certe, per altro verso si sarebbe finito in qualche modo con l'annullare l'autonomia giurisdizionale del pretore, riconducendo l'ordinamento giuridico a un disegno rispondente pienamente alla visione di Cesare. In questo contesto sarebbe cambiata la funzione stessa della giurisprudenza, che si sarebbe avvicinata al modello della dottrina giuridica moderna: non più suggeritrice di nuovo *ius*, ma interprete della volontà del legislatore.

2.5. *L'organizzazione dei territori*

Una delle riforme più importanti varate da Cesare fu senza dubbio quella riguardante le autonomie territoriali, attuata con la *lex Iulia municipalis*.

Questo provvedimento, che manifesta la particolare attenzione del dittatore verso le comunità locali, esprime la chiara volontà di semplificare la varietà dei modelli organizzativi determinando una sorta di legge quadro destinata a prevedere fra l'altro una struttura unitaria degli organi di governo municipali. Se a Roma le libertà repubblicane erano cancellate, Cesare sembra voler dare dignità ai municipii e alle colonie proprio all'insegna di quei valori repubblicani che si fondavano su libertà e democrazia. Così fu previsto che la elezione dei magistrati locali e le decisioni del consiglio dei decurioni venissero assoggettate alla regola della maggioranza dei votanti. Stabilì poi le incompatibilità e le condizioni per presentare la candidatura, prendendo a modello le regole previste in epoca repubblicana per i magistrati. Fu inoltre vietato l'accesso alle magistrature e al consiglio dei decurioni per quei cittadini che esercitavano professioni e mestieri indegni o che avevano subito condanne penali. Fra questi, gli autori di falsa testimonianza, i militari degradati, i proprietari di bordelli, i prostituti, gli attori. Erano poi anche dettate disposizioni dirette a coordinare le norme degli statuti municipali, e in particolare il diritto locale, con le norme romane. In questo contesto si andava avviando la sostanziale assimilazione alle strutture municipali degli altri tipi di circoscrizioni che in passato corrispondevano alla assenza di una preesistente struttura cittadina.

In tale ottica si colloca anche la estensione della cittadinanza agli abitanti della Gallia Cisalpina che fu la premessa indispensabile per la estensione dell'Italia alla parte settentrionale della penisola. Mentre modellava l'Italia sulla Roma repubblicana, estendeva dunque la cittadinanza quasi a voler concepire l'unità di uno stato che superava ormai la dimensione dell'*urbs*. Anche fiscalmente concepì l'idea di una unità italica introducendo imposte sulle importazioni di merci non italiche, mentre diede a quelle italiche la precedenza; arrivò così a concepire in senso moderno le dogane.

La particolare attenzione verso i territori si ravvisa anche nella presentazione di una apposita *lex de provinciis* che riorganizzava, fra l'altro, il governo delle province.

3.
Conclusioni

La tutela sulle magistrature, la possibilità di scegliere direttamente i magistrati, la *adlectio* dei senatori, l'idea che la volontà di Cesare fosse legge e dunque la soggezione dei comizi alla sua volontà, l'*imperium infinitum* sugli eserciti e sulle province, il controllo delle finanze, il carattere vitalizio del suo potere, la implicita legittimazione divina delle sue attribuzioni: si spiega perché tutti gli imperatori, da allora e per duemila anni abbiano voluto portare il nome di Cesare, rievocando così una posizione unica e assoluta di supremazia (*Caesares* erano chiamati tutti gli imperatori da Ottaviano in poi, *Kaiser* l'imperatore germanico, *Czar* il sovrano della terza Roma, Mosca). L'essenza del regime successivo è già tutta nella politica di Cesare.

Non è un caso che la designazione del successore avverrà frequentemente, nelle epoche successive, mediante adozione accompagnata dalla attribuzione del titolo di Cesare.

A Ottaviano non restò che riprendere fedelmente il disegno già tracciato dal padre adottivo, con la cautela che i tragici fatti delle idi di marzo imponevano, e con la gradualità che la mentalità romana richiedeva.

D. L'EPOCA DEL PRINCIPATO

1.
La monarchia del princeps

1.1. *L'*imperator

Ottaviano portò a compimento la trasformazione della forma di governo in senso monarchico già avviata da Cesare.

Si trattò di un percorso graduale.

Nel 43 a.C. venne istituito con una apposita *lex Titia* il triumvirato *rei publicae costituendae* con durata quinquennale, carica di cui vennero investiti, oltre a Ottaviano, Antonio e Lepido. Si trattava di una magistratura straordinaria finalizzata a ricostituire la *res publica*, riorganizzare lo stato, rafforzare e proteggere le istituzioni repubblicane. Si aveva qui il ricorso ad una nuova magistratura non prevista nella costituzione repubblicana. Dal momento tuttavia che la costituzione romana non era rigida bastava una legge per modificarla, la sanzione data dalla *lex Titia* ad un accordo politico privato salvava dunque nella forma le apparenze del regime repubblicano. Il triumvirato era una magistratura straordinaria come lo era stato per esempio il decemvirato legislativo. Magistrature in qualche modo costituenti non erano estranee alla tradizione costituzionale romana. Per le finalità richiamava la dittatura sillana, pure essa sanzionata da una legge. Nel caso del triumvirato il limite temporale non era peraltro implicito nel raggiungimento delle finalità, ma esplicito nel termine quinquennale.

La proroga per altri 5 anni del triumvirato, vale a dire fino al 31 dicembre del 33 a.C., sarebbe stata quindi confermata da un plebiscito che avrebbe retroattivamente ratificato gli atti compiuti dai triumviri nei nove mesi in cui essi avevano esercitato i loro poteri nonostante la scadenza del termine originario.

Fino al 23 a.C. possiamo parlare ancora di regime repubblicano, anche se nella sostanza Ottaviano esercitava ormai un controllo sulla società e sulle istituzioni riuscendo a farsi attribuire anche prerogative e poteri, come per esempio nel 36 a.C. la *sacrosanctitas* e lo *ius auxilii*, che nella costituzione repubblicana spettavano esclusivamente ai tribuni della plebe.

Nel frattempo Ottaviano, seguendo l'esempio di Cesare, e proprio in quanto suo erede, aveva assunto il prenome di *imperator*. *Imperator* è una qualifica attorno a cui si costruì una nuova posizione istituzionale. Per la vastità dei poteri che richiama, con quel riferimento all'*imperium*, per giunta senza alcuna distinzione fra *domi* e *militiae*, esprime una posizione complessiva. Già di per sé evocava in modo permanente, temporalmente illimitato, il comando generale su tutte le truppe e soprattutto esprimeva una duratura supremazia su tutti i cittadini, avviandosi dunque ad assumere un rilievo costituzionale quale designazione ufficiale del monarca.

Non a caso nel 27 a.C. a Ottaviano venne attribuito un *imperium* atipico sulle *provinciae non pacatae*, vale a dire su quelle province in cui erano stanziati eserciti rilevanti. Era questa la prima traduzione concreta dell'attribuzione del titolo di *imperator*.

Il 23 a.C. appare come l'anno di svolta a partire dal quale si può datare l'inizio di una forma di governo monarchica. L'erede di Cesare infatti rinuncia al consolato che aveva ricoperto per undici volte e che fino a quel momento aveva ammantato di legalità repubblicana la sua posizione. Ad Ottaviano viene attribuito l'*imperium proconsulare maius et infinitum* e la *tribunicia potestas* a vita. Si trattava dunque della attribuzione di poteri separati da una qualsiasi magistratura repubblicana e che tuttavia, venendo conferiti stabilmente, non apparivano più come poteri straordinari ed eccezionali, ma come le normali attribuzioni di colui che stava ormai al di sopra di tutti gli altri cittadini, magistrati compresi e che portava nel prenome il titolo di *imperator*.

L'*imperium proconsulare* appare una evoluzione rispetto a quello del 27 a.C.; era *maius et infinitum* proprio in quanto superiore a qualsiasi altro magistrato o promagistrato e senza limiti di spazio, vale a dire senza distinzione con riguardo alle province, né limitato al comando degli eserciti. Esso risulta dunque sottratto al limite del *pomerium*. Si tratta certamente di un *imperium* nuovo, senz'altro diverso da quello che in età repubblicana spettava a consoli, pretori o promagistrati e allo stesso *dictator*, ancorché pure l'*imperium proconsulare* fosse supremo e unitario. Il titolare di questo potere rappresenta dunque un organo nuovo, che tende ad esaurire, fuori dagli schemi della costituzione repubblicana, tutti gli altri organi ancora esistenti.

Non è un caso che a un certo punto, senz'altro a partire da Vespasiano, ma probabilmente già da Tiberio, si attribuisse al nuovo Cesare il complesso delle attribuzioni con una *lex* definita *de imperio*, che veniva peraltro ora votata dal senato. Così è pure significativo che l'inizio del governo di un imperatore si datasse normalmente dalla *lex de imperio*. Come pure non è un caso che Vespasiano venga proclamato *imperator* dai suoi soldati, non in quanto comandante militare, ma proprio per alludere alla sua acquisita posizione ai vertici dello stato.

Significativa è anche la traduzione di *imperator* che dà Strabone, *eghemon*, che allude alla posizione di vertice di questo *imperator* su tutta la struttura statuale e più in generale nei confronti di tutta la comunità.

Ma soprattutto *imperator* era il titolo con cui si firmeranno le costituzioni imperiali.

Imperator appare dunque sempre più la designazione ufficiale del monarca. In logica continuità, nel medioevo, i successori dei Cesari non si qualificheranno come semplici *reges*, ma come *imperatores*.

Il carattere monarchico del nuovo regime si desume proprio dalle caratteristiche dell'*imperium proconsulare maius et infinitum*. Si aveva infatti una concentrazione del potere di governo in un unico soggetto, a cui sono ormai subordinati gli stessi consoli e tale concentrazione di potere ha carattere vitalizio, essendo vitalizia la attribuzione dell'*imperium proconsulare*. Ciò risulta chiaramente per Tiberio ed è evidente pure nella *lex de imperio Vespasiani*, che non conferisce poteri temporanei. Il carattere tendenzialmente vitalizio della attribuzione dell'*imperium* era peraltro già implicito con Ottaviano.

Connesse alla sfera dell'*imperium*, vennero attribuite ad Ottaviano altre facoltà, fra cui lo *ius referendi in senatu*, a cui fu poi aggiunta la facoltà di convocare il senato, pur non essendo console.

All'*imperium* viene riconnessa la potestà di emanare *edicta* aventi valore normativo, caratterizzati da generalità e astrattezza, e pertanto sull'*imperium* si fonderà poi il potere legislativo dell'*imperator*. Così sempre all'*imperium* risale la *coercitio*. È innanzitutto nell'*imperium* che trovano fondamento gli interventi dell'*imperator* nella organizzazione della nuova forma processuale della *cognitio extra ordinem* in campo criminale come anche in campo civile. Così come sempre sull'*imperium* si fonda il potere di monetazione, che pur fu diviso fra imperatore e senato.

I poteri che spettavano all'imperatore si vennero poi cumulando e venivano conferiti unitariamente con la *lex de imperio*. Fra questi poteri, come si evince dalla *lex de imperio Vespasiani* di cui possediamo un frammento, vi era il diritto di dichiarare guerra e concludere la pace, di fare trattati, di convocare in ogni momento il senato e di prendervi ogni iniziativa, di *commendare* candidati alle magistrature con efficacia vincolante, e più in generale un potere definito come *ius potestasque* di *agere facere quaecumque ex usu rei publicae maiestateque divinarum humanarum publicarum privatarumque rerum esse censebit*. In questa clausola risalta innanzitutto il richiamo alla discrezionalità della valutazione (*censere*); quindi l'ampiezza delle possibilità di intervento (*agere facere; quaecumque*, qualsiasi cosa); infine la finalità: per l'utilità dello stato e per la maggiore grandezza di ogni cosa.

Sempre nel 23 a.C. a Ottaviano e da quel momento a tutti i suoi successori venne pure attribuita la *tribunicia potestas* a vita. Si trattava anche qui della sistemazione definitiva di una serie di attribuzioni già iniziata nel 36 a.C. con il conferimento della *sacrosanctitas* e dello *ius auxilii* e poi proseguita nel 30 a.C. La scelta di attribuire all'*imperator* la *tribunicia potestas* a vita e non invece la carica di tribuno deriva in parte dal fatto che Ottaviano mirava a costruire una posizione nuova, al vertice della repubblica, in parte dal fatto che in questo modo Ottaviano veniva a godere delle prerogative dei tribuni, prime fra tutte la inviolabilità e la *intercessio*, senza dover sottostare alla *intercessio* dei suoi colleghi nel tribunato. Il ruolo importante della *tribunicia potestas* ai fini della configurazione del nuovo regime lo si desume dalla circostanza che proprio da essa, come dalla *lex de imperio*, si conteranno per l'avvenire gli anni di regno degli imperatori. Con questo collegamento con un organo tipicamente garante delle libertà individuali e dei diritti del popolo Ottaviano lanciava peraltro anche un forte messaggio politico: così come l'*imperium* sottolineava nell'esercito la base del proprio potere, la *tribunicia potestas* aggiungeva infatti la pretesa di un fondamento popolare alla sua posizione. Il carattere vitalizio della *tribunicia potestas* conferma il carattere monarchico della nuova forma di governo.

È pure significativo come Ottaviano abbia anche rinunciato al consolato ed alla censura, abbia rifiutato la dittatura, non abbia voluto assumersi il tribunato. Il "rifiuto dei titoli dimostra soltanto il proposito di distaccarsi, il più possibile, dalle istituzioni repubblicane, e di dimostrare come anche le funzioni, per certi lati, indispensabili alla vita dello Stato, potevano essere adempiute da lui in forza del potere vastissimo, che gli era stato attribuito" (De Francisci).

1.2. *Il* princeps

In questa somma di attribuzioni, che andavano crescendo, nella configurazione di un nuovo potere, nella creazione di un organo staccato rispetto alle ordinarie magistrature repubblicane, a esse superiore, nella assoluta preminenza di questo soggetto e nella attesa di suoi interventi risolutivi per i destini dello stato (*usus rei publicae* e *maiestas omnium rerum*), si matura l'idea di una supremazia morale e personale, di una primazia di Ottaviano e di conseguenza di tutti i suoi successori. È questa l'idea del *princeps*, appellativo conferito a Ottaviano nel 28 a.C. dal senato e poi riconosciutogli per antonomasia come *princeps civitatis* e quindi *princeps universorum*. Ed è con questo appellativo che l'*imperator* viene sovente definito nelle fonti successive.

Si rievocava un concetto già imposto nel dibattito politologico del primo secolo da Cicerone, che aveva auspicato l'avvento di un *princeps*, inteso come guida autorevole della città, persona dotata di carisma e di particolare prestigio a cui eventualmente attribuire poteri eccezionali per restituire allo stato la normalità costituzionale.

Non a caso *princeps* richiamava pure la definizione di Bruto contenuta nel *de re publica* (2.47: *auctor et princeps*), quale autorevole e risoluto cittadino che si era proposto di ridare al popolo la sua libertà, abbattendo il regime dei Tarquini.

Il richiamo all'idea del *princeps*, già cara a colui che era stato il difensore per eccellenza della *libertas* repubblicana e autorevole sostenitore della *auctoritas* del senato – Cicerone – serviva dunque a mascherare l'identità del nuovo regime e a salvare propagandisticamente l'idea repubblicana. Sottolineava nel contempo l'unicità e la eccezionalità della figura dell'*imperator*, contribuendo alla sua emersione come carica nuova, dotata di una specificità del tutto particolare.

1.3. *Il fondamento del potere dell'*imperator

Come è stato scritto (De Francisci, De Martino), "i poteri derivano al *princeps*, dal lato giuridico, dall'investitura degli organi costituzionali, e dal lato politico, dall'esercito".

Lo stesso Ottaviano aveva tuttavia ravvisato l'esigenza di fondare la sua posizione del tutto anomala rispetto alla tradizione repubblicana su qualcosa di più ampio e di più forte.

Nel 32 a.C. vi era stato il tentativo di utilizzare per la prima volta una forma plebiscitaria, ovvero un suffragio universale, quale strumento di legittimazione del potere di governare. È la celebre *coniuratio* dell'*Italia* e delle province occidentali. Sottolineando la spontaneità di questo giuramento di fedeltà si intendeva recuperare l'idea della sovranità popolare. Per giustificare un potere di dubbia costituzionalità, ancora nelle *Res gestae*, egli ricorreva al principio del *consensus universorum*. La categoria del consenso popolare era dunque per lui la prima forma di legittimazione della sua complessiva posizione giuridica.

Già Ottaviano aveva tuttavia più sottilmente individuato un altro elemento alla base della sua preminenza su ogni altro organo dello stato e più in generale alla base della unicità ed eccezionalità della posizione del *princeps*.

Sempre nelle *Res gestae* questo elemento è ravvisato nell'*auctoritas*. Famosa è infatti la formula usata da lui stesso per rappresentare la situazione dopo che nella celebre seduta del senato del 13 gennaio del 27 aveva restituito la *res publica* al senato e al popolo e deposto ogni potere straordinario, mantenendo soltanto il consolato, (provvisoriamente) unica base giuridica del suo potere: *post id tempus auctoritate omnibus praestiti, potestatis autem nihilo amplius habui quam ceteri qui mihi quoque in magistratu conlegae fuerunt.*

Per *potestas* era dunque pari a qualunque altro collega nella magistratura, vale a dire nel consolato, per *auctoritas* era superiore a chiunque. Era pertanto grazie all'*auctoritas* che egli si trovava su un piano diverso e superiore rispetto a coloro che erano investiti di una *potestas* magistratuale: era quindi l'*auctoritas* ciò che gli consentiva di condizionare le elezioni dei magistrati, di dare istruzioni ai magistrati, di guidare i lavori del senato secondo la sua volontà, di farsi attribuire nel 23 a.C. i poteri che cambieranno definitivamente la *forma civitatis*; sarà sempre grazie alla *auctoritas* che i pareri dei giuristi muniti di *ius respondendi* saranno degni, come si vedrà a suo luogo, di una particolare considerazione.

Per simboleggiare anche terminologicamente questa sua posizione, proprio nel 27 a.C. gli fu conferito il titolo di *Augustus*, che richiamava l'*augustum augurium* con cui era stata fondata Roma, "quasi a conferma della sua ambizione di nuovo fondatore di Roma [...] ed a riconoscimento della posizione eccezionale che gli veniva a spettare nel quadro del nuovo ordinamento costituzionale. Veniva così fondato lo stato dell'*auctoritas*" (Mazza).

Ora *auctoritas* era un termine ben conosciuto nell'esperienza giuridica romana: evocava l'*auctoritas* del senato che a suo tempo aveva integrato l'efficacia dei plebisciti e delle stesse leggi comiziali consentendo loro di dispiegare i propri effetti, ma può essere richiamata anche l'*auctoritas* del tutore che integrava gli atti del pupillo di per sé inidonei al raggiungimento degli effetti voluti. *Auctoritas* derivava da *augere, augmentum* e aveva in sé l'idea della integrazione che rafforza, dell'atto che accresce, integra qualcosa che è carente. Augusto si poneva dunque come colui che rafforzava, integrava, ridava vigore a una struttura repubblicana ormai inadeguata, di per sé incapace di garantire il benessere e la grandezza del popolo romano.

Quando dunque lo storico Dione Cassio attribuisce ad Augusto la *cura et tutela rei publicae universa* egli non faceva altro che tradurre in una formula concreta quella *auctoritas*, vale a dire quella supremazia del *princeps* "che aveva la facoltà, anzi il dovere e la responsabilità di vigilare e guidare tutta la vita politica, facoltà che non era sottoposta a limiti giuridici, ma soltanto a limiti di fatto, ossia di opportunità e di convenienza, dettati dalle circostanze" (De Francisci).

1.4. *La trasmissione del potere*

Augusto instaurò un regime monarchico, che tuttavia voleva presentarsi, sotto il profilo della propaganda, come restauratore della *res publica*. Non era dunque pensabile, almeno per Ottaviano, inserire esplicitamente nell'ordinamento una norma che disciplinasse la successione nei poteri dell'*imperator*. Questa mancata previsione di meccanismi di trasmissione del potere fu senz'altro l'anello debole nella struttura costituzionale delineata da Augusto e fu la fonte di successivi conflitti e momenti di instabilità istituzionale. D'altro canto nella tradizione romana la cacciata dei Tarquini era in qualche modo ricollegata con il tentativo di imporre da parte dei sovrani etruschi un principio dinastico, si comprende quindi come fino a Vespasiano nessun imperatore ebbe l'ardire di affermare esplicitamente l'idea di una trasmissione ereditaria del potere.

Il problema della successione fu dunque affrontato empiricamente ricorrendo alla prassi della adozione e della associazione al trono, prassi inaugurata già da Augusto nei confronti di Tiberio. In ogni caso il coreggente non era considerato successore del *princeps* fino a quando non fosse intervenuto il senato con proprio riconoscimento. Non vi era dunque alcun passaggio immediato, automatico dell'*imperium*, vi era piuttosto una soluzione di continuità nel potere di comando, anche se è dubbio che nelle more del riconoscimento senatorio rinascesse temporaneamente la *res publica*. Formalmente, infatti, l'intervento del senato era un requisito necessario per la legittimità del potere, nella sostanza il consenso dell'esercito era decisivo e il senato difficilmente si sarebbe potuto sottrarre a quella che appare più come una ratifica di una situazione di fatto che come una attribuzione di poteri.

Il ricorso al meccanismo dell'adozione era finalizzato a instaurare un rapporto di filiazione fra adottante e adottato che comportava la trasmissione non solo del patrimonio dell'*imperator*, ma anche di quel complesso di clientele e di rapporti di fedeltà politica che facevano capo al *princeps*. Con l'adozione si voleva trasmettere pure una sorta di eredità spirituale che sostanziava il carisma del predecessore e che era il fondamento dell'*auctoritas*. Dal punto di vista sociologico l'adozione risolveva il problema della successione trasmettendo dunque l'*auctoritas*.

L'associazione al trono non prevedeva invece un conferimento di poteri di comando nella loro integralità, ma, fino a Marco Aurelio, soltanto l'esercizio di alcune prerogative.

L'adozione avveniva, almeno per il caso di Tiberio nei confronti di Augusto, con apposita *adrogatio* seguita da una dichiarazione pubblica (*renuntiatio*) con la quale l'arrogato era considerato erede nel potere. Da Adriano l'attribuzione del titolo di Cesare servirà poi per designare il nuovo imperatore.

Con Marco Aurelio si ha una svolta decisiva: dopo la morte del fratello Lucio Vero, in precedenza associato al trono, l'imperatore conferì al figlio Commodo il titolo di Augusto, realizzando per la prima volta una piena, completa associazione nel potere. Si avevano dunque al vertice dello stato due Augusti i cui nomi comparivano insieme sulle costituzioni imperiali e che pertanto governavano congiuntamente. Si costituisce così un sistema che garantiva la continuità del potere anche in occasione della morte dell'imperatore che aveva promosso l'associazione al trono, sistema che si replicò con la dinastia dei Severi e in particolare con Settimio Severo nei confronti di Caracalla e con Caracalla nei confronti di Geta. La preminenza della volontà del primo *imperator* nei confronti del successivo trovava a sua volta nel principio dell'*auctoritas* il suo fondamento (De Francisci).

Il principio dinastico per Augusto e per la gran parte dei *principes* seguenti non rilevava formalmente ai fini della individuazione del successore; la scelta intendeva cadere piuttosto sul migliore, l'*optimus quisque*. Semmai nei momenti topici l'esercito faceva sentire la sua voce, esercito che già a Brindisi era stato decisivo negli equilibri di potere allorché si era rifiutato di combattere nel confronto tra Ottaviano ed Antonio. Un tentativo di imporre espressamente l'idea dinastica venne attuato da Vespasiano, ma ebbe vita breve, finendo con la morte di Domiziano, assassinato grazie alla decisiva complicità di ambienti senatorii.

Con Marco Aurelio l'idea dinastica trova nei fatti la sua affermazione, venendo poi confermata con la dinastia dei Severi, ancorché al di fuori di norme prestabilite, ma sempre all'interno di situazioni di fatto in cui era decisiva la discrezionale scelta dell'imperatore.

Morto Alessandro Severo sarà poi soprattutto la esplicita volontà dell'esercito o dei pretoriani a determinare la successione al trono.

1.5. *La burocrazia imperiale*

Il principe in virtù della sua posizione di vertice istituzionale dello stato doveva svolgere tutta una serie di funzioni che necessitavano una struttura complessa di collaboratori. Vi erano innanzitutto funzioni di carattere materiale quali la tenuta della documentazione, la predisposizione della corrispondenza, la preparazione dei discorsi, atti che richiedevano in alcuni casi competenze tecniche e un rapporto fiduciario, ma che non implicavano direttamente la emanazione di provvedimenti aventi rilievo di carattere pubblico.

Queste funzioni vennero sovente demandate a liberti che in alcuni casi erano soggetti di elevata cultura. Da questi soggetti prese avvio la categoria dei *procuratores* che ebbero poi anche compiti di rappresentanza dell'imperatore sul modello privatistico del mandato. Questi incarichi, da servizio privato del principe si strutturano poi in uffici composti da personale che svolge funzioni aventi ormai pure esse un rilievo pubblico, mano a mano che si prende atto dell'autonoma rilevanza costituzionale della figura dell'*imperator*, diventato vero e proprio organo pubblico, al vertice dello stato.

Vi era poi per l'imperatore la necessità di essere rappresentato nel compimento di atti aventi un immediato rilievo pubblico, vale a dire nello svolgimento di funzioni che afferivano direttamente alle competenze proprie della carica imperiale e che crescevano con il crescere della sfera di azione del *princeps*. Così era, per esempio, per lo svolgimento di compiti di polizia, e generalmente per compiti di natura amministrativa, per l'esercizio di funzioni giudicanti, etc.

In questo caso, per rendere più accettabile l'intervento di un soggetto diverso dalle tradizionali magistrature si riesumò una antichissima figura che, secondo la tradizione, avrebbe giocato un ruolo decisivo addirittura nella nascita della *res publica*, che aveva anticamente un carattere magistratuale, e che era stata concepita per svolgere il ruolo di sostituto dei magistrati supremi allorché entrambi si allontanassero dalla città in tempo di operazioni militari. Era il *praefectus urbi*. Tale carica aveva pertanto già insita nella sua identità storica l'idea di rappresentare il titolare del potere supremo di comando nello svolgimento di funzioni di governo. Prefetto indica anche semanticamente l'essere stato preposto per esercitare funzioni sostitutive. Presuppone dunque un soggetto che abbia le competenze per compiere la nomina.

È significativo peraltro come la *praefectura urbi* fosse stata offerta per la prima volta da Augusto a un autorevole rappresentante della aristocrazia senatoria, Messalla Corvino, che l'avrebbe poi rifiutata con la motivazione che si sarebbe trattato di una *incivilis potestas*. L'episodio, oltre a denotare la diffidenza con cui i circoli senatorii guardavano allo strutturarsi di organi paralleli facenti capo direttamente al principe, indica che si trattava di un impiego improprio di questa magistratura, non conforme alla tradizione repubblicana, verosimilmente giusto per il fatto di non essere caratterizzata da requisiti di temporanea necessità, ma per l'essere tendenzialmente stabile e dunque eversiva del ruolo delle magistrature ordinarie.

Praefecti erano d'altra parte già denominati i collaboratori del *dictator* Cesare, e a varie figure di *praefecti* ricorse pure Augusto.

Proprio la delicatezza delle funzioni esercitate dai *praefecti*, tutte di evidente natura pubblica, spiega anche perché si ricorse a *equites* e addirittura a esponenti del ceto senatorio, come nel caso della *praefectura urbi*, per ricoprire queste cariche.

Si trattava dunque di organi nuovi o che comunque assumono ora una nuova configurazione giuridica, il cui potere derivava loro direttamente dall'imperatore.

Il fondamento di questa struttura di funzionari imperiali, vale a dire di soggetti che svolgono funzioni in nome e per conto dell'imperatore, è stato ravvisato nella *cura et tutela rei publicae universa* e nella *auctoritas* del principe. Se la *cura et tutela* richiedeva adeguati strumenti per renderla operativa, l'*auctoritas* legittimava la creazione di questi nuovi organismi.

È evidente la diversità di queste nuove cariche rispetto alle magistrature.

Mentre i magistrati rappresentano la *res publica* (esemplare è la definizione ciceroniana di "*gerere personam civitatis*"), e addirittura nella prospettiva graccana deriverebbero i loro poteri da una sorta di rappresentanza del popolo, i funzionari rappresentano l'imperatore, per delega del quale svolgono funzioni sue proprie.

Trovando fondamento in un atto di delega, le competenze dei funzionari sono normalmente fissate positivamente, a differenza di quelle dei magistrati che possono essere circoscritte solo in negativo, con l'apposizione di limiti specifici. Da qui anche il carattere derivato e non originario delle loro competenze. La durata delle loro funzioni è poi rimessa alla volontà del principe. La nomina era del tutto discrezionale, essendo basata, come nel caso del contratto di mandato, sull'*intuitus personae*, e dunque sulla fiducia personale che l'imperatore riponeva in essi. Rispondevano solo al principe da cui dipendevano in via gerarchica. Al riguardo si crea una vera e propria carriera nel cui avanzamento è decisiva ancora una volta la discrezionalità del principe. Da ciò lo strutturarsi di un ordine gerarchico che sarà l'essenza stessa della burocrazia e che a partire dalla riorganizzazione adrianea della amministrazione imperiale, si articolò in una serie di uffici classificati secondo la retribuzione: *trecenarii*, *ducenarii*, *centenarii* e via a seguire a seconda dell'ammontare in migliaia di sesterzi del loro trattamento economico. I funzionari erano infatti stipendiati.

1.6. *Le singole figure di funzionario imperiale*

a) Il praefectus urbi

Il *praefectus urbi* venne creato da Augusto nel 26 a.C. a imitazione dell'antico magistrato che aveva il comando dei reparti di riserva con funzioni di *urbis custodia* in assenza dei magistrati supremi. Con Ottaviano era invece un funzionario nominato direttamente dal principe, con funzioni di sua rappresentanza, senza una durata prestabilita e indipendentemente dalla presenza in città dei consoli e dello stesso imperatore.

Questo funzionario era tratto dall'ordine senatorio e in particolare fra gli ex consoli. A esso vennero conferite innanzitutto funzioni di polizia, specialmente con il compito di vigilare sulla tranquillità dei cittadini e sui luoghi pubblici, sulla attività dei cambiavalute e poi, più in generale, sulle attività bancarie, sugli spettacoli, sui prezzi di alcuni generi alimentari, sulle associazioni, con anche il potere di reprimere le associazioni illecite.

Da queste funzioni di polizia si sviluppò poi una attività giudiziaria nell'ambito della *cognitio extra ordinem* prima in campo criminale e poi in campo civile. Nel primo caso aveva il potere di condannare alla *deportatio* e alla *relegatio in insulam* e quindi al lavoro nelle miniere.

In campo civile la giurisdizione si svolgeva, fra l'altro, con riguardo alle attività bancarie (le cause in cui erano coivolti gli *argentarii*), alle controversie relative ai casi di reintegrazione nel possesso di un bene da cui si fosse stati espulsi con violenza, alle richieste di sospensione o di rimozione di opere compiute illegittimamente, alle controversie tra padroni e schiavi.

b) Il praefectus praetorio

Il prefetto al pretorio venne creato da Augusto come comandante della *cohors praetoria,* la antica guardia del corpo dei comandanti militari, ora adattata a carica stabilmente preposta a sorvegliare sulla sicurezza della persona dell'imperatore. La guardia pretoria era affidata al comando di soggetti provenienti dall'ordine equestre, la carica di *praefectus praetorio* era anzi al vertice della carriera equestre. Talvolta venne sdoppiata ponendo a capo delle coorti pretorie due *praefecti*, probabilmente per ragioni di sicurezza, secondo uno schema che richiamava quello del consolato.

Con il passare del tempo la carica si arricchì di sempre nuove funzioni. A essa venne attribuito il comando di tutte le truppe stanziate in Italia eccetto le coorti stanziate entro 100 miglia da Roma, poste sotto il controllo del *praefectus urbi*. Si superò così il divieto imposto da Silla di stanziare eserciti entro i confini dell'Italia. Il prefetto al pretorio assumeva dunque un ruolo simile a quello di un capo di stato maggiore. Dovendo poi provvedere, a partire da Nerone, all'approvvigionamento dell'esercito gli venne conferito anche il potere di esigere l'*annona militaris*, una imposta in natura. Aveva inoltre lo *ius gladii* sui militari, vale a dire il potere di giudicarli ed eventualmente di giustiziarli, e comunque di adottare misure repressive nei loro confronti, fatto salvo l'appello all'imperatore. Per la connessione fra poteri militari e civili, che in questa epoca tornano a confondersi, acquista la giurisdizione criminale di primo grado per i giudizi da promuoversi oltre le 100 miglia da Roma, mentre in campo civile acquisisce la competenza a giudicare in appello in vece dell'imperatore per le cause promosse da tutte le province dell'impero. In virtù della sua stretta vicinanza all'imperatore e dei poteri che viene ad acquisire, finisce con il configurarsi come l'organo più elevato nel campo della amministrazione della giustizia.

A partire da Alessandro Severo gli viene attribuita la facoltà di emanare provvedimenti di carattere normativo (*formae*) aventi effetti vincolanti, purché non in contrasto con le costituzioni imperiali.

c) Il praefectus annonae

Il *praefectus annonae* viene a svuotare le competenze degli edili. Era un funzionario il cui campo di azione si svolgeva essenzialmente a Roma. Appartenente pure esso all'ordine equestre sovrintendeva all'approvvigionamento del grano e degli altri generi alimentari di prima necessità, e alla conservazione del grano; aveva poteri di intervento sui mercati per vigilare contro la speculazione, sorvegliando l'andamento dei prezzi. Svolgeva anche attività di vigilanza sulla qualità delle derrate. Con il passare del tempo le sue competenze si arricchiscono di poteri giurisdizionali per quanto concerneva le liti o i reati riguardanti il commercio delle derrate, il trasporto delle merci e più in generale tutte le cause che riguardavano l'*annona*.

d) Il praefectus vigilum

Anche il *praefectus vigilum* aveva una competenza essenzialmente limitata alla città di Roma. Tratto pure esso dall'ordine equestre, aveva un rango inferiore a quello del *praefectus urbi*.

La sua creazione risale alla costituzione da parte di Augusto, nel 6 d.C, di un corpo di vigili, connessa a sua volta alla istituzione delle 14 regioni in cui Roma era stata divisa. Per ogni due regioni vi era una coorte di mille vigili, al comando, ciascuna, di un apposito tribuno. In questo contesto il *praefectus vigilum* doveva innanzitutto svolgere funzioni di prevenzione degli incendi, con in più tutta una serie di poteri di intervento che possono caratterizzarsi come di polizia. Così al *praefectus vigilum* vennero anche a spettare funzioni di prevenzione e repressione dei furti, delle rapine, delle ricettazioni. Questo prefetto aveva dunque una serie di poteri contigui con il *praefectus urbi* anche se in un ambito più limitato e soprattutto per casi che di per sé o per la persona del reo potevano considerarsi di minore gravità. Non sembra invece che avesse competenze di natura giurisdizionale.

e) Il praefectus Aegypti

L'Egitto non venne posto sotto il governo di un promagistrato per rispetto alla sua storia millenaria. Fu piuttosto aggregato a Roma con una unione personale in virtù della sua appartenza diretta al principe, che si considerava successore della dinastia dei Tolomei. Non faceva dunque parte formalmente dell'impero romano.

Istituita nel 30 a.C., all'indomani della vittoria di Azio, la *praefectura Aegypti* poteva essere rivestita soltanto da un appartenente all'ordine equestre; ai senatori era addirittura vietato l'ingresso nel territorio egiziano, salva autorizzazione imperiale.

Per un certo periodo al *praefectus Aegypti* spettò il rango più elevato della burocrazia imperiale, poi occupato dal prefetto al pretorio. Le competenze erano di carattere generale e andavano pertanto dal comando militare all'amministrazione finanziaria, alla stessa funzione giurisdizionale. Al suo fianco stava una serie di funzionari, in parte derivati dal regime tolemaico fra cui il più importante era l'*idioslogos* che sovrintendeva fra l'altro alla amministrazione dei beni imperiali e svolgeva compiti importanti nel campo dell'amministrazione finanziaria A similitudine dei proconsoli, al prefetto all'Egitto veniva riconosciuto l'*imperium*, pur essendo esso un funzionario e non un magistrato.

1.7. *Gli uffici imperiali*

Le sempre più ampie attribuzioni che l'imperatore si andava riservando determinarono la costituzione di una rete di uffici amministrativi composti da personale di sua fiducia nell'ambito di una impostazione che inizialmente era di tipo sostanzialmente privatistico: si trattava cioè di scegliere collaboratori che lo aiutassero a sbrigare quei compiti che l'imperatore aveva trattenuto presso di sé. Erano dunque sovente liberti o addirittura schiavi appartenenti alla sua *domus*, personale normalmente di un certo livello culturale.

Claudio diede invece una impronta più specialistica, organizzando veri e propri servizi. È con Adriano che si ha però la più importante riforma della burocrazia centrale con la costituzione di uffici pubblici, uffici cioè che appaiono ormai come preposti allo svolgimento di pubbliche funzioni. Di essi venivano dunque precisati i compiti, la carriera e la retribuzione.

In questo contesto scompaiono schiavi e liberti e si tende a sostituire i dirigenti dei vari uffici con appartenenti al ceto degli *equites*.

Fra i più importanti uffici troviamo l'*ab epistulis* che si occupava della corrispondenza del principe, distinto poi in *ab epistulis latinis* e *graecis*. In particolare rilevava la corrispondenza con i vari funzionari e con i governatori provinciali. L'*a libellis* preparava invece le risposte dell'imperatore ai privati cittadini. Vi era poi l'ufficio *a cognitionibus*, creato da Claudio, che istruiva il materiale per le cause decise dal principe in sede di appello. Con Claudio troviamo un ufficio *a studiis* che forniva la documentazione per le dichiarazione pubbliche del principe, e per le risposte ufficiali. Particolare rilievo assunse poi l'ufficio *a rationibus*, riorganizzato da Claudio, che era l'ufficio finanziario, nelle cui casse confluivano le rimesse dei *fisci* provinciali.

L'*a memoria*, creato sotto Adriano, raccoglieva tutta la documentazione necessaria per gli atti pubblici, preparava e conservava anche i discorsi del principe e predisponeva tutti quegli atti che non rientravano nella competenza di altri uffici.

Si creò poi una serie di *procuratores* destinati a presiedere lo svolgimento di servizi pubblici come le biblioteche, la cura delle vie, delle acque, i giochi; quattro procuratori si occupavano specificamente di riscuotere la tassa sulle successioni, altri erano incaricati di amministrare il *patrimonium Caesaris*, vale a dire il patrimonio della corona, i beni e il denaro necessari per lo svolgimento delle funzioni imperiali.

1.8. *L'amministrazione periferica*

Al di sopra delle autonomie cittadine che, come si vedrà, conservano ancora un certo rilievo per tutta l'epoca del principato, vi è anche qui la burocrazia imperiale.

L'Italia, pur assimilata per certi aspetti a Roma, non foss'altro che per l'estensione della cittadinanza, fu tuttavia divisa da Augusto in undici regioni verosimilmente per motivi di ordine finanziario. Nerva istituì poi dei *curatores*, veri e propri funzionari, nominati dal *princeps*, con compiti di controllo sulle singole città. Adriano creò invece quattro *consulares* con poteri giurisdizionali e di controllo sulla amministrazione delle comunità locali. La bassa giurisdizione rimaneva invece di competenza delle singole comunità. Per le cause in cui era consentito l'appello la competenza entro 100 miglia (circa 150 chilometri) da Roma era del *praefectus urbi*, oltre le 100 miglia scattava la giurisdizione del prefetto al pretorio. A partire dal II secolo d.C.

si nota dunque una interferenza sempre più stringente del centro sulle autonomie territoriali.

Con riferimento invece alle province, dopo l'accordo fra Augusto e il senato del 27 a.C., si distinse fra *provinciae pacatae* e *non pacatae*. Il *princeps*, in virtù dei poteri attribuitigli a partire dal 23 a.C., aveva una competenza generale, ma nei fatti acconsentì che il senato nominasse i governatori delle province dove non erano impegnate ingenti risorse militari. Nelle province imperiali vennero inviati governatori direttamente nominati dal principe normalmente scelti fra ex consoli o ex pretori, che prendevano il nome di *legati Augusti pro praetore*, ancorché avessero rivestito in precedenza la carica di console. Talvolta erano tuttavia scelti pure fra appartenenti all'ordine equestre e prendevano il nome di *procuratores* o anche di *praefecti*.

La carica di queste nuove figure di governatori non era temporanea dipendendo dalla revoca dell'imperatore. A tutti questi funzionari imperiali l'imperatore dava una serie di istruzioni, che vennero definite *mandata* e che erano le regole a cui si doveva attenere il rappresentante del principe nell'esercizio delle sue funzioni.

I *legati Augusti* erano dotati di *imperium*, avevano innanzitutto competenze di carattere militare, dovendo comandare le truppe stanziate nella provincia, e avevano alle loro dipendenze i comandanti delle legioni, i cosiddetti *legati legionibus*. Accanto a questi governatori imperiali vi erano poi dei *procuratores* con competenze di carattere finanziario. Le rendite di queste province andavano infatti a incrementare il fisco, cioè la nuova cassa imperiale. I governatori avevano pure competenze amministrative e giurisdizionali, anche se in certe province le competenze giurisdizionali erano normalmente attribuite a *legati iuridici*, che amministravano la giustizia in rappresentanza del governatore.

In alcune province, come si è detto, l'imperatore inviava suoi rappresentanti direttamente tratti dall'ordine equestre, escludendo gli ex magistrati. Questi governatori di rango equestre, detti *praefecti*, ovvero *procuratores Augusti*, e successivamente *praesides*, avevano poteri piuttosto ampi sia militari che civili.

Anche nelle province rimesse al controllo del senato, le cosiddette province senatorie, l'imperatore prese tuttavia l'abitudine di nominare dei funzionari che in qualche modo condizionavano l'amministrazione dei governatori di nomina senatoria.

Pure nei confronti dei governatori nominati dal senato invalse poi l'uso che l'imperatore desse proprie istruzioni, i *mandata*, secondo un processo di lenta, ma sostanziale assimilazione fra i governatori di nomina imperiale e senatoria.

1.9. *L'evoluzione degli organi repubblicani*

a) Le magistrature

La sovrapposizione del *princeps* e della burocrazia imperiale alle istituzioni repubblicane aveva inevitabilmente comportato una progressiva perdita di rilievo innanzitutto delle magistrature.

Il supremo potere di comando stava ora nelle mani dell'*imperator* e per di più in virtù di un carisma personale, l'*auctoritas*, che sfuggiva a qualsiasi legittimazione popolare e che prescindeva da qualsiasi forma di rappresentanza della *res publica*: l'*imperator* tende a essere lui stesso lo stato, a identificarsi cioè con lo stato, tanto che l'offesa alle sue statue ed al suo nome è considerata alla stregua del *crimen maiestatis*. In questo contesto i magistrati appaiono un relitto sempre più estraneo al nuovo ordine politico.

Innanzitutto, già dai tempi di Cesare, era stata indebolita la loro legittimazione con l'introduzione di meccanismi di raccomandazione vincolante (*commendatio*), che avevano trasformato i magistrati in uomini di fiducia del dittatore. La prassi venne nella sostanza conservata anche con Ottaviano Augusto. Durante il triumvirato non sembra vi sia stato ricorso ai comizi per la elezione dei magistrati, che erano nominati direttamente dai triumviri. Successivamente si ritiene (De Martino) che il principe abbia esercitato una *commendatio* vincolante. Di certo la prassi appare diffusa all'epoca di Tiberio. Nella *lex de imperio Vespasiani* sono equiparate *suffragatio*, che fino ad allora aveva una semplice efficacia morale, e *commendatio*, che era invece già da Cesare vincolante; si istituzionalizza altresì definitivamente la prassi della scelta del principe, anche se non per la totalità delle cariche. In ogni caso i magistrati non avevano più alcuna reale autonomia nella loro azione di governo.

Diventa ordinaria anche la prassi inaugurata da Cesare di nominare *consules suffecti* durante l'anno, riducendo così la durata della magistratura, che si fa semestrale e poi quadrimestrale, e addirittura di soli due mesi, anche se i consoli ordinari conservavano ancora la eponimia vale a dire davano il nome all'anno. Ai consoli furono attribuite alcune funzioni giurisdizionali nell'ambito della *cognitio extra ordinem* in ordine a fedecommessi, tutela, alimenti, manomissioni. Essi accedevano inoltre normalmente al senato, potevano venire scelti per ricoprire la carica di governatore provinciale e fra gli ex consoli (*consulares*) si reclutavano i vertici di alcuni uffici burocratici. Da siffatte premesse si comprende come il consolato si inserisse sempre di più nel nuovo ordinamento che veniva in qualche modo a legittimare.

La pretura mantenne invece la sua essenziale funzione giurisdizionale sia in campo civile sia in quello criminale. Nel 17 a.C. Augusto abolì formalmente il processo *per legis actiones*, che peraltro era da tempo caduto in desuetudine, e legittimò come unica forma ordinaria di giurisdizione quella formulare che presupponeva lo *ius edicendi* del pretore. La codificazione dell'editto attuata nel 130 d.C. all'epoca di Adriano tolse peraltro gran parte di significato anche alla pretura, dal momento che essa veniva a perdere la possibilità di incidere significativamente sulla creazione di nuovo diritto. Nel 17 a.C. sempre una *lex* di Augusto (*lex Iulia*) aveva abolito anche il processo comiziale e considerato come unico processo ordinario quello delle *quaestiones perpetuae*, che erano presiedute da pretori. Anche ai pretori furono attribuite funzioni nell'ambito della *cognitio extra ordinem*, in particolare in tema di fedecommessi e per le controversie fra privati e il fisco. Contestualmente il numero dei pretori venne aumentato: fino a 16 sotto Augusto, per arrivare a 18 con Claudio. Pure qui l'aumento del numero, ancorché necessitato da nuove funzioni, tradisce l'intenzione di svalutare il prestigio e l'autorevolezza della carica.

Con riguardo alla censura va ricordato come alcune funzioni di controllo dei costumi fossero svolte direttamente già da Augusto e prima di lui dallo stesso Cesare. Domiziano abolì formalmente la censura come magistratura assumendone a vita le funzioni e il titolo.

Gli edili mantengono funzioni giurisdizionali, che tuttavia vengono sempre più ridotte dalla presenza di funzionari quali il *praefectus annonae* e *vigilum*. Proprio questi funzionari e i vari *procuratores* minori assorbirono invece le funzioni amministrative degli edili.

I questori conservano le funzioni di amministratori dell'erario, che peraltro tende sempre più a perdere consistenza a vantaggio del fisco; mantengono, nelle province senatorie, le antiche funzioni alle dipendenze dei proconsoli. A Roma finiscono con lo svolgere un ruolo di segreteria dei consoli e dell'imperatore.

I tribuni vennero invece conservati anche per l'intento demagogico dei *principes* di presentarsi come difensori della plebe. E tuttavia, smentendo le loro origini, vennero eletti dal senato. Potevano peraltro convocare le assemblee della plebe, convocare il senato, vennero inoltre mantenute la *intercessio*, lo *ius auxilii*, l'inviolabilità e il potere di multare i cittadini. La presenza del *princeps* e della sua struttura di potere finì con il ridurre questa carica a una ombra senza sostanza, strumento al servizio del *princeps*.

b) Il senato

Il senato è l'unico organo della costituzione repubblicana che ha offerto una qualche resistenza al potere del principe. La stessa circospezione con cui molti imperatori trattarono il senato e il riconoscimento formale della sua dignità, stanno a significare che all'interno del ceto aristocratico erano ancora diffuse riserve sul ruolo del principe e nostalgie repubblicane. Pur non essendo più una assemblea sovrana, rimase a lungo la roccaforte dell'aristocrazia anche se non ebbe la forza di opporsi a un *imperator* appoggiato dalle truppe.

Cambiano intanto le modalità di selezione dei senatori. Augusto, formalmente rispettoso del ruolo del senato, ne aveva riportato il numero a 600 escludendo molti membri per indegnità. Proprio Ottaviano nella *lectio* del 18 a.C. inaugurò il principio della scelta da parte del principe, individuando 30 membri che procedettero poi a integrare il numero di 600 mediante cooptazione e sorteggio. Grazie al sistema della cooptazione entrarono comunque in senato anche oppositori di Augusto.

Successivamente, la *adlectio* diventò il mezzo normale di ingresso in senato, almeno a partire da Domiziano, che la ricondusse stabilmente ai poteri dell'imperatore. D'altro canto, soppressa la censura, non poteva che essere il principe a scegliere i senatori.

Entravano a far parte del senato innanzitutto ex magistrati, e a condizione che si avesse un censo superiore al milione di sesterzi. Poteva diventare senatore anche colui che, pur non avendo mai ricoperto alcuna magistratura, fosse stato inserito dal principe in una categoria di ex magistrati (*consulares, praetorii, tribunicii*, etc.). L'età minima prevista per entrare in senato era di 25 anni.

Le sue prerogative formali erano certamente importanti anche se nella sostanza dipendevano nella loro effettività dall'atteggiamento dell'imperatore.

È il senato che conferisce l'*imperium* al principe e da questo conferimento si faceva normalmente iniziare l'impero, anche se alcuni imperatori, come per esempio Vespasiano, datarono gli anni di governo dalla acclamazione dei soldati.

Era sempre il senato che decretava la divinizzazione dell'imperatore, dopo la sua morte, o la *damnatio memoriae*. In questo modo si poteva attuare una sorta di vendetta postuma su quegli imperatori che ne avessero calpestato le prerogative.

Il senato acquista pure una competenza legislativa grazie alla progressiva equiparazione dei senatoconsulti alle leggi, anche se già nel II secolo d.C. il senatoconsulto tende a essere una mera presa d'atto della volontà del principe espressa con apposita *oratio*, su cui interviene la dichiarazione dell'assemblea. Acquista inoltre competenze giudiziarie, in particolare in campo criminale.

Fra le antiche competenze mantiene quella di nominare i governatori delle province senatorie, mentre perde a favore del principe il controllo sulla politica estera, e sulla amministrazione finanziaria. A partire da Nerone perde infatti anche il controllo sull'erario, dal momento che vengono creati due *praefecti* nominati direttamente dal principe e incaricati di amministrare il tesoro sulla base delle indicazioni dell'imperatore.

Al principe spettava del resto convocare il senato, farvi proposte, presiederlo.

Il senato aveva anche un proprio regolamento che ne disciplinava i lavori. Sappiamo al riguardo che, almeno nell'11 a.C., il numero legale per la validità delle sedute era inferiore a 400. Si prevedevano multe a carico degli assenti ingiustificati. Erano previste due sedute ordinarie al mese oltre alle eventuali sedute straordinarie. Per le sedute di settembre e ottobre si estraevano a sorte i senatori che avrebbero dovuto parteciparvi fino al raggiungimento del numero legale. Ogni sei mesi si procedeva alla costituzione di una commissione di senatori che d'intesa con Augusto istruiva le questioni che avrebbero poi dovuto essere trattate in assemblea plenaria. Era una sorta di commissione referente *ante litteram*.

Augusto dispose peraltro che gli atti del senato non venissero pubblicati per conservare la riservatezza sulle sedute. Per questo aspetto si indeboliva quella trasparenza che proprio Cesare, in piena aderenza con lo spirito del movimento democratico, aveva introdotto durante il suo primo consolato imponendo la pubblicazione degli atti delle sedute.

c) I comizi

Con riguardo ai comizi intanto va detto che residuano i comizi centuriati e i comizi tributi. Relativamente ai comizi centuriati assistiamo a una iniziale valorizzazione del loro ruolo soprattutto nell'ambito dell'esercizio delle funzioni legislative. Con Augusto si ha invero un ricorso frequente alla votazione di leggi comiziali, in particolare in materia di matrimonio, manomissioni, eredità, associazioni, ma pure in tema di processo.

L'utilizzo dei comizi come fonte di produzione legislativa appare tuttavia di breve durata tanto che con Nerva nel 98 d.C. si ha l'ultima *lex publica* votata dal popolo.

Più complesso è invece lo svolgimento da parte dei comizi delle funzioni elettorali che appaiono fortemente limitate, soprattutto a partire da Tiberio, sotto il profilo della libertà di scelta del corpo elettorale. È in realtà la sovranità popolare che ormai non esiste più.

Per l'elezione di consoli e pretori, che continuava ad avvenire nei comizi centuriati, qualche notizia in più la fornisce un documento epigrafico scoperto a *Heba* (nei pressi dell'attuale Magliano, in Toscana) nel 1947.

Da questo documento veniamo a sapere di una *rogatio* del 19 d.C. che avrebbe istituito cinque centurie destinatrici composte da senatori e cavalieri appartenenti alle decurie da cui si estraevano i giudici dei processi pubblici.

Queste cinque centurie si andavano ad aggiungere ad altre dieci già create nel 5 d.C., a esse competeva la *destinatio* di consoli e pretori. Le centurie destinatrici in altre parole votavano insieme alle 189 che componevano il comizio centuriato, votavano tuttavia per prime. Da una parte condizionavano dunque l'esito delle votazioni, rappresentando una parte importante della maggioranza assoluta delle centurie, dall'altra, votando per prime, orientavano il voto delle successive centurie.

A indebolire ulteriormente la libertà di scelta popolare contribuirono tuttavia anche altri elementi. Innanzitutto la *commendatio* dell'imperatore. A differenza della *suffragatio*, che era una semplice raccomandazione non vincolante, che si imponeva solo per l'*auctoritas* del *princeps*, la *commendatio* comportava una sostanziale nomina imperiale dei candidati alla magistratura, non potendo essere disattesa. Con la *lex de imperio Vespasiani* non vi sarà più alcuna differenza fra *commendatio* e *suffragatio*: entrambe comportavano che i candidati dell'imperatore fossero considerati dall'assemblea elettorale *extra ordinem*.

Con Tiberio, poi, i candidati, quantomeno per la carica di pretore, ma verosimilmente anche per quella di console, divennero pari ai posti da ricoprire. Fra questi, quelli non raccomandati dall'imperatore erano scelti in una fase preliminare dal senato, che procedeva alla *nominatio*, cioè alla designazione, dei candidati. La selezione avveniva previo esame dei titoli, ma anche per sorteggio o mediante accordi politici. Si spiega dunque in questo contesto la frase di Tacito (*ann.* 1.14) che attesta come al suo tempo la scelta dei magistrati fosse passata dal campo Marzio – vale a dire dai comizi – al senato. Questo senza dimenticare peraltro che a partire dal 23 d.C. non sono più ricordati cavalieri all'interno delle centurie destinatrici, il che ribadisce il ruolo sempre più assorbente del senato nella scelta dei magistrati.

Di particolare interesse è la consapevolezza che Augusto sembra dimostrare verso la necessità di rendere concreta la partecipazione dei nuovi cittadini alla votazione dei comizi, in specie per la scelta dei magistrati. Svetonio (*Aug.* 46.1) ricorda infatti come Ottaviano avrebbe disposto che i decurioni delle colonie potessero inviare a Roma il loro voto sigillato che sarebbe stato scrutinato il giorno della convocazione dei comizi. È la prima testimonianza di voto per posta.

Con riguardo invece alle funzioni giudiziarie del comizio centuriato, esse vennero sterilizzate nel 17 a.C. con la *lex Iulia iudiciorum publicorum* che abrogò il processo comiziale e riordinò il processo delle *quaestiones*, che rimase dunque l'unico procedimento criminale all'interno dell'*ordo iudiciorum publicorum*.

1.10. *L'ordinamento giuridico romano nell'età del principato*

Nell'età repubblicana si erano sviluppati tre distinti sistemi giuridici: lo *ius civile*, lo *ius honorarium* e lo *ius gentium*. Durante il principato si manifesta una tendenza alla unificazione di questi tre distinti sistemi giuridici, che già si è osservato peraltro, in specie per quanto riguarda *ius civile* e *ius honorarium*, come operassero per piani diversi all'interno di un ordinamento che appariva tuttavia unitario. Il fenomeno della unificazione risulta comunque evidente già agli inizi dell'epoca classica proprio con riguardo ai rapporti fra *ius civile* e *ius gentium*.

Gli istituti sorti nella *iurisdictio* del *praetor peregrinus* davano luogo a *iudicia bonae fidei* che ancora Cicerone considerava azioni pretorie (Cic. *pro Roscio com.* 5.15), dunque distinte rispetto a quelle civili.

Gaio (4.47) definisce invece *in ius concepta* l'*actio depositi* di buona fede. La giurisprudenza della prima età classica aveva invero attratto nella sfera dello *ius civile* quei rimedi che erano sorti nella *iurisdictio* del *praetor peregrinus* e che sostanziavano la concezione originaria di *ius gentium*. *Ciò* avvenne proprio sulla considerazione che il dovere del debitore era pure qui qualificato dall'*oportere*, il verbo che esprimeva l'obbligo giuridico nelle azioni di *ius civile*.

Per converso anche gli istituti di *ius civile* come la *stipulatio* o il mutuo, in virtù del fatto che la loro funzione economico-sociale si rinveniva pure presso altri popoli, vennero considerati di *ius gentium*. La distinzione *ius civile/ius gentium* non alludeva più a due distinti sistemi, ma soltanto al fatto che si trattasse di istituti peculiari e propri dei cittadini romani ovvero di istituti comuni anche agli stranieri.

Conservava invece ancora un suo rilievo la contrapposizione *ius civile/ius honorarium*, che identificava due categorie distinte di rimedi. Come si è accennato, non si era mai trattato in verità di due ordinamenti indipendenti, dal momento che un sistema (lo *ius honorarium*) presupponeva l'altro (lo *ius civile*) e non a caso Marciano considerava lo *ius honorarium* come voce viva dello *ius civile* (D. 1.1.8).

L'unificazione di *ius civile* e *ius honorarium* stava del resto già *in nuce* nell'editto del pretore che vedeva affiancarsi nello stesso testo rimedi civili e onorari. Adriano dispose poi la redazione definitiva dell'editto e tolse al pretore la possibilità di concedere nuovi rimedi, consentendo solo di estendere analogicamente mediante *actiones ad exemplum* rimedi già contenuti nel testo edittale. Non vi era dunque più la previsione di rimedi appartenenti a un diverso sistema, ma un rimedio già previsto veniva esteso a casi nuovi grazie ad un'azione modellata su quella esistente di cui ricalcava struttura e carattere. A questo punto doveva risultare naturale sentire come un tutt'uno il diritto racchiuso nell'editto.

Del resto, inariditesi le fonti repubblicane, tutto lo *ius* aveva ormai una unica fonte di legittimazione, la volontà imperiale, e questo avveniva anche quando si trattasse di senato-consulti o di diritto giurisprudenziale. Ciò spingeva alla unificazione dei sistemi che avverrà formalmente allorché venne abolito il processo formulare nel 342 d.C. e la tutela giuridica venne integralmente attuata entro la nuova forma della *cognitio extra ordinem*. La concezione tendenzialmente unitaria dell'ordinamento era però ben chiara già nei secoli precedenti. Non è un caso del resto che Ulpiano (D. 1.1.1.3) consideri lo *ius privatum* in una prospettiva unitaria che supera le distinzioni fra *ius civile* e *ius honorarium*, e attribuisca pure carattere di *ius* a quel settore dell'ordinamento che riguarda l'organizzazione dello stato (*ius publicum*).

Peraltro a partire da Augusto si iniziarono a sviluppare istituti del tutto estranei allo *ius civile* nell'ambito di forme processuali *extra ordinem*, che stavano cioè al di fuori dell'*ordo* del processo privato e che si esprimevano senza ricorso al sistema delle formule, nell'ambito di una *cognitio* "libera da ogni vincolo e quindi disponibile per ogni istanza" (Guarino). Si tratta del cosiddetto *ius novum* o *extraordinarium*. Questo *ius* se in una prima fase sembra caratterizzare un ordinamento dotato di una sua sostanziale autonomia, non legato da alcun rapporto con lo *ius civile* e applicato all'interno di differenti forme processuali, era tuttavia destinato a ricondursi in una prospettiva unitaria con il restante ordinamento costituito da *ius civile* e *ius honorarium* proprio in virtù della sua derivazione dalla volontà imperiale, che le fonti considerarono, già a partire dal II secolo d.C., essa stessa fonte di *ius civile* (v. infatti Gai. 1.5). Papiniano dà la sua definitiva sanzione alla equiparazione dei distinti ordinamenti allorquando riconosce che *ius autem civile est, quod ex* [...] *decretis principum venit*. Dunque anche lo *ius extraordinarium* era ormai *ius civile*.

Nel suo complesso l'ordinamento giuridico nell'età del principato si caratterizza per essere sempre più svincolato "da un troppo rigido ossequio alle tradizioni nazionali" (Guarino), riuscendo così ad aprirsi verso orientamenti e tendenze nuove, suggerite in qualche caso dall'esperienza giuridica delle popolazioni romanizzate. Anche in questo si rivela la tendenziale universalità del diritto romano.

1.11. *Le fonti del diritto nell'età del principato*

Già si è detto come l'idea di fonte del diritto fosse di origine repubblicana. Ben nota è la definizione liviana (Liv. 3.34.6) delle Dodici Tavole come fonte di tutto il diritto pubblico e privato (*fons omnis iuris publici privatique*), come occasione dunque da cui prende le mosse lo sviluppo del diritto.

Pomponio (D. 1.2.2.6) dimostra di avere ben chiara l'idea di fonte nel senso figurato di sorgente laddove, sempre con riferimento alla legge delle Dodici Tavole, afferma espressamente che: *ex his fluere coepit ius civile.*

Non di meno, già si è osservato come Gaio (Gai. 1.2), sviluppando una sistematica più risalente, abbia l'idea che l'intero ordinamento romano (*iura populi Romani*) derivi (*constant*) da una serie di fatti normativi qualificati: leggi, plebisciti, senatoconsulti, costituzioni imperiali, editti dei magistrati, responsi dei giuristi.

E altrettanto chiaramente Papiniano (D. 1.1.7 pr.) esprime l'idea della provenienza (*venit*) di tutto lo *ius civile* dalla consueta partizione delle fonti normative (leggi, plebisciti, senatoconsulti, decreti dei principi, *auctoritas prudentium*). Trattandosi di *ius civile* non compaiono ovviamente gli editti dei magistrati (dei pretori nella specie) la cui attività, non a caso, viene ricordata poco dopo (D. 1.1.7.1) come fonte di *ius praetorium* o *honorarium.*

1.11.1. *La legge*

Pur essendo dopo Augusto le leggi comiziali in via di estinzione, la *lex* diventa tuttavia la fonte del diritto per eccellenza.

Non solo infatti la legge è ricordata per prima in tutte le elencazioni di fonti normative, ma addirittura è il paradigma al cui confronto verificare il valore degli altri atti qualificati, a eccezione degli editti dei magistrati che originariamente erano fonte di un distinto sistema di norme – quello di *ius honorarium* – e che tradizionalmente avevano un diverso fondamento.

Così per i senatoconsulti, per le costituzioni imperiali, e per i *responsa prudentium* si dice che essi hanno valore di legge (*legis vicem optinent*). Tutte le fonti del diritto, tranne gli editti dei magistrati, sono dunque equiparate alla legge.

Si tratta delle *leges publicae populi Romani* che continuano ad avere vigore nel II e nel III secolo d.C., nonostante questa fonte si sia ormai isterilita.

Si sviluppa invece, anche su influenza greca, una riflessione che mira a caratterizzare una sorta di teoria delle fonti, con speciale riguardo alla legge, anche se vengono nominati pure i senatoconsulti e la *longa consuetudo* (D. 1.3).

Così la legge è innanzitutto un *commune praeceptum* (D. 1.3.1), vale a dire un precetto che vincola tutti, a cui tutti devono ubbidire (così da D. 1.3.2). Non sono dunque ammesse deroghe di carattere soggettivo, vale a dire la legge non consente privilegi personali. È implicito in ciò un principio di eguaglianza dei cittadini di fronte alla legge. Tutti i cittadini sono infatti egualmente soggetti alla legge.

Questo principio, proprio con i Severi, venne attenuato conferendo valore generale alla regola per cui *princeps legibus solutus est* (D. 1.3.31), in virtù della quale il principe non era dunque soggetto alla legge. Questo privilegio personale era originariamente di portata molto più ristretta, dal momento che nella *lex de imperio Vespasiani* non vi era alcuna affermazione di carattere generale, bensì una dispensa dalla osservanza di determinate leggi. Si trattava comunque di una eccezione legata alla particolare posizione dell'imperatore che all'epoca di Giustiniano finirà con l'essere considerato egli stesso legge vivente. La estensione della esenzione del principe dalla soggezione alla legge va di pari passo del resto con l'affermazione che *quod principi placuit legis habet vigorem*, che la sua volontà è legge. Si tratta di un principio presente in forma più attenuata nella età degli Antonini (II secolo d.C.) e che si afferma invece nella sua pienezza con la graduale trasformazione del principato in dominato; trova peraltro la sua compiuta affermazione già all'epoca della dinastia dei Severi (193-235 d.C.). Il principio che equipara la volontà dell'imperatore alla legge è contenuto invero in un passo di Ulpiano (D. 1.4.1) e lo si giustifica sulla base del fatto che il popolo conferirebbe con la *lex de imperio* di volta in volta, a ogni nuovo imperatore, *omne suum imperium ac potestatem*.

Nonostante l'accennata evoluzione che equipara la volontà dell'imperatore alla legge, dal citato passo di Ulpiano traspare come ancora all'epoca dei Severi vi fosse l'idea, sganciata peraltro da un concreto riferimento alla realtà istituzionale, che l'ordinamento si fondava sulla sovranità popolare. Questa idea ritorna nel passo di Papiniano (D. 1.3.1) che, riprendendo suggestioni greche già ben note a Marciano (D. 1.3.2), definisce la *lex* come *communis rei-publicae sponsio*, vale a dire come accordo concluso fra tutti i cittadini e che, proprio come una *sponsio* (contratto verbale fonte di obbligazioni), essendo *communis*, lega ognuno.

Non sembra peraltro risalire a Salvio Giuliano la frase contenuta nel passo dei suoi *Digesta* per cui una legge potrebbe essere abrogata non solo in virtù di una legge successiva, ma anche per desuetudine. Il principio che la *desuetudo legis* possa abrogare una disposizione legislativa sembra invero post-classico, anche se vi è chi ha pensato (Gallo) che fosse coerente con la visione giulianea della sovranità popolare portando dunque ad una attenuazione del potere assoluto del principe.

È pure probabile che tutti questi ragionamenti sulla sovranità popolare come fondamento delle leggi tramandassero riflessioni di origine tardo-repubblicana.

La riflessione sulla natura della legge e sulla sua applicazione porta la giurisprudenza classica a conclusioni estremamente interessanti sotto il profilo teorico.

Il contenuto della legge consiste sempre in un comando che di volta in volta può vietare, permettere, punire (D. 1.3.7). La legge – come qualsiasi altra fonte di *ius* – ha carattere generale, lo *ius* non viene invero statuito per casi singoli (D. 1.3.4), né per singole persone (D. 1.3.8). Si sente qui la eco della norma decemvirale per cui erano vietati i *privilegia*, vale a dire le leggi votate a favore o contro qualche privato cittadino. Così pure la legge, e ogni altro fatto idoneo a statuire diritto, deve intervenire non per casi eccezionali, straordinari, ma relativamente a ciò che accade per lo più (D. 1.3.3).

Le leggi non possono essere scritte in modo da prevedere tutti i casi che possono capitare, ma è sufficiente la previsione di ciò che accade usualmente (D. 1.3.10). Da qui l'idea della astrattezza della legge, per cui essa non disciplina singole situazioni concrete, ma situazioni individuate astrattamente.

Le leggi d'altra parte non possono nemmeno prevedere tutti i casi che potranno capitare. È dunque necessario avere ben chiaro il senso proprio della legge così da poter estendere in via di analogia la sua portata ai casi simili (D. 1.3.12-13).

Fondamentale è dunque la interpretazione della legge che implica innanzitutto la conoscenza non tanto delle parole nella loro letteralità quanto della loro forza, della loro efficacia e dunque del loro scopo (D. 1.3.17).

Ciò che è stato statuito contro la *ratio iuris*, più in generale le leggi eccezionali, non può essere applicato a casi ulteriori (D. 1.3.14-16).

La interpretazione della legge deve essere sufficientemente benevola da preservarne la volontà (D. 1.3.18) e anche quando vi sia ambiguità nelle parole usate dal legislatore occorre accogliere il significato che meglio si accordi con la volontà della legge (D. 1.3.19).

La legge può concedere indulgenza per il passato, ma solo per il futuro può vietare qualcosa (D. 1.3.22). È questo un principio di grande civiltà giuridica da cui deriva che si può rimettere con legge successiva un debito o una colpa pregressa, non si può invece costituirla con riferimento al passato.

A tale riguardo l'efficacia della legge non può essere dunque retroattiva.

L'interpretazione della legge deve essere inoltre il più possibile costante nel tempo (D. 1.3.23), per evitare di creare incertezza nella applicazione del diritto.

1.11.2. *I senatoconsulti*

Con riguardo ai senatoconsulti Gaio (Gai. 1.4) afferma che al suo tempo avevano efficacia di legge, ma che tuttavia di questo loro valore si era discusso. Si tratta dunque di una graduale acquisizione del valore normativo dei senatoconsulti.

In verità già in età repubblicana il senato interferiva nel processo legislativo in vario modo. Basta qui ricordare la interposizione della *auctoritas*.

Il senato collaborava inoltre alla formazione della *rogatio*, vale a dire della proposta di legge, che normalmente i magistrati illustravano preventivamente nella *Curia*. Il senato si era pure arrogato il compito di dispensare dalla osservanza di singole leggi o di dichiararle inefficaci perché in contrasto con alcun principi ritenuti inderogabili. In tutti questi casi, tuttavia, la fonte del diritto era pur sempre la legge, non invece il provvedimento del senato, che al più rimuoveva un ostacolo alla esplicazione della efficacia della legge, come nel caso della interposizione della *auctoritas*. L'*auctoritas*, in altre parole, integrava un atto che di per sé non era ancora idoneo a produrre i suoi effetti. La prescrizione normativa risaliva tuttavia al provvedimento votato dal popolo.

Già in età repubblicana vi furono poi senatoconsulti che indicavano al pretore gli strumenti da utilizzare per riconoscere nell'ordinamento nuove posizioni soggettive e che il pretore proteggeva con *exceptio* o *denegatio actionis*.

Con il principato i senatoconsulti tendono ad assumere direttamente una portata normativa, probabilmente per il contemporaneo isterilirsi della produzione legislativa comiziale. In verità proprio la difficoltà a governare i comizi e a contenere le istanze demagogiche che vi si producevano aveva portato già Cicerone (*de leg*. 3.3.8) ad auspicare l'attribuzione al senato di funzioni legislative e la parificazione dei suoi *decreta* alle leggi quali fonti di *ius civile*. La parificazione dei senatoconsulti alle leggi rivela dunque già importanti agganci nella riflessione costituzionale della tarda repubblica, il che lascia intendere che alcune evoluzioni sviluppatesi durante il principato non erano il frutto di dinamiche casuali, ma erano probabilmente state meditate da una dottrina pubblicistica; senz'altro il progetto di riforma delle istituzioni contenuto nel *de legibus* ciceroniano dovette fornire suggestioni non marginali.

Durante il primo secolo d.C. troviamo importanti senatoconsulti che incidono in settori del diritto privato. Così è ad esempio per il senatoconsulto Macedoniano, che vietava di dare denaro a mutuo ai figli soggetti a potestà e che venne protetto con la concessione da parte del pretore di una apposita *exceptio*. Come si è tuttavia appena rilevato, questi senatoconsulti non introducevano di per sé diritti e obblighi, ma, proseguendo una prassi già avviatasi in età repubblicana, presupponevano l'intervento del pretore che li attuasse con la previsione di una apposita tutela processuale, avevano inoltre effetto sotto il profilo dello *ius honorarium*, non su quello dello *ius civile*.

Sempre più frequentemente tuttavia il principe iniziò a intervenire in senato, direttamente o più spesso tramite suoi delegati, chiedendo per iscritto un parere. Anche quando talvolta erano i magistrati che intervenivano in senato per sollecitarne un parere, dietro di essi vi era comunque ormai sempre l'assenso dell'imperatore.

La proposta del principe prendeva il nome di *oratio*, essa era discussa e poteva venire modificata in senato a seguito del dibattito che vi si fosse sviluppato. Da questa prassi, anche per opera della giurisprudenza, si finì con il riconoscere carattere legislativo ai senatoconsulti, vale a dire a quei pareri che il senato rilasciava sulle proposte del principe. Si trattava, nella sostanza, di provvedimenti risalenti al principe, predisposti dalla cancelleria imperiale, eventualmente modificati in senato.

Il loro carattere legislativo va probabilmente riconnesso al crescente potere esercitato dall'imperatore sul senato e all'ossequio di questo alle direttive imperiali. In ultima analisi il valore legislativo è ricollegabile alla *auctoritas* del principe che si esplicava nella sua esplicita iniziativa o in quella di persona da lui autorizzata.

Iniziarono così a svilupparsi senatoconsulti capaci di incidere direttamente nell'ambito dello *ius civile* e dunque di *legis vicem obtinere*. Questo avvenne in materia di *status* personali e soprattutto nell'ambito del diritto criminale.

Nel corso del II secolo d.C. troviamo ormai solo questo modello di senatoconsulti. In questo contesto rinveniamo così senatoconsulti come il Tertulliano o l'Orfiziano che arrivano a creare nuovi casi di successione ereditaria sul piano dello *ius civile*. Nel campo del diritto criminale i senatoconsulti, più che introdurre nuove figure di reato, ampliano in via di interpretazione la portata delle *quaestiones perpetuae* esistenti, definitivamente sistemate nella *lex Iulia* del 17 a.C.

L'*oratio principis* diventò poi in seguito immodificabile e l'approvazione avvenne mediante acclamazione. Il senato assumeva dunque in questa nuova procedura solo una funzione meramente recettiva. L'*oratio* del principe risulta pertanto a questo punto l'elemento essenziale, tanto che i giuristi si riferiranno solo a essa, commentandola direttamente. La presentazione in senato assumerà quindi, in tale contesto, il valore di una pubblicazione del provvedimento.

1.11.3. *Le costituzioni imperiali*

Tra le fonti del diritto ricordate da Gaio (Gai. 1.2) compaiono anche le costituzioni imperiali che Papiniano (D. 1.1.7 pr.) precisa essere pure fonte di *ius civile.*

Segue in Gaio (Gai. 1.5) un elenco di costituzioni imperiali: *decreta, edicta, epistulae.* Mancano i *mandata*, che pure erano costituzioni imperiali aventi carattere normativo e vincolante – almeno a partire dalla metà del II secolo d.C., il che spiegherebbe il silenzio di Gaia – e i *rescripta*, che evidentemente qui sono assimilati alle *epistulae.*

A differenza dei senatoconsulti, con riguardo alle costituzioni imperiali non si sarebbe mai dubitato che esse avessero valore di legge e si giustifica questa efficacia sulla base del fatto che l'imperatore riceverebbe il suo *imperium* con una legge (Gai. 1.5: *Nec umquam dubitatum est, quin id legis vicem optineat, cum ipse imperator per legem imperium accipiat*). Pomponio (D. 1.2.2.11: *igitur constituto principe datum est ei ius, ut quod constituisset, ratum esset*) precisa poi che, istituito il principe, gli sarebbe stato conferito il diritto di conferire forza vincolante a ciò che avesse deciso.

Ancora più forte è la posizione di Ulpiano (D. 1.4.1 pr.) che giunge ad affermare *"Quod principi placuit, legis habet vigorem*". Si sposta il riconoscimento della vincolatività dal piano della espressione della volontà (*quod constituisset*) a quello della stessa volontà (*quod placuit*).

Ancora una volta la giustificazione del valore vincolante delle costituzioni imperiali è ravvisato nella *lex de imperio* (qui definita "*regia*") in virtù della quale il popolo conferirebbe *imperium* e *potestas* all'imperatore.

Sorge peraltro il problema, qualora il fondamento del potere normativo dovesse ricondursi effettivamente alla *lex de imperio*, se le costituzioni avessero vigore solo per la vita dell'imperatore, come avveniva per gli editti dei magistrati che ricevevano l'*imperium* e la *potestas* dal popolo esclusivamente per l'anno di carica, e se le costituzioni rilevassero – in una prima fase – soltanto sul piano del diritto onorario. Con riguardo a quest'ultimo punto va detto peraltro che Papiniano considera pacifico il loro carattere di fonti di *ius civile*, il che conferma quanto sosteneva Gaio che *umquam dubitatum est* che avessero valore di legge.

Si nota dunque una differenza netta tra gli *edicta* degli imperatori e quelli dei magistrati. D'altro canto gli editti imperiali nel corso del principato introdussero norme che, salva espressa deroga, erano destinate esplicitamente a valere anche per i successori e non si è mai pensato che avessero efficacia solo per la vita del principe.

C'è da capire per quale motivo ciò avvenisse, il che rimanda al problema del fondamento del potere legislativo dell'*imperator*.

Su di esso la dottrina ha molto discusso.

In verità nella *lex de imperio Vespasiani* era contenuta una clausola di carattere generale che si affiancava all'attribuzione dell'*imperium proconsulare maius et infinitum* e prevedeva il conferimento di *ius potestasque* di *agere facere quaecumque ex usu rei publicae maiestateque divinarum humanarum publicarum privatarumque rerum esse censebit*.

Il De Martino è arrivato alla conclusione che *edicta* e *mandata* venissero emanati in forza dell'*imperium, rescripta, epistulae* e *decreta* fondassero il loro valore sull'*auctoritas* del principe. Che poi le norme introdotte sulla base degli *edicta* e dei *mandata* non perdessero la loro efficacia alla morte dell'*imperator* può trovare una facile spiegazione in relazione alla diversa posizione di questi rispetto ai magistrati repubblicani.

Innanzitutto si trattava di un *imperium maius et infinitum*, dunque senz'altro diverso dall'*imperium* di magistrati e promagistrati. Ma soprattutto il potere discrezionale (*censere*) previsto nella *lex de imperio* di prendere qualsiasi provvedimento utile alla *res publica* doveva indubbiamente porre le decisioni dell'*imperator* su un piano differente rispetto a quelle dei magistrati, garantendo loro una efficacia certamente non limitata alla vita dell'*imperator*, ma correlata al permanere dell'utilità dei provvedimenti adottati. Se poi si pensa alla particolare *auctoritas* del *princeps*, che aveva in sé proprio il fatto di rafforzare e integrare l'ordinamento, ben riassunto in quella *cura et tutela rei publicae universa* cui fa riferimento Cassio Dione, si giustifica la ultrattività delle decisioni imperiali.

Nel campo di quello che venne a essere considerato *ius novum*, al di fuori cioè dello *ius civile* e dello *ius honorarium*, le costituzioni imperiali non incontravano alcun ostacolo nemmeno di carattere formale.

Con riferimento più specifico ai *rescripta* e alle *epistulae* il De Martino osserva come l'*auctoritas* del principe era così fortemente sentita che magistrati e cittadini si uniformavano alla sua volontà e ancor più i funzionari imperiali "che si sarebbero ben guardati dal non prestare l'ossequio dovuto" a colui da cui derivavano il loro potere.

Quando poi *rescripta* emanati per un caso particolare avessero modificato norme di *ius vetus* – *ius civile* o *ius honorarium* –, venivano utilizzati dagli stessi giuristi allorché si fossero trovati nella necessità di risolvere situazioni simili a quelle precedentemente risolte dall'imperatore. I rescritti in questo modo "attraverso l'opera dei giureconsulti, divengono sempre più fonte di diritto e una delle vie di rinnovamento dell'ordinamento giuridico" (De Francisci).

Analogamente si può affermare per i *decreta*, che erano le sentenze emanate dall'imperatore: essi non solo risolvevano casi particolari, ma si imponevano ai giudici come autorevoli precedenti ai quali ci si sarebbe attenuti in forza della *auctoritas* del *princeps*. D'altro canto all'epoca di Marco Aurelio, Frontone (1.6), occupandosi dei *decreta* trasmessi ai proconsoli, afferma che costituivano una costituzione (*forma*) a cui dovevano attenersi tutti i governatori delle province *in eiusmodi causa*. Era chiara la loro validità generale come fonti di diritto.

Interessante appare infine una riflessione di Ulpiano (D.1.4.2) inserita dai compilatori giustinianei in materia di utilizzo delle costituzioni imperiali, riflessione che peraltro può valere per qualsiasi fonte normativa. Ulpiano afferma che nel dettare nuove regole deve essere evidente l'utilità di discostarsi dal diritto da tempo vigente. Il messaggio ideologico è chiaro: l'uso della legge deve essere misurato ed essenziale per non turbare gli equilibri dell'ordinamento. Il "nuovo per il nuovo" può essere controproducente.

1.11.3.1. *Le singole costituzioni imperiali*

a. Gli edicta

Gli *edicta* erano provvedimenti aventi carattere generale e astratto, emanati dunque normalmente per disciplinare una serie indefinita di casi concreti.

Venivano in gioco innanzitutto in campo amministrativo e in particolare nell'ambito della amministrazione delle province, al cui riguardo la loro emanazione era ben giustificata dalla titolarità dell'*imperium proconsulare maius et infinitum* da parte dell'imperatore. Molto diffuso appare poi l'utilizzo nel campo del diritto e del processo criminale. In questo ambito va peraltro rilevato come gli *edicta* non dessero vita a nuove figure di reato, né istituissero nuove *quaestiones*, bensì estendessero in via interpretativa la competenza di quelle esistenti e allargassero dunque in questo modo la fattispecie dei singoli *crimina*. Più raro risulta il loro impiego nel campo del diritto privato. Particolare importanza avevano invece gli *edicta* con riferimento alla estensione della cittadinanza. Si pensi per tutti all'editto di Caracalla che estese la cittadinanza romana a tutti gli abitanti dell'impero.

Nel corso del II secolo d.C. l'uso degli *edicta* appare peraltro declinare.

b. I mandata

I *mandata* erano istruzioni dettate dagli imperatori ai loro funzionari, ma anche ai governatori delle province senatorie.

Inizialmente si trattava di istruzioni personali che dunque non avevano efficacia oltre il caso specifico. A causa della trasformazione dei funzionari da ausiliari dell'*imperator* in organi dello stato, si venne a costituire un vero e proprio *corpus mandatorum*, vale a dire un insieme di istruzioni che valeva di per sé a prescindere dal rapporto personale tra l'imperatore e il suo rappresentante, anche se l'imperatore era sempre libero di specificare quali *mandata* dovessero essere tralasciati e quali dovessero essere invece specificamente applicati.

All'inizio i *mandata* necessitavano, per diventare operativi, di specifici provvedimenti assunti dai funzionari o dai governatori. Così Plinio ricorda un proprio editto destinato a dare attuazione ai *mandata* imperiali. Successivamente è probabile che i *mandata* rilevassero immediatamente e dunque i susseguenti provvedimenti dei funzionari e governatori avevano ora lo scopo di dare pubblicità alla decisione del principe. Così Marciano (D.48.3.6.1) ricorda la pubblicazione di *mandata* imperiali tramite un editto del proconsole d'Asia.

Circa il contenuto, i *mandata* riguardano frequentemente il campo amministrativo, in particolare l'amministrazione fiscale, e la organizzazione della *cognitio extra ordinem* criminale. Talvolta i *mandata* incidono pure nel settore del diritto privato introducendo in qualche caso persino istituti destinati a rivoluzionare i principi dello *ius civile*, come il *testamentum militis*, che dovette contribuire a riconoscere per la prima volta una soggettività giuridica ai figli ancora soggetti alla potestà paterna, determinando la configurazione del cosiddetto *peculium castrense*.

c. I decreta

I *decreta* sono le sentenze emanate dall'imperatore in primo grado o in grado d'appello, in materia civile e in quella criminale, in forma solenne (*pro tribunali*) o con procedimento sommario (*de plano*). In quanto sentenze imperiali erano certamente decisioni definitive per il caso concreto. Come i *rescripta* e le *epistulae*, tuttavia anche i *decreta* "non sono mai stati configurati [...] come provvedimenti innovativi con la stessa portata delle *leges* repubblicane ed augustee e dei *senatusconsulta*, quali si erano venuti sviluppando soprattutto nel corso del II sec. d.C." (Talamanca). Essi "nella coscienza e nella ideologia degli imperatori e dei giuristi" appaiono come provvedimenti interpretativi, che si limitavano ad applicare il diritto vigente. Laddove tuttavia vi fossero in questo lacune o contraddizioni l'imperatore pronunciava liberamente la propria sentenza, dando vita a una lettura certamente evolutiva dell'ordinamento. Data la particolare *auctoritas* dell'imperatore, è di tutta evidenza come le decisioni contenute nei *decreta* venissero sovente prese successivamente a modello dai giudici, finendo così con l'avere il carattere di precedente illustre. È certo comunque che non furono i *decreta* a introdurre istituti completamente nuovi sul piano del diritto civile.

d. I rescripta *e le* epistulae

Entrambe queste costituzioni imperiali miravano a risolvere questioni di diritto controverse. La differenza sta nel fatto che le *epistulae* erano risposte date a quesiti sottoposti all'imperatore da un funzionario, da un magistrato o anche da un giudice. Con la *epistula*, predisposta dall'ufficio *ab epistulis*, l'imperatore risolveva la questione controversa e alla soluzione prospettata si doveva attenere l'organo pubblico che la avesse sollevata. La questione sorgeva normalmente nell'ambito di processi che si svolgevano nelle forme della *cognitio extra ordinem*, ma poteva capitare che venisse sollevata anche da un magistrato nell'esercizio della sua *iurisdictio* ovvero nell'ambito delle stesse *quaestiones perpetuae*.

Il *rescriptum* è invece la risposta che gli uffici imperiali *a libellis* davano alle istanze di privati cittadini relative sempre a questioni controverse di diritto. Il nome di *rescriptum* derivava dal fatto che la risposta veniva scritta in calce ai *libelli* presentati dai privati o da loro rappresentanti e veniva licenziata previa *subscriptio* dell'imperatore che dava il suo assenso con una formula di rito (*vale, scripsi, rescripsi* etc.). Sia i libelli che i *rescripta* venivano affissi nel luogo dove si trovava l'imperatore. La decisione riguardava non le circostanze di fatto, ma la sola questione di diritto sottoposta e non a caso la validità del rescritto era accompagnata da clausole del tipo "*si preces veritate nitantur*" o "*si vera sunt exposita*", che stavano a significare che l'accertamento dei fatti spettava comunque al giudice o al funzionario di fronte al quale pendeva la causa e che si poteva applicare il principio di diritto a condizione che i fatti esposti agli uffici imperiali risultassero effettivamente confermati. Le soluzioni contenute nei *rescripta* e nelle *epistulae* sono citate nel dibattito giurisprudenziale alla stregua di opinioni autorevoli che si affermavano in virtù della particolare *auctoritas* dell'imperatore. Essi, come i *decreta*, non appaiono di norma particolarmente innovativi, si caratterizzano piuttosto per una interpretazione evolutiva del diritto vigente.

1.11.4. *L'editto dei magistrati*

Fra le fonti del diritto citate da Gaio vi sono (1.2; 1.6) gli *edicta eorum qui ius edicendi habent*. È significativo come questo *ius* non abbia forza di legge, esso è ad integrazione dello *ius civile*, non sarà mai assimilato allo *ius civile*, come ancora Papiniano (D. 1.1.7) sottolineava.

Gaio poi specifica come fosse molto ampio lo *ius* contenuto nell'editto del pretore urbano e di quello peregrino, aggiungendo che la giurisdizione propria di questi due magistrati nelle province spettava ai *praesides*, a cui pure spettava emanare un editto fonte di norme giuridiche. Fonte di diritto è pure, ricorda sempre Gaio, l'editto degli edili curuli, a cui competeva una *iurisdictio* che nelle province senatorie (quelle *populi Romani*) era esercitata dai questori. Nelle province imperiali, non essendo inviati questori, non si proponeva questo editto.

È significativo peraltro l'uso del perfetto da parte di Papiniano: *Ius praetorium est, quod praetores introduxerunt* [...] Ciò significa che al suo tempo l'editto non era più fonte viva di norme, conservava norme introdotte in passato.

Nel 130 d.C. infatti Adriano aveva determinato la cristallizzazione di questa fonte, fino ad allora decisiva nello sviluppo del diritto romano. Nell'ambito di quel processo di riconduzione alla volontà imperiale di ogni momento di produzione normativa, l'imperatore aveva invero attribuito al giurista Salvo Giuliano il compito di effettuare una sistemazione dell'editto del pretore, con lo scopo di riordinarlo e di fissarne il testo definitivo. L'ordine è stato ricostruito dal Lenel, grazie ai *Digesta* di Salvio Giuliano e alle monumentali opere di commento *ad edictum* scritte da Gaio, e soprattutto da Paolo e Ulpiano. In modo analogo Giuliano diede una sistemazione definitiva anche all'editto del pretore peregrino e a quello provinciale.

Il testo dell'editto del pretore così risistemato e reso perpetuo, nel senso appunto di definitivo, venne approvato con senatoconsulto. Nella *oratio* letta dal principe che aveva sollecitato il provvedimento del senato, l'imperatore riservava a sé ogni futura modifica, lasciando al pretore soltanto il potere di intervenire con rimedi in analogia, le cosiddette azioni *ad exemplum*, che estendevano a casi analoghi la protezione già prevista dai rimedi contenuti nell'editto. Un caso esemplare di estensione in via di analogia è rappresentato dalle azioni *ad exemplum legis Aquiliae* che consentiranno di arrivare alla progressiva generalizzazione del rimedio originariamente previsto per ipotesi tipiche di danno.

Riconoscendo al pretore la possibilità di prevedere rimedi in analogia, si comprendeva l'esigenza di assicurare una certa flessibilità al sistema e una sua possibilità evolutiva anche a prescindere dagli interventi normativi in vario modo riconducibili al controllo imperiale. In questa direzione andava pure il riconoscimento del carattere normativo dei *responsa prudentium*, che rimonta proprio ad un rescritto di Adriano.

1.11.5. *I* responsa prudentium

Fra le fonti del diritto Gaio annovera pure i *responsa prudentium*. Analogamente Papiniano (D. 1.1.7. pr.) considera l'*auctoritas prudentium* fonte di *ius civile*. In Gai. 1.7 si precisa poi che i *responsa prudentium* sono i pareri (*sententiae*) e le opinioni (*opiniones*) di coloro ai quali fu consentito di produrre diritto (*iura condere*), pertanto pure le opere giuridiche potevano essere fonte di diritto.

Gaio sembra introdurre subito quella che Pomponio ricorda esplicitamente come una riforma risalente ad Augusto. In D. 1.2.2.49, passo tratto dall'*Enchiridion*, si afferma infatti che "prima dell'età di Augusto non veniva concesso da parte dei principi il diritto di dare *responsa* pubblicamente". "Il divo Augusto, per primo, affinché l'autorità del diritto fosse in maggiore considerazione, stabilì che si dessero responsi sulla base della sua autorità; e da quel tempo si cominciò a richiedere ciò a modo di concessione".

È interessante constatare da subito che la giurisprudenza è considerata da Gaio fonte del diritto soltanto a seguito di una autorizzazione imperiale. Lo *iura condere* era consentito soltanto a quei giuristi *quibus permissum est*. Gli altri non erano pertanto fonte di diritto. Ciò conferma dunque la convinzione che in precedenza la giurisprudenza laica non fosse comunque fonte di produzione normativa. Era la volontà imperiale che aveva consentito di immettere la giurisprudenza fra le fonti del diritto.

In D. 1.2.2.50 sempre Pomponio ricorda come l'imperatore Tiberio avrebbe concesso al giurista Sabino il diritto di dare *responsa* al popolo.

Adriano, secondo quanto ci informa Gaio (Gai. 1.7), avrebbe poi stabilito con rescritto che se i pareri dei giuristi a cui fu permesso di *iura condere* sono concordi, hanno valore di legge, se invece sono discordanti, il giudice è libero di seguire fra le opinioni espresse quella che gli sembri più convincente. In ogni caso il giudice era sempre libero nel giudizio sul fatto, poteva essere vincolato nella applicazione del diritto. È anche probabile che al giudice non spettasse fare ricerche, ma dovesse decidere sulla base di quanto allegato dalle parti. È interessante osservare fra l'altro che, a differenza di quanto verosimilmente invalso con Augusto, Adriano sembra aver stabilito una prassi (D. 1.2.2.49) per cui lo *ius respondendi* veniva concesso dal principe di sua iniziativa e non dietro richiesta dell'interessato.

Grazie al meccanismo delle citazioni in giudizio introdotto da Adriano si raggiungevano anche due obiettivi funzionali a una più efficiente amministrazione della giustizia civile: da una parte si assicurava sulle questioni di diritto una maggiore dipendenza, nei confronti dei giuristi, dei giudici, privati cittadini normalmente sprovvisti di particolari nozioni tecniche; dall'altra, presupponendosi la necessità di trovare pareri giurisprudenziali a supporto delle proprie tesi, si scoraggiavano le liti.

Lo *ius respondendi*, attribuito da Augusto, sarebbe stato dunque una sorta di "patente" destinata a conferire maggiore autorevolezza al parere di quei giureconsulti che ne fossero muniti.

Si è molto discusso della autenticità della notizia fornitaci da Pomponio. Essa è stata autorevolmente messa in discussione (Cancelli) e tuttavia sembra sufficientemente verosimile.

Si proseguiva invero il disegno già delineato da Cesare di realizzare una certa uniformità nella interpretazione giurisprudenziale, che avrebbe dovuto piuttosto conformarsi in qualche modo agli auspici ed ai disegni imperiali. Ciò appare coerente con la progressiva perdita di autonomia delle fonti repubblicane del diritto e con il sempre maggiore concentramento nel principe e nel suo *entourage* del compito di produrre diritto. Così avvenne, anche se a distanza di oltre un secolo, con lo stesso editto del pretore, ma così era già avvenuto con riguardo alle *leges* comiziali e con la loro progressiva sostituzione da una parte con i senatoconsulti, controllati nella redazione e nella approvazione dal principe, e dall'altra con le costituzioni imperiali.

Differente era tuttavia il metodo seguito da Ottaviano rispetto al suo predecessore: con Cesare si prevedeva un intervento diretto volto a razionalizzare e a sistematizzare lo *ius*, Ottaviano, in accordo con la sua tipica psicologia che prediligeva le azioni indirette, avvolgenti, apparentemente rispettose della tradizione, ma non per questo meno "rivoluzionarie", si limitava a riconoscere una particolare autorevolezza ai giuristi a lui graditi: i *responsa* dei giuristi dotati di *ius respondendi* erano infatti coperti dall'*auctoritas* imperiale. Era un po' come se li avesse dati il principe in persona. Il meccanismo non era molto diverso dalla efficacia dei *decreta* o dei *rescripta*: si trattava di costituzioni imperiali destinate a valere per il caso di specie, ma essendo coperte dalla *auctoritas principis* vennero poi sempre più frequentemente applicate anche a casi simili, diventando esse pure fonte di diritto, con valore di legge.

Ogni giureconsulto era dunque libero nell'attività scientifica, nell'insegnamento e nell'attività rispondente; il giudice d'altra parte era libero di scegliere il parere di chi più lo convincesse, nessun vincolo veniva introdotto da Augusto al suo discrezionale apprezzamento; e tuttavia colui che avesse avuto lo *ius respondendi* vedeva impresso un particolare valore ai propri *responsa* ed è da credere che i giudici fossero inclini a seguire maggiormente l'opinione di chi sapevano essere in sintonia con il potere imperiale.

Va detto peraltro che non sembra che avesse ricevuto lo *ius respondendi* Labeone, uno dei giuristi che più ebbe influenza sullo sviluppo del diritto e che venne più volte citato dai grandi compilatori di età severiana, Paolo e Ulpiano, e quindi dallo stesso imperatore Giustiniano.

Quello che è certo è in ogni modo il carattere ormai legislativo delle opere di una parte almeno della giurisprudenza, che sarà sempre più la vera ispiratrice della evoluzione del diritto a Roma.

Va peraltro specificato che il valore dei *responsa prudentium* era limitato al processo formulare; nell'ambito dei processi che si svolgevano nelle forme della *cognitio extra ordinem* si ricorreva direttamente al parere dell'imperatore, che tuttavia lo dava dopo aver consultato i giureconsulti che facevano parte del suo *consilium*.

1.11.5.1. *La giurisprudenza classica*

Il termine "giurisprudenza classica" è stato coniato nel XIX secolo (Pernice, Kuebler) per indicare la giurisprudenza dell'età del principato.

Con la repubblica è infatti terminata "l'età eroica dei grandi creatori e degli audaci pionieri" (Schulz), coloro che avevano fra l'altro sganciato la *interpretatio* dello *ius civile* da un rigoroso legame con la tradizione (i tre giuristi *qui fundaverunt ius civile*) e coloro che avevano introdotto a Roma l'idea di sistema (Quinto Mucio Scevola e Servio).

Il sintagma "giurisprudenza classica" va inteso in due accezioni ben definite. Innanzitutto nel senso di giurisprudenza che ha raggiunto la perfezione delle forme, che è arrivata alla sua piena maturità. È in questa epoca che la giurisprudenza tocca infatti "il punto culminante nella curva" del suo sviluppo (Schulz). È in questa congerie che matura il più grande prodotto della giurisprudenza romana, i *Digesta* di Salvio Giuliano. E se dopo Giuliano è stato ravvisato un lieve declino, tuttavia la scienza giuridica conserva lo stesso alto livello fino all'età dei Severi. Poi, quasi bruscamente, i giuristi si riducono a pratici del diritto.

La differenza fra giurisprudenza repubblicana e quella del principato era del resto già ben individuata dagli stessi giureconsulti dell'epoca classica che chiamano i loro predecessori dell'età repubblicana "*veteres*".

Questa giurisprudenza divenne inoltre il modello e la regola delle successive generazioni, anche per questo è stata dunque considerata "classica".

Non avendo i giuristi repubblicani pressoché lasciato documenti, sussistendo infatti solo qualche breve citazione conservata nel Digesto di Giustiniano, la riscoperta del diritto romano a partire da Irnerio non potè che prendere a modello i giuristi del Principato.

L'influenza di siffatti giuristi sullo sviluppo del diritto assume in questa epoca forme peculiari. Prosegue certamente l'attività rispondente anche se il responso cautelare non fu fra le attività principali di tale giurisprudenza sia per il grande lavoro svolto nel campo della predisposizione di nuove forme negoziali dalla giurisprudenza repubblicana sia per il superamento del formalismo tipico dell'età precedente, superamento che portava ora ad una maggiore libertà con riguardo alla forma degli atti giuridici. Particolare rilievo assume invece il responso giudiziale.

Come si è visto, è lo stesso imperatore che interviene per cercare di ricondurre a una maggiore unità il tradizionale *respondere* con la creazione dello *ius respondendi ex auctoritate principis*.

Si va accrescendo l'attività consigliare che ora ha come fruitore lo stesso imperatore. Con la redazione definitiva dell'editto i giuristi vedono scemare il loro tradizionale termine di riferimento, tranne per i limitati casi in cui era opportuno suggerire al pretore una estensione in via di analogia di rimedi già esistenti; sarà ormai il principe il destinatario principale dei loro *consilia*.

I giuristi d'altro canto sono sempre più coinvolti nella gestione sostanziale del potere. Se in età augustea e nei decenni seguenti i giureconsulti erano normalmente anche magistrati – così per esempio Capitone fu console nel 5 d.C., Labeone pretore, Cassio Longino console nel 30 e proconsole d'Asia nel 40-41 d.C. – a partire dalla dinastia dei Flavii troviamo sempre più frequentemente giureconsulti che ricoprono anche cariche di particolare importanza nell'amministrazione imperiale. Pegaso fu ad esempio *praefectus urbi* sotto Vespasiano. Da Adriano in poi si ha la cosiddetta burocratizzazione della giurisprudenza: giuristi sono sempre più spesso gli alti funzionari, ma giuristi sono in larga misura i componenti del *consilium* dell'imperatore. Da uomini di stato diventano uomini stipendiati dallo stato, al servizio dello stato.

Parallelamente si sviluppa l'attività di insegnamento che assume una dimensione più accademica, organizzata in locali pubblici di norma affittati dal maestro caposcuola.

Nelle scuole di diritto si va ora preparando fra l'altro la burocrazia imperiale.

1.11.5.2. *Le* sectae *dei sabiniani e dei proculiani*

Pomponio (D. 1.2.2.47), in quel suo lungo *excursus* sulla storia della giurisprudenza romana contenuto nel *liber singularis enchiridii* (*Enchiridion*), ricorda l'esistenza di due distinte "*sectae*", due differenti circoli di studiosi, che avrebbero tratto origine da Capitone e da Labeone. Secondo Pomponio, Capitone sarebbe stato sostanzialmente un conservatore, perseverando "in ciò che gli era stato tramandato", mentre Labeone, "per la qualità dell'ingegno e per la fiducia che riponeva nella propria dottrina, essendosi dedicato anche ad altri campi del sapere" avrebbe innovato "in moltissime cose". Va peraltro detto che Capitone, limitatamente alla sfera del diritto pubblico (Gell. 13.12.4 ss.), appare senz'altro più flessibile, tanto da essere ad esempio disponibile ad accogliere l'evoluzione di un istituto come il tribunato della plebe, in coerenza tuttavia con le competenze da esso già possedute, mentre Labeone risulta sul punto ancorato a una interpretazione rigida delle regole repubblicane.

Capitone, vicino ad Augusto tanto da diventare *consul suffectus* nel 5 d.C., avrebbe rimproverato a Labeone la sua opposizione al nuovo regime, considerato da quest'ultimo illegittimo; Labeone sarebbe stato invero particolarmente legato, anche per tradizione famigliare, alla *libertas* repubblicana così da rifiutare l'offerta di Augusto di accedere al consolato.

Stando a Pomponio, a Capitone sarebbe succeduto nella direzione della "*secta*" Masurio Sabino e a questi Gaio Cassio Longino. I due giuristi sarebbero stati i veri fondatori della scuola, che non a caso prende il nome di "sabiniana" o anche di "cassiana". Coerente con la impostazione di Capitone, contigua al potere imperiale, Masurio Sabino sarebbe stato il primo giurista a ricevere lo *ius respondendi* e pur essendo di umili origini sarebbe stato ammesso, già cinquantenne, all'ordine equestre, il che sta a testimoniare la sua buona introduzione entro i circoli imperiali. Particolarmente legato a Tiberio risulta Longino che, pure essendo discendente da quel Cassio, uccisore di Cesare, raggiunse i gradi più alti della carriera magistratuale e, secondo Pomponio, ebbe moltissima autorità a Roma (D. 1.2.2.51), affermazione da cui si potrebbe evincere fra l'altro che ebbe lui pure lo *ius respondendi*. Dopo Cassio sarebbe subentrato Celio Sabino, nominato anche lui *consul suffectus*, che avrebbe avuto molto potere al tempo di Vespasiano (D. 1.2.2.53). Quindi incontriamo al vertice della *secta* sabiniana Giavoleno Prisco, che fu governatore di importanti province imperiali e infine entrò nel *consilium* di Traiano. A lui succedettero Aburnio Valente – che fece probabilmente parte del *consilium* di Adriano – Tusciano, e infine Salvio Giuliano, membro del *consilium* di Adriano e suo strettissimo collaboratore.

A Labeone sarebbe invece seguito Nerva padre, amico personale di Tiberio e *consul suffectus*, quindi Proculo, che non fu mai magistrato e che per alcuni sarebbe il vero fondatore della scuola, detta in età postclassica dei proculiani. A Proculo sarebbe subentrato Pegaso, *praefectus urbi* sotto Vespasiano, a lui sarebbe succeduto Celso padre, poi Celso figlio, che fu pretore nel 106 o nel 107, due volte console, governatore della provincia d'Asia e membro del *consilium* di Adriano, e infine Nerazio, console, governatore della Pannonia nel 100 d.C., *praefectus aerarii Saturni* e membro del *consilium principis* sotto Traiano e Adriano.

La contrapposizione fra le due scuole sarebbe stata superata grazie alla indiscussa autorità di Salvio Giuliano, che avrebbe riassunto i diversi orientamenti e la cui opera avrebbe grandemente influenzato la giurisprudenza successiva.

È certo in ogni caso che con Giuliano l'importanza scientifica delle scuole scemò, il dibattito giuridico e la sua evoluzione si concentrarono nel *consilium principis*. Gli insegnanti di diritto si ridussero "allo stato di insegnanti puramente accademici" (Schulz).

Si è molto discusso sulla realtà di queste *sectae*, per alcuni vere e proprie scuole di diritto, per altri semplici circoli caratterizzati dalla personalità di ogni singolo giurista.

Sulla base delle notizie forniteci dalle fonti sul ruolo di Capitone e di Labeone, alcuni hanno poi ritenuto che la distinzione fosse fra innovatori (i proculiani) e conservatori (i sabiniani), ovvero tra una scuola ufficiale dell'impero (i sabiniani) ed una più libera (i proculiani). Altri si sono concentrati sui contenuti delle opere dei singoli giuristi e hanno creduto di ravvisare una contrapposizione fra giuristi più inclini alla sistematica (i sabiniani) e altri invece alla casistica (i proculiani), oppure si è pensato a un diverso metodo di elaborazione scientifica del diritto, con riferimento pure a un differente stile letterario.

Più probabilmente si trattava di due distinti circoli giuridici, con diverse sedi e un collegamento con i rispettivi maestri da cui è probabile che discendessero naturali contrapposizioni che non dovevano peraltro mai spingersi troppo oltre, anche per il legame che finì con l'instaurarsi da parte degli appartenenti a entrambe le *sectae* con il potere imperiale, ben rappresentato dal fatto che i principali esponenti, da Giavoleno a Giuliano per i sabiniani e da Celso a Nerazio per i proculiani, sedevano insieme nel *consilium principis* entro cui doveva certamente realizzarsi una mediazione sui temi più importanti.

1.11.5.3. *La letteratura giuridica*

Vi è tuttavia una attività, che pur essendo già iniziata con la giurisprudenza dei *veteres*, caratterizza ora in modo peculiare la giurisprudenza classica: la cosiddetta letteratura giuridica.

Al riguardo si svilupparono diversi generi che assunsero alcune forme caratteristiche.

Particolare rilievo ebbero i *libri ad edictum*. La prima importante opera di commento all'editto, dopo quelle senz'altro più brevi di Servio e di Ofilio, fu di Labeone in 38 libri, a cui si accompagnò un commento all'editto degli edili curuli e un altro all'editto del pretore peregrino. Commenti all'editto del pretore urbano scrissero anche Sabino, Sesto Pedio – attivo tra Nerone e Traiano –, Viviano – operante all'epoca di Traiano –, Gaio, Pomponio. L'opera di Pomponio in ben 150 libri, arricchita da numerose citazioni di giuristi precedenti, venne poi ampiamente utilizzata dai giuristi dell'epoca severiana, Paolo e Ulpiano, che redassero due importanti commenti in 80 e 83 libri rispettivamente, che fornirono a loro volta contributi rilevanti per la compilazione del Digesto di Giustiniano.

I *libri ad edictum* commentavano le singole clausole del testo e quindi, all'interno delle clausole, le parole giuridicamente significative. Veniva così illustrato "l'impiego pratico dei singoli rimedi edittali mediante enunciazione della relativa casistica" (Cannata). A questo scopo il giurista traeva spunto dalla propria o dalla altrui attività rispondente e dalla prassi pretoria che arricchiva, correggendola o completandola con le proprie riflessioni.

Lo schema dell'editto del pretore servì da modello anche per la gran parte delle altre opere dei giuristi classici.

Fra queste, particolare rilievo ebbero i *libri responsorum*, che consistevano nella pubblicazione dei *responsa* dei giuristi, normalmente con riguardo ai *responsa* dati nel corso dell'attività rispondente. Ciò significa che non tutte le parti dell'editto venivano affrontate in queste opere. Autori di *libri responsorum* furono Labeone, Sabino, Nerazio, Marcello – attivo tra Antonino Pio e Marco Aurelio –, Africano – operante attorno alla metà del II secolo d.C. –, che raccolse peraltro *responsa* del suo maestro Salvio Giuliano, Cervidio Scevola – attivo tra Marco Aurelio e Settimio Severo –, e tutti i giuristi di età severiana: Papiniano, Paolo, Ulpiano, Modestino.

Simili ai *libri responsorum* erano i *libri quaestionum*, detti anche *quaestiones*, che anziché riportare *responsa* su casi effettivamente sollevati dalle parti interessate, riferivano questioni giuridiche che lo stesso giureconsulto suscitava o che erano a lui sottoposte dai suoi allievi. Si trattava dunque di casi ipotetici a scopo di ricerca o di didattica. *Libri quaestionum* vennero scritti da Celso figlio, Africano, Cervidio Scevola, Papiniano e Paolo.

La dottrina parla più in generale, con riferimento ai libri di *responsa* e *quaestiones*, di letteratura problematica a cui appartengono anche opere quali ad esempio i *libri posteriores* di Labeone, i *coniectanea* di Capitone, i *libri ad Vitellium* di Sabino, i *libri membranarum* di Nerazio, i *libri disputationum* di Trifonino e di Ulpiano.

Carattere a sé hanno i *libri digestorum*, ovvero i *digesta*. Sono infatti trattazioni complete di diritto privato strutturate secondo l'ordine dell'editto del pretore. L'andamento era di tipo casistico anche se non si trattava di raccolte di *responsa*. Erano "veri e propri trattati" (Cannata) che l'autore completava con responsi o riflessioni adeguate così da offrire un panorama il più possibile esauriente. A differenza dei *libri ad edictum*, di cui richiamano la completezza, non si strutturano sulla base di commenti ai singoli rimedi processuali, ma consistono in trattazioni libere il cui punto di partenza sono gli specifici istituti. Da ciò discende che se nei *libri ad edictum* prevale lo *ius honorarium*, nei *digesta* vi sono costanti riferimenti a materie di *ius civile*. Di particolare importanza furono i *Digesta* di Celso figlio, di Giuliano, ritenute le opere più alte della giurisprudenza romana, di Marcello e di Cervidio Scevola.

Trattazioni specifiche di *ius civile*, relative cioè a quegli istituti elaborati nella riflessione della giurisprudenza cautelare repubblicana, vennero strutturate secondo lo schema dei 18 *libri iuris civilis* di Quinto Mucio, che, come si sa, non seguivano l'ordine edittale. *Libri iuris civilis* furono dunque quelli di Masurio Sabino e Cassio Longino. Libri di commento all'opera di Quinto Mucio, detti pertanto *ad Quintum Mucium*, scrissero fra gli altri Gaio e Pomponio. Trattati di *ius civile* erano anche i *libri ad Sabinum* di Pomponio, Paolo e Ulpiano. Giavoleno scrisse dei *libri ex Cassio*.

Diffusi erano più in generale lavori di commento a opere di altri giuristi, che solevano affrontare parti specifiche o argomenti particolari. Fra questi si possono ricordare le *notae* di Marcello, Cervidio Scevola e Paolo ai *Digesta* di Giuliano, le *notae* di Paolo e Ulpiano a Papiniano. Si possono infine rammentare opere intitolate *regulae* o *definitiones*, che contemplavano, in antitesi alla casistica, astratte statuizioni di diritto. Libri di *regulae* scrissero fra gli altri Nerazio, Pomponio, Gaio, Cervidio Scevola, Paolo, Modestino. *Libri definitionum* sono stati attribuiti a Papiniano. Alla stesso gruppo di opere appartengono anche i *Pithana* di Labeone.

Sempre in tema di diritto privato incontriamo poi opere monografiche su singoli temi come ad esempio il *de fideicommissis* di Gaio, Paolo e Ulpiano, il *de manumissionibus* di Gaio e via dicendo. Infine merita ricordare le opere di commento a singole leggi o senatoconsulti, celebri quelle di Gaio sulle Dodici Tavole o quelle di Paolo e Ulpiano sulla legislazione augustea in materia di famiglia e di manomissioni.

La giurisprudenza classica sviluppa anche una letteratura di tipo pubblicistico. Oltre alle opere sulle magistrature, che vanno peraltro diradandosi, e sul senato, di cui sembra essersi occupato Capitone, si sviluppa, in particolare nel II secolo d.C., una letteratura di diritto amministrativo che appare funzionale alle nuove esigenze della burocrazia imperiale. Sono i cosiddetti *libri de officio*, celebri fra questi quelli *de officio proconsulis* di Ulpiano, in 10 libri, che tentano di costruire una regolamentazione comune, valida per tutte le province senatorie; i *libri de officio praefecti urbi* di Paolo e dello stesso Ulpiano; i *libri de officio praefecti vigilum* di Paolo e di Ulpiano; sempre di Paolo i *libri de officio adsessorum*, che riguardavano l'amministrazione cittadina. Certamente vi furono opere di un certo rilievo sul diritto militare e sul diritto fiscale, in specie *de iure fisci* e *de censibus*.

Parallelamente prende piede anche una letteratura che si occupa di diritto e processo criminale, in particolare a partire dall'epoca adrianea. Celebri sono i libri *de cognitionibus* di Callistrato, attivo fra Settimio Severo e Caracalla. Sui *iudicia publica* scrissero, fra gli altri, Marciano e Venuleio, sulle pene Paolo, Saturnino, Modestino.

1.11.5.4. *Le opere istituzionali*

Un cenno a parte merita la letteratura a carattere didattico, destinata cioè all'insegnamento del diritto. Vengono qui in discussione le cosiddette *Institutiones*. Opere istituzionali vennero scritte da Fiorentino, Gaio, Marciano, Paolo, Callistrato, Ulpiano.

Di particolare importanza appaiono le Istituzioni di Gaio, sia perché esse sono state alla base delle Istituzioni di Giustiniano, che a loro volta costituirono lo schema del *code Napoleon* e dunque di tutti i codici dell'Europa continentale, sia perché sono l'unica opera della giurisprudenza romana che ci è pervenuta quasi integralmente. Esse infatti, conosciute fino all'inizio dell'800 solo grazie alle citazioni contenute nel Digesto, vennero rinvenute dal Niebuhr nel 1816 in un palinsesto della biblioteca capitolare di Verona. Le lacune presenti nel testo veronese vennero poi ulteriormente completate grazie al ritrovamento di alcuni frammenti scoperti in papiri egiziani, per cui oggi possediamo il testo nella sua quasi integrità.

L'opera si struttura in quattro libri divisi a loro volta in tre parti.

Dopo una breve introduzione sulle fonti del diritto, incontriamo infatti una prima parte che riguarda il diritto delle persone, che introduce a sua volta la distinzione relativa agli *status* (liberi e schiavi, cittadini e stranieri, persone *sui iuris* e *alieni iuris*, vale a dire giuridicamente autonome e soggette ad altrui potere) e alla capacità d'agire delle persone, con il riferimento alla tutela e alla curatela.

Segue nei libri secondo e terzo la parte sul diritto delle cose, introdotta dalla distinzione fra le varie specie di cose e in primo luogo fra cose corporali (i beni che si possono toccare) e le cose incorporali (vale a dire i diritti, fra cui il diritto di successione, il diritto di usufrutto, le servitù, i diritti di obbligazione). Quindi si affronta il tema dei modi di trasferimento di singole cose o di singoli diritti sulle cose e si specificano i vari tipi di proprietà. Si passa poi a trattare dei modi di acquisto *per universitatem*, e dunque di diritto ereditario. Il libro terzo si chiude con le obbligazioni, da contratto e da atto illecito. A loro volta si partiscono i contratti in reali, verbali, letterali e consensuali. Termina l'opera il quarto libro integralmente dedicato al processo, *per legis actiones* e formulare.

È soprattutto grazie alle Istituzioni di Gaio che conosciamo il processo *per legis actiones*, prima noto principalmente grazie ad alcune frammentarie citazioni letterarie.

La novità dell'opera consiste nel suo particolare sistema espositivo, che se in parte doveva riprendere spunti già esistenti, rivela comunque una sua originalità. Notevole è senz'altro lo sforzo sistematico nel suo insieme, sforzo che ritorna poi nelle sue singole parti. Lo stile è chiaro, lineare, come si confà a un'opera destinata alla didattica. Gli esempi sono molteplici, introdotti spesso con il *velut*. L'opera è incentrata sullo *ius civile*, e fa riferimento allo *ius honorarium* quando si tratta di richiamare istituti connessi. Emerge anche una particolare sensibilità storica in specie con la trattazione delle *legis actiones*, che ormai erano desuete. Vi è pure una sensibilità comparatistica, con riferimenti a istituti di altri popoli, come quello relativo alla potestà presso i Galati (Gai. 1.55), che a differenza di quella romana era esercitata da entrambi i genitori. Le Istituzioni, che probabilmente furono opera di un maestro provinciale, presuppongono comunque una buona consapevolezza della evoluzione del diritto a Roma, come è nel caso del *damnum iniuria datum*, al cui riguardo si conoscono la distinzione fra lucro cessante e danno emergente e la evoluzione del criterio di stima dalla semplice valutazione del valore di mercato del bene alla considerazione dell'interesse del danneggiato.

Sempre a Gaio sono fatte risalire le *Res cottidianae*, altra opera di carattere didattico, che contiene fra l'altro la tripartizione delle fonti delle obbligazioni, che a sua volta sta alla base della tripartizione contenuta nel nostro codice civile: contratto, atto illecito, *variae causarum figurae*, fra cui in primo luogo la *solutio indebiti* e la gestione di affari altrui, ma anche la tutela e il legato. Da alcuni si sono tuttavia ritenute le *Res cottidianae* un'operetta di epoca postclassica. È però probabile che il suo nucleo originale risalisse già a Gaio. Come si accennava, si porta qui a conclusione lo spunto contenuto nelle Istituzioni per cui si era notato che in alcuni casi obbligazioni nascono anche laddove non vi sia stato atto illecito, né le parti abbiano avuto intenzione di far sorgere un obbligo fra di loro, come nel tipico caso di colui che paga ciò che non era dovuto (*solutio indebiti*). Gaio aveva invero già osservato come la *solutio* non potesse rientrare fra i contratti, dal momento che non vi era la *conventio*, cioè l'accordo volto a far sorgere ama obbligazione (Gai. 3.91).

1.11.5.5. *La storia delle istituzioni*

Una caratteristica tipica della giurisprudenza del secondo secolo d.C. fu certamente l'attenzione particolare verso la storia delle istituzioni.

In verità si riprendeva un tema tipico della scienza giuridica romana, basti pensare che la giurisprudenza laica repubblicana nasce, a partire dai *Tripertita* di Sesto Elio, proprio come riflessione sulle Dodici Tavole, che non a caso Livio considerava *fons omnis iuris publici privatique*. Sennonché le Dodici Tavole all'inizio del II secolo a.C. contenevano ancora diritto vigente, in particolare era processo in vigore quello delle *legis actiones*. È invece stupefacente che alla metà del II secolo d.C. Gaio scrivesse sulle ormai desuete Dodici Tavole un commentario, nel cui libro primo si legge: *et certe cuiusque rei potissima pars principium est* (D. 1.2.2.1). Le origini, il principio sono dunque di ogni cosa la parte più importante. E Gaio fornisce la spiegazione di tale affermazione subito dopo: "se nel foro per coloro che trattano le cause sembra essere per così dire cosa nefanda esporre la questione al giudice senza aver fatto alcuna prefazione, allora quanto più sarà sconveniente per coloro che si accingono a interpretare il diritto trattare immediatamente la materia avendo omesso gli inizi e senza aver ricercato l'origine, come accostandosi per così dire a cose sacre con mani non lavate?".

Infatti conclude Gaio: "queste prefazioni ci introducono più volentieri alla lettura della materia proposta e, una volta giunti ad essa, garantiscono una comprensione più evidente".

L'interesse per la storia degli istituti si spiega pertanto con alcune finalità esplicite: rendere più chiara la interpretazione dei testi, facilitarne la lettura, favorirne la comprensione. La ricostruzione storica è dunque funzionale a una migliore interpretazione del fenomeno giuridico.

È interessante come Gaio rimanga coerente con questa impostazione proprio nella sua opera più nota, le Istituzioni, laddove premette nel quarto libro la trattazione delle *legis actiones* che ormai erano desuete fin dalla *lex Iulia* del 17 a.C., che le aveva formalmente abrogate.

Siffatta attenzione per il fenomeno storico nella interpretazione e nello studio del diritto va di pari passo del resto con il ricorso alla comparazione fra istituti di ordinamenti contemporanei, che caratterizza la riflessione gaiana. Questo raffronto fra istituti romani e stranieri serve per argomentare sulla *ratio* degli istituti stessi, per comprenderne la estensione, per valutare la loro opportunità. La comparazione sia essa diacronica che sincronica, vale a dire con istituti del passato o di altri popoli, serve dunque a meglio comprendere l'ordinamento romano.

In questo atteggiamento culturale si spiega anche il senso dell'opera di

Pomponio che proprio all'esordio del suo *liber singularis Enchiridii* sottolinea come sia necessario innanzitutto mostrare l'origine e il processo storico del diritto. Prende così avvio in siffatto libro una vera e propria storia del diritto romano, delle sue istituzioni e infine della giurisprudenza, storia che era destinata a cogliere l'idea della continuità nella evoluzione delle istituzioni romane.

È significativo, ed è stato acutamente notato (Bretone), il ricorrere nell'*Enchiridion* del sintagma *civitas aucta*, o *augescens* (v. per esempio D. 1.2.2.2;7). Ritorna più volte l'idea di una evoluzione della *civitas* per linee interne. Attraverso questo schema affiora "la continuità dell'ordinamento, che cresce su se stesso col crescere della città, che si trasforma ma non si nega o si annulla mai" (Bretone).

È in fondo l'idea di un aggancio forte con la tradizione, la volontà di conservare l'identità e le radici dell'ordinamento, proprio ora che esso assumeva dimensioni universali e andava aprendosi alla possibilità di contaminazioni e di modifiche anche radicali grazie alla legislazione imperiale e nell'ambito della procedura della *cognitio*. Giusto a questo proposito vi era forse nel recupero delle radici storiche degli istituti romani, anche un riflesso della ideologia imperiale che fin da Augusto intendeva presentare l'ordine nuovo non come una rottura con il passato bensì come una continuità con le istituzioni repubblicane, tanto che ancora Giuliano, Papiniano e Ulpiano vedono la sovranità del popolo come fondamento ultimo del potere imperiale.

1.12. *L'organizzazione dei territori*

Con la concessione della cittadinanza agli abitanti della Gallia Cisalpina per volontà di Ottaviano, l'Italia era ormai composta tutta da cittadini romani. Si spiega dunque la tendenza, ben chiara da Augusto ai Flavii, di privilegiare l'Italia rispetto alle province, attribuendole una certa preminenza. Questo orientamento risulta evidente nel favore verso i municipi italici, nella concessione di privilegi ai loro cittadini, nel più frequente ricorso agli italici per gli incarichi della burocrazia imperiale. È significativo, per esempio, che Augusto abbia concesso ai decurioni dei municipi italici di votare per posta per eleggere i magistrati. D'altro canto i terreni posti in Italia erano esentati dal *tributum soli* così che si considerarono oggetto di *dominium ex iure Quiritium*.

Non si sviluppò peraltro l'idea di una nazione italiana, di una italianità come nuovo fondamento della cittadinanza: era piuttosto la romanità che si era estesa a tutta l'Italia, diventata una enorme città-stato.

Successivamente ai Flavii si accentuò la tendenza a equiparare le province all'Italia, ciò ancora una volta in una con la progressiva estensione della cittadinanza romana. Nel contempo l'Italia sarà assimilata alle province nella comune soggezione alla amministrazione imperiale.

Coerentemente con questa evoluzione si arriverà al punto che nel II secolo d.C. nessuno degli imperatori sarà ormai di origine italica.

1.12.1. *Lo sviluppo del centralismo amministrativo*

La struttura amministrativa dell'Italia alla fine del I secolo a.C. era incentrata, come è noto, su municipi e colonie che a loro volta avevano inglobato nel proprio territorio insediamenti rurali o villaggi preesistenti, arrivando a una estensione talvolta di ragguardevoli dimensioni.

In una prima fase il principe non intervenne nella vita dei municipi e delle colonie. Il controllo sulle comunità italiche spettava al senato, ma le varie organizzazioni cittadine godevano di una autonomia molto ampia, che aveva fatto apprezzare il governo romano e di buon grado assimilare la cultura latina.

Un primo passo verso una riorganizzazione amministrativa dell'Italia fu compiuto da Augusto che istituì 11 regioni: Italia Transpadana, Liguria, Venetia et Istria, Aemilia, Tuscia, Umbria, Picenum, Samnium, Campania, Brutii et Lucania, Apulia et Calabria. Sicilia e Sardinia erano province estranee all'Italia.

La divisione in *regiones* aveva scopi amministrativi – in particolare censitari oltreché fiscali – e giudiziari.

L'occasione per un ulteriore intervento del principe nella amministrazione periferica avvenne con la assunzione di funzioni amministrative che, presupponendo una estensione sovracittadina, non potevano essere svolte dalle comunità locali. L'esempio più importante lo si ritrova nella *cura viarum*, affidata per le grandi strade a *curatores* tratti dall'ordine senatorio e per le strade di minore importanza a funzionari appartenenti all'ordine equestre.

La necessità di garantire un efficiente servizio postale fece sì che venissero costituiti dei distretti sotto la responsabilità di *praefecti vehiculorum* di nomina imperiale. Così come *procuratores vicesimae hereditatum* vennero preposti, nel corso del II secolo d.C., a distretti che raggruppavano più regioni ciascuno, al fine di rendere più efficiente la riscossione della imposta sulle successioni.

Praefecti alimentorum vennero istituiti a cavallo del I e del II secolo per sorvegliare le fondazioni alimentari costituite da Nerva e da Traiano al fine di garantire il sostentamento dei figli di nullatenenti. Successivamente la competenza passò ai *curatores viarum*.

Una più forte ingerenza del potere imperiale si ebbe con la costituzione, per opera di Traiano, di *curatores rei publicae* che in origine avevano carattere straordinario e che avevano il compito di controllare le amministrazioni cittadine e si inquadravano in quel disegno di centralizzazione burocratica di cui il principale artefice sarà Adriano.

Sempre ad Adriano risale la riforma delle competenze giudiziarie dei magistrati delle singole comunità locali.

Come è noto, la competenza in materia di alta giurisdizione spettava al *praetor urbanus*; gli abitanti dei municipi e delle colonie dovevano dunque recarsi a Roma per le cause di particolare rilievo con grave disagio personale. Adriano creò per l'Italia quattro *curatores* competenti ciascuno per un distinto distretto con lo scopo di rendere giustizia relativamente alla alta giurisdizione. A essi fu tuttavia attribuito anche il compito di vigilare sulla vita delle comunità. Soppressi da Antonino Pio, vennero poi sostituiti sotto Marco Aurelio da *iuridici* di rango pretorio.

Sotto Caracalla troviamo dei *correctores* con funzioni di controllo sulle comunità locali. Appare sempre più forte l'ingerenza del potere imperiale mentre nel contempo si sviluppa la burocrazia. Significativa di questa ingerenza e di questo controllo è la istituzione sotto i Severi di un legato *ad corrigendum statum Italiae*.

Con Aureliano vi fu poi la divisione dell'Italia in distretti soggetti ciascuno a un *corrector* al fine di meglio organizzare le competenze giurisdizionali e amministrative spettanti al potere centrale assicurando nel contempo una sorveglianza stringente sulle comunità.

Contestualmente tutti i terreni situati in Italia vennero assoggettati a una imposta fondiaria da versarsi nelle casse imperiali.

Nel II secolo d.C. assistiamo al fenomeno della conservazione di una autonomia, che tuttavia diventa vigilata, riducendosi vieppiù, mano a mano che nel III secolo si procede verso l'impero assoluto. Ciò va di pari passo con la trasformazione in senso sempre più totalizzante del potere imperiale, trasformazione ben visibile nel settore delle fonti del diritto, con riguardo al mutato ruolo del pretore, al controllo indiretto sulla giurisprudenza, alla evoluzione maturata con riguardo ai senatoconsulti ove ormai è significativa solo la *oratio principis*.

1.12.2. *Le comunità locali*

Il municipio e la colonia furono i grandi strumenti per la romanizzazione dell'Italia, in particolare di quei territori come la Gallia Cisalpina che erano culturalmente distanti da Roma. Più in generale, la particolare estensione dell'ordinamento municipale in Occidente spiega la sua forte romanizzazione, che non si riscontrò invece nelle province orientali ove persistettero forme cittadine originarie.

Durante il principato le colonie acquistarono un rango onorifico superiore rispetto ai municipi (De Martino) dal momento che erano formate da veterani che garantivano dunque una particolare fedeltà all'imperatore.

Nell'ambito del territorio di municipi e colonie erano poi ricompresi villaggi e borgate che non avevano una propria autonomia, ma erano inglobati nella comunità locale sotto il profilo amministrativo e giurisdizionale.

La struttura delle comunità locali rimane sostanzialmente inalterata rispetto allo schema generale che era stato riformato da Cesare mentre le competenze giurisdizionali dovevano essere state riordinate (De Martino) nelle due *leges Iuliae, iudiciorum privatorum et publicorum*, in attuazione del programma di unificazione politica e amministrativa dell'Italia. La legislazione augustea avrebbe in particolare fissato i limiti della competenza dei magistrati municipali.

Pertanto nelle comunità locali si riscontrano di norma quattro magistrati, ma ci sono anche situazioni differenti, in particolare nelle colonie ove compaiono sovente solo *duoviri*. Talvolta si ritrovano anche *octoviri*.

I quattuorviri si specificano a loro volta in *duoviri iure dicundo* e in *duoviri aediles*. I primi sono caratterizzati da collegialità e fra loro vi è diritto di *intercessio*, hanno la facoltà di disporre leve fra i cittadini per difendere la comunità locale, e di esercitare il comando sugli eserciti civici. Questo spiega perché in alcuni statuti come nella *lex coloniae Genetivae Iuliae* si parla al riguardo, in più occasioni, di *imperium*. Hanno pure il potere di convocare il senato locale e le assemblee del popolo, esercitano la giurisdizione civile limitatamente alla bassa giurisdizione. A loro spettano limitati poteri nel campo della giurisdizione criminale. Avevano pure il compito ogni cinque anni di compiere la *lectio* del senato locale. A loro competeva di regola l'amministrazione della finanza cittadina, salva la presenza, nello statuto della comunità, di *quaestores* con compiti in materia finanziaria. A tale riguardo avevano una responsabilità personale per danni cagionati dalla loro gestione alle casse locali; per garantire la effettività del risarcimento dovevano prestare una cauzione.

I *duoviri aediles* svolgevano funzioni di polizia, potevano infliggere multe, disporre il pignoramento di beni, avevano pure poteri coercitivi sulle persone di rango inferiore.

Per il carattere più limitato delle loro competenze non prestavano cauzione.

Il senato locale, detto *ordo decurionum*, era l'organo a cui spettava la direzione politica della comunità locale. Nominati dai *duoviri iure dicundo*, ma anche immessi nell'ordine per privilegio imperiale, i decurioni dovevano avere una età compresa fra i 25 e i 55 anni, dovevano essere dotati di un certo patrimonio, essere nati liberi e non avere condanne penali. Per essere ammessi pagavano una speciale imposta. Ad essi spettavano alcuni privilegi, in particolare laddove fossero soggetti a procedimento penale e alla esecuzione della pena; ai decurioni spettavano altresì riconoscimenti di carattere onorifico, ma pure oneri molto gravosi consistenti in prestazioni personali e patrimoniali. Non era del resto nuovo nella storia istituzionale di Roma che a particolari diritti, corrispondessero doveri particolari, basti pensare all'ordinamento centuriato e al rapporto fra milizia nell'esercito e pagamento dei tributi da una parte e partecipazione alla vita politica dall'altra.

Nel corso del principato i decurioni assunsero il potere di nomina dei magistrati e dei sacerdoti locali, ebbero pure una competenza in tema di giurisdizione di appello in materia penale, civile e amministrativa verso i provvedimenti dei magistrati cittadini.

I comizi, in virtù di un processo già registrato a Roma, perdono invece sempre più competenze, fino a cedere nel corso del secondo secolo le funzioni elettorali al senato, vedendo ridotto il loro ruolo allo svolgimento di compiti meramente formali.

1.12.3. *L'amministrazione delle province*

L'assunzione da parte di Ottaviano del governo delle province *non pacatae*, vale a dire di quelle dove erano stanziati eserciti o che avevano comunque bisogno di difesa, aveva determinato la distinzione fra province senatorie e province imperiali. D'altro canto la attribuzione ad Augusto della *cura et tutela rei publicae*, consacrata dalla particolare *auctoritas* di cui il principe era dotato, e il conferimento nel 23 a.C. dell'*imperium proconsulare maius et infinitum*, consentivano all'imperatore una vigilanza e un controllo anche sulle province senatorie.

Queste ultime erano governate in nome del senato e del popolo romano da *proconsules*, che potevano essere ex consoli o ex pretori; le province imperiali erano invece amministrate da *legati Augusti* che rappresentavano il principe e su sua delega erano forniti anch'essi di *imperium*.

I proconsoli duravano in carica per un anno, prorogabile per un secondo, ma solo mediante apposito senatoconsulto. I legati imperiali venivano invece nominati fino a che il principe non decidesse di revocarne l'incarico. Con una significativa innovazione rispetto alla repubblica, i proconsoli, come pure i legati, erano stipendiati, fra l'altro con un compenso che doveva essere ragguardevole: un milione di sesterzi era infatti quanto percepiva il proconsole d'Africa. Ciò depone verso una tendenziale burocratizzazione degli stessi governatori di origine magistratuale.

Entrambi erano accompagnati da ausiliari: *legati* e un *quaestor* per le province senatorie; *comites*, un *procurator Caesaris* e *legati legionis* per quelle imperiali.

Il processo di burocratizzazione che caratterizza ormai tutta la struttura imperiale appare evidente dal fatto che anche i *comites* – originariamente amici del governatore – risultano stipendiati, alla stregua di funzionari: essi svolgono con sempre maggiore evidenza un pubblico impiego.

Il *procurator Caesaris* e il *quaestor* erano responsabili della riscossione dei tributi e dell'amministrazione finanziaria e a tale riguardo avevano una limitata competenza giurisdizionale. I *legati legionis* erano ufficiali subordinati preposti al comando di singole unità belliche (la legione). I *comites* svolgevano attività ausiliarie nella amministrazione della giustizia.

Il numero delle province era stato raddoppiato da Augusto e aveva raggiunto il numero di 45 sotto Traiano.

Vi erano poi territori non costituiti in province, fra questi il più importante era l'Egitto che era legato a Roma da una unione personale, dal momento che Augusto si considerava successore della dinastia dei Tolomei, e veniva governato da un *praefectus Aegypti* di rango equestre, che era una sorta di vicerè.

La giurisdizione, tranne che per le città romane, ove erano competenti, secondo lo schema già visto, i magistrati locali, spettava al governatore che la esercitava, laddove si trattasse di giurisdizione civile, nelle forme del processo formulare ovvero in quelle della *cognitio extra ordinem*. I proconsoli solevano peraltro delegare l'esercizio della giurisdizione civile e penale a *legati*, tranne laddove si dovesse decidere la messa a morte del reo.

Relativamente alle cause criminali i governatori non potevano tuttavia comminare pene capitali ai cittadini romani, che avevano diritto di venir giudicati direttamente dall'imperatore.

Si sviluppa nelle province un particolare sistema fiscale che sarà nel tempo sempre più gravoso. Vi era infatti il *tributum capitis* cui erano soggetti tutti i residenti nella provincia, compresi i cittadini romani. Il *tributum soli* era invece un'imposta fondiaria che gravava sui terreni in proporzione della produttività del suolo. Proprio il *tributum soli* fu all'origine fra l'altro della istituzione con Augusto del catasto, che era un registro in cui erano catalogati tutti i fondi con la precisazione della loro estensione e della loro qualità. Il *tributum soli* era riscosso direttamente dalla amministrazione romana nelle province imperiali, in quelle senatorie era invece raccolto e versato nelle casse imperiali grazie alle amministrazioni locali cui spettava la esazione e portava dunque il nome di *stipendium*.

Esistevano poi anche imposte indirette come quelle sulle successioni e sulle manomissioni, la *vicesima hereditatum* e la *vicesima manumissionum*. Infine si svilupparono pure imposte sulle vendite e sulle importazioni, i cosiddetti dazi o *portoria*.

A fronte di questo aumentato carico fiscale, va peraltro osservato che la graduale scomparsa dei pubblicani, a cui in età repubblicana veniva appaltata la riscossione delle imposte, determinò significativi benefici alle popolazioni, ormai vessate dalla loro rapacità. Il guadagno dei pubblicani era invero proporzionale all'ammontare della riscossione che erano riusciti a esigere.

Un aspetto interessante appare lo sviluppo di assemblee provinciali, inizialmente per scopi cultuali. Successivamente furono luoghi in cui i delegati delle comunità si riunivano per discutere problemi di interesse locale e per indirizzare all'imperatore richieste, lamentele, nominando eventualmente ambascerie da inviare a Roma. Queste assemblee locali, se da una parte costituivano uno strumento di controllo sui governatori, dall'altra davano alle comunità un canale diretto con l'imperatore, destinato a rafforzare il legame con il potere centrale.

1.13. *La cittadinanza*

1.13.1. *La estensione della cittadinanza*

La cittadinanza durante il principato continua ad essere trasmessa per nascita da padre cittadino, nel caso di figli legittimi, da madre cittadina qualora si trattasse di figli illegittimi, e inoltre per manomissione e per adozione. L'imperatore poteva concedere con proprio provvedimento la cittadinanza a singoli stranieri o ad intere comunità. La attribuzione della cittadinanza a singoli stranieri o a comunità estere tende a essere anzi una prerogativa imperiale sulla base di una evoluzione che già alla fine della repubblica aveva visto un ruolo sempre più decisivo dei magistrati, e che ora si giustifica anche in relazione al progressivo decadere dei comizi. La concessione della cittadinanza da atto espressione di sovranità, si trasforma dunque in un atto amministrativo conseguenza di una valutazione politica dell'organo supremo di governo.

Diversa dalla cittadinanza è invece la *origo* che individua la appartenenza a una specifica comunità. Si poteva invero essere cittadini romani, e avere l'*origo* in un municipio o in una colonia. La *origo* serviva per distinguere chi potesse assumere le cariche locali e chi dovesse soggiacere ai *munera* cittadini.

Nell'epoca del principato si afferma il principio della liceità della doppia cittadinanza. Prevale sulla idea di appartenenza unica a una determinata comunità e sul principio di identificazione totale ed esclusiva con essa, tipico della età repubblicana, la necessità di legare all'imperatore le classi dirigenti locali favorendo la concessione della cittadinanza, e consentendo tuttavia ai maggiorenti di conservare il legame con la comunità originaria, anche per promuovere la diffusione dei valori romani.

Alla fine del I secolo a.C. e ancora nel II secolo d.C. vi è l'idea che la concessione della cittadinanza debba costituire un premio.

Così Dionigi di Alicarnasso (Dion. 4.24), uno degli storici vicini ad Augusto, riteneva che la manomissione fosse stata concepita per concedere la libertà (e la cittadinanza) esclusivamente a chi avesse tenuto un comportamento particolarmente meritorio. Dionigi suggeriva dunque di indagare ogni anno sugli schiavi liberati: chi fossero, per quale motivo e con quali modalità fossero stati liberati. Coloro che fossero ritenuti indegni di diventare cittadini dovevano essere espulsi. La legislazione augustea, coerentemente, introdusse una serie di limiti alle manomissioni e alla possibilità di acquistare la cittadinanza. In particolare la *lex Aelia Sentia* del 4 d.C. dispose che non potevano essere manomessi gli schiavi di condotta turpe e che se fossero stati tuttavia manomessi non diventavano cittadini romani, ma erano nella condizione di *peregrini dediticii*, cioè di stranieri senza alcuna capacità di diritto privato, tranne che per *ius gentium*; a essi venne fatto pure divieto di soggiornare entro un raggio di 100 miglia da Roma, pena la vendita come schiavi.

D'altro canto già in età repubblicana era invalsa la procedura di esiliare i cittadini che fossero stati condannati a determinate pene. Nell'età del principato la perdita della cittadinanza compare come pena accessoria per certi reati particolarmente gravi.

Un autentico manifesto della concezione romana della cittadinanza e di apertura condizionata verso gli stranieri si ritrova nel discorso di Claudio (*oratio principis*) tenuto in senato e volto a concedere l'ingresso in senato a rappresentanti delle tre Gallie (*Aquitania, Lugdunensis, Belgica*) (Tac. *ann.* 11.23-25; *CIL* XIII 1668).

L'imperatore sottolinea come Roma fu sempre aperta agli stranieri fin da quando accolse dalla Sabina la *gens Claudia*. Roma, continua Claudio nel suo discorso, era nota del resto per accogliere quanto di pregevole vi fosse altrove: la stessa *gens Iulia* arrivava da Alba, i Coruncanii da Camerio, i Porcii da Tuscolo. Grazie a questa politica di apertura Roma toccò il massimo della sua potenza. E raggiunse l'acme nei rapporti con altre genti quando vennero accolti pure i Transpadani, e quando, col pretesto di fondare colonie militari in tutto il mondo, venne risollevato l'impero ormai indebolito assimilando i migliori elementi provinciali. I discendenti di coloro che erano stati accolti in seno alla città non erano anzi secondi ai vecchi cittadini per amore verso la nuova patria. La causa della rovina di Sparta e di Atene veniva piuttosto rinvenuta nel fatto di tenere i vinti in conto di stranieri. Di grande lucidità, capace di cogliere in estrema sintesi la essenza della politica romana, appare il passaggio del discorso di Claudio, riassunto da Tacito, in cui si afferma che "Romolo, fondatore della nostra città, fu invece così saggio che ebbe a considerare parecchi popoli in uno stesso giorno prima nemici e subito dopo concittadini".

E ancora Tacito fa concludere il discorso dell'imperatore con queste parole: i Galli "si sono assimilati a noi nei costumi, nelle arti, nei vincoli di sangue; ci portino anche le loro ricchezze, piuttosto che tenerle separate. O padri coscritti, tutte le cose che si credono ora antichissime, furono nuove un tempo".

E il retore greco Elio Aristide nel 143 d.C., magnificando la apertura di Roma verso gli stranieri, notava peraltro: "Vi è qualcosa che decisamente merita altrettanta attenzione e ammirazione di tutto il resto: voglio dire la vostra generosa e magnifica cittadinanza, o Romani, con la sua grandiosa concezione poiché non vi è nulla di uguale nella storia della umanità [...] voi avete dappertutto dato la cittadinanza, come una sorta di diritto di parentela con voi, a coloro che rappresentano il meglio per talento, coraggio e influenza, mentre gli altri li avete sottomessi come sudditi". "Nessuno di coloro che meritano potere e fiducia ne è escluso, ma al contrario una libera comunità è stata creata in tutta la terra, sotto la direzione di un responsabile unico, garante dell'ordine del mondo, che è il migliore possibile [...] E come le altre città hanno le loro frontiere e il loro territorio, questa città ha per frontiere e per territorio l'intero mondo abitato".

Si scorge un meccanismo di graduale estensione della cittadinanza che passa attraverso la romanizzazione dei territori che vengono assimilati culturalmente con lo stanziamento di municipi e colonie. L'universalismo romano presuppone sempre la adesione ai valori del *civis romanus*. Adesione ai valori romani e merito sono i pilastri di una politica di integrazione e di allargamento della *civitas*.

Una ulteriore evoluzione di questo percorso di assimilazione appare la costituzione di Caracalla del 212 d.C. Con questo editto l'imperatore concedeva la cittadinanza a tutti gli abitanti dell'impero. Peraltro erano esclusi dalla cittadinanza quegli stranieri che erano stati condannati a una pena che avrebbe comportato la perdita della cittadinanza per l'ordinamento romano.

Erano esclusi anche i *dediticii aeliani*, cioè gli schiavi manomessi che non avevano conseguito la cittadinanza per aver tenuto un comportamento turpe. Ciò ancora una volta in piena coerenza con una politica plurisecolare.

Sulla base di un papiro pubblicato a Giessen nel 1910 e contenente il testo, ancorché corrotto, dell'editto, si è giunti alla conclusione che la costituzione di Caracalla non operava tuttavia discriminazioni fra gli abitanti dell'impero: la cittadinanza era dunque concessa anche agli abitanti della campagna egiziana che non a caso all'indomani del 212 assunsero in massa il gentilizio Aurelio, in onore dell'imperatore. Non si doveva dunque distinguere fra appartenenti a comunità cittadine, giuridicamente strutturate, o residenti nei villaggi, non organizzati in forme statuali.

1.13.2. *Le conseguenze della costituzione di Caracalla*

Sulle ragioni di una decisione che avrebbe avuto conseguenze enormi sullo sviluppo della civiltà già gli storici antichi discutevano. Probabilmente a un impero sempre più sottoposto a spese militari ingenti per difendere i suoi sterminati confini poteva essere utile la estensione della *vicesima hereditatum* e della *vicesima libertatis* (Dione Cassio) che versavano i cittadini. Così come non si deve dimenticare che la dinastia dei Severi, a cui apparteneva Caracalla, era di origine nordafricana e l'imperatore era pure di madre siriana, ciò doveva renderlo particolarmente sensibile al problema dell'allargamento della *civitas*. L'imperatore aveva motivato peraltro il suo provvedimento con la necessità di far partecipi dei culti pubblici del popolo romano tutti gli abitanti dell'impero, portando così a compimento quel processo di romanizzazione che nel II secolo aveva coinvolto le élites di governo di molte comunità locali.

Certamente la estensione della cittadinanza fu il portato di una situazione da tempo ben preparata: nelle province occidentali la civiltà era invero ormai di impronta latina. Non a caso a partire da Traiano e fino a Marco Aurelio gli imperatori furono spagnoli, con l'eccezione di Antonino Pio, che era peraltro nato da una famiglia di origine gallica. In Oriente le élites greche erano tutte ormai romanizzate proprio grazie al fenomeno della doppia cittadinanza.

In ogni caso la conseguenza principale del provvedimento fu la estensione del diritto romano a tutti gli abitanti dell'impero.

Ci si è chiesti peraltro quale sia stata nei fatti la cogenza di questa estensione. Fin dal Mitteis si è invero osservato come continuassero tuttavia a trovare applicazione nelle comunità di neo-cittadini negozi e norme giuridiche non romane. Non è pensabile peraltro che la sopravvivenza dei diritti locali avvenisse a causa di una doppia cittadinanza, posto che non esistevano più comunità straniere; d'altro canto era assai diffusa la convinzione che ormai l'unico diritto in vigore fosse quello romano. D'altro canto la cancelleria imperiale cercava di scoraggiare l'uso di istituti non romani, come ben attesta la prassi rescrivente all'epoca di Diocleziano. Altrettanto significativa è la presenza in molti documenti, soprattutto egiziani, a partire dal 220 circa d.C., della clausola stipulatoria. Si voleva in questo modo attestare che le parti avevano riprodotto il contenuto del negozio nella forma della *stipulatio* romana. L'utilizzo improprio di questa clausola, anche per negozi unilaterali come il testamento o la manomissione di uno schiavo, da cui non potevano sorgere obbligazioni di natura contrattuale, è un indice di quanto fosse considerato cogente l'utilizzo degli schemi romani. Sta peraltro a testimoniare anche la grave impreparazione delle classi giuridiche locali.

È dunque probabile che l'utilizzo dei diritti locali, almeno là dove non contrastassero con norme cogenti e inderogabili, dipendesse dalla tolleranza delle autorità romane di fronte al difficile ostacolo rappresentato dalla assenza di una classe di giuristi capace di supportare un mutamento degli schemi giuridici così repentino. Ciò appare tanto più vero nelle province orientali dell'impero. Come chiarisce una *epistula* di Marco Aurelio agli Ateniesi, non è un caso che proprio nelle province orientali i cittadini romani di origine greca, che al suo tempo avevano conservato la doppia cittadinanza, continuassero ad applicare il loro diritto anche nell'appello a tribunali romani da tribunali attici. Il più ampio e profondo processo di romanizzazione delle province occidentali, che aveva condizionato lo sviluppo della stessa civiltà giuridica, spiega la minore resistenza in Occidente di diritti locali contrastanti con il diritto romano.

Non dimentichiamoci del resto che nei momenti di transizione fu sempre consentito, per periodi più o meno lunghi, l'utilizzo di ordinamenti preesistenti, anche se ciò, come accadde per esempio all'indomani dell'unità d'Italia, venne normalmente disciplinato da leggi apposite.

D'altra parte la estensione del diritto romano a nuove comunità e ad un numero enorme di cittadini provenienti da altre esperienze giuridiche e il progressivo assorbimento nelle élites di governo di soggetti formatisi in realtà caratterizzate da peculiarità giuridiche, determinò anche un fenomeno inverso, vale a dire l'accoglimento nella legislazione imperiale di norme nuove ispirate a concezioni provinciali.

Ulteriore problema è quello che riguarda l'amministrazione delle comunità locali.

Al riguardo l'editto di Caracalla non conteneva alcuna innovazione. L'unica differenza che si produsse fu dunque che tutte le *civitates*, fossero esse

Latinae o *peregrinae*, erano ora divenute *civitates Romanae*. Ciò non comportò tuttavia l'adeguamento delle strutture amministrative delle *civitates peregrinae* al municipio o alla colonia. Paiono infatti persistere le preesistenti strutture senza che si fosse realizzata una estensione del sistema duovirale o quattuorvirale. Ciò appare conforme con quanto era del resto avvenuto già in età repubblicana all'inizio del processo di espansione: in una prima fase le comunità annesse avevano infatti mantenuto gli organi originari, soltanto dopo la loro assimilazione si era esteso un impianto comune. La romanizzazione dovette tuttavia consentire un intervento diretto delle autorità romane.

Per quanto concerne la giurisdizione le antiche città libere conservarono verosimilmente la loro originaria competenza, mentre quelle comunità che non avevano in precedenza organi giurisdizionali propri non pare li abbiano ottenuti a seguito dell'attribuzione della cittadinanza.

2.
Il processo civile e il processo criminale. Il diritto criminale

2.1. *La* cognitio extra ordinem *in campo civile*

Come è noto, nel 17 a.C. Augusto aveva riformato il processo privato abrogando definitivamente la procedura *per legis actiones* e stabilendo dunque come unico sistema processuale quello *per formulas*.

A Roma vi erano quindi il pretore urbano, il pretore peregrino e gli edili che utilizzavano nelle sfere di loro competenza il processo formulare. A partire da Traiano i *consulares* e con Adriano i *iuridici*, relativamente alle cause considerate di alta giurisdizione, giudicavano utilizzando lo schema formulare nei distretti in cui era stata divisa l'Italia. Infine impiegavano il processo formulare i governatori delle province nelle liti che coinvolgevano cittadini romani.

Da Augusto, tuttavia, iniziò ad utilizzarsi anche un nuovo tipo di processo. L'occasione fu il riconoscimento dei fedecommessi, disposizioni di ultima volontà in cui ci si rimetteva alla *fides* dell'erede o del legatario per l'esecuzione. Stabilendo il carattere vincolante di queste disposizioni, non più dunque lasciate alla mera buona fede dell'obbligato, Augusto affidò ai consoli la competenza sulle relative controversie; con Claudio venne istituito un apposito *praetor fideicommissarius*.

I consoli a tale scopo impiegarono una *cognitio extra ordinem*, cioè una procedura che stava fuori dall'*ordo iudiciorum privatorum* incentrato sull'impiego delle *formulae*. La stessa procedura venne poi utilizzata anche per altre cause, così per esempio per le pretese alimentari fra parenti, per il pagamento di onorari conseguenti a prestazioni lavorative legate all'esercizio delle *artes liberales* (avvocato, medico etc.), in materia di tutela, di libertà, di *status familiae*. Le forme della *cognitio* vennero assunte pure dai funzionari imperiali nell'esercizio delle loro funzioni giurisdizionali. Così la *cognitio* si estese alle violente spoliazioni del possesso di competenza del *prae-*

fectus urbi, alle liti relative al commercio del grano di spettanza del *praefectus annonae*, alle cause in materia di locazioni urbane di cui aveva iniziato a occuparsi il *praefectus vigilum*.

È possibile che l'impiego di una nuova procedura fosse conseguenza del fatto che la materia testamentaria, essendo strettamente legata a principi tradizionali, non si prestava a radicali innovazioni tramite la *iurisdictio* pretoria, ma è anche possibile che in realtà dietro questa innovazione vi fosse il lucido disegno di Augusto, che ancora una volta, per gradi, tendeva a realizzare un percorso di accentramento e proprio a partire da quelle occasioni in cui si incideva in modo significativo sulla vita dei cittadini. Si coglie una analogia con quanto si stava attuando in altri campi con le nuove forme dello *ius respondendi*, della *commendatio* etc., non poteva mancare in questo disegno anche un intervento in ambito processuale.

L'aspetto più significativo della *cognitio extra ordinem* è infatti il rovesciamento dei principi tipici della procedura formulare, con la significativa riduzione della autonomia dei privati, che si riduce qui alla sola libertà di iniziare la causa, dopo di che tutto viene sussunto nello schema pubblicistico.

È pure significativo che il nuovo processo sia stato utilizzato in quei settori dove particolarmente forti erano i profili morali, come nel caso dei fedecommessi, in cui il principe voleva assicurare la protezione della buona fede. Il nuovo processo interveniva poi anche in settori socialmente delicati alla cui regolamentazione la politica imperiale aveva un interesse particolare: le locazioni urbane, la violenta spoliazione del possesso di un bene, la famiglia, il commercio del grano e dunque il sostentamento della popolazione.

L'intervento del principe in materia processuale era giustificato innanzitutto dalla sua *auctoritas*, ma va anche osservato che già nel 30 a.C. gli era stato conferito il potere di giudicare in grado di appello, eventualmente pure contro le sentenze del *iudex* formulare. Proprio questa possibilità sta a testimoniare il forte interesse politico del principe a interferire persino nella giurisdizione formulare.

In età repubblicana un processo simile alla *cognitio* si ritrova solo nel campo della giustizia amministrativa. I Romani infatti non concepivano che lo stato potesse stare su un piano di parità con i privati. In ogni atto in cui è presente lo stato questo vi porta il suo carattere sovrano e il rapporto non può che essere di diritto pubblico, un rapporto cioè in cui si afferma la supremazia dello stato. Non vi era dunque ricorso a un *iudex* privato nelle cause che coinvolgevano lo stato, ma era lo stesso magistrato che rivedeva l'atto emanato e decideva dopo aver assunto la cognizione della causa.

È opportuno quindi chiarire quali fossero le caratteristiche di questi processi *extra ordinem*, che per verità assumeranno una forma unitaria solo a partire dal III secolo d.C.

Innanzitutto scompare la duplicità di fase tipica dei processi privati repubblicani: *in iure* e *apud iudicem*. Il processo non ha dunque più carattere arbitrale. Il giudice è unico dall'inizio alla fine della lite ed è sempre un organo pubblico. La citazione in giudizio non è poi più un atto privato, ma ha carattere autoritativo ed è fatta direttamente da un pubblico ufficiale. Non è nemmeno necessaria la presenza delle parti per lo svolgimento del processo, prima invece indispensabile, dal momento che la causa prosegue ora anche nella contumacia del convenuto. Il magistrato o il funzionario che istruisce e decide la causa in nome dello stato gode di larghezza di poteri nella conduzione del procedimento, nella ammissione delle prove, nella valutazione del merito della controversia, non più condizionata dalla presenza delle *formulae*; ha tuttavia una minore discrezionalità nell'apprezzamento delle prove dal momento che si fissano al riguardo alcuni criteri legali come per esempio la prevalenza del documento sulla testimonianza orale. La sentenza di condanna esprime la volontà dello stato che applica il diritto al caso concreto. Di conseguenza si intende realizzare direttamente la pretesa dell'attore: l'esecuzione forzata poteva essere disposta direttamente dal giudice che aveva emesso la sentenza evitando all'attore l'onere di una procedura esecutiva separata; la restituzione è attuata da funzionari ai danni del convenuto.

Si presuppone una tendenza all'unificazione dei sistemi e dunque non vi è più distinzione fra *actiones in ius conceptae, utiles* o *in factum*. L'*exceptio* sta sullo stesso piano dell'azione e appare come un contro diritto del convenuto. Il processo accentua quella libertà espressiva che aveva già caratterizzato il processo formulare.

Viene introdotto l'istituto dell'appello che è rivolto direttamente all'imperatore anche se poi la competenza a giudicare viene attribuita a funzionari di rango elevato.

Già nel II secolo d.C. il processo formulare appare in grave crisi nelle province, soltanto a Roma sembra resistere, come del resto attestano i grandi commenti *ad edictum* dei giuristi severiani. È dunque dalle province che parte la spinta a trasformare il processo della *cognitio extra ordinem* nel processo ordinario romano.

2.2. *L'evoluzione del processo criminale*

All'inizio del principato il sistema della repressione criminale si incentrava sulle *quaestiones perpetuae*. Augusto aveva invero abrogato il processo comiziale con una *lex Iulia* del 17 a.C. che aveva riformato l'*ordo iudiciorum publicorum*, razionalizzando nel contempo le *quaestiones* mediante la unificazione delle differenti procedure. Con questa legge furono dunque fissate in modo dettagliato nuove regole che toccarono fra l'altro la capacità di giudicare, la dispensa dall'ufficio di giudice (*Vat. Frag*. 197-198), il numero dei *patroni*, le limitazioni del diritto di accusa, la difesa degli assenti (C. 9.2.3), il divieto di testimoniare nei confronti di persone legate da parentela o affinità, la formulazione della *postulatio* (D. 48.2.3 pr.-1). Fu ridotta da 30 a 25 anni l'età minima per far parte delle corti giudicanti. Furono esclusi i senatori dal momento che le tre (poi quattro a partire da Caligola) decurie di giudici, composte ciascuna da mille persone, erano estratte ora dall'ordine equestre. I *tribuni aerarii* erano stati già eliminati da Cesare.

Numerose leggi augustee provvidero a dettare una disciplina più minuziosa di alcune fattispecie di reato, come nel caso della *lex de vi publica et privata* del 17 a.C., che riguardava ipotesi di violenza contro pubbliche istituzioni o privati cittadini o come la *lex de maiestate*, che specificava le varie specie di offesa alla maestà del popolo romano. Talvolta la legislazione augustea mitigava quella repubblicana, come nel caso della *lex de ambitu* del 18 a.C., che si inseriva peraltro in un contesto in cui la competizione elettorale stava ormai perdendo gran parte del suo significato. Anzi, la relativa benevolenza con cui veniva ora considerato questo reato è la chiara testimonianza della progressiva svalutazione dell'idea di sovranità popolare.

Da Augusto vennero anche istituite due nuove *quaestiones*: una in materia di adulterio, che represse l'unione sessuale di una donna sposata con un terzo, l'incesto, lo stupro, cioè l'unione sessuale tra un uomo e una donna non sposata di buoni costumi, il lenocinio, cioè lo sfruttamento e il favoreggiamento dei crimini menzionati; l'altra relativa a reati connessi con l'incetta di derrate alimentari e altre forme di speculazione inerenti a questo settore.

Dopo Augusto non vennero istituite nuove *quaestiones*, ma durante il primo secolo d.C. mediante senatoconsulti si provvide a estendere il campo di applicazione delle leggi istitutive delle singole *quaestiones* esistenti, consentendo così la repressione di nuove figure di reato. Degni di nota sono alcuni senatoconsulti risalenti all'età di Tiberio che allargarono la fattispecie del falso, in particolare in materia testamentaria e in ambito di prova documentale e testimoniale.

Per i casi non coperti dal processo delle *quaestiones*, ovvero laddove fosse necessaria una repressione più rigorosa – per esempio nei confronti dei militari – o con riguardo a soggetti esclusi dalla procedura ordinaria, residuava l'*imperium* magistratuale. La *provocatio* conserva il significato che aveva ormai acquisito già in età repubblicana vale a dire una specie di eccezione di incompetenza con cui ci si opponeva a una persecuzione autonoma del magistrato, e si chiedeva la devoluzione del procedimento all'organo competente.

2.3. *La* cognitio extra ordinem *in campo criminale*

Un sistema siffatto non doveva tuttavia apparire compatibile con la ideologia del principato.

Le *quaestiones* non erano controllabili dal *princeps* sia per il numero assai vasto di coloro che erano inseriti nelle liste, sia per le modalità di reclutamento dei giudici. Il fatto poi che a giudicare fossero cavalieri consentiva una certa autonomia e indipendenza nei confronti della politica giudiziaria del principe. D'altro canto la discrezionalità dei magistrati nell'esercizio dell'*imperium* era in controtendenza con lo svuotamento sostanziale del loro ruolo.

In virtù dell'*auctoritas* e dell'*imperium* (*proconsulare*) *maius et infinitum* il principe poteva in verità interferire nella repressione dei reati, senza contare poi la clausola discrezionale contenuta nella *lex de imperio* che gli attribuiva poteri assai ampi di intervento consentendogli di *agere facere quaecumque ex usu rei publicae maiestateque divinarum humanarum publicarum privatarumque rerum esse censebit*.

Poteva in altre parole esercitare la repressione connessa con l'*imperium* per crimini non previsti dalle *leges publicae*, e al di fuori da forme e concetti tipici della procedura ordinaria, ma poteva anche avocare a sé la cognizione di ipotesi delittuose per le quali fosse "preordinata una specifica *quaestio*" (Santalucia). Inoltre nel 30 a.C. a Ottaviano sarebbe stato attribuito mediante plebiscito il potere di giudicare in appello. Il che dunque fondava una prerogativa nuova di intervento nella giurisdizione che tradisce comunque un forte interesse a occuparsi in prima persona della amministrazione della giustizia, ad avere l'ultima parola in tema di processi.

Non è quindi casuale se dopo Augusto non saranno più istituite nuove *quaestiones*, e anzi si tenderà, in specie a partire dal II secolo, mediante una interpretazione restrittiva delle leggi istitutive delle *quaestiones* esistenti, a escludere dal loro ambito di applicazione "numerosi atti illeciti più o meno analoghi" (De Francisci). Contemporaneamente si era andato fissando il principio che per tutti i delitti commessi al di fuori di Roma era competente il principe, che a sua volta delegava la giurisdizione in via generale e permanente a suoi funzionari.

Anche nell'urbe l'imperatore occuperà presto gli spazi di giurisdizione su cui non si estendeva l'intervento delle *quaestiones*. E anche in questo caso ci si servì della delega di poteri da parte del *princeps*. Da qui trae origine la competenza del *praefectus urbi* che fino a parte del II secolo d.C. venne comunque limitata alle materie connesse con le sue funzioni, per poi estendersi, verso la fine del II secolo, a tutti i reati commessi a Roma e nel raggio di cento miglia dalla capitale, soppiantando così la giurisdizione delle *quaestiones*. Similmente, al *praefectus annonae* e al *praefectus vigilum* vennero via via attribuite competenze giurisdizionali per reati commessi in materie di loro competenza, come ad esempio l'incetta di grano e di altri generi alimentari, nel caso del prefetto dell'annona, mentre il *praefectus vigilum* poteva procedere, come ci informa Paolo, "contro gli incendiari, gli effrattori, i ladri, i rapinatori, i ricettatori, salvo che si tratti di persone tanto scellerate e infami da dover essere rimesse al *praefectus urbi*" (D. 1.14.3.1). Parallelamente, al prefetto del pretorio venne conferita la giurisdizione per tutti i reati commessi nella parte di Italia non soggetta alla giurisdizione del *praefectus urbi*. Con i Severi al prefetto del pretorio venne poi attribuito anche il compito di giudicare al posto dell'imperatore (*vice sacra*) nelle cause d'appello per giudizi pronunciati in ogni parte dell'impero.

Nelle province la giurisdizione criminale era di competenza dei governatori. Questi la esercitavano direttamente nei confronti dei non cittadini. All'inizio si tendeva a replicare, per i reati corrispondenti, la procedura prevista dalle *leges publicae*, vale a dire quella delle *quaestiones*, che vennero però qui più rapidamente che a Roma sostituite da forme di *cognitio extra ordinem*. Anche nei confronti degli stranieri si riconobbe peraltro la possibilità di appello al principe.

Qualora invece si trattasse di reati commessi da cittadini, passibili di pena capitale, l'imputato poteva richiedere di essere giudicato a Roma nelle forme del processo delle *quaestiones* ovvero dal tribunale imperiale o senatorio a seconda delle specifiche fattispecie di reato.

Nel corso del I secolo d.C., per l'impossibilità di mantenere concentrato a Roma un numero sempre crescente di processi, gli imperatori iniziarono a delegare il potere di condannare alla pena capitale (*ius gladii*) laddove si trattasse di soldati cittadini romani. Tale potere venne esteso successivamente anche con riguardo ai cittadini romani non soggetti al servizio militare e residenti nelle province. All'epoca dei Severi i governatori avevano ormai acquisito una generale competenza nei confronti di tutti gli abitanti delle province potendo al riguardo condannare a morte ovvero ai lavori forzati nelle miniere.

Rimaneva la possibilità di fare appello al principe e tuttavia i governatori erano autorizzati da costituzioni imperiali a rifiutare quelle richieste di appello fatte esclusivamente a scopo dilatorio ovvero laddove le sentenze fossero fondate sulla confessione dell'imputato. Così pure, Modestino ricorda come, sempre sulla base di costituzioni imperiali, potessero essere immediatamente eseguite le sentenze di condanna contro "famosi briganti, suscitatori di sommosse, capi di fazioni" (D. 49.1.16).

Alla luce di quanto osservato si spiega dunque come in numerosi passi di giuristi del secondo secolo d.C. le *quaestiones* appaiano una forma processuale ormai superata.

2.3.1. *Caratteri della* cognitio extra ordinem *criminale*

Il processo della *cognitio*, pur essendo caratterizzato alle sue origini da una diversità di forme legata alla pluralità e alla contingenza degli atti istitutivi, viene poi ad assumere una certa coerenza e una specifica identità.

Innanzitutto si caratterizza e si differenzia rispetto al sistema delle *quaestiones* per il rito tipicamente inquisitorio. È proprio da qui che trae origine il procedimento inquisitorio che è stato per secoli un modello.

L'accusa viene infatti promossa dallo stesso organo che istruisce poi la causa ed emette infine la sentenza.

Si ha contestualmente una restrizione della legittimazione ad accusare: se dai tempi della *lex Servilia* l'accusa era stata aperta a tutti i cittadini tranne alle donne ed ai minori, perché esclusi dal godimento dei diritti politici, ora solo un organo statale può promuovere l'accusa, a eccezione di quei reati in cui sia assolutamente preminente l'interesse dell'offeso dal reato, come nei casi di violenza carnale, ratto, adulterio, ingiurie gravi. Quest'ultimo caso richiama l'istituto della querela di parte, ancorché se ne distingua per il fatto che la querela, oltre che condizione di punibilità di un reato è anche condizione di procedibilità, nel senso che rimuove un limite all'esercizio dell'azione penale da parte del pubblico ministero, laddove invece nel processo della *cognitio* era la stessa parte offesa o i suoi prossimi congiunti a esperire l'azione.

Con una ulteriore, significativa innovazione rispetto al processo delle *quaestiones*, all'accusa vengono ora ammesse anche le donne e i minori. È peraltro degno di nota come pure in queste ipotesi si rimanga nel campo del processo pubblico senza ridurre le fattispecie a *delicta* perseguibili nelle forme del processo privato.

In certi casi l'accusa diventa addirittura obbligatoria, come in quello di adulterio, in cui il marito diviene complice della attività criminosa se non promuove l'accusa: il reato si trasforma anzi nel titolo, diventando sfruttamento della prostituzione.

L'accusa è dunque qui "pubblica" nel senso moderno di accusa riservata a un organo dello stato.

La grande flessibilità del processo della *cognitio* in cui la pena non è rigidamente fissata in una legge, permette lo sviluppo di un ampio sistema di circostanze del reato, aggravanti e attenuanti, che consentono una maggiore adeguatezza della pena alla personalità del reo e alle modalità di esecuzione del reato. Erano proprio le costituzioni imperiali a invitare i giudici a considerare le circostanze del caso concreto per "non infliggere una pena più grave o più lieve rispetto a ciò che la situazione particolare richiedesse".

Si riduce la parte destinata al dibattimento, che era invece la parte centrale, più importante del processo delle *quaestiones*. Ciò avviene a causa dello sbilanciamento dei rapporti fra accusa e difesa, che, da paritari come erano nel sistema delle *quaestiones*, vedono invece ora una importanza assolutamente prevalente della accusa a seguito della concentrazione in un unico organo delle funzioni accusatorie e giudicanti.

Le prove vengono coerentemente assunte direttamente dall'accusa.

In questo contesto si spiega la affermazione della tortura, che era del tutto estranea al sistema penale repubblicano, in quanto in contrasto con la libertà e la dignità del *civis romanus*, anche se la giurisprudenza cerca ora di limitarne l'impiego e gli effetti, affermando che non può essere l'unico strumento su cui fondare una sentenza di colpevolezza. Si sviluppano pure le delazioni, anche se vengono vietate le delazioni anonime, sul cui fondamento non è possibile promuovere la pubblica accusa.

Sulla scorta di un rescritto di Traiano (D.48.19.5 pr.), viene peraltro affermato un importante principio che sarà poi riassunto nel brocardo *in dubiis pro reo*: non si può condannare sulla base di semplici sospetti, ma occorre che l'accusa si fondi su prove concrete. Traiano giunge ad affermare un principio di grande civiltà giuridica in base al quale è meglio lasciar impunito un reo che condannare un innocente.

Con i Severi sembra introdursi anche il principio che per condannare *ad metalla* o alla pena capitale occorre la presenza in giudizio dell'imputato: un processo in contumacia avrebbe potuto solo portare a irrogare pene pecuniarie, pene che incidano sulla onorabilità del condannato (*poena existimationis*) o la pena della *relegatio*.

Come si è visto, diventa una regola l'istituto dell'appello.

2.4. *La competenza processuale del senato*

Nell'età del principato si sviluppa anche una competenza giurisdizionale del senato nel campo della repressione criminale. Una competenza giurisdizionale criminale non era mai spettata in precedenza al senato in quanto organo della *res publica*, ma il senato aveva già assunto in età repubblicana un ruolo significativo in materia.

Intanto fu proprio il senato a istituire *quaestiones extraordinariae*. Ai senatori fu poi attribuito il compito, con varie leggi, di entrare a far parte delle commissioni giudicanti (*quaestiones perpetuae*). L'idea dunque che i senatori fossero dotati di un *munus iudicandi* in campo criminale si era affermata già in età repubblicana.

Fu proprio l'esclusione dei senatori dalle *quaestiones* che probabilmente indusse a utilizzare il senato in un'altra forma di processo.
Ci si muoveva nello spirito originario: attribuire al senato una specifica competenza laddove fossero coinvolti suoi membri o comunque membri dell'amministrazione dello stato, e laddove fossero coinvolte ipotesi di reato che riguardavano la sicurezza dello stato.

Che si trattasse in realtà, almeno per quanto riguarda le intenzioni di Augusto, di una evoluzione del regime delle *quaestiones*, anche se per mezzo della legittimazione espressa da una sostanziale delega imperiale, lo si ricava anche dalla procedura che non solo accoglie il modello accusatorio, a differenza del processo della *cognitio*, ma replica nelle sue linee essenziali il sistema delle *quaestiones*: la richiesta di poter accusare (*postulatio*) presentata ai consoli, l'accettazione della accusa (*receptio*), il ruolo assorbente del dibattimento che presuppone la presenza dell'imputato, e che può essere costretto anche con la forza a comparire in giudizio. Il dibattimento inizia con la relazione del magistrato che presiede il processo a cui seguono le orazioni dell'accusatore e poi dell'accusato o dei suoi difensori; quindi, nel contraddittorio fra le parti, si ha la fase rilevante di assunzione delle prove, in specie di quelle testimoniali. È pure significativo il fatto che il tempo concesso all'accusato sia superiore rispetto a quello concesso all'accusatore, che ne ha normalmente un terzo in meno a disposizione. È evidente come il tribunale senatorio appaia un aggiustamento di quello delle *quaestiones* per garantire che i membri del senato, ancorché espulsi dalle *quaestiones*, continuassero a venire giudicati da loro pari nei reati che li coinvolgevano.

Per quanto concerne il contenuto della sentenza vi è tuttavia una significativa evoluzione rispetto al processo delle *quaestiones*, legata al fatto che non vi è qui il condizionamento della legge istitutiva. I senatori, che nella evoluzione della struttura del tribunale senatorio votano in blocco, non si pronunciano più infatti solo sulla colpevolezza dell'imputato, ma definiscono anche la entità della pena. Si fanno qui sentire pure quelle esigenze di maggiore flessibilità della pena che determinarono nel processo della *cogni-*

tio la considerazione delle circostanze del reato. Il principe può sempre intervenire ponendo la *intercessio* e impedendo la formazione della sentenza.

Nei confronti della sentenza era sempre ammesso un intervento di clemenza del principe o eventualmente dello stesso senato. Non sembra invece dimostrata la ammissibilità dell'appello.

Un collegio di *recuperatores* provvedeva eventualmente alla determinazione pecuniaria delle somme che andavano restituite a terzi danneggiati dal reato.

La generalizzazione delle competenze del tribunale senatorio avviene con Tiberio. Durante il suo principato al senato venne infatti attribuito il compito di giudicare un numero crescente di reati, fra cui l'omicidio, la rapina, reati di violenza, l'adulterio, lo sfruttamento della prostituzione, il falso, la calunnia. Si accentua ovviamente anche l'aspetto di foro interno, per cui il senato finisce con l'essere l'organo specificamente deputato a giudicare i reati commessi da membri dell'ordine senatorio.

La competenza del senato inizia a declinare con Commodo per essere poi definitivamente assorbita dalla *cognitio* imperiale all'epoca di Alessandro Severo.

2.5. *Il sistema delle pene e l'evoluzione delle principali figure criminose*

Il sistema delle pene subisce alcuni cambiamenti di grande rilievo che riflettono i diversi valori della nuova forma di governo.

Innanzitutto con il sistema della *cognitio* salta il principio, che in altre epoche sarà espresso con il brocardo *nullum crimen, nulla poena sine lege*, che si era andato affermando in età repubblicana all'interno del sistema delle *quaestiones*, e che aveva finito con il configurare come ipotesi eccezionali la prassi dei senatoconsulti ultimi – con cui si affidava ai consoli in situazioni di emergenza il compito di prendere qualsiasi misura per garantire la salvezza della repubblica – così come le residue forme di *coercitio* magistratuale. La *cognitio*, proprio in quanto *extra ordinem*, si sviluppa al di fuori degli schemi dell'*ordo iudiciorum publicorum* che presupponevano una preventiva definizione legislativa del reato e della rispettiva pena. Il punto di partenza della *cognitio* è ben simboleggiato dalla prassi provinciale ove il nuovo processo si affermò subito con grande ampiezza: qui il potere coercitivo del governatore gli attribuisce il diritto-dovere di reprimere qualsiasi comportamento che possa turbare l'ordine pubblico. Ulpiano (D. 1.18.6.8) afferma testualmente: "Coloro che hanno la responsabilità del governo delle province, hanno il diritto di mandare a morte ed è loro concessa la facoltà di condannare ai lavori forzati".

Nelle province l'esercizio della *cognitio* e l'esercizio della *coercitio*, soprattutto nella prima fase, sostanzialmente si sovrappongono.

Più in generale il cambiamento dei principi è ben espresso da Tacito (*dialog. de orat.* 19.5) laddove afferma che al suo tempo "i giudici [...1 svolgono il processo sulla base del loro potere, più che ispirandosi al diritto o alle leggi".

Si assiste inoltre a un rafforzamento del sistema sanzionatorio.

Da una parte si realizza una maggiore severità nelle pene che si accompagna a una pluralità di sanzioni, alcune di natura amministrativa.

A sua volta la molteplicità degli strumenti sanzionatori è in qualche modo ricollegabile alla maggiore discrezionalità concessa agli organi giudicanti nella determinazione della pena.

Si ha innanzitutto il ripristino della pena di morte intesa come *poena capitis*, laddove nell'ultima repubblica la pena capitale era ormai stata sostituita dall'esilio e invero con l'espressione *poena capitalis* si indica ancora, nell'età del principato, l'*aquae et ignis interdictio.*

La *poena capitis*, intesa letteralmente come decapitazione, era tuttavia riservata agli *honestiores*, vale a dire ai membri dell'ordine senatorio, ai decurioni delle comunità locali, agli *equites*. Agli *humiliores*, e cioè agli appartenenti ai ceti sociali più umili, si comminavano sanzioni più atroci quali la crocefissione, la vivicombustione o la *damnatio ad bestias*, cioè l'abbandono alle belve nel circo, che finiscono con l'acquisire le caratteristiche di pene a sé stanti, piuttosto che essere differenti modalità di attuazione di una unica sanzione. Per la loro particolare atrocità queste sanzioni vennero definite *summa supplicia*.

Accanto a esse furono previste altre pene che erano in qualche modo assimilabili per la gravità alle varie ipotesi di pena di morte, dal momento che l'esito finale era spesso la morte del condannato dopo notevoli sofferenze.

Così era per la condanna ai lavori nelle miniere (*damnatio in metallum*), che poteva anche assumere la veste meno grave di condanna ai servizi nelle miniere (*in opus metalli*) o ad altri lavori accessori nelle miniere (*in ministerium metallicorum*), così anche per la condanna ai giochi gladiatori od ai combattimenti con le belve.

Meno grave era la condanna ai lavori forzati per la costruzione di opere di pubblica utilità (*damnatio in opus publicum*) che, tuttavia, se perpetua, comportava la sanzione accessoria della perdita della cittadinanza.

La condanna all'esilio venne sostituita, a partire dall'età di Traiano, dalla deportazione in un'isola o in un'oasi del deserto, che era accompagnata dalla perdita della cittadinanza e dei beni.

Le pene che privassero il condannato della vita o della libertà, e in questo caso peraltro solo laddove ciò avvenisse a titolo perpetuo, comportavano la *servitus poenae*, cioè la perdita della capacità giuridica, lo scioglimento del matrimonio, la confisca dei beni, la perdita della capacità testamentaria attiva e passiva.

Di minore gravità era la *relegatio* in un'isola o in una certa città o regione, che poteva anche assumere la forma inversa del divieto di residenza in una certa città o in una certa regione e che a differenza della *deportatio* era spesso solo temporanea e non faceva perdere cittadinanza e patrimonio. La *relegatio* richiama per alcuni aspetti l'istituto del confino contemplato nel vecchio Testo Unico di pubblica sicurezza.

Pene autonome erano anche le bastonature o la fustigazione, la prima riservata agli *honestiores*, la seconda agli *humiliores*.

Si introducono poi sanzioni di tipo accessorio quali la confisca del patrimonio, o sanzioni amministrative come la interdizione dall'esercizio di uffici o professioni e la limitazione al conseguimento di incarichi pubblici (*honores*). Infine vi erano le pene pecuniarie (*multae*).

È interessante notare come il carcere non fosse una sanzione. Ciò discendeva dalla residuale alta concezione che i romani avevano della libertà individuale che li portava a considerare inconcepibile che un uomo potesse essere stabilmente rinchiuso in una cella. Al carcere si ricorreva peraltro, come già in età repubblicana, con funzioni preventive, per custodire chi fosse in attesa di giudizio, ma sempre per periodi limitati.

La previsione di pene distinte a seconda delle condizioni sociali dei rei mette in crisi il principio repubblicano della eguaglianza dei cittadini dinnanzi alla legge. A questo riguardo va pure considerato che lo stesso reato poteva essere sanzionato con pene diverse a seconda della provincia ove fosse stato commesso e anche a seconda della diversa frequenza della fattispecie criminosa in quel determinato frangente temporale.

Parallelamente alla evoluzione delineata in tema di sistema delle pene, va osservato come molte fattispecie originariamente afferenti allo schema privatistico dei *delicta* vengano ora sussunte entro la sfera pubblica, con la comminazione di una sanzione criminale al posto della pena privata.

Ciò si realizzò in particolare con riguardo al furto. In questa epoca storica il furto viene infatti sempre più attratto nella sfera criminale. Ciò vale innanzitutto per alcune ipotesi di furto qualificato come l'abigeato, i furti con scasso o con destrezza, ovvero per quei furti realizzati in particolari circostanze di tempo o di luogo: i furti notturni, i furti commessi nel domicilio del derubato, i furti commessi nei bagni pubblici. Ancora una volta il furto notturno viene dunque considerato come fattispecie caratterizzata da maggiore gravità. Egualmente colpita da pena pubblica è la ricettazione. Assimilato al furto e pure colpito con pena pubblica è il cosiddetto *crimen expilatae hereditatis*, vale a dire l'essersi impadronito di beni appartenenti a una eredità non ancora adita da colui a cui fosse stata deferita. Parallelamente, certe ipotesi di dolo consistenti in raggiri di una certa gravità su determinati beni vennero sanzionate criminalmente, facendole rientrare nello *stellionatus*.

Similmente la rapina commessa in occasione di naufragio venne fatta rientrare nella *vis privata* e punita in via criminale. Pure le offese morali e le offese all'onore vennero assorbite nella sfera pubblicistica e punite come *crimen* di *iniuria*.

Profonde modificazioni subì la configurazione dei reati quale si era andata delineando nel sistema delle *quaestiones*.

Il *crimen maiestatis*, ad esempio, risente della modifica della forma di governo e si trasforma da crimine contro lo stato romano e la sua sicurezza, in reato contro il principe e la nuova forma di regime. È evidente in questo la progressiva impersonificazione dello stato nella figura del principe. A un certo punto persino l'attentato alle immagini e alle statue del principe configurò il *crimen maiestatis*, così come il rifiuto di prestare giuramento nel nome dell'imperatore, reato che fu poi tipico dei cristiani e fu all'origine delle persecuzioni contro di essi. A queste fattispecie vennero assimilate ipotesi fra loro diverse come le pratiche magiche per conoscere il destino dell'imperatore o azioni militari condotte al di fuori delle istruzioni imperiali. La pena era per gli *honestiores* la decapitazione, per gli *humiliores* la vivicombustione o la esposizione alle belve del circo.

L'*ambitus*, esauritasi la funzione elettorale dei comizi, per un verso si ridusse alla corruzione elettorale nelle elezioni municipali, per l'altro si estese a ricomprendere alcune ipotesi di abuso di potere circa l'imposizione di tributi nelle province, e la pressione esercitata sui giudici nell'ambito di un processo penale. La pena rimase peraltro di natura pecuniaria, anche se a essa si accompagnava l'infamia.

Una evoluzione particolarmente interessante caratterizzò invece il *crimen repetundarum* che finì con il ricomprendere qualsiasi abuso commesso da magistrati o pubblici funzionari. La pena venne inasprita, con la comminazione della *deportatio*, mentre l'antica sanzione pecuniaria mutò carattere, e fu concepita come un'azione di ripetizione volta a risarcire i danneggiati.

Dalle *repetundae* si enuclea la figura della *concussio*, che prefigura la moderna ipotesi di concussione consistendo in una estorsione di prestazioni indebite mediante minaccia di provvedimenti ingiusti da parte di chi ricoprisse pubbliche funzioni. Alla *concussio* venne assimilata anche l'ipotesi di colui che, privato cittadino, minacciasse di accusare in un pubblico giudizio ovvero minacciasse di esercitare la funzione di testimone contro altri. La sanzione era molto grave e, per gli *humiliores*, poteva contemplare la condanna a morte.

Il *peculatus*, già previsto da una *lex Iulia*, oltre alla sottrazione di beni pubblici, si estende a comprendere la sottrazione di beni spettanti alle città e l'abuso di fiducia commesso da magistrati addetti ai pubblici registri. Veniva punito con la *deportatio*, se l'autore apparteneva al ceto degli *humiliores*, con la *relegatio*, se si trattava di *honestiores*.

Nel campo dei delitti contro l'amministrazione della giustizia, accanto alla *calumnia*, che si ricollegava al processo accusatorio e che presupponeva una accusa intentata al solo scopo di danneggiare un cittadino innocente, si prevede ora anche la *delatio*, che è legata al processo inquisitorio. La pena è la stessa prevista per il reato per cui fu fatta l'accusa o la delazione falsa.

Particolare interesse riveste la estensione del *crimen de sicariis et de veneficiis* previsto a suo tempo dalla *lex Cornelia*. Vi rientra infatti ogni atto volontario diretto a cagionare la morte di un individuo, ancorché straniero e pure se schiavo. Costituzioni imperiali e la stessa giurisprudenza attraggono nell'omicidio il procurato aborto, che viene comunque represso come reato autonomo a partire da Settimio Severo e da Caracalla. L'omicidio venne sanzionato con la *deportatio* qualora fosse stato commesso da *honestiores*, con la crocefissione o la esposizione alle belve nel caso l'autore fosse un *humilior*. L'uccisione di prossimi congiunti, considerata come forma aggravata di omicidio, fu punita con particolare durezza, prevedendo la condanna a morte mediante vivicombustione o esposizione alle belve. L'uccisione dei genitori venne punita con la antica *poena cullei*.

Notevole estensione ebbe il *crimen falsi* che viene ora a ricomprendere fra l'altro la creazione di false scritture, l'uso di falsi documenti, la sottrazione di documenti autentici, l'assunzione di falso nome, la simulazione di parto, alcune ipotesi di millantato credito, la divulgazione da parte del depositario di documenti del deponente. La pena consiste nella *deportatio* per gli *honestiores* e nella crocefissione per gli *humiliores*.

Il *crimen vis* subisce profonde modifiche, anche se non sempre facilmente accertabili. Fra le novità più interessanti rientranti nella *vis publica* troviamo la violazione del diritto d'appello commesso da chi fosse investito di pubblici poteri, l'attentato al libero svolgimento di un processo, ma anche atti che avrebbero dovuto rientrare nella *vis privata* come il ratto e il sequestro di persona. La pena può arrivare alla *deportatio* per gli *honestiores* nel caso delle ipotesi più gravi, mentre per gli *humiliores* consiste nella *damnatio ad metalla*.

È evidente il cambiamento della funzione della pena. Si è osservato come la sua funzione originaria fosse quella di ristabilire un equilibrio violato, funzione che conservò in parte in età repubblicana, pur nel manifestarsi di più specifiche esigenze di tutela dell'ordine pubblico e quindi di garanzia dei valori e dei principi costituzionali, come nel caso della sovranità popolare con l'*ambitus* o di tutela del buon nome di Roma e poi di correttezza della amministrazione, come nell'ipotesi di *repetundae*. Nel principato la pena mira soprattutto a garantire il nuovo ordine costituito, che si risolve nella difesa del potere imperiale e della sua effettività. È interessante al riguardo notare la sproporzione fra le sanzioni comminate per reati genericamente definibili contro lo stato, e reati che riguardano singoli cittadini. Al di là delle differenze fra *honestiores* e *humiliores*, basti rilevare come la *maiestas* prevedeva comunque una condanna a morte, mentre l'omicidio si risolveva, nel caso di autore appartenente al ceto degli *honestiores*, nella *deportatio*.

Nella stessa direzione va anche la progressiva attrazione nella sfera pubblica di ipotesi prima rientranti nell'ambito dei delitti privati, la cui originaria sanzione privatistica era invece proprio funzionale a quella logica di ristabilimento dell'equilibrio fra i consociati che era stato ingiustamente alterato.

E. L'EPOCA DEL DOMINATO

1.
La crisi

Nel III secolo dopo Cristo l'impero va incontro a un nuovo periodo di grave instabilità. Le avvisaglie si erano già manifestate con la uccisione di Commodo, il debole figlio di Marco Aurelio. La vittoria di Settimio Severo sui vari pretendenti al trono, che aveva ridato all'esercito un ruolo da protagonista nella imposizione dell'imperatore, aveva solo rinviato l'esplosione della crisi. Questa traeva origine certamente dal fatto che non vi era un sistema di regole certe e chiare destinate a disciplinare la successione, ma soprattutto dalla circostanza che mancava un organo capace di rappresentare la continuità istituzionale anche nel momento di morte del *princeps.* Questo ruolo, che fin dall'epoca monarchica era stato svolto dal senato, non poteva più essere sostenuto da una assemblea ormai assai indebolita nelle funzioni e nella rappresentatività.

In questo contesto ben poteva accadere che a partire da Caracalla quasi ogni imperatore fosse ucciso o dai soldati delle legioni, o dai pretoriani o persino per mano dei suoi più stretti collaboratori.

Di fronte alla forza di eserciti ormai composti quasi esclusivamente da mercenari, il senato finì con il soccombere sistematicamente, non rappresentando più interessi forti e diffusi all'interno della società romana, come accadeva invece con gli antichi *patres,* che erano ex magistrati eletti dal popolo.

D'altro canto la crisi a cui si avviava l'impero non era solo istituzionale, ma culturale e sociale.

Roma aveva saputo accogliere persone le più disparate per razza, per lingua, e per cultura; aveva metabolizzato elementi religiosi diversi. Roma, all'insegna del suo tendenziale universalismo, li aveva integrati, li aveva assimilati perché essi avevano in qualche modo ceduto alla supremazia dei valori identitari del *civis romanus,* di cui venivano semmai a costituire un arricchimento e un complemento. Con i Severi si avvertono i segnali di una dissoluzione incipiente della identità romana, sebbene ancora soltanto per opera dell'azione dei circoli imperiali di origine orientale. La imposizione a Roma del culto della divinità siriaca Baal, con il ricorso a pratiche orientalizzanti e la celebrazione di cerimonie del tutto estranee alla mentalità romana, era il segnale che ormai i valori tradizionali non erano più sentiti dagli stessi imperatori. Del resto ciò non poteva che essere naturale in un impero divenuto troppo grande e composito, in cui l'elemento su cui si fondava la legittimazione dell'imperatore, l'esercito, era costituito da genti sempre più spesso estranee al mondo romano, in cui interi popoli venivano accolti in qualità di *foederati* all'interno dell'impero, senza tuttavia perdere la propria sostanziale autonomia e identità.

La rilevanza dell'esercito era a sua volta una conseguenza del fatto che l'impero si trovava in una condizione di guerra permanente di fronte alla pressione costante e sempre più grave di popolazioni barbariche che giungono a sfondare i confini e a penetrare all'interno dell'impero.

Alla fine del II secolo d.C. l'esercito ammontava a circa 350.000 unità, una cifra impressionante se paragonata alla popolazione complessiva del tempo.

Parallelamente l'impero si avvia verso una crisi economica sempre più accentuata. Già Caracalla era dovuto ricorrere a una ulteriore, forte svalutazione del denario argenteo, fatto che testimonia la gravità delle condizioni economiche dell'impero.

Per fronteggiare le sempre crescenti spese militari, e fra queste la necessità di pagare adeguatamente un esercito che era in proporzione più costoso della moderna burocrazia italiana, si dovette incrementare la pressione fiscale. La tassazione colpì peraltro soprattutto le classi medio basse, e in particolare la piccola proprietà terriera, che era stata in passato la spina dorsale dello stato. Questo fenomeno, insieme con l'aumento del prezzo degli schiavi, conseguente alla drastica diminuzione delle guerre di conquista, finì per impoverire la classe media, favorendo la nascita di concentrazioni latifondistiche: i piccoli contadini non riuscivano infatti a sopportare da una parte un carico fiscale sproporzionato e la imposizione di gravose prestazioni personali, dall'altra un aumento crescente del prezzo dei mezzi di produzione.

Nel contempo i grandi latifondisti accordavano protezione ai villaggi contro i municipi o, contro lo stato, ai coloni che fuggivano dalle terre a cui erano assegnati, accoglievano sbandati di vario genere, organizzavano in proprio l'amministrazione della giustizia. Fondavano così un'economia chiusa e autosufficiente. Si giunge a costituire entità territoriali autonome che tendono a sottrarsi alla soggezione nei confronti del potere centrale. Specie in Occidente i grandi latifondisti, appartenenti all'ordine senatorio, arrivano a riscuotere le imposte in sostituzione degli esattori dello stato, e proteggono la diserzione dei coloni dall'esercito, sottraendo così risorse preziose e soldati.

In tale contesto era destinata ad accentuarsi la crisi agricola, legata alla minore produttività del latifondo, alla diminuzione del numero degli schiavi, alla minore tenuta delle frontiere e alla conseguente sempre più diffusa insicurezza per chi viveva nelle campagne, esposto ai rischi di scorrerie di vario genere. Ciò comportò la tendenza dei liberi contadini ad abbandonare la campagna.

Il potere imperiale reagì con rozzezza, imponendo un vincolo obbligatorio dei contadini alla terra.

Si sviluppa così il colonato. I coloni erano contadini di modeste condizioni che affittavano piccoli appezzamenti di terra ovvero lavoratori dei campi che prestavano la loro attività lavorativa dietro mercede.

Coloni si diventava non solo per contratto con il proprietario del fondo (*locatio rei* o *operarum*), ma anche per nascita, per usucapione, avendo risieduto come lavoratore su fondo altrui per 20 o 30 anni – a seconda che si fosse donne o uomini – si diventava coloni persino per misura penale.

Già da queste modalità di costituzione si coglie il carattere forzato e punitivo che viene ad assumere il colonato. E invero il colonato finì con l'implicare un sostanziale asservimento del contadino alla terra.

All'inizio venne configurato come reato l'allontanamento di un libero contadino da un fondo dato in affitto dallo stato, poi si estese a tutte le ipotesi di allontanamento da qualsiasi terreno, anche quelli privati. Il vincolo del contadino alla terra aveva la sua origine nella necessità di fronteggiare la penuria di manodopera schiavile che comportava una perdita di produttività dei terreni e quindi un minor gettito per il fisco imperiale.

Il regime vincolistico finisce con il colpire anche le associazioni professionali e più in generale la stessa appartenenza alle classi sociali. Così talune corporazioni che afferivano a settori ritenuti essenziali per la sopravvivenza della comunità statale, come quelle dei panettieri, dei battellieri, dei minatori, da associazioni private finalizzate a una migliore tutela degli interessi dei propri membri, si trasformano in associazioni al servizio dello stato. In origine il vincolo riguardava solo il patrimonio dei soci che era assoggettato alle spese del servizio, che doveva essere organizzato e gestito dagli associati. Poi il vincolo diventa personale, con l'obbligo di prestazione. Parallelamente si ha pure un vincolo di appartenenza alla corporazione, che è ad un certo punto addirittura ereditaria. Si arriva persino a marchiare con un segno rovente le braccia dei corporati per consentirne il riconoscimento e impedirne la fuga.

Persino i decurioni delle città, gli appartenenti ai senati locali, vennero vincolati alla curia, dovendo garantire con il proprio patrimonio i versamenti attesi dallo stato relativamente alla comunità di appartenenza.

È in questo contesto che si giunge a provvedimenti da economia pianificata come l'editto di Diocleziano sui prezzi, che intendeva fissare per legge il valore dei beni scambiati sui mercati. Il provvedimento, come tutti quelli che lo imitarono nel corso della storia, si rivelò un fallimento, generando solo la scomparsa delle merci dal commercio legale e alimentando il mercato nero con il conseguente innalzamento dei prezzi.

In un quadro siffatto si spiega come la libertà individuale, già fortemente compressa nell'età del principato, sia ora sostanzialmente annientata, la proprietà venga fortemente limitata da una serie di pesi e vincoli di varia natura e la forma di stato, ormai senz'altro dispotico, sia quella propria dello stato patrimoniale.

In una epoca di generale decadenza si stagliano tre figure di imperatori che in virtù della loro forte personalità e del prestigio goduto nei confronti dell'esercito tentarono riforme radicali della struttura dello stato. Questi furono: Diocleziano, imperatore fra il 285 e il 305 d.C., Costantino, che regnò dal 306 al 337 e Teodosio I, il Grande, imperatore dal 379 al 395.

2.
Il cristianesimo

2.1. *L'avvento del Cristianesimo*

"Date dunque a Cesare quello che è di Cesare e a Dio quello che è di Dio" (Mt 22. 21).

Mentre era imperatore Tiberio, dalla Palestina si sparse per le contrade dell'impero una rivoluzione che avrebbe cambiato il mondo nei secoli a venire: il cristianesimo. Fra le tante implicazioni che l'affermarsi della religione cristiana era destinata a determinare nel mondo romano, una fu certamente l'affermarsi del principio della laicità dello stato. Fino ad allora la religione era parte integrante della vita pubblica, della *civitas*, il magistrato aveva anche compiti religiosi, i sacerdoti erano pubblici funzionari, svolgevano cioè funzioni nell'interesse della comunità. Il cristiano non mette in discussione l'autorità costituita. Esemplare è un celebre passo di Paolo (Rom. 13. 1 e ss.): "Ciascuno stia sottomesso alle autorità costituite; poiché non c'è autorità se non da Dio e quelle che esistono sono stabilite da Dio. Quindi chi si oppone all'autorità, si oppone all'ordine stabilito da Dio. E quelli che si oppongono si attireranno addosso la condanna. I governanti infatti non sono da temere quando si fa il bene, ma quando si fa il male. Vuoi non avere da temere l'autorità? Fa' il bene e ne avrai lode, poiché essa è al servizio di Dio per il tuo bene. Ma se fai il male, allora temi, perché non invano essa porta la spada; è infatti al servizio di Dio per la giusta condanna di chi opera il male. Perciò è necessario stare sottomessi, non solo per timore della punizione, ma per ragioni di coscienza. Per questo dunque dovete pagare i tributi, perché quelli che sono dediti a questo compito sono funzionari di Dio. Rendete a ciascuno ciò che gli è dovuto: a chi il tributo, il tributo; a chi le tasse le tasse; a chi il timore il timore; a chi il rispetto il rispetto".

Il rispetto verso l'autorità è una costante del messaggio cristiano, come il rispetto della legge e la necessità della punizione per il malfattore, così Pietro (*1* Pt 2. 13) afferma: "siate soggetti, per riguardo a Dio, ad ogni istituzione umana: sia al re, come sovrano, quanto ai presidi, in quanto suoi inviati per punire i malfattori e premiare i buoni". Tutto questo non esclude, secondo una consolidata interpretazione patristica, la legittimità del tirannicidio, laddove la autorità sia illegittima ed eserciti il suo potere in modo violento e iniquo.

Il cristiano dunque è un buon cittadino, ma proprio perché ritiene che stato e religione debbano operare su piani distinti rivendica anche, per la prima volta nella storia, la libertà di coscienza, la libertà di credere, di praticare, di vivere la propria fede con atti concreti che si sostanziano nell'amore verso il prossimo (Paolo *Rom.* 13. 8). Il cristiano, per la prima volta nella storia, rivendica come un diritto inconculcabile la libertà religiosa.

Ed è proprio qui che si sostanzia la inconciliabilità del cristianesimo con la ideologia del principato.

2.2. *Le persecuzioni*

La Roma pagana aveva ammesso ogni divinità e ogni culto purché non fossero in contrasto con l'ordine pubblico. Aveva anzi accolto nel proprio pantheon elementi religiosi e divinità dei popoli con cui era venuta in contatto. Nella Roma repubblicana probabilmente il cristianesimo non avrebbe incontrato particolari difficoltà. Nel principato a tutti coloro che vivevano entro i confini dell'impero si richiedeva qualcosa in più: la obbedienza al potere dell'imperatore. Sennonché già "Cesare, e poi Augusto, avevano voluto ripotenziare la dimensione religiosa, sempre meglio unificando nella figura del capo l'umano e il divino: non perché credessero veramente a una loro divinità, ma perché avvertivano quanto tale unificazione risultasse preziosa per fondare e mantenere un potere che intendevano fosse, nella sostanza, totalizzante" (Lombardi). La sottomissione all'imperatore passava dunque in primo luogo dalla necessità per chiunque di venerare l'immagine e il genio dell'imperatore, di sacrificare a essi. Presupponeva pertanto anche una sottomissione delle coscienze, nell'ambito di un potere che non considerava legittima alcuna forma di dissenso, che negava dunque alla radice l'essenza della libertà religiosa.

Tutto ciò era per i cristiani inconcepibile. Il rifiuto di sacrificare al genio dell'imperatore e di venerare l'immagine del *princeps*, proprio in quanto concepito come ribellione all'autorità imperiale, era considerato *crimen maiestatis*.

È da qui che iniziano le persecuzioni, che avranno un andamento alterno per assumere una particolare recrudescenza proprio nella parte conclusiva del confronto fra cristianesimo e impero.

Una svolta si ebbe con Decio, che nel 250 d.C., allo scopo di consolidare il proprio potere, restaurando la religione romana tradizionale, impose a tutti i sudditi di sacrificare agli dei. Tutti dovevano manifestare la sottomissione della propria coscienza alla divinità stabilita dall'imperatore. Si doveva anzi compilare un apposito libello nominativo che attestasse l'avvenuto sacrificio. Era lo strumento per una sistematica persecuzione nei confronti dei cristiani. Pochi anni più tardi Valeriano mira direttamente a stroncare le gerarchie ecclesiastiche. Oggetto di un suo editto sono vescovi, preti e diaconi: a essi è fatto obbligo di sacrificare agli dei, in caso di rifiuto è prevista la *relegatio*. Ad essi viene pure proibito di celebrare il culto cristiano pena la condanna a morte.

Passano pochi anni e sulla Chiesa e sui cristiani si scatenerà la più dura persecuzione della storia.

Nel 284 sale al trono Diocleziano. Generale rude, di origine illirica, vi era in lui la forte consapevolezza della necessità di ripristinare la dignità dell'impero e di restaurare la romanità. Il rafforzamento del potere imperiale, e della figura dell'imperatore, riconosciuto ormai stabilmente come *dominus et deus*, passava attraverso la introduzione di un fasto e di un cerimoniale tipicamente orientali. Autorità e prestigio dell'impero romano passavano dunque per Diocleziano attraverso la necessità di affermare la sottomissione totale di tutti i sudditi. Da qui l'origine della ripresa delle persecuzioni nei confronti dei cristiani, nella cui caratterizzazione una parte non indifferente ebbe Galerio, Cesare di Diocleziano.

Così con quattro editti, a partire dal 303 e fino al 304, si sviluppa la repressione del cristianesimo.

Con il primo editto vengono impedite le riunioni a fini di culto, demoliti gli edifici sacri e confiscati tutti i beni inerenti al culto. I cristiani perdono la capacità di stare in giudizio.

Con il secondo editto vengono incarcerati vescovi e sacerdoti. Con il terzo editto si dispone che vengano liberati coloro che accettano di sacrificare agli dei.

Con il quarto editto, pare per iniziativa di Galerio, tutti i sudditi dell'impero hanno l'obbligo di sacrificare agli dei e all'imperatore. Chi rifiuta può essere condannato a morte od ai lavori forzati.

Non sembra peraltro che le disposizioni contenute negli editti abbiano avuto eguale applicazione in ogni parte dell'impero. In particolare in Occidente e in specie in Gallia e Britannia non pare che agli editti si sia dato corso. Subentrato Galerio a Diocleziano come Augusto, le persecuzioni si accentuarono e si ebbero numerosi martiri fino a quando, ammalatosi gravemente, nel 311 l'imperatore pubblicò a Nicomedia un editto di tolleranza in cui, pur accusando i cristiani per aver abbandonato la religione dei padri, si prendeva atto della inutilità delle persecuzioni e si concedeva il perdono ai seguaci di Cristo, consentendo loro di tornare a essere cristiani e di riunirsi nei luoghi di culto, purché non compissero nulla in violazione delle leggi. In cambio, si obbligava i cristiani a pregare il loro Dio per la salute dell'imperatore e dello stato.

Era non solo una dichiarazione di resa, ma un riconoscimento implicito del Dio cristiano. Cinque giorni dopo l'imperatore si spegnava fra orribili tormenti.

Di lì a pochi anni si sarebbe avuta la svolta definitiva nei rapporti fra impero e cristianesimo.

2.3. *L'editto di Milano*

A Milano nel 313 d.C. gli imperatori Costantino e Licinio emanavano un editto con cui, per la prima volta nella storia, riconoscevano a chiunque la libertà religiosa: "alla discrezione e alla volontà di ciascuno deve essere permesso di trattare le cose religiose secondo la propria preferenza" (Euseb. *hist. eccl.* 10.5), aggiungendosi che "abbiamo deciso di accordare ai cristiani e a tutti gli altri la libertà di seguire la religione che ciascuno crede, affinché la divinità che sta in cielo, qualunque essa sia, a noi e a tutti i nostri sudditi dia pace e prosperità" (Lact. *de mort. persecut.* 48). Non solo la libertà di credere, ma anche di professare: "Noi credemmo che fosse un ottimo e ragionevolissimo sistema di non negare ad alcuno dei nostri sudditi, sia esso cristiano o di altro culto, la libertà di praticare la religione che vuole".

Si arriva addirittura a prevedere lo stanziamento di risorse pubbliche per indennizzare quei privati che dovranno restituire beni prima appartenenti a cristiani e poi passati di proprietà in seguito a confisca. In questo contesto tra le nubi oscure del dominato fa tra l'altro la comparsa, all'insegna di principi di equità, un barlume di stato di diritto, quanto meno si coglie l'importanza del rispetto dei cosiddetti diritti quesiti.

Con l'editto di Milano, dunque, non vi è più semplice tolleranza di un fenomeno comunque giudicato negativamente, c'è concessione di libertà.

Non è peraltro ancora l'idea che la libertà religiosa, come la libertà di pensiero, di parola, di riunione e di associazione, sia un diritto che appartiene a ogni uomo in quanto tale e che dunque non ha bisogno di concessione da parte dello stato, ma prescinde dallo stato, è piuttosto "naturale". Era questa invece la visione cristiana, che già Tertulliano (Tertull. *ad scapulam.* 2) aveva enunciato: "è di diritto umano e di libertà naturale, per ciascuno, di praticare il culto secondo quanto egli crede, né ad alcuno è di impedimento o di giovamento la religione di un altro. Né compete alla religione di costringere alla religione, che deve essere scelta spontaneamente".

L'editto di Milano è il primo riconoscimento formale della libertà religiosa in favore di tutti, come libertà di coscienza e di culto, è la rinuncia alla commistione fra stato e religione, è dunque la piena realizzazione del precetto evangelico del "date a Cesare ciò che è di Cesare e a Dio ciò che è di Dio". Si creava il presupposto, a cui nei secoli seguenti non si darà tuttavia seguito, per la laicità dello stato.

Si chiudeva così l'era delle persecuzioni e se ne apriva un'altra in cui il potere temporale iniziò peraltro a utilizzare la nuova religione per garantire forza e autorevolezza all'autorità imperiale e per dare un nuovo cemento spirituale e culturale, comune a tutti gli abitanti dell'impero. Per dare in sostanza una nuova identità a Roma.

2.4. *Il cesaropapismo*

A seguito dell'editto di Milano la chiesa può emergere definitivamente e strutturarsi liberamente dando vita a una organizzazione che sarà influenzata fortemente dal diritto romano e dalla organizzazione dell'impero e che, consolidandosi, riconoscerà nel vescovo di Roma il suo unico capo. Nei secoli successivi si fronteggeranno dunque due strutture: la chiesa e lo stato con due compiti distinti, la prima quello di rispondere all'esigenza spirituale dell'uomo derivante dal rapporto con la divinità, il secondo quello di risolvere l'esigenza di una ordinata convivenza sulla terra.

Presto sarebbe tuttavia sorta la tentazione del potere temporale di servirsi della religione come *instrumentum regni*, cioè come strumento per garantire l'affermazione del potere temporale stesso. A questa tentazione se ne accompagnò un'altra che caratterizzò talvolta l'azione della chiesa stessa: quella di usare il potere temporale come strumento per affermare il proprio messaggio, il cosiddetto *instrumentum salvationis*.

Un primo esempio di questa tendenza a utilizzare la religione per finalità temporali lo si ebbe proprio con Costantino. Questi comprese che l'impero aveva necessità di trovare nuovi punti di riferimento ideali e valoriali, da qui il favore verso il cristianesimo, ma d'altra parte l'unità dell'impero poteva essere indebolita se i cristiani si fossero divisi in correnti dogmatiche contrapposte, embrione di lotte intestine e di un indebolimento dello stesso messaggio religioso.

Per questo la decisione di convocare lui, imperatore dei romani, un concilio di vescovi a Nicea, nel 325 d.C. con la finalità di superare l'eresia ariana. Costantino mette a disposizione della chiesa l'organizzazione imperiale, riunisce i vescovi nel palazzo dell'imperatore, non arriva a presiedere personalmente i lavori, ma ne sorveglia costantemente l'andamento, suggerendo e guidandone discretamente l'evoluzione. Le conclusioni del concilio saranno poi tradotte in una lettera ufficiale "alle Chiese". È questa l'essenza del cesaropapismo vale a dire della tendenza del potere civile a estendere la propria competenza al campo religioso anche nei suoi problemi disciplinari e teologici.

Superato il tentativo di Giuliano di tornare a privilegiare il paganesimo, con Teodosio I si compie nel 380 la definitiva evoluzione verso l'assunzione del cristianesimo nell'ideologia dell'impero, fondamento stesso del potere imperiale. Smentendo il principio di libertà religiosa affermato a Milano, a Tessalonica Teodosio stabilisce che "tutti i popoli [...] seguano quella religione che [...] il divino apostolo Pietro ha dato ai Romani". Ordina quindi che "coloro che seguono tale dottrina siano chiamati cristiani cattolici, e che tutti gli altri invece, che giudichiamo dementi e insensati, subiscano l'infamia della eresia, che le loro comunità non abbiano il nome di chiese, e che debbano essere puniti non solo dalla vendetta divina, ma anche dal potere che la Volontà celeste ci ha accordato" (C.Th. 14.1.2). Era la sconfessione di tre secoli di lotte dei martiri cristiani, la sconfessione delle Scritture e del messaggio degli apologeti, a iniziare da Tertulliano. La libertà religiosa veniva sacrificata alla logica degli interessi dell'impero, che pretendeva, proprio come al tempo degli imperatori pagani, ubbidienza e soggezione a una comune autorità. Sostituito il Dio cristiano agli dei pagani, per l'imperatore i termini della questione rimanevano gli stessi: se il suo potere discendeva da Dio, negare quella divinità significava negare la legittimità e la autorevolezza di quel potere. Ecco dunque perché l'imperatore scatenerà la lotta contro le eresie – e, in misura minore, contro le altre religioni, ebraismo in testa – esattamente come nei secoli precedenti si era scatenata la lotta contro i cristiani.

Il cristianesimo diventava dunque religione di stato.

3.
L'organizzazione dell'impero

3.1. *L'imperatore*

Con Diocleziano la dottrina fa iniziare un nuovo periodo della storia istituzionale di Roma. Anche se le radici di questa evoluzione si ravvisavano già a partire dalla dinastia dei Severi, è tuttavia simbolico il fatto che Diocleziano si autoproclami *dominus et deus*. Mentre nell'età del principato la divinizzazione dell'imperatore avveniva dopo la sua morte, secondo uno schema che aveva peraltro radici molto antiche, si pensi solo alla vicenda di Romolo, ora invece il carattere divino viene riferito all'imperatore da vivo. Ciò significa che la sua persona è sacra, e sacra è qualsiasi sua manifestazione di volontà, come se provenisse appunto da un dio. Ogni attentato alla sua persona, anche di natura meramente verbale, è un sacrilegio.

Pure nelle formalità esteriori cambia radicalmente la prospettiva: per sottolineare la divinità dell'imperatore, si accoglie il fasto orientale, che Cesare in altro modo aveva invano cercato di introdurre. Ciò avviene già con Diocleziano. A partire da Costantino si fa uso del diadema, le stanze imperiali (*sacrum cubiculum*) vengono caratterizzate da una sacralità inaccessibile. Si accentua la lontananza anche fisica fra l'imperatore e il popolo.

L'imperatore non pretende ubbidienza solo nelle azioni, ma anche nel pensiero. Nel III secolo si accentua la repressione del cristianesimo: l'imperatore pretende l'ubbidienza anche delle coscienze.

Si afferma dunque una forma di stato totalizzante, che contempla un potere pervasivo, che entra nella vita di ogni uomo comprimendo qualsiasi spazio di libertà. Il cittadino è ormai un suddito, lo stato è patrimonio dell'imperatore, che ne può disporre a suo piacimento.

La volontà dell'imperatore è infatti legge: con riguardo alle costituzioni imperiali non si usa più la perifrasi *legis vicem obtinent*, non si afferma dunque più che la sua volontà ha solo il valore della legge. Se nell'età del principato il termine *lex* indicava ancora le leggi comiziali, ora le costituzioni imperiali sono invece la legge *tout court*, anzi sono l'unica fonte del diritto. Viene dunque assolutizzato il principio, già insinuatosi nell'età dei Severi (D. 1.4.1 pr.), per cui *quod principi placuit legis habet vigorem*.

L'imperatore è *legibus solutus*. Nell'epoca del principato l'imperatore era sciolto dall'osservanza delle leggi matrimoniali e di quelle sulla figliazione. In questo senso si utilizzava l'espressione *legibus solutus*. Ora l'imperatore, come del resto una divinità, non è più sottomesso alla legge, qualsiasi essa sia.

La fonte del potere imperiale viene spostata sul piano divino. Con Diocleziano e gli imperatori pagani, in quanto essi stessi partecipi della divinità, il potere imperiale è autocratico, trova in se stesso il suo fondamento. A partire da Costantino la fonte è ravvisata nella volontà divina: *divinus iuxta nos favor*, si legge nell'editto di Milano, il favore divino assiste dunque l'imperatore. Ancora più esplicita è l'affermazione contenuta nella lettera di papa Gelasio all'imperatore Anastasio: gli stessi sacerdoti devono ubbidire alle leggi imperiali "sapendo che l'impero ti è stato dato per disposizione divina". Questa concezione è tradotta nelle costituzioni imperiali, esemplare per tutte è la *Deo auctore*, dettata nel 530 da Giustiniano per disporre la compilazione del Digesto: *Deo auctore nostrum gubernantes imperium, quod nobis a celesti maiestate traditum est*. Il potere è stato conferito da Dio.

Esso appare anzi legittimo nella misura in cui sia effettivo. È in sostanza la effettività la giustificazione della sua legittimità.

Talmente totalizzante appare il potere imperiale che esso tende a usurpare anche le funzioni proprie del potere religioso. L'imperatore si intromette nelle questioni di fede e cerca di imporre la sua direzione alle vicende che riguardano la vita della chiesa. È questa l'essenza del cesaropapismo.

In questo contesto è significativo il mutamento, per opera di Giustiniano, di un passo contenuto nelle Istituzioni di Ulpiano in cui si discuteva sul fondamento del potere imperiale. Se nel testo originale (D. 1.4.1 pr.) si affermava ancora, in omaggio all'antico principio della sovranità popolare, che il popolo conferisce ("*conferat*") al principe ogni suo imperio e potestà (*utpote cum lege regia, quae de imperio eius lata est, populus ei et in eum omne suum imperium ac potestatem conferat*), nel brano corrispondente delle Istituzioni giustinianee (I. 1.2.6) ritorna la stessa identica frase, con la significativa e decisiva variante dell'uso del perfetto: *populus* [...] *concessit*. Il popolo dunque concesse una volta per tutte, in un lontano passato, *omne suum imperium ac potestatem*, spogliandosi definitivamente di questo potere.

Coerentemente tutta la burocrazia, tutti gli organi dell'amministrazione centrale e periferica dipendono dall'imperatore. Egli è il vertice unico di tutta l'amministrazione dello stato.

Il senato, in questo contesto, non è più chiamato a svolgere alcun ruolo nella successione al trono, si limita ad acclamare il nuovo imperatore.

La successione avviene ormai in base alla designazione del predecessore, quando questa prassi non è praticabile o non ha successo è l'esercito che decide.

3.2. *La tetrarchia*

Nell'ambito di un più ampio processo di restaurazione dell'impero, Diocleziano si era posto il problema di come dare stabilità e continuità all'autorità imperiale, cercando di risolvere i problemi di successione che avevano determinato quella spaventosa crisi durata circa 50 anni all'indomani dell'uccisione di Alessandro Severo.

Da qui dunque l'idea di Diocleziano di associare al trono un collega, nella persona del fedele generale Massimiano, dividendo con lui il titolo di *Augustus* e assegnandogli il comando su una distinta parte dell'impero. Pur salvaguardando l'unità della struttura statuale, che faceva sempre capo a entrambi gli imperatori, formalmente dotati di pari potere, un Augusto si sarebbe occupato delle province orientali mentre l'altro si sarebbe curato delle province occidentali. Diocleziano avrebbe in verità conservato funzioni di coordinamento e di direzione suprema, che erano ben indicate dalla assunzione dell'appellativo di *Iovius*, mentre a Massimiano sarebbe spettato il soprannome di *Herculius*. Per essere più vicino alla zona delle operazioni militari la residenza dei due imperatori sarebbe stata per Diocleziano Nicomedia, città della Bitinia, in Asia Minore, mentre Massimiano avrebbe posto la capitale a Milano e Aquileia.

In posizione subordinata rispetto ai due *Augusti* vi sarebbero stati poi due *Caesares*, nella specie nelle persone di Galerio e Costanzo Cloro, a cui si conferì il governo di alcune province all'interno del territorio attribuito al rispettivo Augusto. I Cesari vennero quindi adottati dagli Augusti di riferimento (Galerio da Diocleziano, Costanzo Cloro da Massimiano) e ad essi sarebbe spettato di succedere in caso di morte o di dimissioni del proprio Augusto. Diventati Augusti avrebbero dovuto nominarsi a loro volta un Cesare. Da qui il termine, di origine greca, di tetrarchia, ovvero "governo dei quattro". In questo modo Diocleziano sperava di aver risolto il problema della successione, garantendo altresì una amministrazione più attenta e più vicina ai territori di quell'immenso impero.

Tutto questo non deve far pensare alla divisione dell'impero in due o quattro parti. L'impero era ancora formalmente uno, e la diversa dignità fra i due Augusti lo stava a testimoniare, dunque le costituzioni emanate dall'uno avevano efficacia per tutto l'impero, ma certamente si creavano le premesse per una evoluzione differente fra Occidente e Oriente.

La questione di fondo, che consisteva nella assenza di una classe dirigente autorevole, portatrice di interessi forti e coesi e di un sistema condiviso di valori su cui poggiare la unità dello stato, non veniva tuttavia risolta. La soluzione dei problemi istituzionali era legata esclusivamente alla personalità eccezionale di Diocleziano che sola poteva garantire il rispetto delle regole di successione. Peraltro l'imperatore nel 305 decise di abdicare e fece pure abdicare Massimiano. In breve volgere di tempo l'assetto istituzionale da lui escogitato venne travolto da lotte intestine che riportarono gli eserciti arbitri della situazione fino alla vittoria definitiva di Costantino, figlio di Costanzo Cloro, nella battaglia di Ponte Milvio del 312 d.C. contro Massenzio, figlio di Massimiano. Lo stesso Diocleziano aveva fatto in tempo a vedere il drammatico crollo della sua riforma prima di morire da privato cittadino.

Fallita la tetrarchia, Costantino impose nei fatti un principio dinastico, senza peraltro affermarlo con una apposita riforma istituzionale. Non essendosi tuttavia risolto il problema della successione, la forza degli eserciti si fece ancora sentire nei decenni successivi. Proprio Costantino aveva nel frattempo imposto una nuova capitale nel luogo dove sorgeva l'antica Bisanzio, da lui ribattezzata Costantinopoli, togliendo a Roma il ruolo di centro direttivo dell'impero, ruolo che aveva peraltro già in parte perso con Diocleziano a favore delle nuove capitali, Nicomedia e Milano in particolare.

Riunito nuovamente l'impero sotto Costanzo, nel 364 con Valentiniano si ritornò a una divisione fra *pars Occidentis* e *pars Orientis*, che, dopo la provvisoria riunificazione attuata da Teodosio I nel 395 d.C., divenne alla sua morte la regola per gli anni a venire, fino alla deposizione per mano del barbaro Odoacre dell'ultimo imperatore d'Occidente Romolo Augustolo nel 476 d.C.

Va peraltro detto che una distinzione fra due entità statuali diverse si ebbe formalmente solo all'indomani della costituzione di Teodosio II del 429 d.C., che stabilì la autonomia legislativa delle due *partes imperii.*

3.3. *La burocrazia centrale*

Nel dominato si accresce notevolmente la burocrazia imperiale che anche nel rapporto con l'imperatore risente della trasformazione in senso patrimoniale dello stato.

Un simbolo di questo mutato rapporto è la evoluzione del *consilium prin-*

cipis in *consistorium principis*, così chiamato perché coloro che ne facevano parte stavano in piedi dinnanzi all'imperatore. Quello che era nato come consiglio di amici e collaboratori del magistrato, poi del *princeps*, si era ora trasformato in un vero e proprio gabinetto imperiale, con competenze specifiche.

I membri del *consistorium* venivano interrogati direttamente dall'imperatore e non potevano parlare se non richiesti.

La funzione del *consistorium* è quella di esprimere pareri su qualsiasi questione piacesse al principe sottoporgli. Di norma all'interno del *consistorium* venivano discussi i disegni di legge e i casi giudiziari, venivano emesse sentenze, ricevute ambascerie. I capi delle varie amministrazioni facevano periodicamente relazioni sullo stato della rispettiva branca dell'amministrazione, il *magister officiorum* riferiva sullo stato delle forze armate e su problemi di carattere militare.

Le sedute erano normalmente segrete. Si teneva un processo verbale redatto da appositi *tribuni et notarii*.

Con riguardo ai singoli funzionari il *praefectus praetorio* al tempo di Diocleziano presiede il *consistorium*. È la carica più alta in grado. È il capo di stato maggiore. È dotato di poteri militari e civili: dopo l'imperatore è al vertice di tutta la amministrazione. Sta a capo pure della amministrazione finanziaria, coadiuvato da due ministri, il *rationalis rei summae*, responsabile della emissione delle monete e della riscossione delle imposte e il *magister rei privatae*, che ha il compito di riscuotere le rendite dei beni imperiali.

Con Diocleziano l'amministrazione centrale tende a sdoppiarsi in relazione allo sdoppiamento delle cariche di Augusto, che finiscono con l'avere due distinte burocrazie di riferimento. L'accrescersi delle cariche comporta un aumento vertiginoso dei costi dell'amministrazione.

Con Costantino si ha invece per la prima volta nella storia di Roma – se si eccettua la riforma di Silla sull'*imperium*, peraltro di breve durata – una netta distinzione fra carriera civile e militare. Ciò era dovuto alla necessità che ci fossero ufficiali dotati di esperienza e di una formazione specifica, stabilmente preposti al controllo militare del territorio. Lo sviluppo della burocrazia e dei compiti dello stato portava d'altra parte allo strutturarsi di una sempre più forte specializzazione e alla necessità di differenziare i ruoli. Poteri civili e militari saranno da Costantino in poi separati. Questo comporta anche il mutamento del ruolo del *praefectus praetorio*, che passa alla amministrazione periferica con perdita dei poteri militari, anche se il prefetto al pretorio che risiedeva presso l'imperatore continuò a partecipare ai lavori del *consistorium*.

A seguito della riforma di Costantino della amministrazione si vengono a costituire quattro cariche civili di grande rilievo, che entrano a far parte del *consistorium*. Innanzitutto il *quaestor sacri palatii*, che è una sorta di ministro della giustizia, che presiedeva il *consistorium*. Egli redigeva pertanto le leggi e le ordinanze imperiali e preparava le risposte alle *preces*. Era il consigliere supremo dell'imperatore in tutta la materia giuridica. Doveva essere dunque un profondo conoscitore del diritto. Non aveva una propria cancelleria, ma si serviva di collaboratori distaccati dagli uffici *a memoria, a libellis, ab epistulis*, che facevano a loro volta capo al *magister officiorum*.

Il *magister officiorum*, contende al *quaestor sacri palatii* la più alta dignità. Il *magister officiorum* era posto a capo di tutti gli uffici imperiali, a loro volta diretti da *magistri* che traevano il nome dai singoli *scrinia* (uffici): *ab epistulis*, con il compito di sbrigare tutta la corrispondenza imperiale, i rapporti con le *civitates*, le risposte alle *consultationes*, cioè le richieste di istruzioni dei funzionari, e alle *preces*, vale a dire le istanze dei privati; *a libellis*, che esaminava i processi portati davanti al tribunale imperiale; *a memoria*, che redigeva le *adnotationes* e teneva la documentazione imperiale; *dispositionum*, che proponeva all'imperatore l'ordine dei lavori, organizzava i suoi viaggi, curava la successione degli incontri.

Dopo la trasformazione della carica di prefetto al pretorio, con la soppressione del corpo dei pretoriani e la istituzione delle *scholae palatinae* incaricate della guardia del corpo dell'imperatore, il *magister officiorum* ne assume il comando. Dal *magister officiorum* dipendevano anche le fabbriche d'armi, e l'*officium admissionum*, che regolava l'accesso alle udienze imperiali, circostanza che consentiva a questo alto funzionario di avere il controllo anche sulle ambascerie e dunque sulla politica estera. Aveva inoltre la vigilanza sui confini, sulle fortezze di confine, e quindi giurisdizione sui comandanti le truppe di confine, come pure giurisdizione penale e civile su tutto il personale impiegato presso la corte.

Di particolare rilievo è pure il *comes sacrarum largitionum*, che viene istituito peraltro verso la metà del IV secolo d.C., subentrando così al *rationalis rei summae*. È una sorta di ministro delle finanze e del tesoro. A esso compete la vigilanza su tutta la amministrazione finanziaria e sugli stipendi di funzionari e impiegati imperiali, che sono da considerare peraltro come graziose elargizioni del principe. Non vi è infatti un diritto allo stipendio, si tratta di benefici che l'imperatore discrezionalmente concede.

Nelle singole diocesi stanno a sua disposizione i *comites largitionum* e i *rationales summarum* con il compito di vigilare la riscossione delle imposte. A lui compete la suprema giurisdizione in materia tributaria, *vice sacra*, cioè al posto dell'imperatore. Dunque contro le sue decisioni non si può appellare all'imperatore.

Dal *comes sacrarum largitionum* dipende la zecca di stato; a lui spetta di amministrare la cassa pubblica. A lui fanno pure capo le miniere e le manifatture imperiali. Lo stato infatti si intromette sempre più anche nell'economia assumendosi il compito della produzione di certe merci: da qui le tessiture imperiali di lana e di lino, le tintorie. Sotto il controllo del *comes sacrarum largitionum* sta anche il commercio con l'estero e in particolare la concessione delle autorizzazioni di ingresso ai commercianti stranieri, i permessi di importazione di merci estere, l'acquisto di certe merci riservate al commercio statale, come per esempio la seta.

Con il dominato si fa sempre più stringente il controllo statale sulle importazioni ed esportazioni di beni e persino sulla produzione delle merci.

Di particolare rilievo era pure il *comes rerum privatarum*. L'istituzione di questa carica affonda le sue radici nella distinzione effettuata al tempo di Settimio Severo fra patrimonio della corona (*res privata principis*) e beni privati dell'imperatore (*patrimonium principis*). Nel 342 d.C. al patrimonio della corona sarà preposto il *comes rerum privatarum*. La sua funzione principale è quella di amministrare le grandi proprietà della corona, servendosi di numerosi funzionari sottoposti. Si trattava di riscuotere i canoni di affitto delle singole proprietà, di migliorarne la consistenza, di provvedere alla difesa dei beni. Fu poi dotato di una giurisdizione in primo e secondo grado su tutti i suoi dipendenti e una competenza per quelle cause ove la condanna poteva portare alla confisca di beni a vantaggio della *res privata principis*.

Infine un ufficio di particolare rilievo era quello di *praepositus sacri cubiculi*, che era incaricato di vigilare sulla tranquillità dell'imperatore, vivendo a stretto contatto con lui. Secondo una prassi tipicamente orientale, era di norma un eunuco.

Distinta dalla amministrazione civile era, come si è detto, a partire da Costantino, la amministrazione militare. Diocleziano aveva già provveduto a riorganizzare l'esercito con la costituzione di un esercito campale mobile, al cui vertice stavano i *magistri militum*. Sotto di essi erano i *duces limitum* al comando delle truppe di frontiera. Costantino, prosegue la ristrutturazione e istituisce *magistri peditum* e *magistri equitum*, di numero variabile, a cui viene attribuito il comando supremo delle truppe. Due di loro risiedevano in permanenza presso la corte imperiale e vennero chiamati *magistri praesentales*, finendo con il costituire veri e propri capi di stato maggiore.

3.4. *La amministrazione periferica*

Diocleziano, nell'ambito della sua opera di riorganizzazione dell'impero, aveva provveduto a rivedere l'organizzazione territoriale periferica. Al fine di rendere meglio governabili le province, le aveva divise in più parti. Ciò aveva comportato un sostanziale raddoppiamento delle unità amministrative provinciali a cui aveva posto a capo dei *praesides* di rango equestre, che prendevano il nome di *correctores* in Italia e di *consulares* o *proconsules* nelle province d'Africa e d'Asia, ma la terminologia non appare sempre costante. Per evitare d'altra parte i rischi connessi a questa frammentazione aveva poi costituito delle unità territoriali molto più ampie, definite diocesi, con a capo un vicario, direttamente soggetto al prefetto al pretorio.

L'Italia aveva visto qui una sua significativa differenziazione amministrativa, dal momento che era stata divisa in tre distretti. Vi era infatti una diocesi che raggruppava le province dell'Italia settentrionale, detta dell'*Italia annonaria*, in quanto soggetta al pagamento della *annona*, una diocesi dell'*Italia suburbicaria*, che riuniva le province meridionali, e l'*urbs Romae* che conservava una sua autonomia, con a capo il *praefectus urbi*, soggetto direttamente all'imperatore, e che riuniva i territori nell'ambito di un raggio di 100 miglia da Roma.

Con Costantino i prefetti al pretorio cessano di essere una carica dell'amministrazione centrale venendo posti a capo delle *prefecturae*, che ricomprendevano più diocesi. Nascono così le prefetture della Gallia, dell'Italia, dell'Illirico e dell'Oriente. La prefettura dell'Italia aveva come confine settentrionale il Danubio e si estendeva fino all'Africa.

I prefetti perdono il comando militare degli eserciti, sono piuttosto i governatori di vasti territori, con ampi poteri amministrativi e giurisdizionali, al vertice gerarchico di tutta la burocrazia situata entro i confini dei loro ambiti di competenza. A essi sono dunque gerarchicamente subordinati i *vicarii* e i *praesides*.

I prefetti al pretorio avevano competenze amministrative, giurisdizionali e legislative. Oltre al controllo sui governatori delle diocesi e delle province, a cui trasmettevano le costituzioni imperiali perché le facessero osservare, di particolare importanza erano le competenze in campo finanziario. I prefetti determinavano l'ammontare dell'*annona* assicurandone la riscossione tramite funzionari facenti capo alla amministrazione fiscale centrale, dipendente dal *comes sacrarum largitionum*.

Avevano poi anche competenze giurisdizionali, civili e penali, in grado di appello avverso alle sentenze emanate dai governatori delle province. In questi casi la giurisdizione era *vice sacra*, vale a dire al posto dell'imperatore e dunque in ultima istanza. In determinati casi avevano pure giurisdizione in primo grado, a cui seguiva eventualmente appello al tribunale imperiale.

Potevano poi anche emanare *formae generales*, vale a dire ordinanze aventi valore di legge purché non in contrasto con le costituzioni imperiali.

I *vicarii* erano subordinati gerarchicamente ai prefetti. Il rapporto di subordinazione teneva tuttavia conto della discrezionalità del potere imperiale. La subordinazione gerarchica non era infatti funzionale a un interesse pubblico generale di più efficiente amministrazione, bensì all'interesse personale dell'imperatore di esercitare nel modo più pervasivo la propria volontà. Si spiega dunque come talvolta l'imperatore indirizzasse le sue costituzioni direttamente ai governatori delle diocesi o delle province, ovvero si spiega pure come i governatori delle diocesi e delle province potessero saltare la mediazione dei prefetti, rivolgendosi direttamente all'imperatore per la soluzione di questioni relative alla propria carica.

I vicari avevano pure essi poteri giurisdizionali, in grado di appello, nelle cause civili e penali, avverso alle sentenze dei governatori delle province. In questo caso però residuava un ulteriore grado di impugnazione presso il tribunale imperiale. Anche ai vicari spettavano compiti di sorveglianza sulla riscossione delle imposte.

I governatori delle province avevano una generale competenza amministrativa, dovendo mantenere l'ordine pubblico nella provincia. Determinavano poi l'ammontare delle imposte dovute da ogni comunità cittadina. Infine avevano una generale competenza giurisdizionale di primo grado per tutte le cause penali e civili.

Una sua particolare struttura amministrativa aveva la città di Roma, e, a partire dall'imperatore Costanzo, pure Costantinopoli. In omaggio alla tradizione, Roma, e un territorio di 100 miglia di raggio dall'urbe, era ancora governata dal *praefectus urbi*, che era tratto dall'ordine senatorio, presiedeva il senato e aveva pure competenze giurisdizionali sui senatori. Aveva anche più generali competenze amministrative e giurisdizionali. Il *praefectus urbi* vigilava sull'ordine pubblico a Roma e sul territorio circostante, esercitava tutta una serie di funzioni di sorveglianza utilizzando a tale fine i funzionari di grado inferiore che residuavano dalla tradizione del principato, quali il *praefectus vigilum* e il *praefectus annonae*, rispettivamente per la protezione contro gli incendi e per l'approvvigionamento della città, e i numerosi *curatores* preposti agli acquedotti, al porto e via dicendo.

Cariche meramente locali, senza più alcuna funzione di rilievo, erano i pretori, eletti dal senato di Roma e poi anche da quello di Costantinopoli con lo scopo precipuo di organizzare i giochi cittadini, con qualche residua funzione giurisdizionale in materia di tutela, manomissioni e concessione della *restitutio in integrum*.

I consoli, uno per ciascuna parte dell'impero, avevano invece ormai solo il compito di dare il nome all'anno.

3.5. *Le comunità locali*

Il sistema di governo delle comunità locali riflette la tendenza che caratterizza tutto l'impianto dell'impero nell'età del dominato. L'autonomia delle comunità pressoché scompare e viene sostituita da una forte centralizzazione, con un complesso meccanismo di controlli, funzionale a un più pervasivo potere dell'imperatore. Si porta a compimento un processo già avviatosi durante il principato. Il collegamento fra libertà, forma di stato democratica, autonomia, così evidente in età repubblicana, risulta qui sostituito da una opposta triade: oppressione, forma di stato dispotica, centralizzazione.

Dopo la costituzione di Caracalla la distinzione fra municipi, colonie, e città provinciali si era attenuata, sino a scomparire con le riforme dioclezianee. Si era verificato un processo di livellamento fra tutte le varie forme di autonomia cittadina.

Con riferimento alla organizzazione interna alle singole comunità, risultano ormai scomparse le assemblee locali, rimangono magistrature e curie, gli antichi senati cittadini. In Occidente i magistrati sono normalmente i *duoviri*, con funzioni amministrative e di bassa giurisdizione. In Oriente vengono mantenute le magistrature originarie delle città-stato, salvo per quei municipi e colonie di antica data.

Delle curie facevano parte coloro che avevano un certo patrimonio. Il termine di riferimento era originariamente di natura immobiliare. Successivamente, nel V secolo d.C., con Valentiniano III, vennero ammessi anche coloro che avevano un patrimonio complessivo stimabile in oltre 300 solidi. Il criterio censitario tornava a essere dunque il criterio per l'esercizio di poteri di natura politica.

L'appartenenza alle curie, se comportava il diritto di nominare i magistrati cittadini, dava vita tuttavia anche a una serie di oneri particolarmente gravosi. I curiali dovevano innanzitutto formare i ruoli per la riscossione delle imposte, provvedendo a individuare al loro interno degli appositi esattori che rispondevano in proprio per l'eventuale mancata riscossione. Nell'ipotesi di loro insolvenza era peraltro tenuta tutta la curia. I curiali dovevano pertanto versare alle casse imperiali l'onere fiscale atteso dalla comunità locale. Inoltre su di loro gravavano pure pesanti oneri (*munera*) che andavano dalla costruzione di opere pubbliche, alla fornitura dei servizi cittadini, alla organizzazione dei giochi. Da qui dunque il frequente tentativo di sottrarsi alla iscrizione alle curie, che diventò così obbligatoria ed ereditaria. Ad un certo punto le classi superiori, senatori e funzionari imperiali, poi anche sacerdoti, riuscirono a ottenere l'esenzione dalla iscrizione.

Il fatto che proprio le persone più capienti risultassero escluse dagli oneri finanziari e personali delle città, portò a far sì che gli imperatori intervenissero per revocare o quanto meno limitare questi privilegi.

L'autonomia delle comunità viene sostanzialmente annientata con la introduzione del *curator civitatis* e del *defensor plebis*.

Il curator civitatis, già esistente durante il principato, come commissario straordinario incaricato dall'imperatore di riorganizzare le finanze locali, acquista una veste stabile e poteri molto stringenti con Diocleziano.

Di nomina imperiale ad esso spettano funzioni di particolare rilievo. Deve innanzitutto garantire l'ordine pubblico e dunque è il capo della polizia cittadina, deve quindi procedere alla individuazione delle liste dei contribuenti, gli spetta inoltre il compito di provvedere all'approvvigionamento della città. Istruisce infine i processi di competenza del governatore provinciale. È un organo della amministrazione imperiale periferica.

A partire da Valentiniano I (368 d.C.) viene istituito anche il *defensor plebis* con il compito di difendere i ceti sociali umili contro le angherie dei potenti. Questo organo cittadino era nominato dal prefetto al pretorio. Con Teodosio I la nomina del *defensor plebis* venne fatta tuttavia dal prefetto al pretorio previa indicazione dei senati locali. A partire da questa riforma il *defensor plebis* si trasformò così, paradossalmente, in un organo posto a difesa degli interessi dei decurioni.

I suoi compiti finirono con il sovrapporsi a quelli del *curator civitatis*, esautorandolo nella sostanza. Al *defensor plebis* spettavano infatti poteri di polizia, il compito di formare i ruoli delle imposte, la sorveglianza sulla riscossione dei tributi.

Si mantengono infine le assemblee provinciali già costituitesi durante il principato. Erano composte dai senatori residenti nella provincia, e dai decurioni della varie città e avevano il compito di inviare delegazioni a Roma e di presentare reclami contro l'operato dei funzionari imperiali. Il loro mantenimento si spiega proprio con il fatto che consentivano agli imperatori di sorvegliare e controllare gli organi di governo periferici.

3.6. *L'ordinamento giuridico*

Nel 342 d.C. con una costituzione di Costanzo e Costante si abolivano formalmente le formule e si riconosceva dunque come unico processo civile quello della *cognitio*. A questo punto era completato quel processo di unificazione dei diversi sistemi giuridici che si era già avviato nell'età del principato. Non era più possibile una distinzione fra istituti a seconda delle loro differenti, originarie fonti di produzione.

Proprio quando si compie definitivamente il processo di unificazione dei sistemi giuridici, si realizza tuttavia una separazione della entità statuale.

La divisione dell'impero in due parti prende le mosse dalla riforma di Diocleziano, che peraltro non aveva comportato la nascita di due entità statuali distinte. L'impero era unico perché unico era l'ordinamento. Le iscrizioni delle costituzioni imperiali contenevano infatti non solo il nome dell'imperatore che le aveva emanate, ma anche il nome del correggente. Le costituzioni erano poi talvolta inviate da un imperatore a funzionari dell'altra *pars imperii*. Ciò significa che esse valevano per tutto l'impero, non solo per una sua parte.

Nel 429 una costituzione di Teodosio II statuì che le leggi emanate da uno dei due imperatori non potevano avere efficacia nell'altra *pars imperii* se non fossero state trasmesse mediante la forma della *pragmatica sanctio* e salva restando la libertà per il destinatario di accettarle o di rifiutarle. Il vigore di ciascuna costituzione nell'altra parte dell'impero era dunque subordinato a un atto di autonomia del relativo imperatore: era dall'accettazione, non dalla sua emanazione o trasmissione che si faceva discendere la vigenza della legge. Non si aveva più alcun automatismo. Da questo momento si deve riconoscere la nascita di due distinte entità statuali, aventi ciascuna un proprio ordinamento giuridico, la cui esistenza ed efficacia dipende dalla volontà autonoma del suo unico sovrano.

Contestualmente l'ordinamento giuridico si arricchisce di due distinti sistemi giuridici, uno del tutto nuovo, l'altro che assume una sua sempre più precisa fisionomia, anche in relazione all'aumento e alla complessità della legislazione relativa. Si tratta del diritto fiscale e del diritto ecclesiastico.

3.6.1. *Il diritto fiscale*

Il regime tributario fino al Principato era nella sostanza una evoluzione dell'impianto repubblicano. Il sistema fiscale della *res publica* era fondato fin dall'epoca risalente in primo luogo su una imposta personale sul patrimonio posseduto, così come accertato nel suo complesso dai censori in occasione del censimento. Non esistevano invece imposte reali, cioè imposte sui singoli beni, destinate a seguire il bene a prescindere dal suo proprietario: imposte di questo tipo avrebbero infatti violato il *dominium ex iure Quiritium*, limitandone la sua assolutezza.

L'imposta sulle persone era peraltro caratterizzata da particolare tenuità, essa era infatti normalmente nella misura di un millesimo dell'ammontare del patrimonio posseduto. Anche in questo esiguo ammontare si coglie l'avversione della *res publica* verso forme di imposizione vessatorie della libertà del cittadino.

Accanto alla imposta patrimoniale ve ne erano poi altre, come quelle sui cittadini coniugati senza figli e sulle vedove, che non facendo parte del comizio non sarebbero state altrimenti soggette a imposizione. Questi tributi provvedevano in particolare al mantenimento dei cavalli di coloro che militavano nella cavalleria non per censo (*equites equo publico*). Vi erano poi i canoni pagati a seguito dello sfruttamento dell'ager *publicus* (in particolare *ager quaestorius* e *ager compascuus*), e le imposte versate a seguito dello sfruttamento di miniere private, così come i dazi doganali e le tasse sulla concessione di suolo pubblico e sull'uso di pubblici servizi, come gli acquedotti e le cloache. Una *lex Manlia* del 357 a.C. aveva introdotto una imposta sulle manomissioni di schiavi, al 5% del valore commerciale.

Particolare rilievo avevano le imposte sui *municipes sine suffragio*, così come i tributi versati dai territori provinciali (*stipendia* e *vectigalia*).

Dopo la conquista della Macedonia avvenuta nel 167 a.C. l'imposta personale sul patrimonio e le imposte sostitutive, come quella sulle *viduae*, non vennero più percepite, dal momento che il grosso del fabbisogno statale proveniva ormai dalle province. Al riguardo, proprio per evitare lo strutturarsi di una burocrazia complessa e costosa, che i Romani videro sempre con ostilità, come un pregiudizio alla sovranità dei magistrati e dunque alla libertà del popolo, la *res publica* era ricorsa al sistema degli appalti d'imposta. I censori concludevano un contratto di appalto con i pubblicani, in cui determinavano l'ammontare dovuto e il margine di guadagno; gli appaltatori dell'imposta provvedevano alla esazione.

Le enormi entrate di un impero sempre più vasto avevano poi fatto sì che l'Italia fosse esclusa dalla imposizione fiscale.

Con il principato si assiste alla diretta assunzione della esazione da parte della burocrazia imperiale e alla graduale scomparsa dei pubblicani, in una con la scomparsa dei censori e della tradizionale amministrazione repubblicana. La estensione della cittadinanza a tutti gli abitanti dell'impero aveva determinato del resto la estensione della ventesima sulle manomissioni e della ventesima sulle eredità a una massa sterminata di soggetti.

Una svolta rilevante venne rappresentata dalle riforme di Diocleziano.

Vennero innanzitutto riordinate le imposte dirette, in particolare vennero riordinate le imposte fondiarie applicandole anche sui terreni soggetti al *dominium ex iure Quiritium* e dunque anche al suolo italico. Si introduceva pertanto pure in Italia una imposta reale.

L'intenzione di Diocleziano era quella di accentuare la proporzionalità della imposizione legando la entità dell'imposta alla produttività del suolo. Al centro di tutta la riforma sono le cosiddette unità fiscali (*iugum* o *caput*), di eguale valore, ma riferite a terreni di diversa estensione: veniva infatti effettuata, ai fini della determinazione di una unità fiscale, una valutazione della natura del suolo, della redditività delle coltivazioni, della presenza di coloni, schiavi, animali, attrezzi e scorte. Per ogni unità fiscale il tasso di imposizione era stabilito di anno in anno (*indictio*). I tassi di imposta venivano però sovente aggiornati durante l'anno (*superindictio*) per far fronte a necessità sopravvenute di bilancio. Questo regime fiscale presupponeva l'esistenza di un catasto che fu infatti costituito e che veniva poi aggiornato periodicamente. Ogni cinque anni si faceva il censimento delle proprietà e delle loro condizioni di consistenza. Il pagamento era peraltro fatto normalmente in natura e veniva esatto annualmente.

I non proprietari erano pure essi soggetti a imposizione fiscale, che era di tipo personale, la cosiddetta *capitatio plebeia*, di natura monetaria, il cui ammontare veniva stabilito annualmente.

Furono poi introdotte da Costantino anche delle imposte sulle attività produttive. In particolare la *collatio lustralis*, che fu una imposta quinquennale che gravava su ogni attività commerciale e artigianale e che risultò particolarmente gravosa. Una imposta personale fu pure l'*aurum oblaticium*, che era una speciale imposta straordinaria a cui erano soggetti i senatori ogni 5 o 10 anni di regno dell'imperatore. Per i senatori, sempre Costantino, introdusse una speciale imposta fondiaria detta *follis senatorius* o *collatio glebalis*.

Con Valentiniano III venne pure introdotta una imposta indiretta sulle vendite, il *siliquaticum*. L'imposta indiretta si distingue dalla imposta diretta per non essere immediatamente espressione di capacità contributiva. Imposta indiretta era anche quella sulle manomissioni, che venne successivamente abolita, per favorire la concessione della libertà agli schiavi. Venne anche abolita la imposta sulle successioni per evitare di inaridire alla fonte la capacità contributiva.

Furono invece conservati i dazi doganali (*portoria*) la cui riscossione fu appaltata, così come vennero conservate le imposte sulle vendite di schiavi e sulle vendite all'asta.

Mancano invece nel sistema romano imposte sul reddito.

La pesantezza delle imposte reali e personali, non commisurate alla percezione di un reddito attuale, contribuirono a determinare il progressivo inaridirsi delle fonti di imposta.

La iniquità del sistema fiscale imposto durante il dominato, oltre che dovuta al carico fiscale opprimente e alla arbitrarietà crescente nella determinazione della imposizione, venne accentuata dalle esenzioni a vantaggio proprio dei contribuenti più ricchi: funzionari imperiali, senatori, esponenti del clero.

La pesantezza dei tributi causò una forte evasione, che a sua volta generava condoni ricorrenti con un danno notevole per le casse dello stato. Si aveva così un duplice effetto: quello di impoverire i ceti produttivi e quello di non riuscire a coprire le esigenze di bilancio, creando una sperequazione sempre più forte fra cittadini e un senso di arbitrio coerente con il carattere dispotico del sistema politico.

Annientamento delle libertà individuali, annullamento delle autonomie e oppressione fiscale appaiono tre caratteri strettamente collegati, sviluppandosi in parallelo.

Nel dominato il diritto tributario assume dunque una sua sempre più specifica fisionomia con una disciplina legislativa apposita, che verrà poi riassunta per la prima volta in un codice, il Teodosiano.

3.6.2. *Il diritto ecclesiastico*

Il diritto tributario si sviluppa pur sempre sulla base di un sistema fiscale risalente. Del tutto nuovo appare invece un altro settore dell'ordinamento giuridico: il diritto ecclesiastico, costituito dall'insieme di norme che attengono ai rapporti fra stato e chiesa. All'indomani dell'editto di Milano, con il riconoscimento della libertà religiosa, l'impero si pose il problema di come garantirla concretamente e in particolare di come assicurare anche la libertà di culto. Si trattava dunque di precisare diritti e obblighi dei membri della chiesa cristiana, e quindi di dare un assetto normativo ai rapporti fra impero e chiesa.

Un intero libro, il XVI, del codice Teodosiano è specificamente dedicato alla materia ecclesiastica. Numerose costituzioni, già a partire dal 313, si occupano della materia. Vennero introdotte norme speciali costituenti deroghe di favore rispetto al diritto comune: vennero così esonerati vescovi e clerici da certe prestazioni fiscali o personali, si dispose la protezione di vescovi e clerici da abusi da parte della amministrazione pubblica, si dispose sui privilegi da accordarsi ai beni ecclesiastici. D'altro canto si limitarono alcuni diritti per esigenze di natura politica: si disciplinò per esempio la vita dei monaci disponendo che dovessero vivere in determinati luoghi, in genere fuori dalle città. Si attribuirono particolari funzioni agli organi della gerarchia ecclesiastica: vennero infatti riconosciute ai vescovi pubbliche funzioni, anche giurisdizionali. Si legiferò in materia di fede e di difesa della fede, arrivando a occuparsi persino dei problemi connessi con la iterazione del battesimo e proteggendo la religione cristiana dalla apostasia, dalle sette e nei confronti delle altre religioni, giungendo peraltro in alcuni casi ad atteggiamenti discriminatori a danno di ebrei e pagani.

3.7. *Le fonti del diritto*

3.7.1. *Le costituzioni imperiali*

Le fonti del diritto subiscono un processo di semplificazione e di unificazione. Scomparsi i comizi, ridimensionato il ruolo del senato e quello del pretore, che perdono la capacità di elaborare norme giuridiche, rimangono principalmente le costituzioni imperiali, che sono ormai la fonte di diritto per eccellenza.

Esse sono anzi qualificate *leges*. L'equiparazione fu il frutto di una graduale evoluzione. Ancora al tempo di Gaio si diceva infatti che le costituzioni imperiali *legis vicem obtinent*, hanno valore di legge, ma non sono legge. E tuttavia l'assimilazione dovette risultare naturale. La legge era infatti già nell'età del principato la fonte normativa per antonomasia, era anzi il paradigma di qualsiasi altra fonte giuridica; inariditasi la legge comiziale, e diventate le costituzioni imperiali la principale fonte del diritto, fonte anzi per eccellenza, era logico attribuire a esse direttamente la qualifica di legge. Del resto la legge era prodotta dal popolo, ora, nella ideologia imperiale, si considerava come se il popolo avesse attribuito all'imperatore *omne suum imperium et potestatem*. Dunque anche la funzione normativa dei comizi spettava ormai all'imperatore. Il fondamento giuridico delle costituzioni imperiali si considerava derivato dal fondamento giuridico delle leggi. Nell'età del dominato erano poi andate perdendo caratteristica di fonte del diritto quelle costituzioni imperiali particolari, come i *rescripta* e i *decreta*. Residuavano, quali fonti del diritto, le costituzioni aventi portata generale e astratta, quali gli *edicta*, che a partire da Costantino erano diventati lo strumento preferito della legislazione imperiale, e poi anche, in certi casi, le *pragmaticae sanctiones*. Non a caso con riferimento a queste costituzioni si parlerà di *leges generales*, per sottolineare la portata generale di tali provvedimenti. Anche nel contenuto e nella funzione esse si presentavano quindi come lo strumento che succedeva alla legge comiziale, sostituendola.

Le *leges generales* esprimevano chiaramente l'idea, che sarà poi tipica della tradizione giuridica occidentale, della legge quale provvedimento generale e astratto adottato da un organo pubblico competente a esprimere l'indirizzo politico.

Le *leges generales* erano indirizzate (*inscriptio*) ai prefetti, ad alti funzionari, al popolo in generale o agli abitanti di una regione o di una città ovvero a uno dei due senati e avevano una data e normalmente un luogo di emanazione (*subscriptio*).

È interessante constatare come in questa epoca si affermi anche l'istituto della pubblicazione della legge. Come è noto, la pubblicazione di una legge ha per noi lo scopo di ritardare la sua entrata in vigore per consentirne la presa di conoscenza da parte dei consociati. Ecco dunque perché è prevista la iscrizione in Gazzetta Ufficiale e l'entrata in vigore di una legge avviene normalmente dopo 15 giorni dalla pubblicazione medesima, salvo che la legge non disponga in via eccezionale un termine più breve, che deve pur tuttavia sempre esistere. Non si può dunque presumere la conoscenza della legge, senza che essa sia stata pubblicata. Per le leggi comiziali la pubblicazione sulle tavole di bronzo e la diffusione di copie della legge da parte degli scribi, avevano solo la funzione di facilitarne la presa di conoscenza, mentre il deposito nell'*aerarium Saturni* di una copia aveva lo scopo di conservarne il testo ufficiale a cui fare riferimento nel caso di controversie. La legge comiziale entrava infatti subito in vigore, immediatamente dopo la *renuntiatio* dei risultati, proprio perché si presumeva che essa fosse già ben nota, essendo stata discussa e votata dal popolo.

Con le *leges generales* l'affissione diventa essenziale per consentire a tutti di prenderne conoscenza, con esse si afferma dunque l'istituto della pubblicazione della legge. Facevano eccezione le costituzioni dirette al senato, per la cui pubblicazione bastava la lettura in senato e la inserzione negli atti dell'assemblea.

Circa le altre costituzioni imperiali persistono i rescritti, anche se perdono, come si è detto, la loro caratteristica di fonti del diritto. Nel III secolo d.C. Macrino aveva infatti negato il loro valore generale per timore che fossero determinati da ragioni di favore in relazione a specifici casi concreti. Si voleva impedire che da casi singoli potessero trarsi principi generali. Si confermava così implicitamente e per converso il carattere generale e astratto della legge.

Nel V secolo venne più volte precisato che i rescritti valevano solo per il caso singolo presentato al principe e si ribadì che il giudice doveva comunque controllare la verità dei fatti allegati. Già Costantino aveva peraltro affermato che i rescritti hanno valore solo se non contrari al diritto vigente. Si era quindi negata alle radici la loro portata innovativa e la loro funzione creatrice di diritto: il rescritto era assimilato a un atto amministrativo destinato cioè a risolvere una specifica questione concreta.

Non diversa evoluzione caratterizzò i *decreta*. Giustiniano reintrodusse invece il principio della efficacia dei *decreta* per tutti i casi simili purché emessi previa *causae cognitio* e costituzione delle parti. In questo modo venivano equiparati i *decreta* a dei precedenti vincolanti.

Perdono invece importanza i *mandata* a seguito dell'uso di impartire ai funzionari mediante leggi generali le istruzioni riguardanti il loro *officium*. Si trattava dunque di una concezione più moderna dell'ufficio burocratico, inteso come organo dello stato e non come rappresentanza personale dell'imperatore, attiva soltanto su sua delega. Si presuppone una concezione più stabile, più statuale della carica, che deve ispirarsi nel suo agire a delle regole di carattere generale che ne disciplinano funzione e poteri.

Si riscontrano anche, in questo periodo, due nuove costituzioni imperiali: la *adnotatio* che differisce peraltro dal *rescriptum* solo per la forma, verosimilmente più solenne, e la *pragmatica sanctio*.

Sulla natura della *pragmatica sanctio* non vi sono indicazioni univoche. Certamente essa venne utilizzata, almeno a partire da un certo punto, per trasmettere da una parte all'altra dell'impero le costituzioni ivi emanate. Come si è già ricordato, la legge di Teodosio II che disponeva l'entrata in vigore del codice aveva stabilito che una costituzione potesse aver valore nell'altra *pars imperii* solo se fosse stata trasmessa con una apposita *sanctio pragmatica* e ovviamente a condizione che fosse stata accettata dall'altro imperatore.

Pragmaticae sanctiones vennero tuttavia utilizzate anche per dettare disposizioni destinate a risolvere questioni relative a singole province o a gruppi di persone previa istanza di pubbliche autorità. Zenone nel 477 d.C. stabilì peraltro che, come per i rescritti, le prammatiche sanzioni dovessero contenere la clausola *si preces veritate nitantur*, subordinando dunque il loro valore all'accertamento dei fatti allegati che avevano determinato la emanazione del provvedimento. D'altro canto Anastasio nel 491 fissò il principio che non avessero valore le prammatiche contrarie alle *leges generales*, il che le equiparava ai rescritti, avvicinandole ai moderni atti amministrativi.

Con Giustiniano si riammise che la *sanctio pragmatica* in determinate situazioni potesse valere ancorché in contrasto con *leges generales*: in questo caso ben si poteva qualificare come *lex generalis* la stessa *sanctio* e di conseguenza si comprende come fosse necessario dettare disposizioni per la sua pubblicazione.

Pare corretto affermare dunque che il sintagma *pragmaticae sanctiones* designa di norma "costituzioni provocate da enti pubblici o da autorità civili ed ecclesiastiche riguardanti gruppi di persone o determinate regioni e per questo aventi valore generale, ma emanate senza la procedura dell'esame e della discussione nel *consistorium* ed, eventualmente, nel Senato. Di qui le cautele e i limiti alla loro efficacia: salvo il caso in cui l'imperatore avesse espressamente dichiarato che i loro principi generali dovessero avere valore anche se contrari alle *leges generales*" (De Francisci).

3.7.1.1. *I codici*

L'enorme quantità di costituzioni imperiali, la difficoltà di accedere agli archivi imperiali e la necessità di avere a disposizione, per i professionisti del diritto e per le scuole, raccolte delle costituzioni più significative, fece sì che già alla fine del III secolo d.C. si sviluppassero delle raccolte di leggi che vennero chiamate *codices*, vale a dire quaderni di pergamena legati l'uno all'altro nella forma di libri.

Questa esigenza è chiaramente da riconnettersi alla centralità che le costituzioni imperiali avevano ormai assunto nel campo delle fonti del diritto.

L'esigenza di semplificare il materiale normativo, che va di pari passo con l'esigenza di certezza del diritto, non era invero nuova. Già si era manifestata all'epoca delle Dodici Tavole, e prima ancora con la raccolta di *leges regiae*, che nella tradizione andava sotto il nome di *ius Papirianum*. Le opere dei giuristi romani miravano in qualche modo a un'azione di semplificazione laddove procedevano per esempio a trattazioni sistematiche di *ius civile* o a commenti all'editto. Particolarmente viva appare l'esigenza di semplificazione con i grandi *commentarii ad edictum* di età Severiana. Ma già Cesare aveva manifestato l'intenzione di procedere a una codificazione del diritto, con particolare riguardo alle opere dei giuristi. In età adrianea ritroviamo poi la cosiddetta codificazione dell'editto perpetuo.

Ora l'esigenza di stabilizzare il diritto, di renderlo certo e chiaro, si riversava in primo luogo su quella che appare la principale fonte del diritto, la *constitutio*.

Attorno al 292-293 d.C. venne redatta da un certo Gregorio o Gregoriano una raccolta di costituzioni imperiali concernenti pressoché esclusivamente il diritto privato.

Questo codice, detto dal suo autore, Gregoriano, non ci è pervenuto direttamente, ma buona parte del suo contenuto ci è stato trasmesso grazie a numerose citazioni contenute nella *lex Romana Visigothorum* e nella *lex Romana Burgundionum*, così come nei *Vaticana Fragmenta*, nella *Collatio* e nella *Consultatio*. Molte costituzioni contenute nel Gregoriano vennero poi utilizzate anche per la compilazione del Codice di Giustiniano.

La raccolta era costituita da 14 libri, divisi a loro volta in titoli. All'interno dei titoli le costituzioni erano distribuite in ordine sistematico, secondo l'impianto dei *libri Digestorum*. In ogni titolo le costituzioni erano dunque raggruppate per materia e poi a loro volta elencate per ordine cronologico.

Le costituzioni più antiche risalivano verosimilmente ad Adriano. Il testo delle costituzioni era preceduto dalla *inscriptio* in cui si leggeva il nome dell'imperatore e del funzionario a cui era destinata. In calce al testo vi era la *subscriptio*, con la data di emanazione.

Di pochi anni successivo è il codice Ermogeniano, opera probabilmente del giurista omonimo, autore delle *Epitome iuris* citate anche nel Digesto di

Giustiniano. Questo codice, più piccolo rispetto al Gregoriano, non era diviso in libri, ma solo in titoli, all'interno dei quali le costituzioni erano raggruppate in ordine cronologico. L'Ermogeniano raccoglie principalmente rescritti di Diocleziano emanati negli anni 293 e 294 e appare dunque un completamento del codice Gregoriano. Anche l'Ermogeniano non ci è pervenuto, ma molte costituzioni ivi contenute ci sono state trasmesse tramite le leggi romano barbariche, le raccolte private quali i *Vaticana Fragmenta*, la *Collatio* e la *Consultatio* e il Codice di Giustiniano.

Ai codici Gregoriano ed Ermogeniano vennero poi aggiunte costituzioni successive, la più recente delle quali è inclusa nell'Ermogeniano ed è di Valentiniano I, del 365 d.C.

Sia il Gregoriano che l'Ermogeniano erano raccolte private. Le costituzioni in essi inserite valevano nella loro forma originaria, eventuali divergenze rispetto al testo ufficiale non avevano alcun rilievo giuridico. Avevano dunque solo la funzione che può avere un repertorio di leggi.

Una raccolta privata più recente è anche quella che va sotto il nome di *constitutiones Sirmondianae*, dal nome dell'abate Sirmond che la pubblicò nel 1631. Contiene 16 costituzioni in materia di diritto ecclesiastico, emanate fra il 333 e il 425 d.C. Alcune di queste costituzioni sono ricomprese, in forma abbreviata, anche nel codice Teodosiano.

Una evoluzione importante si ha con Teodosio II. Le esigenze di certezza e di semplificazione del quadro normativo vengono fatte proprie dallo stato. Si realizza, per la prima volta dopo le Dodici Tavole, una codificazione ufficiale.

Vi è nella valutazione dell'imperatore anche l'esigenza di controllare il sistema delle fonti del diritto e la stessa formazione giuridica degli operatori del diritto.

La produzione del diritto, al termine di una evoluzione già iniziata nell'età del principato con l'esaurimento del ruolo dei comizi, con il tentativo di controllare lo sviluppo della giurisprudenza e con la codificazione dell'editto perpetuo, non è più espressione della società, e dunque dello stato comunità, ma appartiene ormai esclusivamente e discrezionalmente allo stato, nella persona del suo massimo organo di governo, l'imperatore. In questo senso si può parlare di statualizzazione della produzione del diritto, intendendo per statualizzazione l'appropriazione del fenomeno normativo da parte dello stato istituzione. Ora la produzione del diritto viene riconosciuta e assunta in via definitiva dallo stato. La concentrazione nelle mani dell'imperatore di tutta la produzione giuridica rispondeva del resto all'esigenza di evitare soluzioni normative autonome ed esterne al sistema.

Rientrava dunque nell'ambito di una precisa politica delle fonti.

Sarà poi Giustiniano, con la riserva all'imperatore della interpretazione autentica della legge, a chiudere completamente il sistema delle fonti.

Il codice Teodosiano venne pubblicato nel 438, entrò in vigore in Oriente il primo gennaio del 439, e poco dopo in Occidente, essendovi stato inviato con *sanctio pragmatica* su richiesta di Valentiniano III e avendo ricevuto l'approvazione formale del senato di Roma.

Le intenzioni di Teodosio erano in realtà più ambiziose. Nel 429 egli aveva infatti emanato una costituzione con cui veniva nominata una commissione di otto membri destinata a realizzare due differenti opere: una raccolta di tutte le *leges generales* emanate a partire da Costantino, comprensiva delle costituzioni non più in vigore e destinata dunque alla scienza; una raccolta delle sole costituzioni vigenti, tratte dai due codici privati e dalla compilazione disposta dallo stesso Teodosio per finalità scientifiche, a cui dovevano essere aggiunti brani della giurisprudenza classica.

Per la inadeguatezza della commissione preposta, questo progetto non andò in porto. Nel 435 venne così nominata una nuova commissione con il compito di realizzare una raccolta che fu concepita come una integrazione dei due codici privati e che entrò in vigore, come si è detto, nel 439.

Si trattava dunque di un vero e proprio codice avente efficacia normativa, pertanto le costituzioni vigevano nella forma in cui erano state qui recepite. Lo stesso Teodosio aveva autorizzato i compilatori ad apportare modifiche ai testi originari delle costituzioni, sia al fine di aggiornarle, sia al fine di evitare contraddizioni testuali. Peraltro proprio la necessità di semplificazione del dato normativo dovette portare a non inserire nel codice le costituzioni nella forma originaria bensì in una forma riassunta (Volterra).

Il codice risulta diviso in 16 libri, divisi a loro volta in titoli, entro cui le costituzioni sono raggruppate in ordine cronologico. Il Teodosiano contiene soprattutto diritto pubblico. Si apre con un libro dedicato alle fonti del diritto e alle competenze dei funzionari imperiali. Nel libro sesto ritorna la materia dei rapporti gerarchici fra funzionari e dei privilegi delle *dignitates*. Grande spazio ha il diritto fiscale (libri decimo e undicesimo), e il diritto delle corporazioni (dal dodicesimo al quindicesimo libro); un libro, il settimo, è integralmente destinato al diritto militare, un altro, il nono, è dedicato al diritto criminale, il sedicesimo tratta, come si sa, di diritto ecclesiastico. La materia del diritto privato è concentrata essenzialmente nei quattro libri compresi fra il secondo e il quinto.

Non è casuale questa grande attenzione verso il diritto pubblico e in specie verso le materie sopra elencate. È un indice evidente della assoluta assorbenza dello stato rispetto all'autonomia dei privati, che appare sostanzialmente marginale rispetto al sistema articolato di prelievi, sanzioni, obblighi (a partire da quelli a carico dei *corporati*), ma anche privilegi. Il grande rilievo del diritto pubblico e la sua preminenza sul diritto privato misurano in negativo l'indice di libertà di un ordinamento.

Logica conseguenza di questo contenuto prevalentemente pubblicistico è il fatto che le fonti racchiuse fossero essenzialmente *leges generales*.

Proprio il carattere integrativo del Teodosiano rispetto ai due codici privati comportò la pubblicizzazione di questi, che vennero formalmente riconosciuti e a cui venne attribuito valore di legge.

Diversa fu la vigenza del codice Teodosiano nelle due *partes imperii*. Ad Oriente rimase in vigore fino alla emanazione del primo codice di Giustiniano nel 529 d.C. In Occidente, invece, la sua sopravvivenza fu molto più lunga dal momento che una parte del suo contenuto venne utilizzata per comporre le leggi romano barbariche. In specie nelle parti d'Italia liberate dalla dominazione bizantina, ripristinata la *lex Romana Visigothorum*, si tornò a utilizzare parti importanti del codice Teodosiano.

I manoscritti che ci hanno trasmesso il codice Teodosiano presentano peraltro numerose lacune, non possediamo pertanto di questo codice una edizione integrale.

Successivamente alla sua emanazione la legislazione imperiale ovviamente non si fermò. Le costituzioni posteriori al codice, definite *novellae posttheodosianae* – anche se in buona parte erano state emanate dallo stesso Teodosio II – non ebbero tuttavia raccolte ufficiali. Alcune nuove costituzioni, di provenienza occidentale, finirono in raccolte private, o vennero incluse nella *lex Romana Visigothorum*.

3.7.2. *Gli* iura

Nella prassi dei tribunali continuavano a essere allegate, a sostegno di questa o quella tesi, le opere dei giuristi romani. Ciò avveniva sul presupposto dello *ius respondendi*; tale prassi fu anzi regolamentata in diversi casi dallo stesso imperatore, così, ad esempio, Costantino nel 321 vietò l'uso delle note di Paolo e di Ulpiano a Papiniano, ritenendole non autentiche.

Le opere dei giuristi, proprio in quanto avevano valore di diritto, essendo quindi intese come un insieme di norme, vennero chiamate comunemente *iura*.

Per tutte le materie non regolate dalle *leges* gli *iura* erano fonti integrative. *Iura* erano dunque un complesso di norme che in quanto parificate alle *leges* sulla base di quello che appare essere ormai "un artifizio del passato", lo *ius respondendi*, avevano valore vincolante ed autoritativo.

Il problema era tuttavia il carattere alluvionale di questo materiale, parte del quale risaliva a tre, quattro secoli prima e che quindi non sempre corrispondeva alle esigenze e alla stessa ideologia del tempo. Oltretutto per le particolari modalità di riproduzione di queste opere non era infrequente la corruzione – volontaria ed involontaria – del contenuto dei testi. Spesso annotazioni a margine, fatte da chi aveva utilizzato una precedente copia dell'opera giurisprudenziale, finivano nel testo stesso. Le annotazioni a margine prendono il nome di glosse e appaiono incidere in modo più significativo in Occidente posto che la lingua utilizzata era la stessa delle opere giuridiche annotate.

D'altro canto in questa epoca la giurisprudenza si spegne. Ciò comporta la incapacità del sistema giurisprudenziale di autoriformarsi, di evolvere, di metabolizzare e di sistemare il materiale antico.

L'esaurimento della giurisprudenza è legato a una serie di fenomeni. Certamente il carattere enciclopedico della giurisprudenza severiana, la sua tendenziale completezza ed esaustività, unita all'autorevolezza dei giuristi coinvolti, che, come nel caso di Ulpiano, usavano nelle loro opere il *nos* quasi a indicare che parlavano a nome della cancelleria imperiale, aveva contribuito ad attenuare l'interesse verso ulteriori interventi di elaborazione dottrinale. Le grandi opere compilatorie della giurisprudenza severiana hanno il sapore di una sorta di sistematizzazione autorevole del materiale giurisprudenziale, una specie di codificazione *ante litteram*.

Poi, indubbiamente, le condizioni dell'impero e soprattutto il periodo di grave crisi istituzionale con imperatori che duravano anche solo pochi mesi o al più qualche anno e venivano sovente uccisi da congiure e sollevazioni dell'esercito, aveva interrotto la possibilità di evoluzione di una giurisprudenza che era ormai rifluita nel circuito dei collaboratori del principe, che era espressione della burocrazia imperiale, e che non esisteva più come scienza autonoma esercitata da privati cittadini. Con l'anarchia del potere imperiale si perde irrimediabilmente un'arte che era ormai strettamente legata alle sorti del potere imperiale stesso. Non vi era verosimilmente nemmeno l'interesse, da parte di quei rozzi generali che si succedevano nel comando, a sviluppare un ceto autorevole di giuristi. Le migliori intelligenze vengono del resto attirate dalla teologia cristiana. Infine lo spostamento a Oriente del baricentro dell'impero, e la decadenza di Roma, avevano fatto affiorare una mentalità diversa, più astratta, più portata alla speculazione filosofica e meno interessata alle soluzioni pratiche.

In questo contesto aveva preso il sopravvento la prassi che si svolgeva attorno a una serie di operatori del diritto e di insegnanti elementari, che esprimevano esigenze di semplificazione del diritto, di una sua rispondenza a necessità immediate, esigenze talvolta condizionate da elementi del diritto locale che erano sopravvissuti nelle forme di consuetudini, più o meno tollerate. Il bisogno di semplificazione è ora anzi ancora più vivo posto che l'impero coinvolge un numero impressionante di nuovi sudditi che non sapevano nulla di diritto romano e che dunque non erano interessati a elaborazioni raffinate quanto lo erano invece a operette elementari che consentissero una facile traduzione di regole e principi romani nella realtà locale. Da qui la definizione introdotta dal Mitteis di diritto volgare – *Vulgarrecht* –, come diritto espressione della prassi, che raccoglie una continuità anche con elementi locali e che si contrappone al diritto delle costituzioni imperiali.

Ecco dunque che nasce un bisogno forte di ordine e di semplificazione.

Già si è detto dell'intervento di Costantino con riguardo all'uso delle *notae* di Paolo e Ulpiano a Papiniano. Particolare rilevanza, anche per il suo carattere generale, ebbe la cosiddetta Legge delle citazioni emanata da Valentiniano III e Teodosio II e indirizzata al senato di Roma. Con questa costituzione si intendeva disciplinare l'uso delle fonti giurisprudenziali, vale a dire degli *iura*, nei processi. Cinque erano i giuristi il cui parere poteva essere allegato: Gaio, Papiniano, Paolo, Ulpiano, e Modestino. Potevano essere citati altri giuristi purché le loro opere fossero citate a loro volta dai giureconsulti indicati e purché fosse possibile allegare il testo contenente la citazione che si voleva utilizzare.

In caso di più citazioni prevaleva la maggioranza, in caso di parità prevaleva la citazione di Papiniano, se si fosse pronunciato sul punto. In assenza di questa, decideva il giudice come meglio credeva. Veniva ribadita la non utilizzabilità delle *notae* a Papiniano.

Sono chiari i motivi per cui vennero scelti i cinque giuristi ricordati. Innanzitutto, con la eccezione di Gaio, erano gli ultimi grandi giuristi, i più recenti. Si trattava di giuristi le cui opere presupponevano la sistemazione definitiva dell'editto del pretore. Inoltre, come già si è osservato, in specie per Paolo e Ulpiano, la loro opera monumentale, redatta alle strette dipendenze dell'imperatore, aveva per certi versi l'aspetto di una codificazione del materiale giurisprudenziale. Le loro opere erano enciclopediche, compilatorie, e soprattutto semplici. La semplicità, il carattere sistematico, la facile utilizzabilità nella prassi giudiziaria erano fra l'altro alcune delle caratteristiche dell'opera di Gaio, che ne spiegano lo straordinario successo che essa ebbe in questa epoca.

3.7.2.1. *Le opere postclassiche*

Si sviluppa nelle scuole e nella pratica una letteratura giuridica che prende spunto innanzitutto da opere della giurisprudenza classica per semplificarle ulteriormente, riassumerle, o per realizzare un florilegio di citazioni di brani sparsi.

Particolare successo hanno le opere di Gaio che vengono riassunte e ampiamente rielaborate. Così fu con la *Epitome Gai*, che è un libero riassunto delle Istituzioni di Gaio a scopo pratico e di uniformizzazione al diritto vigente, contenuto nella *lex Romana Visigothorum*. È significativo come manchi, rispetto al modello gaiano, il quarto libro, dedicato al processo, ormai non più attuale. Interessante è anche la separazione del libro primo, dedicato alle *personae*, rispetto al secondo, e la trattazione senza soluzione di continuità fra questo e il terzo. L'origine è verosimilmente in una scuola della Gallia. Notevoli sono peraltro le differenze rispetto alle Istituzioni. Sempre di origine gallica sono i cosiddetti *Fragmenta Augustodunensia*, un commento a brani gaiani nella forma della parafrasi. L'autore voleva verosimilmente spiegare agli allievi i passi di Gaio che erano stati scelti e chiarirne l'applicazione concreta. Qui vi sono passi escerpiti anche dal libro IV, si tratta dunque di un'opera verosimilmente anteriore all'*Epitome*.

Di Gaio sembrano ormai essere le *Res Cottidianae*, che tuttavia in questa epoca vennero ampiamente rielaborate. A esse risale fra l'altro la tripartizione delle fonti delle obbligazioni (contratto, delitto, *variae causarum figurae*) ancora oggi adottata nel codice civile italiano

Sempre all'epoca postclassica risalgono le *Pauli Sententiae*, che sono una raccolta elementare di passi scelti tratti dall'opera paolina e di altri giuristi, che segue l'ordine dei *Digesta* ed era destinata alla pratica. Strutturata su cinque libri conteneva anche una scelta di *leges*. Si riconosce una interpretazione ricognitiva delle *leges*, che si distingue per chiarezza e sintesi. Costantino le ritenne autentiche, ma in realtà dovette trattarsi di un'opera redatta verso la fine del III secolo e successivamente ulteriormente rielaborata dai compilatori Visigoti e in Oriente.

Degni di menzione sono pure i *Tituli ex corpore Ulpiani* che erano una raccolta di passi scelti di Ulpiano e di qualche altro autore, e in particolare di passi tratti dalle Istituzioni di Gaio. È interessante constatare come alcuni brani corrispondano a passi contenuti nella *Collatio* e nel Digesto di Giustiniano, che vanno sotto il nome di *Ulpiani Liber singularis regularum*. Si trattava anche in questo caso di un'opera di un anonimo maestro operante fra III e IV secolo d.C.

Sempre in questo periodo si hanno anche raccolte miste di *leges* e *iura* fatte da privati. Di un certo interesse sono soprattutto quelle realizzate in Occidente.

Fra queste vi sono i *Vaticana Fragmenta*, così chiamati perché scoperti nel 1821 dal cardinale Angelo Mai in un palinsesto contenuto nella biblioteca Vaticana.

Si tratta di una raccolta di datazione incerta anche se con ogni probabilità anteriore al Teodosiano, dal momento che le costituzioni imperiali non sono nella forma abbreviata disposta dal codice imperiale; è anche possibile che sia anteriore alla costituzione di Costantino del 321 con cui si dispose il divieto di utilizzo delle *notae* a Papiniano, dato che sono qui contenute. La raccolta ha carattere frammentario, è divisa in titoli e contiene anche frammenti di Papiniano, Paolo, e Ulpiano, oltre a costituzioni imperiali, la più antica delle quali risale al 205 d.C. Riguarda solo diritto privato.

Un altro esempio di raccolte miste è costituito dalla *Collatio Mosaicarum et Romanarum legum* che ci è pervenuta attraverso tre manoscritti rinvenuti a Berlino, Vienna e Vercelli. È la prima opera di diritto comparato della storia, dal momento che contiene un confronto tra leggi mosaiche e romane con lo scopo di dimostrare la superiorità morale delle prime. I testi romani sono tratti dai cinque autori della legge delle citazioni, mentre le costituzioni imperiali sono prese dal Gregoriano e dall'Ermogeniano, più una costituzione del 390 d.C. forse entrata successivamente nella compilazione, che dunque potrebbe essere dei primi del IV secolo. Proprio per l'attenzione agli aspetti etici della normazione, particolare riguardo è riservato al diritto penale.

Infine appartiene alle raccolte miste di *leges* e *iura* anche la *Consultatio veteris cuiusdam iurisconsulti*. Si tratta di un parere dato a un avvocato da un giureconsulto operante nella Gallia meridionale, verosimilmente risalente al VI secolo. Il giureconsulto allega a sostegno delle proprie tesi frammenti tratti dalle *Pauli Sententiae* e costituzioni ricavate dai codici Gregoriano, Ermogeniano e Teodosiano. È probabile peraltro che l'opera si sia ampliata per strati successivi, con un nucleo originario risalente alla fine del V del secolo.

L'Oriente non ha dato testimonianza particolarmente significative di opere giuridiche. Si possono ricordare gli *Scholia Sinaitica* scoperti sul Monte Sinai ed in lingua greca, contenenti scolii, vale a dire commenti, a frammenti tratti da alcuni libri di Ulpiano *ad Sabinum*. In questa opera di carattere scolastico sono peraltro citati anche frammenti di altri giuristi. Destinato ai pratici del diritto era invece un *Liber de actionibus*, scritto pure in greco, che fu ampiamente rielaborato. Di qualche interesse è il Libro Siro Romano del diritto, scritto in tre lingue: siriaco, arabo, armeno. La versione siriaca era verosimilmente destinata ai cristiani della Mesopotamia, che continuavano a usare il diritto romano anche all'indomani della conquista araba. Il contenuto riguarda soprattutto istituti di *ius civile*, non vi sono riferimenti allo *ius honorarium*, si tiene conto invece delle modifiche apportate dalle più recenti costituzioni.

3.7.3. *Le leggi romano barbariche*

Dissoltosi l'impero romano in Occidente, con la deposizione di Romolo Augustolo nel 476 d.C. per opera di Odoacre re di una popolazione germanica, i principali regni barbarici che vi si sostituirono ricorsero pure essi al diritto romano per regolare la vita in specie dei cittadini di origine romana, che costituivano comunque la maggioranza degli abitanti di quelle entità politiche.

Una esperienza del tutto particolare fu in verità quella avviata in Italia da Teodorico, re degli ostrogoti.

Egli non disconosceva infatti la sovranità dell'imperatore d'Oriente; pretendeva di governare l'Italia, non come monarca di uno stato indipendente, bensì con il semplice titolo di *patricius*, come fosse un governatore che amministrava in nome e per conto dell'imperatore i territori occupati dagli Ostrogoti. Si spiega dunque come anche formalmente la raccolta di norme da lui emanata venne chiamata editto e non legge. Intuendo la necessità di fondere in un solo popolo romani e goti, l'editto di Teodorico, redatto all'inizio del VI secolo, doveva poi applicarsi a entrambi i popoli. Per la prima volta si affermava il principio della territorialità del diritto, per cui su un unico territorio si applicava, almeno limitatamente alle materie ritenute più importanti, un solo diritto. Per le materie non normate dall'editto, entrambi i popoli erano peraltro liberi di continuare a usare le proprie leggi nazionali. Le norme contenute nell'editto di Teodorico erano romane, ed erano costituite da un complesso di 154 articoli, il cui contenuto era tratto dai codici Gregoriano, Ermogeniano, Teodosiano, dalle Novelle post-teodosiane e dalle *Sententiae* di Paolo. I testi non erano peraltro citati nella loro versione originale, ma era utilizzata una parafrasi non sempre pienamente rispondente al contenuto originario.

Più complessa è la *lex Romana Visigothorum*, che si presenta nella veste legislativa in quanto emanata da un sovrano che pretendeva di essere a capo di uno stato formalmente indipendente. Ordinata da Alarico II re dei Visigoti, composta da una commissione di giureconsulti locali di origine romana, venne formalmente approvata nel 506 da una consulta di vescovi e notabili. Era destinata a essere applicata in Spagna e Gallia meridionale, all'epoca soggette al dominio visigoto.

Appena approvata venne inviata da Alarico a tutti i conti del regno germanico con l'ordine di non consentire l'applicazione di altre fonti. In piena attuazione del principio della personalità del diritto, per cui ogni popolo applicava il proprio diritto su un medesimo territorio, la legge di Alarico era destinata esclusivamente ai romani. Si tratta di un testo che, nonostante la brevità e la non eccelsa qualità giuridica degli estensori, appare particolarmente funzionale alle esigenze del tempo. Il risultato fu invero un'opera di estrema concretezza e praticità. Appaiono utilizzati i codici Gregoriano, Ermogeniano, Teodosiano, che è qui presente in parte notevole, le Novelle post-teodosiane, l'intera *Epitome Gai*, le *Pauli Sententiae*, frammenti dei *responsa* di Papiniano.

Una caratteristica della *lex Romana Visigothorum* è costituita dal fatto che le costituzioni tratte dal Teodosiano e alcune delle *Sententiae* di Paolo sono seguite da una *interpretatio*. Si tratta di commenti che riproducono con altre parole il testo allo scopo di chiarirlo. È probabile che i compilatori visigoti avessero raccolto al riguardo materiale preesistente elaborato nelle scuole romane della Gallia e della Spagna. In ogni caso è significativo il fatto che talvolta, per chiarire il senso del testo, ne modificassero il contenuto. Si è notato come queste modifiche risultino tanto più frequenti e significative quanto più antiche sono le costituzioni. Si è dunque concluso da parte della critica moderna che le alterazioni non sono imputabili necessariamente a ignoranza e mancata comprensione dei contenuti, quanto piuttosto all'intento di attualizzare le costituzioni più antiche e quei passi giurisprudenziali che non corrispondevano a istanze attuali. Si è da più parti giustamente sottolineato come questi anonimi giureconsulti abbiano dimostrato di saper cogliere la realtà giuridica del tempo forse più concretamente degli stessi compilatori bizantini, che pur daranno vita a breve distanza di tempo a quel gigantesco monumento giuridico che sarà la compilazione di Giustiniano. D'altro canto secondo le esigenze dell'epoca e precorrendo la compilazione giustinianea, si può notare come anche la legge romano-visigota fosse strutturalmente tripartita, essendo costituita da un corpo di costituzioni imperiali, da un manuale didattico e da un complesso di *iura*.

La sua funzionalità ne determinò una lunga sopravvivenza, venendo applicata nel regno dei Franchi fino al XII secolo, in Italia trovò diffusione fino alla riscoperta della compilazione giustinianea, mentre in Spagna ebbe vita più breve per via della conquista araba del VII secolo d.C.

Infine va ricordata la *lex Romana Burgundionum*, emanata nel 516 d.C. dal re dei Burgundi Gundobaudo e destinata a essere applicata esclusivamente dai romani che vivevano nella Gallia orientale, occupata da siffatta popolazione germanica. Anche in questo caso si trattava di un testo imposto da un sovrano di uno stato formalmente indipendente. Era una raccolta senz'altro più semplice rispetto alle altre due, composta di 46 titoli, con materiale tratto dal Gregoriano, Ermogeniano, Teodosiano e da alcune Novelle. Erano utilizzate pure le *Sententiae* di Paolo e un riassunto delle Istituzioni di Gaio. Le fonti erano liberamente riassunte.

4.

Il processo civile e il processo criminale. Il diritto criminale

4.1. *Il processo civile*

Il processo civile nell'età del dominato è ormai quello della *cognitio extra ordinem*. Una costituzione di Costanzo e Costante del 342 aveva definitivamente abolito le *formulae* ritenute fonti di insidie per i litiganti: *iuris formulae aucupatione syllabarum insidiantes cunctorum actibus radicitus amputentur* (C. 2.57.1).

Il processo della *cognitio* ben si confaceva alla nuova concezione dello stato. Con questo nuovo processo il funzionario imperiale doveva non solo applicare il diritto, ma anche attuare la giustizia intesa come sistema di valori.

È significativo come un organo pubblico intervenisse già nella fase iniziale del processo, con riguardo alla citazione in giudizio del convenuto. L'intervento del funzionario imperiale era comunque necessario sia che fosse egli stesso a disporre la citazione in giudizio con un suo atto di autorità, come nel caso della *evocatio* tramite *edictum*, sia laddove fosse invece la parte attrice che chiedeva al funzionario la emanazione di una lettera di citazione (*littera*) che poi l'attore si premurava di notificare al convenuto, sia infine che fosse l'attore a consegnare al funzionario una ingiunzione (*denuntiatio*) a comparire, che veniva a sua volta notificata da un impiegato dell'ufficio a cui il funzionario territorialmente competente era preposto.

Il giudice che doveva decidere la lite diventò responsabile della notifica al convenuto dell'invito a comparire.

Successivamente e ancora all'epoca di Giustiniano si affermò la procedura per libello, con cui attore e convenuto precisavano le rispettive posizioni (*conventio* e *contradictio*). Il libello, che veniva notificato alla controparte da un impiegato dell'amministrazione, previa autorizzazione a esercitare la chiamata in giudizio data dal funzionario competente, serviva a identificare la pretesa sostanziale dell'attore. Questa presupponeva la indicazione nominativa dell'azione che si voleva esperire.

Si stabilì anche che fra il giorno della notifica e quello della comparizione dovevano trascorrere 10 giorni, diventati 20 con una costituzione di Giustiniano (Nov. 53.3).

Siccome vi era ormai un interesse pubblico alla attuazione della giustizia, il processo poteva in ogni caso proseguire nella contumacia del convenuto.

Cambiano anche i principi che ispirano il sistema probatorio, che vede ora una netta preferenza verso le prove scritte, il documento, e una aperta diffidenza verso le prove testimoniali, sottoposte a una serie di restrizioni e di condizioni. Il giudice poteva poi ricorrere anche a mezzi probatori diversi da quelli allegati dalle parti, proprio perché suo obiettivo era affermare la verità e giudicare secondo giustizia.

A partire dal IV secolo si afferma il principio per cui la sentenza deve essere redatta in forma scritta, che è la logica conseguenza della generalizzazione dell'istituto dell'appello.

Si generalizza l'istituto dell'appello che dà all'imperatore un controllo maggiore sull'esercizio della giurisdizione. L'appello era esercitato *vice sacra* – cioè in luogo dell'imperatore e dunque senza possibilità di ulteriore ricorso – dal prefetto al pretorio competente per territorio. In luogo del prefetto al pretorio poteva giudicare il vicario della relativa diocesi. Laddove la sentenza fosse stata emessa dal vicario o dal *praefectus urbi* rimaneva la possibilità di ricorso al *consistorium* imperiale.

Gli appelli infondati vengono a più riprese contrastati con la previsione di sanzioni patrimoniali, proporzionate da Giustiniano al grado di temerarietà della lite.

Si affermò anche il principio che nell'ipotesi di mancata comparizione di entrambe le parti nel giudizio di appello, non potendosi procedere, la causa si dovesse considerare perenta trascorso un certo periodo di tempo (uno o due anni): la sentenza di primo grado passava così in giudicato. Giustiniano fissò invece il principio che il funzionario doveva decidere utilizzando gli elementi trasmessigli dal giudice di primo grado.

4.2. *Il processo criminale*

La *cognitio extra ordinem* in campo criminale risulta durante il dominato la forma processuale di generale applicazione.

L'impianto processuale non registra significative variazioni, vi sono alcuni provvedimenti specifici che testimoniano peraltro una contraddittorietà e una scarsa efficacia della legislazione rispetto agli obiettivi perseguiti. Così, per esempio, l'intento di scoraggiare accuse infondate porta a punire come reato di *calumnia* anche accuse semplicemente non provate. Costantino arriva a sottoporre alla stessa pena prevista per il reato edittale colui che sia stato riconosciuto responsabile di *calumnia*. La misura ebbe la conseguenza di scoraggiare la denunzia dei reati, tanto che fu necessario promettere premi agli accusatori, rimanendo peraltro ben saldo il rifiuto delle denunzie anonime, che vengono severamente punite. Lo stesso diritto di accusare viene fortemente compresso, in specie da Costantino. In tutto questo si manifesta una sfiducia verso un'autonoma iniziativa dei privati, che era stata il perno del processo delle *quaestiones*, essenzialmente accusatorio, e una sostanziale riserva dell'accusa agli organi statuali. Non a caso gli organi inquirenti possono servirsi della tortura. L'accusa aperta a qualsiasi cittadino viene conservata laddove si voglia favorire la repressione di reati particolarmente pericolosi per l'ordine costituito, come la *maiestas*, l'omicidio o la violenza o che comunque violavano un certo ordine etico-sociale e in cui varie circostanze potevano scoraggiare la promozione dell'accusa da parte dei parenti della parte lesa, come nel caso del ratto.

La condanna può essere pronunciata solo in presenza di confessione o di prove testimoniali univoche e concordi. Con Giustiniano (D. 48.19.5 pr.) si riconferma il principio classico per cui non era possibile pronunciare sentenza di condanna nel caso in cui la colpevolezza non fosse stata accertata in modo incontrovertibile.

Si generalizza il diritto di appello, salvo per coloro che abbiano confessato, o per coloro che siano stati condannati per reati di particolare gravità, fra cui, oltre all'omicidio, anche il ratto e l'adulterio. È altresì vietato l'appello laddove risulti evidente che esso è proposto soltanto per ritardare l'esecuzione della sentenza.

Particolare interesse verso il diritto penale processuale è rivelato dalla prima legislazione giustinianea. Il libro IX del Codice di Giustiniano si apre infatti proprio con sei titoli dedicati al processo. È interessante constatare sia il fatto che la materia processuale apre la trattazione penalistica, sia lo spazio ad essa dedicato, il doppio quanto a titoli rispetto al Teodosiano, uno spazio che appare inoltre del tutto assorbente rispetto al diritto penale sostanziale.

Si coglie al riguardo una certa sensibilità nei confronti di quello che oggi definiremmo il tema delle garanzie dell'imputato, probabilmente in relazione all'influenza sempre più consapevole e matura esercitata dal cristianesimo.

Così C.9.4.6 stabilisce i limiti massimi della carcerazione preventiva, C.9.5.2 vieta definitivamente le carceri private, C.9.44.3 stabilisce un termine biennale di prescrizione delle cause criminali svolte secondo il rito accusatorio e in particolare in presenza della inattività dell'organo giudicante.

La commistione fra stato e chiesa, fra diritto e religione porta a far sì che a organi ecclesiastici siano riservate numerose funzioni in tema di processo e di esecuzione della pena. Così per esempio in tema di controllo sulla durata della carcerazione preventiva, e anche in tema di giudizio, con lo sviluppo di una autonoma giurisdizione di tribunali ecclesiastici.

4.3. *Il diritto criminale, suoi mutamenti*

Senz'altro più significativi sono i cambiamenti per quanto riguarda il diritto criminale sostanziale.

Per comprendere l'evoluzione del diritto criminale nell'età del dominato occorre partire da alcune considerazioni.

Innanzitutto ogni violazione dell'ordine costituito mette in discussione la stessa autorità imperiale. Ogni assetto di interessi, la stessa struttura sociale, sono definiti o consentiti dalla volontà imperiale che si esprime nella forma della legge: attentando a quell'assetto di interessi o a quella struttura sociale si trasgredisce alla volontà dell'imperatore. In questo contesto lo stato si identifica con l'imperatore stesso. D'altro canto la famiglia e la persona sono indebolite nella loro identità, autonomia e libertà: lo stato patrimoniale presuppone la trasformazione del cittadino in suddito.

Va peraltro aggiunto che le condizioni sociali sono ora sensibilmente peggiorate. La società sostanzialmente ben organizzata, relativamente equilibrata, caratterizzata da una prosperità relativamente diffusa, che si riscontra ancora nel II secolo dopo Cristo, è degenerata producendo squilibri sociali acuti, forme di ingiustizia diffusa, una sostanziale anarchia e una sempre maggiore insicurezza, anche in virtù delle scorrerie quando non delle vere e proprie invasioni delle popolazioni barbariche. Un potere che con sempre minore efficacia riesce a essere effettivo, vale a dire a organizzare e dirigere la vita sociale, è portato inevitabilmente a seguire la strada della repressione, che in quelle condizioni era probabilmente lo strumento più immediatamente efficace per evitare che la società stessa si disgregasse.

In questo contesto le pene diventano sempre più gravi, la repressione si accentua sino a raggiungere livelli parossistici. Contemporaneamente il controllo sulla vita dei singoli diventa sempre più stringente, tendendo a essere totale, estendendosi persino a normare sulla foggia dei vestiti (cfr. C.Th. 14.10.2; 4, in specie laddove si punisce colui che si vesta con fogge tipiche di popoli stranieri), o sulla scelta del coniuge (cfr. C.Th. 14.3.1 ove si sanziona il matrimonio concluso con donne straniere e C.Th. 14.3.21 e pure C.Th. 12.1.6 dove è punito il matrimonio con donne di classe diversa dalla propria).

Si moltiplicano dunque anche le fattispecie di reato. Poiché nulla deve contrastare con la volontà dell'imperatore, e la preparazione dei giudici era probabilmente carente, la loro discrezionalità deve svolgersi entro limiti assai precisi. Questo porta a una maggiore certezza della pena. Per non indebolire le istanze di politica criminale dell'imperatore le pene vengono normalmente definite in modo tassativo con costituzione imperiale, dovendosi limitare il giudice ad accertare la colpevolezza dell'imputato. Per questa via si recupera peraltro una qualche certezza del diritto.

La reazione del privato cittadino non è ammessa, posto che mina la esclusività della repressione e dunque la totalità e assolutezza del potere imperiale. Per converso si tende a considerare reato ogni infrazione, attraendo nel campo penale violazioni di obblighi di natura privata verso cui si sarebbe potuta comminare la nullità o il risarcimento del danno.

Emerge anche una responsabilità di tipo oggettivo, per cui si prevede una pena pure in ipotesi ove non sia possibile ravvisare dolo o colpa. Esemplare è il caso della punizione dell'intero ufficio che fa capo a un funzionario condannato per un qualche reato a lui imputato. Esemplare è ancora il caso della responsabilità per *calumnia*, vale a dire per accusa infondata, anche laddove l'accusa fosse stata fatta comunque in buona fede.

Affiora una maggiore eguaglianza davanti al potere repressivo, tende infatti ad attenuarsi la distinzione fra *honestiores* e *humiliores*, in specie per alcune fattispecie di reato che più direttamente minacciano l'autorità imperiale, come per esempio la *maiestas*.

Grazie all'influenza del cristianesimo emerge peraltro anche una forte e sincera tensione etica. L'imperatore si propone di cambiare la società e il sistema delle pene è lo strumento più immediato e più efficace.

Forti tendenze morali affioreranno in particolare nella legislazione di Giustiniano: il crimine si identifica con il peccato, la pena è funzionale al pentimento. La pena assume una funzione rieducativa. Forte è l'idea di espiazione, che ha nella reclusione una attuazione specifica, e in particolare nella *reclusio in monasterio* un'affermazione nuova e significativa.

Il potere imperiale trova ora la sua stessa legittimazione nella pretesa volontà divina. L'imperatore non tende più a identificarsi con una divinità, come era stato in specie nell'ultima fase del principato e con Diocleziano, ma è pur sempre detentore di un potere che proviene da Dio. È evidente la concezione dell'origine divina del potere nella famosa lettera di papa Gelasio all'imperatore Anastasio del 494 d.C. Da qui il particolare interesse alla saldezza e unità della fede cristiana, da qui però anche la persecuzione nei confronti di tutti coloro che potevano minare quella saldezza e quella unità. La persecuzione religiosa è funzionale alla trasformazione del cristianesimo in *instrumentum regni*.

Parallelamente, proprio l'influenza del messaggio cristiano determina, in un contesto certo non facile, anche aspetti di umanizzazione della pena e l'abolizione di istituti e pratiche particolarmente cruente. Così si vietano forme detentive contrarie a principi di umanità e di rispetto verso i detenuti, come catene troppo strette, maltrattamenti ai danni dei prigionieri, tempi di custodia esagerati.

Viene pure abolito lo *ius vitae ac necis* del *pater*, così come nel V secolo viene soppresso lo *ius occidendi* lo schiavo. Vengono soppresse la crocefissione e la *datio ad bestias* per rispetto verso la religione cristiana; nel IV secolo vengono aboliti i ludi gladiatori che violavano la dignità della persona. Lo sfavore verso la schiavitù si manifesta anche nella abolizione della *servitus poenae* dei condannati, che era fino al IV secolo d.C. una conseguenza automatica della *damnatio ad metalla*.

È nel dominato che si ha una definitiva formulazione, in tema di interpretazione delle prove, del principio *in dubiis pro reo*, che peraltro trovava già una sua sanzione in alcuni passi della giurisprudenza classica (D. 48.19.5 pr.) e in decisioni di imperatori del II secolo d.C. Traiano aveva invero già rescritto che "*satius enim esse impunitum relinqui facinus nocentis quam innocentem damnari*" (D. 48.19.5 pr.).

Con Giustiniano si tende fra l'altro a recuperare in qualche modo anche il principio espresso poi con il brocardo *nulla poena sine lege*, che era stato sostanzialmente cancellato con la *cognitio*, arrivandosi ad affermare "*non exemplis sed legibus iudicandum*".

4.4. *I singoli reati*

A) Particolare rilievo ed estensione ha ovviamente il reato di *maiestas*. È interessante constatare come esso si estenda a comprendere anche illeciti che attengono alla sfera religiosa come il sacrificio agli dei pagani. Ciò sta a testimoniare come l'elemento religioso fosse il fondamento stesso della ideologia e del potere imperiale. Entro questo processo di allargamento della figura del reato di *maiestas* si può annoverare anche la semplice mancanza di rispetto verso la dignità imperiale, come l'atto di un funzionario che faccia iscrivere su un monumento pubblico il proprio nome in sostituzione di quello dell'imperatore.

L'imperatore, volendo attuare la giustizia sulla terra, si sente investito peraltro del compito di proteggere i suoi sudditi: in aperta contraddizione con questo fine è l'atto del funzionario che non reprima abusi o vessazioni, così pure è reo di *maiestas* anche il funzionario che non abbia attivato una procedura repressiva verso chi, per esempio, abbia trattenuto qualcuno in un carcere privato.

Si incide pure sul principio della personalità della pena, statuendosi che nel caso di *maiestas* la condanna ha conseguenze anche sui discendenti, che perdono la capacità di assumere uffici civili o militari; essi vengono esclusi pure da ogni eredità dei loro prossimi congiunti, del padre, ma persino della madre.

B) Speciale rilievo hanno i reati di natura religiosa.

Qui si manifesta l'interesse diretto dell'imperatore a conservare la saldezza e l'unità della fede, messa ormai a fondamento del proprio potere. Va peraltro osservato come la persecuzione non raggiunga la estensione e i livelli di brutalità che aveva contraddistinto l'azione repressiva degli imperatori pagani. La pena di morte si applica più sporadicamente e senza la ferocia che ne aveva in precedenza caratterizzato l'applicazione.

L'atteggiamento verso gli ebrei, perseguitati fin dai tempi di Nerone, non cambia granché rispetto al passato. Vi è anzi un atteggiamento di sostanziale tolleranza. L'appartenenza alla religione ebraica non è infatti considerata un *crimen*, né sono vietate le celebrazioni religiose, le festività giudaiche sono rispettate. Le sinagoghe vengono ora pure protette. Ciò che non si accetta è la possibilità di proselitismo o la conversione all'ebraismo. Lo schiavo non ebreo che sia stato circonciso dal suo padrone acquista, con una costituzione di Costantino, la libertà; Costanzo vieterà addirittura agli ebrei l'acquisto di schiavi di altra religione o nazionalità e qui, forse per la prima volta, si ha il riferimento alla nazionalità (*natio*) ebraica come elemento discriminante: non è tuttavia ancora l'idea di razza, perché la *natio* coinvolge elementi culturali, prima che etnici. Teodosio I arriva a equiparare all'adulterio il matrimonio fra un cristiano e un ebreo. Onorio e Teodosio II comminano l'esilio perpetuo e la confisca del patrimonio nel caso di conversione di un cristiano all'ebraismo. Con Teodosio II si inizia a contrastare anche la diffusione della religione ebraica indipendentemente dal proselitismo: si proibisce infatti la costruzione di nuove sinagoghe.

Inizialmente tollerante verso i pagani, la legislazione imperiale si fa vieppiù severa. Se infatti Costantino si limita a punire solo gli atti di magia, Costanzo arriva a punire gravemente tutti i sacrifici pagani, misura a cui Teodosio I aggiunge la chiusura dei templi. Nel V secolo si ha un salto di qualità nella repressione del paganesimo: Marciano statuisce la pena di morte per le ipotesi di sacrificio in un tempio pagano, e Leone arriva a punire pure i sacrifici fatti in case private.

A partire dagli inizi del V secolo si riserva ai cristiani l'accesso ai pubblici uffici e all'esercito.

Particolare severità assume la lotta contro le eresie. Esse più di ogni altra manifestazione religiosa mettono in dubbio la legittimità stessa del fondamento del potere imperiale. Pure a questo riguardo si manifesta un progressivo inasprimento della persecuzione. Anche se le prime manifestazioni di atti repressivi nei confronti delle eresie si ha già con Costantino, è tuttavia dalla proclamazione del cristianesimo come religione ufficiale dell'impero che la persecuzione diventa sistematica, sfociando in provvedimenti molto duri. Teodosio I vieta tutte le eresie. Gli eretici perdono la capacità di fare e di ricevere per testamento. Gli eretici possono essere poi esclusi dalle città; in determinati casi possono essere condannati alla *relegatio*. Vietato è il proselitismo; nel caso della eresia di Eutichete e Apollinare con una costituzione di Valente e di Marciano si arriva a prevedere, qualora si insegnino cose illecite, la pena di morte.

La persecuzione più grave si ha verso i manichei, nei cui confronti va detto però che le pene si attenuano rispetto al passato. L'origine della persecuzione affonda le sue radici già nell'età pagana: Diocleziano aveva invero statuito la condanna a morte. La particolare severità nei confronti di questa dottrina derivava dal fatto che essa era di origine persiana e dunque veniva avvertita come particolarmente pericolosa essendo l'impero persiano lo storico e principale nemico di Roma.

Con il cristianesimo la pena di morte verso i manichei si commina solo in determinati casi mentre si dispongono altre pene come la perdita della capacità di fare testamento e di contrattare, la confisca dei beni e la *deportatio*.

In conformità a un principio risalente già alla legislazione pagana, la disponibilità a ritornare alla retta fede e nel caso di specie a ritornare al cristianesimo ortodosso comporta il perdono e la estinzione della pena.

Non può ottenere invece il perdono l'apostata, cioè colui che abbia abbandonato la fede cristiana. Meno grave è tuttavia la repressione dell'apostasia, che viene sanzionata da Teodosio I con la sanzione morale dell'*infamia*, la perdita di eventuali dignità, nonché con la perdita della capacità di fare e ricevere per testamento e di donare.

La commistione fra fede e potere imperiale si ravvisa chiaramente nel reato di *sacrilegium:* il *crimen* comprende infatti non solo gli atti di vilipendio a persone, luoghi e oggetti destinati al culto cattolico, ma anche le offese alla persona dell'imperatore e gli atti di disubbidienza ai suoi ordini.

C) La legislazione imperiale viene ora influenzata dal cristianesimo per quanto riguarda l'impianto morale su cui si fonda la società. Particolare importanza hanno dunque i reati contro il matrimonio e i reati sessuali.

Così l'adulterio commesso dalla donna è punito con la pena di morte, con la pena di morte è pure punita la congiunzione carnale di una donna libera con uno schiavo. Assimilato all'adulterio è pure l'infedeltà della fidanzata. Meno grave è considerato invece il comportamento dell'uomo che tenga presso di sé una concubina. Con questo regime si torna in sostanza all'epoca alto-repubblicana con il preminente interesse alla difesa della famiglia patriarcale. La gravità dell'adulterio fa sì che ognuno possa esperire l'*accusatio* e che avverso la sentenza non sia ammesso appello.

Sanzionato è ora anche il divorzio unilaterale, tranne per le ipotesi di giustificato motivo. Specialmente severa appare la legislazione di Costantino. Il divorzio unilaterale è infatti ammesso, pure dal legislatore cristiano, solo nel caso in cui il marito sia stato riconosciuto colpevole di omicidio, di manipolazione di veleni, o se abbia violato sepolcri. La pena prevista per la donna che ripudi senza giusto motivo è quella della *deportatio in insulam*. Per il marito che avesse ripudiato la moglie senza giusto motivo, vale a dire al di fuori dei casi in cui la moglie fosse riconosciuta adultera, manipolatrice di veleni o dedita alla prostituzione, non era prevista una sanzione penale, ma l'obbligo di restituire la dote e il divieto di contrarre nuove nozze.

Le cause di liceità del divorzio crescono peraltro con gli imperatori successivi.

Punito con la morte era anche lo stupro della donna libera. Sanzionate con la morte erano pure le unioni di tipo omosessuale, considerate contro natura. Al riguardo Teodosio I giunge a prevedere la vivicombustione. Puniti in modo molto duro sono anche l'incesto – con la comminazione da parte di Costanzo della pena di morte pure per l'ipotesi di unione fra zio e nipote – e il ratto, con la previsione della pena di morte per il rapitore e per la stessa rapita se consenziente, o per i genitori se complici del rapitore.

Punito in modo progressivamente severo è anche lo sfruttamento della prostituzione. Teodosio II commina la *damnatio ad metalla* per il padre che abbia prostituito la figlia e per il *dominus* che abbia trasformato la schiava in una prosseneta. Contestualmente erano privati rispettivamente della *potestas* e del *dominium*. Sempre Teodosio II decreta la fustigazione e la espulsione dalle città per i lenoni, mentre Leone arriva a prevedere la *damnatio ad metalla*.

D) L'influenza della religione cristiana torna a farsi sentire nella maggiore durezza con cui vengono repressi i reati contro la persona. Viene ora repressa con la pena di morte l'uccisione dei neonati, sanzionata criminalmente è pure l'esposizione di un neonato. Con Costantino il parricidio viene esteso alle ipotesi in cui il *pater* abbia ucciso il figlio ancorché soggetto alla sua potestà. Anche se l'abuso dei mezzi di correzione era punito fin dall'epoca repubblicana, la durezza della pena a carico del *pater* (il *culleus*, vale a dire la chiusura del colpevole, insieme ad un serpente, in un sacco che veniva poi gettato in mare) era indicativa del diverso rilievo che aveva qui la individualità della singola persona all'interno della famiglia.

Sempre Costantino aveva equiparato all'omicidio la uccisione dello schiavo, purché non realizzata a seguito di legittimo uso di mezzi correzionali. Si dovrà aspettare il V secolo, sempre per influenza del cristianesimo, per vedere l'abolizione definitiva dello *ius occidendi* del *dominus* nei confronti del suo schiavo.

Ancora Costantino, nell'ambito del reato di plagio, stabilisce pene molto dure contro coloro che avessero sottratto ai genitori i figli: vi era qui la condanna *ad bestias* se gli autori del plagio fossero schiavi o liberti, ed ai ludi gladiatori, se invece fossero *ingenui*.

Punita criminalmente è ora anche ogni ipotesi di *iniuria*, vale a dire di offesa morale o fisica a persone.

Particolarmente severe sono pure le sanzioni contro i violatori di sepolcri, per lo speciale rilievo che assume il rispetto verso il defunto e i luoghi di sepoltura secondo la religione cristiana.

E) Si ha un progressivo aggravamento anche per i reati che riguardano l'amministrazione dello stato. Innanzitutto ha nuova vita il *crimen ambitus*, che assume tuttavia una diversa caratterizzazione in relazione alla scomparsa degli organi di rappresentanza politica. Riguarda da una parte la iterazione di cariche pubbliche, commessa in violazione del divieto che imponeva l'alternanza nell'ufficio, dall'altra colpisce coloro che avessero acquisito cariche pubbliche mediante atti corruttivi. È significativo peraltro il fatto che con il *crimen ambitus* venga anche colpita la simonia, ovverosia la compravendita di cariche ecclesiastiche, dapprima solo nella parte orientale dell'impero, poi, con Giustiniano, in tutto l'impero riunificato. Questa norma è indicativa di come la religione cristiana e le sue espressioni organizzative venissero intese. Esse appaiono ormai un tutt'uno con lo stato, le cariche ecclesiastiche sono in sostanza assimilate alle cariche pubbliche. Per qualche aspetto si ha qui una continuità con la antica religione romana che faceva del sacerdote un pubblico funzionario.

La gravità del *crimen ambitus* è espressa dalla gravità della pena, che conduceva alla *deportatio*. Ogni funzionario doveva essere invero espressione, ancorché indiretta, della volontà imperiale. È significativo come alla stessa pena venisse condannato anche colui che avesse semplicemente brigato per ottenere la carica senza essere ancora riuscito nell'intento: non vi era dunque distinzione fra reato tentato e reato consumato.

Inizialmente meno grave era il reato di concussione (*repetundae*), evoluzione dell'antico *crimen* nato all'interno del sistema delle *quaestiones*. Qui la pena era innanzitutto pecuniaria, consistendo nel quadruplo della somma estorta. Era poi aggiunta la sanzione della destituzione dalla carica e della perdita della relativa dignità. Sanzionata è pure la vendita delle sentenze da parte dei giudici: inizialmente con semplice sanzione pecuniaria, poi, con Teodosio I, il reato verrà punito con la massima severità: si arriverà alla comminazione della pena di morte.

Particolare rilievo si dà alla difesa dei beni pubblici. Così viene punita la usurpazione di suolo pubblico al fine di edificare; viene sanzionata addirittura con la pena capitale la illegittima derivazione di acque pubbliche. Vengono puniti anche i danneggiamenti colposi a beni pubblici, come il ferimento di animali destinati al trasporto pubblico.

Sanzionate sono pure le frodi al fisco, che arrivano a comprendere il danneggiamento a fondi privati soggetti a imposizione fiscale, con la finalità di diminuirne la produttività e dunque il gettito per le casse dello stato.

F) Nel contesto di un generale aggravamento delle pene, anche i reati contro la fede pubblica subiscono un inasprimento delle sanzioni. Così è innanzitutto per il falso monetario. La fabbricazione di monete false è punita già da Costantino con la pena capitale. Al reato di *falsa moneta* viene assimilata anche la alterazione della consistenza delle monete aventi corso legale al fine di sottrarne l'oro o l'argento di cui erano composte, così pure la fusione delle monete per venderne il materiale, che aveva un valore superiore a quello della moneta stessa. La pena di morte era inflitta in forma aggravata tramite la vivicombustione.

Il reato, assimilato al sacrilegio da Costantino, per il fatto che le monete erano contrassegnate dalla figura dell'imperatore, sarà poi equiparato per il medesimo motivo alla *maiestas* da Teodosio I. In questa duplice equiparazione operata dai due imperatori si riassume esemplarmente l'ideologia imperiale e il nuovo modello di stato e di potere.

G) Ogni atto di violenza viene inteso come una minaccia grave all'ordine costituito e viene dunque punito gravemente. È invero significativo il fatto che scompare qui qualsiasi distinzione fra violenza pubblica e privata. Il *crimen vis* viene punito da Costantino con la pena capitale e la sentenza non è appellabile. Viene persino punito l'esercizio violento delle proprie ragioni, stabilendosi la confisca di metà del patrimonio a carico di colui che si sia reimpossessato con la forza di una cosa di sua proprietà.

H) Con Giustiniano, in particolare nelle *Novellae*, si coglie una ulteriore evoluzione verso l'attrazione di situazioni afferenti tradizionalmente alla materia dei rapporti fra privati entro un'ottica criminale: così si giungono a sanzionare anche certi comportamenti del creditore, giudicati illeciti, durante le varie fasi del rapporto obbligatorio.

4.5. *Le pene*

Molto ampio è il sistema delle pene, che subiscono un generale aggravamento proprio per l'indebolimento del rilievo della dignità personale di fronte alle istanze punitive di un imperatore che si considerava *dominus* dei suoi sudditi. Si assiste invero a due tendenze contrastanti: da una parte l'azione mitigatrice del cristianesimo, dall'altra l'accentuarsi delle istanze repressive di un potere autocratico, che concepisce ogni lesione dell'ordinamento giuridico come un attentato alla propria autorità e alla indiscutibilità del proprio potere. La carità, su cui si fonda la mitezza, è d'altra parte strutturalmente lontana dalle inclinazioni di un potere autocratico.

È per altro verso forte il carattere afflittivo della pena anche per la sua accresciuta valenza etica. Il colpevole deve soffrire per il male che ha commesso. In questo contesto la pena ha una evidente funzione retributiva.

Vi è dunque innanzitutto la pena di morte, che viene ormai comminata per reati anche minori e che ha un ambito di applicazione generale. Circa le modalità di esecuzione l'impiccagione sostituisce la crocefissione, per rispetto nei confronti della religione cristiana. Per influenza del cristianesimo scompaiono, come si è detto, i ludi gladiatori e la *datio ad bestias*. Viene tuttavia mantenuta la vivicombustione. Viene anche conservata per l'uccisione di un congiunto la antichissima *poena cullei*, la pena del sacco.

Scompare l'*aquae et ignis interdictio*, come pena autonoma consistente nell'esilio volontario, che era strettamente collegata col processo repubblicano delle *quaestiones perpetuae* e che consentiva di evitare la condanna a morte. Scompare dunque la distinzione fra *poena capitalis* (comminata dalle *quaestiones*) e *poena capitis*, tipica della *cognitio*.

Viene conservata la *damnatio ad metalla*, consistente nei lavori coatti nelle miniere, normalmente riservata agli *humiliores*, così come viene mantenuta la condanna ai lavori forzati per opere di pubblica utilità.

Permangono *deportatio* e *relegatio*. La prima, solitamente perpetua, comportava perdita della cittadinanza e confisca dei beni, fatta salva una quota a favore dei figli e del coniuge per motivi umanitari. La seconda era invece temporanea e proprio per questo senza conseguenze su *civitas* e patrimonio tipiche della *deportatio*.

Per gli *humiliores* e gli schiavi la fustigazione era concepita come una pena autonoma.

Diffuse erano anche le sanzioni patrimoniali, in specie le multe; pure la confisca del patrimonio veniva sovente applicata come pena autonoma.

Interessante è poi lo sviluppo di un ulteriore tipo di pena, quella detta *existimationis*, che consisteva cioè nella dichiarazione di *infamia* e nella perdita della *dignitas* e delle cariche ricoperte e di cui vi è peraltro già traccia nell'età del principato (v. per es. D.48.19.5 pr.) e nelle stesse azioni infamanti del processo formulare. La pubblica squalifica, che avrà poi l'evoluzione medievale nella gogna, aveva un effetto esemplare di grande rilievo e dunque una efficace funzione deterrente.

Vi era infine, sull'esempio repubblicano, una serie di ulteriori conseguenze di natura privatistica, concepite tuttavia come sanzioni penali, quali la perdita della capacità di fare testamento, di donare, di concludere contratti.

Con il legislatore cristiano la pena acquista sempre più la caratteristica di espiazione del peccato commesso. Si vuole che il criminale/peccatore si penta del misfatto compiuto, che è innanzitutto un'offesa a Dio e quindi a colui che lo rappresenta sulla terra e che da Dio ha ricevuto il compito di garantire l'ordine nel rispetto di una determinata priorità fra i valori. In questa ottica si spiega la nascita della reclusione come pena autonoma, in specie proprio nella sua veste di *reclusio in monasterio* entro le cui mura il peccatore doveva trascorrere la propria vita a pregare e a meditare sul misfatto compiuto.

L'influenza del cristianesimo porta a una limitazione delle pene mutilanti, che avevano in sé una logica di primitiva retribuzione. Pur con la contraddittorietà tipica di un'epoca che risente di contrapposti stimoli, si prevedono anche modalità più umane nello scomputo della pena. Gli imperatori Onorio e Teodosio II (C. Th. 9.3.7) stabiliscono per esempio che nei giorni festivi i giudici ascoltino i detenuti sulle loro condizioni, per individuare eventuali abusi commessi dalle guardie carcerarie. Le gerarchie ecclesiastiche erano autorizzate a verificare che non mancasse ai detenuti il conforto e l'assistenza spirituale nonché la possibilità della pratica religiosa. Vengono addirittura puniti quei carcerieri che non consentano l'ingresso nelle prigioni dei sacerdoti, che fra l'altro finivano anche con il vigilare sulle condizioni della detenzione. Si riafferma, soprattutto nella legislazione delle *Novellae* giustinianee, anche il principio di personalità della pena, peraltro già conosciuto dalla giurisprudenza classica (D. 48.19.20). Celebre è al riguardo Nov. 17.12 laddove si afferma che il peccato e le sue conseguenze non possono gravare sui beni, ma solo sulla persona del peccatore: in altre parole il peccato è personale, la colpa non si estende sui discendenti a cui il patrimonio sarebbe spettato in via successoria. Ciò ha una influenza immediata sul regime della confisca.

Proprio la più matura influenza del cristianesimo porta con Giustiniano a ribadire in più circostanze la necessità che la pena sia applicata con umanità e senza eccessi.

È peraltro con il legislatore cristiano che si sviluppano istituti che caratterizzeranno i sistemi penali successivi, giungendo fino a noi, come l'istituto dell'amnistia, che elimina il reato e dell'indulto, che elimina la pena. Questi istituti, nell'applicazione assai ricorrente e ampia che se ne fece, finirono tuttavia con l'indebolire il principio della certezza della pena con la conseguenza di incoraggiare i fenomeni criminali. Così ancora si riafferma, pur se in forma diversa, un istituto antichissimo quale l'asilo, ora presso chiese o monasteri.

4.6. *La funzione della pena: una evoluzione decisiva*

Una delle novità più importanti nel campo della pena, che caratterizza l'epoca del dominato e in specie i legislatori cristiani e Giustiniano, è l'affermazione della funzione emendatrice della pena. In questo contesto affiora un ruolo nuovo della reclusione così come fanno la loro comparsa due nuovi istituti: l'amnistia e l'indulto.

Si tratta di una vera rivoluzione nella concezione stessa della pena.

Fino ad allora la pena aveva avuto innanzitutto una funzione retributiva. Così fin dal sistema penale delle origini: esemplare, in questo senso, il taglione, come pure le norme sull'omicidio volontario, per cui secondo la legislazione di Numa vi sarebbe stata una sanzione che avrebbe legittimato o forse addirittura imposto la corrispettiva uccisione del colpevole (*paricidas esto*) . D'altro canto la stessa *poena* privata nasce come surrogato della *vindicta* a cui l'offeso dall'illecito rinunciava accettando un corrispettivo pecuniario. Del resto nella direzione di un carattere retributivo della sanzione andavano ancora le varie affermazioni dei giuristi classici sulla necessità di una proporzione della pena rispetto al fatto compiuto (cfr. per esempio Ulpiano in D. 48.19.13), così che non fosse *gravior* né *levior*.

Ben chiara era pure la funzione intimidatrice della sanzione. Al riguardo Aulo Gellio (7.14.4) citava i *veteres* che usavano l'espressione "*exempla*" per le pene più gravi e terribili. In questo contesto la pena di morte aveva senz'altro una funzione intimidatrice, così come le varie forme di *summa supplicia* dell'età del principato e soprattutto del dominato.

Vi era stata poi nel diritto penale delle origini una più specifica funzione purificatrice della pena che affiora nell'arcaica concezione della *consecratio*. La pena aveva acquisito pure una sostanziale funzione di reintegrazione patrimoniale come nel caso delle pene pecuniarie per il *simplum*, previste ad esempio per le *repetundae* in età sillana, o in alcune ipotesi di *delicta*.

La pena mirava essenzialmente a reprimere determinati comportamenti e a prevenirne la commissione futura.

La repressione è evidente nell'idea di punizione per il male fatto, che appare tipica di tutto il sistema penale antico (v. ad esempio Gell. 7.14.2).

Ipotesi di prevenzione speciale, volte cioè a impedire che il singolo tornasse a delinquere, si avevano con le varie pene interdittive, così come con l'*aquae et ignis interdictio* e con la *deportatio*, non a caso accomunate da Ulpiano in D.48.19.2.1 e che peraltro svolgevano anche una funzione repressiva.

Un'idea di prevenzione generale, volta cioè a scoraggiare la commissione di futuri reati da parte della generalità dei consociati, traspare, oltreché dalle sanzioni corporali e dalla pena di morte, anche dalle sanzioni pecuniarie per reati come le *repetundae* o l'*ambitus*, così come dalla *poena existimationis*, che colpiva il reo nella considerazione sociale.

La pena non sembra fosse invece strutturalmente finalizzata all'emenda del reo. Certamente l'idea dell'emenda era già ben presente in alcune riflessioni filosofiche greche come nel Gorgia di Platone (525.b) secondo cui "ogni pena comminata secondo giustizia deve consentire che chiunque la riceva diventi per suo conto migliore e ne abbia giovamento", o in Tauro, nel suo libro primo dei *Commentarii in Gorgiam Platonis* ed erano indubbiamente entrate nella riflessione culturale romana (v. ad es. Gell. 7.14). Lo stesso giurista Paolo (D. 48.19.20), commentando il fatto che la *poena* è personale e non deve trasmettersi agli eredi, motivava questo principio sul presupposto che "*poena constituitur in emendationem hominum*". Nei fatti alcune pene, in specie quelle corporali e quindi le sanzioni afflittive come le varie forme di condanna ai lavori forzati, ben potevano svolgere una funzione rieducativa, ma questa funzione non sembra caratterizzare ideologicamente il sistema romano delle pene.

Quanto al carcere, come chiarisce Ulpiano (D. 48.19.8.9), serviva *ad continendos homines, non ad puniendos*: "I governatori delle province hanno l'abitudine di condannare al carcere o ai ceppi, ma non debbono farlo, poiché queste pene sono vietate. Il carcere infatti è destinato a custodire gli uomini (in attesa di giudizio), non a punirli".

Il passo di Ulpiano, nonostante si sia tentato di attenuarne la portata (Lovato), appare un punto fermo della concezione romana della reclusione, che "non aveva carattere di pena ma funzione preventiva di custodia dell'imputato" (Santalucia). Come si è detto, l'idea di imprigionare qualcuno andava contro il principio di libertà personale. Coerentemente, fra le sanzioni ricordate dai giuristi classici (D. 48.19) applicabili nelle forme della *cognitio*, il carcere non compare e già non compariva precedentemente in alcuna legge istitutiva di *quaestiones*. Non doveva essere peraltro infrequente che nell'ambito della *cognitio*, che lasciava notevole libertà agli organi pubblici nella individuazione degli strumenti repressivi, vi fossero sentenze di condanna ai ceppi (*vincula*). Avendo notizia di una prassi che contrastava con i principi del diritto penale, gli imperatori intervennero in più occasioni per vietarla o quanto meno limitarla: una costituzione di Caracalla (C. 9.47.6) vietava di condannare uomini liberi ai ceppi perpetui e coerentemente Callistrato (D. 48.19.35), ricordando un rescritto di Adriano e *mandata* dei *principes*, testimoniava il divieto di condannare *perpetuis vinculis*.

È con il legislatore cristiano che la reclusione viene ad acquistare una centralità nel sistema penale.

È dunque opportuno approfondire l'idea di castigo presente nella chiesa delle origini, per cogliere il senso della evoluzione della funzione della pena.

Alla base del castigo nella religione cristiana vi è l'idea di peccato.

Nei confronti dei membri della *ecclesia* che avessero commesso gravi peccati, violando precetti evangelici, le condanne della chiesa cristiana portavano alla scomunica, le cui conseguenze non erano meramente spirituali, ma anche temporali.

Si trattava in specie di soggetti che fossero colpevoli di assassinio, di frode, di furto, di comportamento immorale e anche di coloro che fossero divenuti seguaci di dottrine eretiche, condannate dai sinodi episcopali ovvero di coloro che seguissero pratiche idolatre.

L'espulsione dalla comunità scioglieva ogni legame dì amicizia e il colpevole veniva messo al bando in virtù di un marchio di infamia, che faceva dello scomunicato un soggetto da guardare con disprezzo, da emarginare e da evitare. La durezza del trattamento non precludeva l'idea di misericordia, qualora il peccatore si fosse sinceramente pentito, anche se vi erano alcuni che ritenevano che la penitenza e la contrizione dovessero servire per la salvezza eterna, non invece per riottenere un posto, pure il più umile, nella comunità cristiana.

Anche l'indirizzo interpretativo più mite non considerava tuttavia il perdono cosa facile da ottenersi: esso presupponeva invero un percorso duro e severo di penitenza, talvolta anche assai lungo.

Peccati di eccezionali gravità non ammettevano peraltro il perdono degli uomini, ma comportavano la proclamazione di una scomunica perpetua.

Il luogo più idoneo per meditare sui peccati commessi e per scontare la propria pena appariva il carcere e lo stesso monastero, nella sua severità e nel suo rigore.

Il carcere è innanzitutto strumento di purificazione, strumento di salvezza per mondarsi dei propri peccati. Il carcere è anche luogo di martirio che consente di temprare la vera fede (Tert. *ad martyras*. 2.4; 3.5). Obiettivo ultimo era comunque la redenzione del peccatore. Proprio per questo la pena doveva essere dura, implicare sofferenza, suscitare tormento interiore: il facile perdono era incompatibile con un sincero, profondo pentimento.

Traducono bene questa nuova concezione della pena alcune costituzioni imperiali in tema di amnistia. Esemplare è al riguardo C. Th. 9.38.6: l'amnistia che veniva frequentemente concessa in specie in occasione della ricorrenza pasquale, come momento di riconciliazione cristiana, e per favorire il reinserimento del reo, non solo non veniva data per reati gravi come l'omicidio – e più in generale ogni attentato alla vita umana –, la *maiestas*, gli atti contro la morale sessuale e contro la religione, ma soprattutto escludeva i recidivi: il perdono presupponeva il ravvedimento del colpevole, non era concepito per favorire l'abitualità nel reato.

Affiora un fine nuovo della pena (Sirm. 7): il reinserimento nella società di chi aveva peccato, il rinnovamento interiore in vista di una vita migliore, perché chi sia liberato possa seguire i precetti di una condotta diversa e non ricada nella commissione del crimine. Date queste premesse erano dunque eccettuati coloro che avessero dimostrato una tale pericolosità sociale da non consentirne il rilascio, da far prevedere che non si sarebbero ravveduti.

Si spiega pertanto come con Giustiniano la *reclusio in monasterio* appaia ormai una pena a sé stante, volta ad attuare una forma nuova di punizione del reo (Bonini).

È dunque con il cristianesimo che l'idea dell'emenda, e della rieducazione del reo trova la sua vera e consapevole applicazione, è il cristianesimo che porrà le basi della concezione moderna della funzione della pena.

5.
La codificazione di Giustiniano

La codificazione di Giustiniano è probabilmente la più alta opera di compilazione del diritto mai realizzata. Essa ha avuto una importanza enorme sullo sviluppo della civiltà giuridica e ha consentito di porre il diritto romano a fondamento della maggior parte dei sistemi giuridici attualmente esistenti. Se infatti dal Sud America alla Cina, dall'Europa continentale al Sud Africa si applicano istituti che affondano la loro radice nel diritto romano, ciò è merito innanzitutto dell'opera di Giustiniano.

La complessiva politica di Giustiniano può essere ricondotta all'idea della *reductio ad unum*. Riduzione all'unità in campo politico-territoriale con il ripristino dell'unitarietà dell'impero e la riconquista dei territori occidentali sottratti all'autorità di Costantinopoli da popolazioni germaniche. Riduzione all'unità in campo religioso con la riaffermazione della unicità della religione cattolica in tutto l'impero contro le deviazioni monofisite e ariane. Riduzione all'unità in campo giuridico con il superamento della molteplicità e complessità di *iura* e *leges* e la riconduzione all'imperatore della unicità della produzione e della interpretazione del diritto.

La compilazione di Giustiniano ruota attorno ad alcune opere fondamentali: il primo Codice, il Digesto, le Istituzioni, il secondo Codice. A esse va aggiunta una cospicua legislazione corrente, che dopo la emanazione del secondo Codice andrà sotto il nome di *Novellae constitutiones* e non darà vita peraltro a una nuova compilazione ufficiale di leggi.

5.1. *Il primo Codice*

Nel 528 d.C. con la costituzione *Haec quae necessario*, così chiamata dalle prime parole della legge, e indirizzata al senato di Costantinopoli, Giustiniano diede incarico a una commissione composta da 10 membri di redigere una raccolta di *leges*, vale a dire di costituzioni imperiali. I commissari vennero scelti in prevalenza fra funzionari imperiali di alto rango, con ogni probabilità per la loro esperienza nella stesura delle leggi. Il presidente della commissione fu non a caso un *ex quaestor sacri palatii*, Giovanni. Vi erano poi due avvocati patrocinanti presso il tribunale supremo del prefetto al pretorio e un professore presso la scuola di diritto di Costantinopoli.

Compito dei commissari era di raccogliere quelle costituzioni ancora attuali, che erano contenute nei tre codici precedenti, Gregoriano, Ermogeniano e Teodosiano, e quelle emanate successivamente fino a Giustiniano stesso.

L'imperatore autorizzava fra l'altro i commissari a modificare le costituzioni utilizzate al fine di renderle al meglio applicabili nella prassi dei tribunali. Era così consentita l'eliminazione di cose simili o contrarie – salvo che fossero consapevolmente inserite per uno scopo preciso –, era pure consentita la soppressione di norme ormai desuete. Per evitare la inutile prolissità del testo era anche autorizzata la soppressione delle *praefactiones* laddove non risultassero necessarie *ad legum soliditatem*.

I commissari erano inoltre autorizzati a fare aggiunte e riduzioni dei testi, a modificare le parole, a chiarire il senso di quelle oscure, a raccogliere in una unica disposizione norme disperse in più costituzioni. Il materiale doveva essere poi collocato sotto appositi titoli al cui interno la distribuzione avrebbe dovuto rispettare la originaria cronologia delle costituzioni.

L'obiettivo che Giustiniano si prefiggeva era quello di superare il caos normativo, di mettere ordine in quel *mare magnum* di costituzioni che si erano affastellate disordinatamente nel corso del tempo, creando incertezza nella applicazione del diritto. Ritorna spesso il richiamo alla certezza del diritto come valore fondante. Le leggi così ottenute dovranno essere non a caso *certae et brevi sermone conscriptae*. La concisione dei testi è uno dei presupposti per la loro semplicità e quindi per la loro chiarezza. Per l'uso nei tribunali vi è bisogno di *leges certae et indubitatae*, facilmente reperibili in un unico codice.

È evidente come manchi qui un qualche interesse scientifico, che era stato invece uno dei motivi ispiratori del, peraltro abortito, primo tentativo di codificazione di Teodosio II.

Il codice venne redatto in un anno e pubblicato con la costituzione *Summa rei publicae*, indirizzata al prefetto al pretorio. Con questa costituzione si davano le disposizioni per la applicazione del materiale così raccolto. Era dunque vietata la utilizzazione sotto pena di falso delle costituzioni non ricomprese nel codice e del vecchio testo di quelle ora ricomprese. Veniva abrogato il codice Teodosiano e quindi implicitamente i codici Gregoriano ed Ermogeniano, che erano stati riconosciuti dal Teodosiano. Venivano inoltre abrogate tutte le costituzioni successive. Il materiale era stato distribuito in libri e al loro interno suddiviso per titoli nel rispetto della cronologia originaria.

Questo codice non ci è peraltro pervenuto. Possediamo un indice di costituzioni comprese in alcuni titoli del libro I grazie ad un papiro scoperto a Ossirinco, in Egitto. Da questo indice risulta fra l'altro la persistenza della legge delle Citazioni, il che fa supporre che Giustiniano non avesse ancora pensato a una raccolta degli *iura*. Probabilmente nell'ottica della legge delle Citazioni erano anche le famose *Quinquaginta decisiones*, destinate a risolvere alcune controversie e disparità di opinioni contenute nelle opere della giurisprudenza classica e richiamate nella costituzione *Cordi* con cui Giustiniano pubblicò la seconda edizione del Codice.

5.2. *Il Digesto*

Il 15 dicembre 530 Giustiniano con la costituzione *Deo auctore* indirizzata al *quaestor sacri palatii* Triboniano dà avvio alla compilazione del Digesto. Si intendeva così sistemare l'enorme materiale giurisprudenziale, gli *iura*, superando la soluzione empirica data dalla legge delle Citazioni. Non è dunque un caso che nella commissione che avrebbe dovuto raccogliere i brani più significativi della giurisprudenza romana avessero una parte del tutto preminente i professori di diritto (*antecessores*), seguiti dagli avvocati del foro costantinopolitano. A parte Triboniano, che aveva peraltro il compito di presiedere i lavori, scompaiono invece i funzionari. I funzionari elaboravano e applicavano le costituzioni, i professori insegnavano soprattutto sulle opere dei giureconsulti classici. Il Digesto riguarda del resto nell'assoluta prevalenza diritto privato, il Codice dà ampio spazio al diritto pubblico, che era il campo di azione privilegiato dei funzionari imperiali.

Obiettivo del Digesto era di rimediare alla confusione in cui versava l'*omnis legum trames*, vale a dire l'ordinamento giuridico, a cui si era data una sistemazione parziale con il Codice. L'idea che affiora è dunque quella della unitarietà dell'ordinamento giuridico, di cui *leges* e *iura* formano ormai un tutt'uno. Lo scopo era pertanto quello di realizzare una antologia di testi che consentisse una trattazione il più possibile unitaria e completa.

Come già per il Codice, Giustiniano aveva autorizzato i compilatori a intervenire direttamente sui testi giurisprudenziali. Vennero infatti consentite soppressioni, aggiunte, modifiche di singole parole al fine di aggiornare i testi alla realtà giuridica. Si autorizzò altresì i commissari a tralasciare quelle parti dei passi delle opere giurisprudenziali che non fossero più attuali. Queste alterazioni dei testi presero poi il nome di interpolazioni (*emblemata Triboniani*, secondo una espressione coniata dalla scuola culta francese del XVI secolo). Al riguardo, anche sulla scorta di alcune affermazioni dello stesso Giustiniano contenute nella costituzione *Tanta*, che pubblicò l'opera, per cui *multa et maxima sunt, quae propter utilitatem rerum trasformata sunt*, si sviluppò, in particolare a cavallo fra diciannovesimo secolo e i primi decenni del secolo scorso, la cosiddetta caccia alle interpolazioni (*Interpolationen Jagd*) per cercare di individuare la presunta forma dell'originale classico. Si arrivò peraltro a ravvisare quasi ovunque alterazioni giustinianee con risultati spesso scientificamente poco convincenti.

In realtà, secondo un più recente indirizzo, si ritiene che gli interventi si siano soprattutto concentrati su alcuni "punti nodali di ciascun titolo" (Bonini), privilegiando la qualità delle interpolazioni anziché la quantità.

Va fra l'altro osservato come Giustiniano, volendo sottolineare l'importanza della sua opera, affermasse come avesse maggior merito colui che corregge ciò che è stato fatto in modo imperfetto, rispetto all'autore originario.

I brani della giurisprudenza classica vennero dunque ripartiti in 50 libri, divisi a loro volta in titoli, tranne il 30, 31 e 32, e all'interno dei singoli titoli vennero disposti i vari frammenti, strutturati, quelli più lunghi, in un principio e in paragrafi successivi.

I frammenti giurisprudenziali inseriti nel Digesto erano destinati ad avere valore di legge, venendo esplicitamente assimilati alle costituzioni imperiali, come se fossero diretta manifestazione della volontà imperiale, e potendo dunque essere utilizzati nella prassi dei tribunali. Nel raccogliere il materiale giurisprudenziale si dispose che non avesse più alcun rilievo una diversa *dignitas* dei singoli giuristi, anche perché una volta che i brani fossero stati ritenuti meritevoli di entrare nel Digesto erano ormai tutti egualmente espressione della medesima volontà imperiale.

L'imperatore stabilì altresì che nessun giurista avrebbe potuto in seguito dare vita a opere di commento sui frammenti contenuti nel Digesto così da evitare il ricrearsi di nuove interpretazioni contrastanti. Vietò inoltre l'uso di sigle e abbreviazioni nella stesura dell'opera e delle sue copie con l'intenzione di escludere il rischio di ulteriori ambiguità e confusione.

L'opera venne realizzata in soli tre anni e infatti il 16 dicembre 533 una costituzione bilingue latina (*Tanta*) e greca (*Dedoken*) indirizzata al senato di Costantinopoli e *ad omnes populos* provvide alla sua pubblicazione. Il Digesto entrava in vigore il 30 dicembre del 533.

Erano stati consultati, a detta dello stesso Giustiniano, circa duemila libri, traendo da essi tutto ciò che fosse utile. Si ribadiva l'obiettivo che aveva ispirato la raccolta: la soluzione delle ambiguità e il superamento di ogni discordia per garantire dunque la certezza del diritto.

La *reverentia antiquitatis* aveva fatto sì che all'inizio di ogni frammento, in una apposita *inscriptio*, venisse riportato il nome del giurista e dell'opera citata, così che non ne andasse perso il ricordo. È particolarmente interessante questa attenzione di carattere storico-giuridico, che si inserisce in una certa tradizione classica, ben espressa per esempio da Pomponio e dallo stesso Gaio.

Nella costituzione *Tanta* emerge con forza l'idea della unitarietà e completezza dell'ordinamento giuridico, che è ormai composto dalle costituzioni contenute nel Codice, dagli *iura* raccolti nel Digesto e da una nuova opera di carattere didattico, le Istituzioni. Queste tre opere avrebbero dovuto essere esaustive. È poi chiara l'idea che lo stato debba assumersi in via esclusiva il compito della produzione delle norme e del loro coordinamento all'interno di un sistema ordinato (Bonini).

Giustiniano non esclude per l'avvenire nuovi interventi legislativi, laddove emergano nuove esigenze, in particolare per regolare *nova negotia*.

Sempre nella *Tanta* si vieta sotto pena di falso la citazione, in giudizio o in qualsiasi altra lite, del vecchio testo delle opere giurisprudenziali. Digesto e Istituzioni assumono invece valore legislativo e potranno essere utilizzati in tutte le cause future e in quelle pendenti.

Si ordina inoltre di scrivere all'inizio del Digesto un elenco dei giuristi utilizzati, elenco che vede al primo posto Salvio Giuliano. Dal momento che non è suo il maggior numero di frammenti, se ne deduce che era certamente il giurista più considerato, del resto era stato Giuliano a realizzare la prima forma di codificazione del diritto, con la redazione in forma definitiva dell'editto del pretore. Sotto questo aspetto costituiva dunque un esempio. Il che lascia intendere, per converso, che nell'ottica imperiale la stesura in forma definitiva dell'editto perpetuo era sentita come una sorta di antecedente storico delle codificazioni.

I due terzi delle citazioni appartengono a opere dei cinque giuristi della legge delle Citazioni, e fra questi il giurista più utilizzato è Ulpiano; un quarto del materiale proveniva invece dai seguenti giureconsulti: Pomponio, Giuliano, Giavoleno, Marcello, Africano, Marciano, Cervidio Scevola.

Sempre nella *Tanta* è riportata anche la divisione del Digesto in sette parti.

5.3. *Le Istituzioni*

Prima di completare la compilazione del Digesto Giustiniano diede ordine al *quaestor sacri palatii* Triboniano e a due professori, Teofilo e Doroteo, di comporre un manuale destinato all'insegnamento del diritto. L'opera, chiamata, in conformità a una risalente tradizione scientifica, *Institutiones*, venne pubblicata il 21 novembre 533 con la costituzione *Imperatoriam*.

Si componeva di quattro libri e attingeva a sua volta alle Istituzioni e alle *Res Cottidianae* di Gaio, alle Istituzioni di Paolo, Ulpiano, Fiorentino e Marciano, erano inoltre citati passi tratti dal Digesto e da alcune costituzioni imperiali.

Lo scopo dell'opera era quello di fornire alla *cupida legum iuventus* i rudimenti del diritto tenendo conto delle modifiche che erano state apportate al materiale normativo da Codice e Digesto. Si voleva fra l'altro che gli studenti delle scuole di diritto prendessero contatto con le costituzioni imperiali già dal primo anno di corso e a tale fine se ne erano inserite alcune nel manuale istituzionale. Lo studente avrebbe così avuto a disposizione un testo semplice, chiaro e soprattutto conforme alla legislazione vigente.

L'impianto dell'opera che procede in prima persona, come se parlasse direttamente l'imperatore, ricalca lo schema gaiano con tuttavia alcune significative modifiche. Il primo libro è dedicato alle *personae*; alle *res* sono dedicati il secondo, il terzo e una parte del quarto; alle azioni è riservata la parte restante del quarto libro. Più in particolare il secondo libro tratta della distinzione fra cose, della proprietà, dei diritti reali, delle donazioni e testamenti; il terzo libro affronta la successione intestata e le obbligazioni da contratto; il quarto libro si riferisce alle obbligazioni da delitto, procede con le azioni e altri strumenti processuali e si conclude con una appendice dedicata ai *publica iudicia*.

Come si può subito notare, rispetto alle Istituzioni di Gaio non vi è più alcun riferimento al processo *per legis actiones* e al processo formulare. Si riduce anzi la parte dedicata al processo, che si avvia verso una sua autonomia anche sistematica secondo lo schema che poi sarà sviluppato dal *code Napoleon* con la previsione di un autonomo codice di procedura. Cambia anche la prospettiva: non è più l'azione al centro del sistema, ma il diritto soggettivo. Ne discende il carattere meramente strumentale dell'azione, concepita come *nihil aliud* [...] *quam ius persequendi iudicio quod sibi debetur*. Si espande correlativamente la parte sostanziale.

La struttura, tramite la mediazione del *code Napoleon*, sarà ripresa poi anche dal codice civile italiano del 1942, tranne la inversione che collega ora la parte successoria con la persona e non con le cose. Il legislatore italiano sembra così voler seguire, con minore rigore logico, le vicende della persona fisica anziché, come sarebbe più razionale, quelle dei beni e dei diritti che possono essere trasmessi per atti *post mortem* o *inter vivos*. Nel sistema giustinianeo si presuppone fra l'altro la patrimonializzazione della *hereditas*. È interessante notare inoltre come nelle Istituzioni dapprima si parli degli atti *post mortem* e poi delle obbligazioni da contratto, probabilmente in ricordo di una tradizione che voleva costituirsi la capacità del soggetto a partire dalla morte del *pater*. Secondo la tradizione classica che aveva caratterizzato le opere istituzionali servite da modello alle Istituzioni di Giustiniano, la condizione di *sui iuris* si acquisiva invero con la posizione di *heres*.

È interessante constatare il particolare rigore dogmatico delle Istituzioni che si distinguono rispetto al Digesto per una più meditata riflessione. Vengono fra l'altro introdotte nell'ordinamento importanti novità, come, per esempio, l'abbassamento a 17 anni dell'età per manomettere nel testamento (I.1.6.7). Anche le Istituzioni erano infatti legge vigente in tutto parificate alle costituzioni imperiali. Senz'altro più avanzata appare, sempre ad esempio, la disciplina del danno aquiliano, con il riconoscimento di una generale *actio in factum*, che prelude al definitivo superamento della tipicità delle azioni lesive contemplata nella *lex Aquilia*, e che è il presupposto fra l'altro dell'art. 2043 del codice civile italiano vigente.

Collegata alla pubblicazione delle Istituzioni è la costituzione *Omnem* che riformava, all'insegna di una più accentuata severità e di un maggiore sistematicità degli studi, l'insegnamento del diritto, strutturato ora su cinque anni di corso durante i quali si sarebbe dovuto studiare buona parte del materiale contenuto nel Digesto e nel Codice.

5.4. *Il secondo Codice*

Dopo l'emanazione del Codice del 529 Giustiniano si vide costretto nell'arco di soli 5 anni a procedere alla pubblicazione di una seconda edizione ulteriormente arricchita ed emendata. La spinta a una così rapida revisione del primo Codice venne determinata, come ci testimonia lo stesso imperatore nella costituzione *Cordi* del 16 novembre 534, dal fatto di aver nel frattempo emanato un vasto complesso di nuove leggi che vengono ricordate entro due gruppi distinti: le *Quinquaginta decisiones* e le costituzioni *Ad commodum propositi operis pertinentes*. La distinzione fra i due gruppi di costituzioni appare evidente: le prime erano destinate a risolvere contraddizioni (*decisiones*) all'interno delle fonti giurisprudenziali, controversie o differenti posizioni fra giuristi, verosimilmente nell'ottica della legge delle Citazioni, che non a caso era stata richiamata nel primo Codice. Le seconde erano specificamente finalizzate alla redazione del Digesto e dovevano pertanto fornire indicazioni ai commissari ai fini dell'utilizzo del materiale da sistemare entro i vari libri e titoli della nuova opera.

Il nuovo codice venne pubblicato con la costituzione *Cordi*, indirizzata al senato di Costantinopoli.

Oltre a inserire nella nuova raccolta queste ulteriori costituzioni, e tutte quelle altre che erano state nel frattempo emanate per regolare nuove esigenze che si erano nel frattempo manifestate, soprattutto nel campo amministrativo e del diritto ecclesiastico, Giustiniano aveva autorizzato i commissari ad apportare le modifiche che si fossero rese nel frattempo necessarie, eliminando le costituzioni divenute superate a causa di successivi interventi normativi o quelle che si erano rivelate superflue. I compilatori dovevano poi completare le costituzioni lacunose e sciogliere dubbi o ambiguità. Una nuova edizione del Codice era peraltro necessaria anche alla luce della redazione del Digesto e delle stesse Istituzioni, che avevano apportato ulteriori modifiche all'ordinamento. Si trattava dunque di meglio armonizzare la raccolta di costituzioni imperiali con quella di *iura*. Con la costituzione *Cordi* si stabilisce che all'entrata in vigore del nuovo Codice perderanno valore tutte le costituzioni che non vi fossero contenute, sempre riservandosi l'imperatore la possibilità di emanare per l'avvenire nuove leggi. Si toglie infine valore legislativo al primo Codice e si ribadisce il divieto di utilizzare abbreviazioni per le future copie dell'opera.

Sono probabili differenze, anche di un qualche rilievo, fra primo e secondo Codice, così come sono verosimili correzioni fatte dai commissari al testo originale di costituzioni dello stesso Giustiniano.

Le costituzioni sono ripartite in 12 libri, a loro volta suddivisi in titoli. All'interno dei titoli sono riportate nel rispetto dell'ordine cronologico. Come di consueto, le costituzioni recano una *inscriptio* con il nome dell'imperatore o degli imperatori che le avevano emanate e il nome di colui a cui erano state indirizzate. Era riportata pure la *subscriptio* con la data e il luogo di emanazione.

Ampio spazio ha il diritto ecclesiastico a cui sono dedicati i primi titoli del libro primo. Vi è poi una parte dedicata alle fonti del diritto. Oltre metà dei titoli del libro primo è comunque riservata alla disciplina delle cariche pubbliche (*publica officia*). Un libro intero, il nono, è dedicato al diritto penale. Grande spazio ha pure il diritto fiscale e il diritto amministrativo, che occupano gli ultimi tre libri. La parte centrale del Codice – i libri dal II all'VIII – è riservata invece al diritto privato.

La maggior parte delle costituzioni sono tratte dai codici Gregoriano ed Ermogeniano, ciò spiega, a differenza del Teodosiano, l'ampio spazio dedicato al diritto privato. La costituzione più antica è di Adriano.

5.5. *Le* novellae constitutiones

Giustiniano si era riservato il potere di intervenire per l'avvenire con nuovi provvedimenti normativi, potere che esercitò con una serie di nuove costituzioni che vennero emanate negli ultimi 30 anni del suo lungo regno: Giustiniano morirà invero nel 565 d.C. Queste nuove costituzioni prendono il nome di *Novellae*.

In verità, con riferimento alla legislazione successiva al completamento dell'opera di codificazione del diritto – terminata nel 534 –, si possono notare due differenti periodi quanto a qualità e quantità della produzione legislativa. L'uscita di scena alla fine del 541 del *quaestor sacri palatii* Triboniano, che era stato il grande artefice della attività normativa di Giustiniano, coincide invero con una diminuzione della quantità e soprattutto con una minore organicità e qualità della legislazione successiva.

Particolarmente intensa è, come si diceva, l'azione riformatrice nei sette anni successivi alla pubblicazione del secondo Codice. L'intervento della cancelleria imperiale riguarda soprattutto il diritto pubblico. È la riforma della amministrazione centrale e periferica, su cui Codice e Digesto non avevano inciso in modo decisivo, che sembra l'oggetto principale delle preoccupazioni dell'imperatore e dei suoi collaboratori. Come è stato notato (Bonini), non si tratta tanto di "meditati e coerenti propositi di ingegneria costituzionale e amministrativa", quanto piuttosto di un costante, quasi "affannoso", tentativo di rimediare alla crisi dello stato e ai "quotidiani cedimenti delle strutture pubbliche".

Se Codice e Digesto avevano la funzioni di aggiornare alla situazione esistente un materiale sorto in epoche spesso lontane, e dunque non casualmente l'operazione era necessariamente indirizzata soprattutto al campo del diritto privato, le *Novellae* possono invece dare vita a un percorso riformatore del tutto nuovo.

Da una parte si voleva ridare serietà e rigore alla amministrazione pubblica, colpendo i vari fenomeni di vendita delle cariche pubbliche, fenomeni che avevano inquinato e corrotto l'amministrazione, soprattutto a livello periferico, e che erano a loro volta causa di vessazione nei confronti degli amministrati, per la necessità di chi avesse acquistato la pubblica funzione dietro pagamento di denaro di rivalersi a sua volta; dall'altra si assiste a un processo di centralizzazione con la eliminazione delle diocesi e l'accorpamento di province, soprattutto di quelle situate in prossimità dei confini. Vengono altresì riordinati gli ordinamenti interni a determinate province.

Contestualmente si procede alla riunificazione dei poteri civili e militari in capo a un unico funzionario imperiale, dando più forza a chi fosse incaricato del governo delle province. Si ridà anche vita ai *mandata principis*, per definire nello specifico i compiti dei vari governatori provinciali.

Si tenta di rimettere ordine pure nelle amministrazioni cittadine ripristinando i *defensores civitatum*, mentre a Costantinopoli si crea una nuova figura magistratuale, la *praetura plebis*, che in parte sostituisce l'antica *praefectura vigilum*. Anche nella terminologia – *defensores civitatum*, *praetura plebis* – si chiarisce l'intento dell'imperatore di perseguire il bene dei sudditi come d'altro canto esplicitamente affermano alcune novelle: Nov. 8 *praef.*; Nov. 133 *praef.*

Particolare rilievo hanno anche le costituzioni in campo ecclesiastico. Qui si manifesta la assoluta preminenza dell'imperatore sulle strutture ecclesiastiche. Si interviene persino nell'ambito del diritto della chiesa, quello che verrà poi definito come diritto canonico. Si regola infatti la ordinazione dei vescovi, lo stato dei monaci. Si legifera pure in tema di dogmi di fede. La Novella 131 del 545 riconosce la supremazia del vescovo di Roma all'interno della chiesa. Si procede nella legislazione discriminatoria verso eretici, ebrei, pagani, anche se le sanzioni rimangono per lo più confinate sul versante privatistico, sancendo in particolare la incapacità di fare testamento e di concludere contratti.

Nel campo del diritto privato i settori maggiormente oggetto di intervento sono quelli del diritto di famiglia e del diritto successorio. Il diritto di famiglia è ormai in tutto e per tutto caratterizzato dai valori cristiani, un esempio è la celebre novella 22 del 536, che è stata definita come una sorta di "codice matrimoniale cristiano". Nel settore privatistico si riscontrano fra l'altro novelle aventi carattere compilatorio, che intendevano cioè riunire le norme riguardanti un determinato istituto.

Quanto allo stile della legislazione novellare, essa appare assai più articolata, non sottoposta a quel processo di "massimizzazione" e di semplificazione che aveva caratterizzato la codificazione. È possibile sovente ricostruire anche le fasi preparatorie che avevano condotto alla emanazione dei provvedimenti.

Le novelle non vennero fatte oggetto di codificazione, anche se questo era uno dei propositi che lo stesso Giustiniano si era riservato già nella costituzione *Cordi*. Le raccolte a noi pervenute sono tutte private e sono tre: quella detta delle 168 Novelle, l'*Authenticum* e la *Epitome Iuliani*. La più completa è la collezione delle 168 Novelle, che non contiene solo costituzioni giustinianee, ma anche dei suoi successori, Giustino II e Tiberio II, e tre *formae*, vale a dire provvedimenti a contenuto generale e astratto di prefetti al pretorio. Le costituzioni ivi contenute sono tutte in lingua originale. Venne probabilmente compiuta al tempo di Tiberio II, verosimilmente attorno al 582, data della sua morte.

L'*Authenticum* prende il nome dal fatto che si dubitò della sua autenticità da parte del giurista medievale Irnerio, a cui va il merito di aver riscoperto nell'XI secolo la compilazione giustinianea. I dubbi vennero poi superati, a favore della autenticità della raccolta, dallo stesso giurista bolognese. Le novelle contenute nell'*Authenticum* sono tutte in lingua latina: le costituzioni emanate in lingua latina sono in originale, quelle emanate in lingua greca compaiono in una loro traduzione. Si è ritenuto (Scheltema) che l'*Authenticum* fosse nato nelle scuole come traduzione letterale delle novelle destinata agli studenti di lingua latina. Le novelle contenute nella raccolta sono 134.

Più breve è l'*Epitome Iuliani* che raccoglie 124 novelle. Non compaiono peraltro nel loro testo originale, ma in un riassunto latino. Si è ipotizzato che *Iulianus* fosse un professore di diritto della scuola di Costantinopoli. È fra l'altro interessante notare come la costituzione più recente ivi contenuta dati al 555 d.C., vale a dire un anno dopo la *pragmatica sanctio pro petitione Vigili*, emanata da Giustiniano su richiesta appunto del papa Vigilio per trasmettere la compilazione all'Italia appena liberata dai Goti. Si è dunque supposto che la raccolta fosse destinata a completare per la parte occidentale dell'impero la compilazione appena inviata.

5.6. *Il disegno di Giustiniano*

Giustiniano aveva riservato a sé la produzione e l'interpretazione del diritto. Non erano ammessi commenti dottrinali alle norme contenute nella compilazione. Ogni dubbio nella applicazione della legge doveva essere sottoposto dai giudici all'imperatore. Il sistema immaginato era senz'altro chiuso. Solo all'imperatore era riservata la possibilità di provvedere per fronteggiare nuove esigenze che si fossero in futuro manifestate. L'idea fondante l'opera di Giustiniano era dunque quella di garantire la unità nella produzione del diritto e nella sua applicazione. Da qui si spiega anche il carattere esaustivo della compilazione di Giustiniano.

La compilazione giustinianea è invero senz'altro una codificazione, nel senso che si presenta come un corpo organico e sistematico comprensivo di tutte le norme pertinenti a un ramo del diritto, promanante da chi aveva il potere legislativo. L'idea stessa di codificazione presuppone l'idea di unicità del potere legislativo.

Giustiniano, fra tutti gli imperatori, è senz'altro quello che dedica maggiore attenzione ai profili del fondamento del proprio potere normativo. Definitivamente superata è ormai qualsiasi idea di sovranità popolare: con significativa variazione rispetto al corrispondente testo di Ulpiano (D. 1.4.1 pr.), nelle Istituzioni (1.1.2.6) Giustiniano afferma che il popolo con *lex regia de imperio* si spogliò una volta per tutte – *concessit*, al posto del tempo presente *concedit*, ulpianeo – del proprio *imperium* e della propria *potestas* per attribuirli all'imperatore. Si trattava tuttavia soltanto di sistemare un imbarazzante retaggio classico, che non corrispondeva alla ideologia giustinianea. Nelle costituzioni imperiali appare infatti chiaro quello che per l'imperatore era l'unico fondamento del suo potere: la volontà divina. Sotto questo aspetto non vi è nulla di formalmente nuovo rispetto a quanto già affermato da Costantino in poi e in qualche modo riconosciuto da papa Gelasio nella celebre lettera all'imperatore Anastasio nel 494, in cui si riconosceva la sottomissione dei sacerdoti alle leggi avendo l'impero un fondamento divino. Era la radicalizzazione della celebre affermazione dell'apostolo Paolo *omnis potestas a Deo*.

Con Giustiniano vi è tuttavia la sostanziale identificazione nell'imperatore del rappresentante di Dio in terra, che per questo aspetto marginalizza la figura stessa del pontefice. Se fino a quel tempo, per riprendere la lettera di papa Gelasio, due erano "i poteri [...] con cui questo mondo è principalmente retto, la sacra autorità dei pontefici e la potestà regale", ora vi è un solo potere, una sola autorità, che si attribuisce persino il potere di stabilire se il papa abbia o meno la legittimazione a essere il capo della chiesa cattolica.

Nei suoi disegni di unificazione religiosa, politica, giuridica dell'antico impero è chiara l'idea della monarchia universale. È dunque evidente come il potere di creare le leggi non potesse essere diviso con nessuno, né, in questo contesto, potesse avere rilievo alcuno la consuetudine *praeter legem*. La consuetudine *praeter legem* postula infatti la possibilità di colmare lacune nell'ordinamento da parte dell'uso ripetuto e costante di certe pratiche giuridiche dei consociati. La *consuetudo praeter legem* presuppone una visione democratica dell'ordinamento giuridico, un suo fondamento dal basso. Giustiniano ammette invece solo la consuetudine *secundum legem*, vale a dire le consuetudini richiamate dalla compilazione. In questo caso era invero il potere imperiale ad averle riconosciute e legittimate. Non è ammessa nemmeno la interpretazione evolutiva della dottrina, né la interpretazione dei giudici. Ecco allora il senso del divieto di commentare le sue leggi, fatto ai giuristi. Giustiniano consente soltanto traduzioni letterali in greco, brevi riassunti, richiami di passi paralleli, al fine ovvio di rendere meglio utilizzabile l'opera nei processi. D'altra parte solo l'imperatore può interpretare le leggi, a lui è riservata l'interpretazione autentica. Il giudice deve trovare nella legge la soluzione del caso, se nella legge c'è ambiguità dovrà ricorrere all'imperatore per il necessario chiarimento. Se si presentano nuove soluzioni si dovrà chiedere all'imperatore la emanazione di una nuova disciplina. Il giudice è solo la bocca della legge, lo strumento per l'applicazione al caso concreto delle norme approntate dal legislatore. Le sentenze dei giudici non possono creare mai nuovo diritto.

Questo impianto non discende peraltro solo dall'idea della unicità del potere e dunque dell'unicità della titolarità del potere legislativo. Come si è messo in luce (Ahrweiler), due sono i principi attorno ai quali si svolge l'idea giustinianea di società: quello dell'ordine, o *'taxis'*, che presuppone una società gerarchizzata, caratterizzata da una organizzazione stabile, non soggetta a cambiamenti radicali, ma semmai ad assestamenti e miglioramenti e quello dell' *'oikonomia'* o miglior modo di condurre le cose. Ed è proprio l'idea del buon governo che costantemente ritorna nelle espressioni di Giustiniano. Vi è piuttosto da chiedersi se la concezione della unicità del potere e della sua derivazione da Dio non fosse in qualche modo sostenuta con così tanta convinzione proprio per assicurare legittimazione ed efficacia al buon governo, in un'epoca in cui la democrazia non risultava più praticabile per le condizioni stesse dell'impero, e in cui la saldezza del potere era strumento necessario per reagire efficacemente agli assalti dei barbari e ai rischi di dissoluzione.

La codificazione è in questa ottica lo strumento dichiarato e necessario per eliminare la lunghezza delle liti. Il fine è quello di ripristinare la certezza del diritto. Vi è la consapevolezza che la certezza delle norme diminuisce le occasioni di controversie e permette ai giudici una rapida e corretta decisione. D'altro canto tramite la certezza del diritto si persegue anche lo scopo della uniformità dei giudicati che comporta la parità concreta del cittadino di fronte alla legge. In questo contesto il divieto di commenti dottrinali si spiega con il particolare valore che i commenti dei giuristi avevano finito con l'avere nella tradizione romana imperiale: gli *iura* erano invero diventati essi stessi fonte del diritto, dando vita a una pluralità di interpretazioni contrastanti che aveva gettato nel caos l'intero sistema giuridico. Così ancora, giudici che potessero interpretare liberamente la legge non solo avrebbero finito con il rendere vani gli obiettivi di politica legislativa dell'unico depositario del potere, ma avrebbero creato ancora una volta disparità di trattamento fra i consociati.

Nell'ambito di questa ideologia e di questo disegno non è dunque un caso che la codificazione di Giustiniano non concerna settori determinati, ma abbracci l'intero ordinamento. Essa appare nella storia se non la più compatta, senz'altro la più coerente codificazione.

Per comprendere la decisione di Giustiniano non si deve dimenticare lo stato a cui era arrivata alla sua epoca l'applicazione del diritto: la disparità, la frammentarietà e la caoticità delle norme a cui si era giunti era una delle principali cause di disgregazione dell'impero stesso.

La sincerità dell'obiettivo del buon governo perseguito da Giustiniano è del resto dimostrata dalle significative innovazioni che lo stesso imperatore fu costretto a introdurre negli anni seguenti la compilazione, attenuando la portata del suo disegno originario. Nel 541 con la Novella 113 l'imperatore stabilì che i giudici dovevano decidere secondo leggi generali e non sulla base di rescritti emessi durante la pendenza delle liti. Questo per evitare il rischio di situazioni di privilegio, verosimilmente non controllabili fra l'altro dallo stesso imperatore: è da presumere invero che le risposte ai quesiti sottoposti dai giudici per la frequenza e la numerosità dovessero essere seguite direttamente dalla cancelleria e non dall'imperatore. Vi era poi la necessità di scongiurare il pericolo di applicazioni difformi dei principi fissati con disposizioni di carattere generale. La costituzione del 541 appare prodromica rispetto alla Novella 125 del 543. Con questa legge l'imperatore ridà ai giudici la possibilità di interpretare la legge, abolendo nel contempo la *consultatio ante sententiam* in virtù della quale il giudice doveva rivolgersi all'imperatore quando avesse dubbi sulla soluzione da dare alla controversia sottopostagli. In altre parole d'ora in poi il giudice doveva decidere da solo anche laddove fosse incerto sulla norma da applicare, senza più rivolgersi all'imperatore, e poteva di conseguenza interpretare la norma secondo il proprio convincimento.

La rigidità del modello originariamente perseguito rischiava invero di creare inconvenienti altrettanto gravi, primo fra tutti la lunghezza delle liti e la paralisi della giustizia, che erano proprio l'opposto di quelle politiche che Giustiniano si prefiggeva. La riserva all'imperatore della interpretazione della legge determinava comunque l'incertezza fra interpretazione consentita al giudice e interpretazione non consentita; l'obbligo di sottoporre dubbi interpretativi all'imperatore era contrario all'esigenza di celerità nell'amministrazione della giustizia che è uno dei fondamenti del buon governo.

5.7. *Produzione e applicazione del diritto: l'esigenza di unitarietà*

In verità l'opera di Giustiniano, a una analisi più sottile, non appare così dirompente rispetto agli schemi romani così come si erano andati configurando dall'alta repubblica in poi. Fin dalle Dodici Tavole si era introdotta a Roma la consapevolezza che un sistema deve poggiarsi sulla certezza del diritto. L'obiettivo del movimento democratico che aveva condotto al decemvirato era in verità quello di garantire la parità fra i cittadini, per assicurare la *libertas* di tutti, riducendo spazio all'arbitrio della *interpretatio* pontificale. Da allora la certezza del diritto venne tuttavia considerata un elemento irrinunciabile.

La certezza presuppone poi l'unitarietà della produzione e della applicazione del diritto e una coerenza interna fra produzione e applicazione.

Quanto alla produzione del diritto nella repubblica e nel principato essa era ricondotta a una sostanziale unità. Nella repubblica, all'indomani della istituzione del *praetor urbanus* e con il superamento della giurisprudenza pontificale, la produzione normativa era concentrata nelle mani di organi espressione diretta o indiretta della sovranità popolare: il comizio e i pretori, urbano e poi anche peregrino. Nel principato l'*auctoritas* del principe aveva in qualche modo garantito una certa unità nella produzione del diritto anche laddove fosse stata riconosciuta ai giuristi la possibilità di *iura condere*: il giurista era invero un collaboratore del principe e, soprattutto a partire dal II secolo d.C., era lui stesso che ispirava le costituzioni imperiali. Il fondamento del potere normativo della giurisprudenza classica stava nell'*auctoritas* imperiale. Un giurista che avesse suggerito soluzioni aberranti rispetto al sistema sarebbe stato emarginato e non avrebbe avuto più alcuna possibilità di influenzare l'evoluzione dell'ordinamento. A questo già mirava nella sostanza lo *ius respondendi* augusteo. La codificazione dell'editto disposta da Adriano andava nella stessa logica di garantire unità alla produzione del diritto.

Quanto poi all'applicazione, nel processo formulare la individuazione della norma da applicare al caso concreto era di competenza di un organo eletto dal popolo, il pretore, che era anche responsabile della introduzione di quella norma nell'editto e dunque della sua effettività. Produzione e applicazione della norma nel campo dei rapporti fra privati competevano allo stesso soggetto.

Nell'ambito del processo criminale ai giudici delle *quaestiones* era vietata qualsiasi interpretazione della legge: essi dovevano soltanto stabilire la colpevolezza dell'imputato, la norma da applicare era indicata loro dal pretore ed era fissata da una legge. Fra l'altro i giudici criminali erano scelti dal pretore medesimo. Non vi era spazio, né per il giudice privato, né per i commissari delle *quaestiones*, per una interpretazione autonoma della norma così come era stata fissata da organi espressione della sovranità popolare.

Nel principato il giudice che deve applicare la norma nelle nuove forme della *cognitio* è nominato da colui a cui rimonta la responsabilità ultima della produzione normativa, l'imperatore. È invero un funzionario imperiale che risponde in ultima istanza sempre all'imperatore.

Con la legge delle Citazioni, pur in contraddizione con lo scopo perseguito dallo stesso imperatore, si verificano le premesse per un indebolimento della unitarietà del rapporto fra produzione e applicazione del diritto: si riconosce valore normativo a pareri dati da giuristi vissuti in epoche ormai lontane senza più la mediazione autorevole di una giurisprudenza contemporanea, collaboratrice dell'imperatore, capace di guidare la evoluzione e la interpretazione di questo diritto dottrinale. Dopo la legge di Valentiniano III, la mediazione la facevano dunque le varie scuole locali, i giurisperiti di provincia, in un contesto di notevole frammentazione culturale. D'altra parte si era pure indebolita la effettività del potere imperiale e si era nel frattempo sviluppata una tolleranza verso le consuetudini locali, conseguenza della immissione nel corpo civico di popoli disparati, caratterizzati da culture giuridiche diversissime.

Il particolare rilievo che Giustiniano attribuisce alla venalità delle cariche, a cui è ricondotta la degenerazione stessa dello stato (v. Nov. 8), sta inoltre a significare che ormai l'applicazione del diritto era in mano a soggetti che non rispondevano più all'imperatore, ma che derivavano la loro posizione solo grazie alla connivente complicità di chi avrebbe dovuto nominarli, e poi controllarne l'operato, per conto dell'imperatore.

La stessa legislazione imperiale, particolarmente severa nei confronti della vendita delle sentenze, testimonia non solo una corruzione generalizzata, ma è anche verosimile indice di come la applicazione del diritto seguisse ormai strade sue, distanti dalla volontà dell'imperatore. Questo stato di cose doveva influire dunque sull'arbitrio dei giudicati e sulla loro difformità rispetto alle intenzioni stesse del legislatore. In altre parole l'imperatore non si fidava più di chi doveva applicare le leggi che lui stesso aveva emanato, si era rotto quel filo unitario che deve sempre legare produzione e applicazione del diritto. Da qui l'idea di Giustiniano di ricondurre alla sua persona sia la sanzione di ogni norma giuridica, sia la sua interpretazione e dunque la sua concreta applicazione. Affiora *in nuce* l'idea della sovranità della legge come espressione concreta della sovranità del potere che della legge sta a fondamento. È quanto poi ritornerà, per altra via e con altri presupposti, nella visione illuministica dei Beccaria, Verri, Filangieri con il loro comune auspicio della "estirpazione degli arbitrii interpretativi dei giudici e la loro pretesa di rendersi superiori alle leggi".

Lo schema immaginato da Giustiniano apparve tuttavia allo stesso imperatore troppo rigido e nella sostanza impraticabile. L'istanza era corretta, sbagliato il rimedio.

Le esigenze di certezza del diritto, di uniformità nella produzione e nella applicazione del diritto, non sono peraltro inconciliabili con le esigenze di garantire la evoluzione del diritto e una equa flessibilità nella sua interpretazione: la necessaria mediazione fra queste due istanze può essere efficacemente fatta dalla costante riconduzione della interpretazione alla *voluntas legis latoris*.

6.
Le vicende successive della compilazione

6.1. *In Oriente*

Giustiniano aveva vietato, come è noto, l'uso delle fonti anteriori alla compilazione, ma non poté vietare che i vecchi testi venissero conservati nelle biblioteche degli studiosi e che questi continuassero a consultarli. D'altro canto erano state autorizzate traduzioni letterali in greco, brevi riassunti, raccolte di passi paralleli. Queste opere, apparentemente innocue secondo gli obiettivi dell'imperatore, furono tuttavia occasione per una qualche riutilizzazione del materiale originario.

Il primo giurista bizantino a disattendere l'ordine di Giustiniano fu proprio uno dei suoi principali collaboratori, Teofilo, che nello scrivere una parafrasi in lingua greca delle Istituzioni utilizzò il materiale che gli era servito fino ad allora per l'insegnamento. Troppo forte era la tentazione del giurista di dare una ricostruzione logica e un inquadramento storico agli istituti che andava spiegando ai suoi studenti. Questo è d'altro canto il senso di una lezione di diritto: la spiegazione e la migliore comprensione del testo, di un istituto, il suo inquadramento, come avrebbero poi dimostrato anche i Glossatori.

L'esposizione contenuta nella Parafrasi di Teofilo è infatti arricchita da esempi e chiarificazioni che, se rispettano l'ordine espositivo originario, non sono sempre fedeli quanto al contenuto. Il Ferrini ha dimostrato inequivocabilmente che Teofilo ebbe a utilizzare innanzitutto una parafrasi delle Istituzioni di Gaio.

Vennero poi compilati numerosi brevi riassunti del Digesto detti Indici, con introduzioni e annotazioni. Noti sono quelli di Teofilo, che si distingue per una certa libertà espositiva, di Doroteo, di Stefano, più esteso, di Cirillo. Nel VII secolo un giurista rimasto non identificato, e dunque chiamato poi Anonimo, scrisse un riassunto del Digesto, che venne tuttavia arricchito ancora una volta con annotazioni personali e citazioni di brani degli autori utilizzati.

A questo giurista definito come Anonimo risalirebbe anche un'opera destinata a chiarire e a conciliare le contraddizioni contenute nel Digesto, l'Enantiofane.

Per il Codice una certa importanza ebbe l'Indice di Taleleo.

Queste opere erano in qualche modo necessitate anche per la difficoltà che ormai comportava la comprensione della lingua latina in un impero, quello d'Oriente, in cui il greco era la lingua ufficiale.

Con l'imperatore Basilio il Macedone, alla fine del IX secolo, si concepì il proposito di sostituire la compilazione giustinianea con un nuovo testo in lingua greca. L'obiettivo venne realizzato dal suo successore, Leone, che fece raccogliere in 60 libri, secondo il sistema del Codice, un riassunto in greco della compilazione di Giustiniano. L'opera non ha tuttavia carattere di originalità dal momento che essa utilizzava per il Digesto Indici preesistenti, con preferenza per la *Summa* dell'Anonimo, per il Codice si ricorse in particolare all'Indice di Taleleo, per le Novelle all'epitome di Teodoro. Questa nuova compilazione in lingua greca venne chiamata *tà basilikà*, vale a dire le cose regie, da cui poi Basilici.

A partire dal secolo X vennero aggiunti ai Basilici dei commenti, detti scoli, che erano stati a loro volta tratti dai commentari dei maestri bizantini del VI e VII secolo.

Se dunque i Basilici riassumevano in greco, secondo l'ordine del Codice, i passi contenuti nel Digesto, nel Codice, nelle Istituzioni e nelle Novelle, gli scoli ne riportavano le spiegazioni e i commenti, ricorrendo a quelle annotazioni già contenute negli stessi Indici.

Anche grazie a questo materiale possiamo reperire qualche elemento utile in particolare per la ricostruzione dei testi originari dei giuristi classici.

6.2. *In Occidente*

La compilazione giustinianea venne applicata anche in Italia dopo il 554, su sollecitazione di papa Vigilio, all'indomani della guerra gotica. La sua vigenza fu tuttavia di breve durata dal momento che l'arrivo dei Longobardi, nel 565 d.C., finì con il determinarne il graduale superamento in gran parte della penisola, spezzando definitivamente l'unità giuridica dell'impero.

Il materiale giustinianeo andò dimenticato per secoli, talvolta malamente utilizzato in rozzi e parziali riassunti, sommari o volgarizzazioni. Fu infine riscoperto dalla scuola giuridica di Bologna nell'XI secolo grazie in particolare alla *lucerna iuris* Irnerio. Si iniziò così una graduale ricostruzione del Digesto che venne reimmesso nel circuito della cultura giuridica. Tutta la compilazione venne gradualmente riportata a viva luce all'interno di una unità complessiva che fu definita *corpus iuris civilis* dalla scuola dei Glossatori. Questi giuristi erano così detti dal termine *glossa*, vale a dire dal chiarimento alla lettera del testo giuridico che il professore di diritto faceva ai suoi studenti durante la *lectura* dei singoli brani, da cui anche il termine 'lezione'. *Glossa* era quindi l'annotazione interlineare o marginale che si faceva al testo per renderne più comprensibile il significato.

È da questa scuola e da questa attività che si inizierà a costruire, sul materiale romano contenuto nella compilazione di Giustiniano, tutto il diritto dell'Europa continentale.

Le vicende di una civiltà nata dalla unione spontanea di *familiae* che abitavano i villaggi del Palatino finirono col realizzare un modello di civiltà giuridica che fu a fondamento di gran parte degli stati moderni. Romolo e i suoi discendenti determinarono dunque l'identità dell'Occidente.

(D) Finito di stampare nel mese di settembre 2013
nella Stampatre s.r.l. di Torino
Via Bologna 220